WirtschaftsWissen für Existenzgründer

Xpert Business WirtschaftsWissen

WirtschaftsWissen für Existenzgründer

Selektion: Ralf Schlötel, Educational Consulting GmbH, Wunstorf

Herausgeber: Dr. Bernd Arnold,
Leiter der Masterprüfungszentrale Xpert Business

1. Auflage, POD-1.1 Druckversion: 03.02.2009

8x8-Konzeption, Projektkoordination: Ralf Schlötel, Diplom-Ingenieur

Beratende Mitarbeit: Elke-Heidrun Schmidt M.A.; Diplom-Ökonomin;
Fachbereichsleiterin Wirtschaft und EDV der VHS Brunsbüttel

Redaktion: Tristan Schlötel

Umschlaggestaltung: fs-design, Ilmenau

Druck: Educational Consulting GmbH, Ilmenau

Printed in Germany

www.edumedia.de

ISBN 978-3-86718-**612**-4

Vorwort

Liebe Leserin, lieber Leser,

ich freue mich über Ihr Interesse an der Xpert Business Reihe. Gerade in der heutigen Zeit, in der mehr denn je Interesse und Verständnis für volks- und betriebswirtschaftliche Fragen erwartet werden, spielten auch die in diesem Band vorgestellten Themen eine wichtige Rolle für Menschen, die eine Existenz gründen wollen.

Der vorliegende Band wurde entwickelt, um Ihnen das Lernen im Kurs und zu Hause zu erleichtern. Er fasst den Lernstoff aktuell zusammen und hilft, das Mitschreiben zu minimieren. So kann Ihre wertvolle Aufmerksamkeit auf das Kursgeschehen gerichtet bleiben.

Der Inhalt des Bandes ist in enger Zusammenarbeit von Verlag und Masterprüfungszentrale entstanden; das Autorenteam besteht aus erfahrenen Praktiker und lehrt an verschiedenen Institutionen der Erwachsenenbildung.

Ich wünsche Ihnen viel Erfolg, aber auch Freude mit dem vorliegenden Band und hoffe, dass Sie durch die Arbeit mit den Büchern der Reihe Xpert Business nicht nur mehr Wissen und Können, sondern auch noch mehr Spaß am Lernen gewinnen.

Ihr

Dr. Bernd Arnold

Leiter der Masterprüfungszentrale Xpert Business

Anmerkung:

Damit unsere Unterrichtsmaterialien lebendig und lesbar bleiben, haben wir in dem vorliegenden Band auf Wortungetüme wie „LeserInnen" u. ä. verzichtet und stattdessen die männliche Form verwendet. Bitte haben Sie Verständnis für unser Vorgehen, liebe Leserin. Sie sind selbstverständlich ebenso gemeint, wenn wir z. B. von „dem Unternehmer" oder „dem Mitarbeiter" sprechen.

1   Systeme und Funktionen der Wirtschaft **17**

1.1   Arten und Funktion des Geldes **18**

1.1.1   Die Funktion des Geldes im Kontext der Gesamtwirtschaft   18

1.1.2   Die verschiedenen Arten von Geld   19

1.2   Dynamische Stellgrößen der Geldwirtschaft **20**

1.2.1   Geldwert und Geldwertschwankungen   20

1.2.2   Preisniveau und Inflation   20

1.2.3   Deflation und Stagflation   24

1.2.4   Preisniveau und Geldmenge   25

1.3   Geldpolitik der Europäischen Zentralbank **26**

1.4   Das ökonomische Prinzip im Wirtschaftsprozess **26**

1.5   Wirtschaftskreislauf **28**

2   Wirtschafts- und Vertragsrecht **31**

2.1   Rechts- und Geschäftsfähigkeit **32**

2.1.1   Rechtsfähigkeit   32

2.1.2   Geschäftsfähigkeit   32

2.1.3   Geschäftsunfähigkeit   32

2.1.4   Beschränkte Geschäftsfähigkeit   33

2.2   Fallbeispiele zu Geschäfts-/Geschäfts-unfähigkeit **36**

2.3   Willenserklärung und Rechtsgeschäfte **38**

2.4   Wirksamkeit einer Willenserklärung **39**

2.5   Zustandekommen von Verträgen **41**

2.6   Das Vertragswerk **42**

2.7   Exkurs: Der Vorvertrag im Verhältnis zur Willenserklärung **43**

2.8   Wichtige Vertragsarten im Überblick **43**

2.9   Informationen zu der Vertragsart Kaufvertrag **44**

2.9.1   Miet- bzw. Pachtvertrag   45

2.9.2   Leihvertrag   45

2.9.3   Darlehensvertrag   45

2.9.4   Werkvertrag   46

2.9.5   Dienstvertrag   46

2.10   Arten von Kaufverträgen **46**

2.10.1 Kaufvertragsformen nach Liefer- und Zahlungsbedingungen 46

2.10.2 Verträge nach Art, Beschaffenheit und Güte der Ware 47

2.10.3 Kaufvertrag nach dem Erfüllungsort 48

2.10.4 Verträge nach der rechtlichen Stellung der Vertragspartner 48

2.11   Vertragsgestaltung **48**

2.11.1   Grundsatz der Vertragsfreiheit 48

2.11.2 Vertragsgestaltung und -typisierung 49

2.12   Allgemeine Geschäftsbedingungen (AGB) **49**

2.12.1 Klärung des Begriffs AGB 50

2.12.2 Wirksamkeit allgemeiner Geschäftsbedingungen 50

2.12.3 Festlegung und Anwendung allgemeiner Geschäftsbedingungen 50

2.12.4 Inhaltliche Grenzen bei der Anwendung allgemeiner Geschäftsbedingungen 51

2.13   Störungen im Vertragsverhältnis **51**

2.14   Störung von Verträgen auf Lieferantenseite **52**

2.14.1 Mangelhafte Lieferung als Form der Störung 52

2.14.2 Lieferverzug als Form der Störung 53

2.15   Störung von Verträgen auf der Käuferseite **55**

2.15.1 Störung durch käuferseitigen Annahmeverzug 55

2.15.2 Käuferseitige Nicht-Rechtzeitig-Zahlung (früher: käuferseitiger Zahlungsverzug) 56

2.16   Das gerichtliche Mahnverfahren **58**

2.17   Fallbeispiele für Störungen auf der Käuferseite **61**

3   Unternehmensorganisation und -führung **65**

3.1   Wichtige Unternehmensformen **66**

3.2   Das Einzelunternehmen **68**

3.3   Gesellschaftsunternehmen **69**

3.4   Personengesellschaften **71**

3.5   Offene Handelsgesellschaft (OHG), Grundlagen **71**

3.6   Weitere Informationen zur OHG **73**

3.7   Die Kommanditgesellschaft (KG) **76**

3.8   GmbH & Co KG **79**

3.9   Die Gesellschaft bürgerlichen Rechts (GbR) **79**

3.10   Partnergesellschaft (PartnG) **79**

3.11 Gesellschaft mit beschränkter Haftung (GmbH), Grundlagen **80**

3.12 Weitere Informationen zur GmbH **81**

3.13 Limited **83**

3.14 Unternehmenskultur **84**

3.15 Unternehmensziele **85**

3.15.1 Ober- und Unterziele 85

3.15.2 Formulierung des Unternehmensziels 87

3.16 Standortwahl, Grundaspekte **88**

3.17 Markt- und Standortanalyse **89**

3.18 Führungsrolle und -aufgabe im Unternehmen **91**

3.19 Unternehmensorientierte Führungsstile im Wandel **91**

3.19.1 Tradierte Führungsstile in Unternehmen 92

3.19.2 Klassische Führungsstile in Unternehmen 93

3.20 Führungsfunktionen der Unternehmensleitung **94**

3.21 Motivation **96**

3.21.1 Wichtige Formen der Motivation 96

3.21.2 Klassische Theoriemodelle für Motivation in Unternehmen 98

3.22 Kaufleute **99**

3.22.1 Gründung des Unternehmens 100

3.22.2 Die Kaufmannseigenschaft 100

3.23 Handelsregistereintrag **101**

3.23.1 Die handelsrechtlichen Funktionen des Handelsregisters 101

3.23.2 Elektronisches Handels- und Unternehmensregister 102

3.23.3 Rechtliche Wirkungen des Handelsregistereintrags 103

3.24 Firma **104**

3.24.1 Erscheinungsformen 104

3.24.2 Grundsätze bei der Festlegung einer Firma 104

3.24.3 Haftung einer Firma 105

3.25 Aufbauorganisation in Unternehmen **106**

3.25.1 Rahmenbedingungen 106

3.26 Aufgabenanalyse als Basis der Aufbauorganisation **107**

3.27 Stellen als Elemente der Aufbauorganisation **109**

3.28 Organisationsplan/Organigramm: "Karte" der Aufbauorganisation **111**

3.28.1 Ein- und Mehrliniensysteme im Vergleich 111

3.29   Ablauforganisation in Unternehmen **114**

3.29.1   Prozessarten im Rahmen der Ablauforganisation 114

3.29.2   Darstellung von Prozessen 115

3.30   Die klassischen Managementaufgaben **115**

3.31   Bewährte Managementkonzeptionen **116**

3.31.1   Management by Delegation 117

3.31.2   Management by Objectives 118

3.31.3   Management by Exception 119

3.31.4   Das Harzburger Modell 120

3.31.5   Lean Management 120

3.31.6   Last but not Least... 120

4   Produktion, Materialwirtschaft und Qualitätsmanagement **121**

4.1   Qualitätsmanagement (QM) **122**

4.2   Qualitätsmanagementkonzepte **123**

4.2.1   DIN EN ISO 9000:2000 124

4.2.2   TQM- Total Quality Management 124

4.2.3   EFQM- Modell für Excellence 125

4.3   Einbindung der Mitarbeiter im QM **127**

4.4   Funktion der Unternehmensleitung im QM **127**

5   Finanzen und Steuern **129**

5.1   Wichtige kaufmännische Zahlungsformen **130**

5.1.1   Bargeldzahlung 130

5.1.2   Bargeldlose Zahlung 131

5.1.3   Banküberweisung 131

5.2   Übersicht über die Finanzierungsarten **133**

5.3   Innenfinanzierung **134**

5.3.1   Selbstfinanzierung 134

5.3.2   Rückstellungen/Rücklagen 135

5.4   Außenfinanzierung **136**

5.4.1   Beteiligungsfinanzierung 136

5.4.2   Kreditfinanzierung 137

5.5   Goldene Spielregeln der Außenfinanzierung **137**

5.6   Kredite **138**

5.6.1   Einteilung der Kredite 138

5.6.2   Gegenüberstellung der Vor- und Nachteile der Kreditfinanzierung 141

5.7   Leasing als Sachmittelkredit-Form **141**

5.7.1   Beweggründe/Argumente für Leasing 141

5.7.2   Verschiedene Leasingformen 142

5.7.3   Gegenüberstellung der Vor- und Nachteile von Leasing 143

5.8   Factoring **143**

5.8.1   Rechtliche Grundlagen / Factoringvertrag 143

5.8.2   Funktionen des Factoring 144

5.9   Forfaitierung **144**

5.10   Sicherung von Personalkrediten **145**

5.10.1 Der Blankokredit 145

5.10.2 Verstärkter Personalkredit/Bürgschaft 145

5.10.3 Zessionskredit/Abtretung von Forderungen 146

5.10.4 Wechseldiskontkredit 147

5.11   (Dingliche) Sicherung von Realkrediten **147**

5.11.1 Lombardkredit 148

5.11.2 Sicherungsübereignungskredit 148

5.12   Pfandrecht **149**

5.13   Investition **151**

5.14   Methoden der Investitionsplanung und –rechnung **152**

5.14.1 Statische Verfahren zur Investitionsplanung und –rechnung 152

5.14.2 Dynamische Verfahren zur Investitionsplanung und –rechnung 155

5.15   Öffentliche Abgaben **156**

5.15.1 Steuern, Gebühren und Beiträge 156

5.15.2 Steuerliche Nebenleistungen 156

5.15.3 Steuerliche Vorschriften 157

5.16   Zuständigkeit der Finanzbehörden **157**

5.16.1 Sachliche Zuständigkeit 157

5.16.2 Örtliche Zuständigkeit 158

5.17   Fallbeispiele zur Zuständigkeit der Finanzbehörden **159**

5.18   Der Steuerzahler **160**

5.18.1 Steuerpflichtiger 160

5.18.2 Steuerschuldner und Steuerträger 160

5.19   Der Steuerbescheid **161**

5.19.1 Steuerfestsetzung 161

5.19.2 Rechtsbehelf 161

5.20   Einkommensteuer **162**

5.20.1 Einkunftsarten 162

5.20.2 Ermittlung des zu versteuernden Einkommens (§ 2 EStG) 167

5.21   Lohnsteuer **169**

5.22   Körperschaftsteuer **169**

5.23   Gewerbesteuer **169**

5.24   Umsatzsteuer **170**

5.24.1 Definition: Steuerbarer Umsatz 170

5.24.2 Formen und Verfahren der Besteuerung 171

6   Marketing **175**

6.1   Notwendigkeit und Bedeutung des Marketing **176**

6.1.1   Zum Begriff "Marketing" 176

6.1.2   Historische Entwicklung des Marketing 176

6.2   Ziele effektiven Marketings **177**

6.3   Push- und Pull-Strategien **177**

6.4   Neo-Marketing **178**

6.5   Der Markt **179**

6.6   Marketing, eine Definition **179**

6.7   Marktobjekte **180**

6.8   Marktsubjekte **181**

6.8.1   Kaufverhalten der Marktsubjekte 181

6.9   Marktforschung, Grundlagen **183**

6.10   Methoden der Marktforschung **185**

6.11   Marktforschung, Erhebung der Daten **186**

6.11.1   Sekundär- und Primärforschung 186

6.11.2   Schriftliche Befragung 187

6.11.3   Experimente 188

6.11.4   Übersicht/Gegenüberstellung: 189

6.12   Marktforschung in Zielgruppen **189**

6.13 **Werbung** **190**

6.13.1 Grundsätze der Werbepolitik 190

6.13.2 Werbepolitik 191

6.14 **Werbeplanung** **193**

6.15 **Verkaufsförderung** **194**

6.16 **Marktsegmentierung** **195**

6.16.1 Kriterien der Marktsegmentierung 195

6.16.2 Beispiel zur Marktsegmentierung: 196

6.17 **Public Relations (PR)** **196**

6.17.1 Pressearbeit erfolgreich gestalten 196

6.17.2 Außenwirkung 197

6.18 **Das 4P-Portfolio** **197**

6.19 **Schrittfolge zur Konzeption eines Marketing-Mix** **198**

6.20 **Erfolgskontrolle und Markterfolg** **200**

6.20.1 Hilfskonstruktionen zur Erfolgskontrolle 200

6.20.2 Die besondere Rolle von Kontaktadressen 200

6.21 **Marketing-Mix-Beispiel "Kosmetik-Großhandel"** **201**

7 **Personal und Arbeitsrecht** **203**

7.1 **Einführung in die Personalwirtschaft** **204**

7.1.1 Mitarbeiter als wichtigster produktiver Faktor 204

7.1.2 Die Rolle der Personalwirtschaft in der betrieblichen Praxis 205

7.1.3 Aufgabenbereiche des betrieblichen Personalwesens 206

7.2 **Personalplanung** **207**

7.3 **Personalbedarfsplanung** **208**

7.3.1 Grundlegendes 208

7.3.2 Vorgehensweise zur Ermittlung des Personalbedarfs 209

7.3.3 Planungsblatt "Personalbedarf" 210

7.3.4 Methoden der quantitativen Personalbedarfsermittlung 211

7.4 **Personalbeschaffungsplanung** **213**

7.4.1 Interner- und externer Arbeitsmarkt 213

7.4.2 Interne und externe Personalbeschaffung 215

7.5 **Personalauswahl und Mitbestimmung** **217**

7.6   Personalauswahl im Rahmen von Bewerbungen **217**

7.6.1   Analyse vorgelegter Bewerbungsunterlagen 218

7.6.2   Bewerberauswahl mit Fragebögen 219

7.6.3   Das Vorstellungsgespräch 220

7.7   Arbeitsrecht, Grundbegriffe **221**

7.8   Aufgaben und Inhalte des Arbeitsrechts **222**

7.9   Zusammenwirken der Sozialpartner **223**

7.9.1   Rechtlicher Rahmen von Arbeitgeber-Arbeitnehmer-Beziehungen 224

7.9.2   Der Betriebsrat 224

7.10   Sozialpartnerschaft und Tarifvertrag **226**

7.10.1   Die tarifvertraglichen Sozialpartner 226

7.10.2   Tarifvertragsgesetz 227

7.10.3   Tarifautonomie und -bindung 228

7.10.4   Arten und Geltungsbereiche von Tarifverträgen 228

7.11   Auskunftspflichten im Vorfeld des Abschlusses eines Arbeitsvertrages **229**

7.12   Zulässigkeit von Fragen im Vorfeld… **230**

7.13   Sonstige Maßgaben für den Arbeitgeber im Vorfeld **232**

7.14   Mitwirkung des Betriebsrates bei der Einstellung **233**

7.15   Der Arbeitsvertrag und sein Zustandekommen **233**

7.15.1   Einige Links auf Muster-Arbeitsverträge 234

7.16   Fehlerhafte Arbeitsverhältnisse **234**

7.16.1   Nichtigkeit oder Anfechtbarkeit 234

7.16.2   Leistungsstörungen und Haftung wegen Pflichtverletzungen im Arbeitsverhältnis 235

7.17   Die wichtigsten arbeitsvertraglichen Pflichten **236**

7.17.1   Die Pflichten des Arbeitnehmers 236

7.17.2   Die arbeitsvertraglichen Pflichten des Arbeitgebers 239

7.18   Definition Arbeitnehmer - Arbeitgeber **241**

7.18.1   Wer ist Arbeitnehmer? 241

7.18.2   Wer ist Arbeitgeber? 242

7.19   Wichtige Rechtsgrundlagen für Arbeitnehmer **242**

7.20   Arten von Arbeitsverträgen **245**

7.20.1   Arten von Verträgen 245

7.20.2   Zusammenspiel der Vertragsarten nach dem Günstigkeitsprinzip 245

7.21   Personalakte und Arbeitspapiere **246**

7.21.1   Personalakte 246

7.21.2   Arbeitspapiere 246

7.22   **Lohnabrechnung** **247**

7.22.1   Gesamt-Brutto 247

7.22.2   Nettoverdienst 247

7.22.3   Auszahlungsbetrag 248

7.22.4   Vermögenswirksame Leistungen 5. VermBG 248

7.23   **Steuerabzugsbeträge** § 38 EStG **249**

7.23.1   Lohnsteuerklassen § 38b EStG 249

7.23.2   Lohnsteuertabellen §§ 38a, 39b EStG 249

7.23.3   Kirchensteuer und Solidaritätszuschlag §§ 3 ff. SolZG 250

7.24   **Sozialversicherung, Übersicht** **251**

7.25   **Sozialversicherung, Beitragssätze** **251**

7.26   **Krankenversicherung** **253**

7.27   **Geringfügig entlohnte Beschäftigte, Abgaben** **254**

7.27.1   Geringfügigkeitsgrenze für Mini-Jobs §§ 8, 8a SGB IV 255

7.27.2   Sozialversicherungsbeiträge für Minijobs § 249b SGB V, § 172 SGB VI 256

7.27.3   Lohnsteuern für geringfügig entlohnteBeschäftigungen
          §§ 40a Abs 2, Abs 2a, Abs 3; 39b Abs 2 EStG 257

7.28   **Kurzfristig Beschäftigte** **257**

7.28.1   im Sozialversicherungsrecht 257

7.28.2   Steuerrecht 259

7.28.3   Beschäftigte in der Gleitzone § 344 Abs 4 SGB III, § 226 Abs 4 SGB V, § 163 Abs 10 SGB VI 259

7.28.4   Aufzeichnungpflichten bei geringfügig entlohnten und kurzfristig Beschäftigten 260

7.29   **Beschäftigung von Studenten und Schülern** **261**

7.29.1   Beschäftigung neben dem Studium 261

7.29.2   Beschäftigung von studentischen Praktikanten 262

7.29.3   Beschäftigung von Schülern 262

7.30   **Auszubildende** BBiG **263**

7.30.1   Arbeitsrecht und Ausbildungsvergütung 263

7.30.2   Steuern und Sozialversicherung 264

7.31   **Geringfügig entlohnte Beschäftigte, Entgeltfortzahlung und Umlagen** **264**

7.32   **Geringfügig entlohnte Beschäftigte, Einzugsstellen für gesetzliche Abgaben** **265**

7.33   **Geringfügig Beschäftigte in privaten Haushalten** §§ 14 Abs 3, 28a SGB IV **265**

8 Rechnungswesen und Kostenrechnung 267

8.1 Aufgaben des Rechnungswesens **268**

8.1.1 Gliederung des Rechnungswesens 268

8.1.2 Aufgaben des betrieblichen Rechnungswesens 268

8.1.3 Abgrenzung zwischen internem und externem Rechnungswesen 270

8.2 Bedeutung der Finanzbuchführung **271**

8.2.1 Außenwirkung 271

8.2.2 Arten der Buchführung 272

8.2.3 Praxisbeispiele 274

8.3 Anforderungen an die Finanzbuchführung **275**

8.3.1 Rechtliche Grundlagen 275

8.3.2 Materielle und formelle Anforderungen 275

8.4 Keine Buchung ohne Beleg! **276**

8.4.1 Arten von Belegen 276

8.4.2 Belegorganisation 276

8.5 Einnahmen und Ausgaben **277**

8.5.1 Rechtliche Grundlagen 277

8.5.2 Umfang der Einnahmen-Überschussrechnung 277

8.5.3 Besonderheiten und Hinweise 277

8.6 Das Formular EÜR **278**

8.7 Die Bilanz **279**

8.7.1 Wesen und Eigenschaften der Bilanz 279

8.7.2 Zeitpunkt der Bilanzerstellung 279

8.7.3 Bestandteile und Gliederung einer Bilanz 280

8.8 Die Inventur **281**

8.8.1 Grundlegendes 281

8.8.2 Formen der Inventur 282

8.9 Grundlagen der Gewinn- und Verlustrechnung (GuV) **284**

8.10 Durchführung der Gewinn- und Verlustrechnung **284**

8.10.1 Abschluss der Erfolgskonten 284

8.10.2 Behandlung von Erträgen und Aufwendungen 286

8.11 Umsatzsteuer und Vorsteuer **287**

8.11.1 Ausstellen von Rechnungen aus der Sicht des UStG 287

8.11.2 Rechts- und Verfahrensgrundlagen zur USt-Behandlung 287

8.11.3 Praxisbeispiel 288

8.12   **Erstellen der Rechnung** **289**

8.12.1   Pflichtangaben in einer Rechnung 289

8.12.2   Besondere Formen von Rechnungen 289

8.13   **Grundbegriffe des betrieblichen Rechnungswesens** **290**

8.14   **Grundstruktur der Kosten- und Leistungsrechnung** **294**

8.14.1   Gegenüberstellung von Geschäfts- und Betriebsbuchführung 294

8.14.2   Aufgaben der Kosten- und Leistungsrechnung im Sinne der Betriebsbuchführung 294

8.14.3   Übersichtsschema zur Kosten- und Leistungsrechnung 295

8.15   **Kostenartenrechnung** **296**

8.15.1   Aufgaben der Kostenartenrechnung 296

8.15.2   Gliederung der Kostenarten 296

8.16   **Kostenstellenrechnung** **302**

8.16.1   Aufgaben der Kostenstellenrechnung 303

8.16.2   Arten von Kostenstellen 303

8.16.3   Gliederung des Betriebes in Kostenstellen 303

8.17   **Kostenträgerrechnung** **304**

8.17.1   Begriffserläuterung und Aufgabenzusammenfassung 304

8.17.2   Kalkulationsverfahren der Kostenträgerrechung 304

8.18   **Controlling, Grundlagen** **305**

8.18.1   Vom konventionellen Rechnungswesen zum Controlling 305

8.18.2   Begriffliche Grundlagen und Abgrenzungen 306

8.19   **Controlling, Abgrenzung** **307**

8.19.1   Abgrenzung Interne Revision - Controlling 307

8.19.2   Abgrenzung Rechnungswesen - Controlling 308

8.20   **Controlling, Funktion** **308**

8.20.1   Kennzahlen als Controllinginstrument 308

A   **Anhang** **311**

A.1   **Checkliste Bankgespräch - Vorbereitung und Durchführung** **312**

A.2   **Checkliste Internetrecherche** **316**

Sachwortverzeichnis **321**

Inhaltsverzeichnis

Systeme und Funktionen der Wirtschaft

Inhalt:

- Arten und Funktion des Geldes
- Die Funktion des Geldes im Kontext
- Die verschiedenen Arten von Geld
- Dynamische Stellgrößen der Geldwirtschaft
- Geldwert und Geldwertschwankungen
- Preisniveau und Inflation
- Deflation und Stagflation
- Preisniveau und Geldmenge
- Geldpolitik der Europäischen Zentralbank
- Das ökonomische Prinzip im Wirtschaftsprozess
- Wirtschaftskreislauf

1.1 Arten und Funktion des Geldes

Arten des Geldes

Ohne Geld ist der Austausch von Gütern und Leistungen in unserer arbeitsteiligen Volkswirtschaft undenkbar. Dieser betriebliche Leistungsprozess von der Beschaffung über die Leistungserstellung bis hin zur Leistungsverwertung muss in Geld bewertet werden.

Wir unterscheiden verschiedene Arten des Geldes.

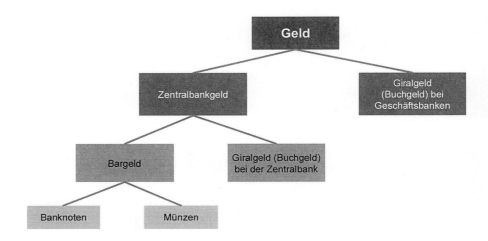

1.1.1 Die Funktion des Geldes im Kontext der Gesamtwirtschaft

Tauschmittel

Der Tauschverkehr in einer modernen Volkswirtschaft kann nur bewältigt werden, wenn es ein allgemeines Tauschmittel in dem Sinne gibt, dass **jedermann** bereit ist, dieses Tauschmittel als Gegenleistung für die Hingabe von Gütern entgegenzunehmen, um damit Güter zu erwerben. In seiner Eigenschaft als Tauschmittel muss Geld allgemein anerkannt, wertbeständig, transportfähig und teilbar sein.

Als solches Tauschmittel fungiert Geld. Als Teil der Tauschmittelfunktion ist Geld als gesetzliches Zahlungsmittel zu betrachten, da es nicht nur zum Tausch gegen Güter, sondern auch zu jeder Zeit, in jedem Betrag und gegenüber jedermann zur Tilgung von Schulden verwendet werden kann. Sehr viel früher wurden in den verschiedensten Volkswirtschaften die unterschiedlichsten Sachgüter als Geld benutzt(z.B.: Gold, Silber, Felle).

Heute dienen Banknoten und Münzen, zusammen afuch als Bargeld bezeichnet, sowie **Sichtguthaben** (oder Sichteinlagen) bei Banken als Geld. Sichtguthaben sind nicht verbriefte Forderungen gegen die Zentralbank und gegen die Geschäftsbanken. Der Inhaber kann jederzeit (also auf Sicht) in beliebiger Höhe und in beliebiger Weise über sie verfügen.

Zahlungsmittel

Mit Geld ist es möglich, einen Kredit zu gewähren oder Schulden zu tilgen. Somit ist es ein anerkanntes Zahlungsmittel, weil auch andere Vorgänge als Tauschgeschäfte mit Geld erledigt werden können.

Wertaufbewahrungsmittel

Neben der Funktion als allgemeines Tauschmittel dient Geld ferner noch als Wertaufbewahrungsmittel. Das Geld, welches durch den Verkauf von Gütern erlöst wird, braucht nicht sogleich wieder in andere Güter investiert werden.

Um jederzeit zahlungsfähig zu sein, kann das Geld aufbewahrt werden. Geld kann somit als **Sparmittel** betrachtet werden, da es nicht gleich ausgegeben werden muss, sondern aufbewahrt werden kann. In diesem Zusammenhang spielt die Inflation eine wichtige Rolle, ob der Wert des Geldes durch ständig steigende Preise aufgezehrt wird oder nicht, d.h. ob eine sog. Geldentwertung stattfindet.

Geld ist ein Sparmittel

Geld macht es möglich, den Wert aller Güter in der gleichen Einheit auszudrücken. Somit können diese unter wirtschaftlichen Gesichtspunkten erst verglichen werden; insofern dient Geld auch als allgemeine Recheneinheit.

Recheneinheit

Geld macht die Verfügungsgewalt über Güter auf andere übertragbar.

Wertübertragungsmittel

Darüberhinaus ist Geld ein Mittel der Wirtschaftspolitik: In Form einer wirksamen Geldpolitik können konjunkturpolitische Ziele unterstützt werden.

Mittel der Wirtschaftspolitik

1.1.2 Die verschiedenen Arten von Geld

Bargeld

Zum Bargeld zählen das Münzgeld und die Banknoten.

Münzgeld spielt im Gegensatz zu den Banknoten heute nur noch eine relativ untergeordnete Rolle. Man nennt die sich im Umlauf befindenden Münzen "Scheidemünzen". Münzen werden im Auftrag der Bundesregierung durch staatliche **Prägeanstalten** geprägt. Die Bundesbank kauft diese dann zum Nennwert und bringt sie in den Umlauf. Dieser Nennwert bzw. **Nominalwert** (= aufgeprägter Wert) der Münzen ist i.d.R. höher als der Metallwert. Entspricht der Metallwert dem Nennwert, so bezeichnet man diese Münzen als Kurantmünzen.

Münzgeld

Banknoten stellen reines **Papiergeld** dar. Sie entstanden im Mittelalter und waren ursprünglich Hinterlegungsscheine für Gold und Silber.

Banknoten

Giralgeld

Das Giralgeld, welches auch als **Buchgeld** bezeichnet wird, ist das Geld unserer heutigen Zeit. Es hat zunehmend an Bedeutung gewonnen und existiert nur auf den Girokonten (Giro= Kreis, Ring) der Kreditinstitute und der Postbankämter. Es entsteht durch Einzahlungen und Kreditgewährung der Banken. Deshalb wird es auch oft als Kreditgeld, Bankgeld oder Buchgeld bezeichnet. Das Giralgeld besteht aus täglich fälligen **Kontoguthaben** und wird durch **Umbuchung** übertragen.

Gelder, die auf **Girokonten** liegen, können von Konto zu Konto überwiesen werden, da die Kreditinstitute bzw. Postbanken miteinander ringförmig verbunden sind. Es handelt sich bei Girokonten um laufende Konten, d.h. um so genannte **Kontokorrentkonten**, die dem laufenden Zahlungsverkehr dienen.

Kontokorrentkonten

Handelt es sich beim Giralgeld um jederzeit verfügbares Guthaben der Bankkunden, so nennt man dieses Buchgeld Sichteinlage. Sichteinlagen sind Guthaben, die ohne vorherige Kündigung **jederzeit verfügbar** und in Noten oder Münzen eintauschbar sind.

Sichteinlagen

1.2 Dynamische Stellgrößen der Geldwirtschaft

1.2.1 Geldwert und Geldwertschwankungen

Geldangebot

Unter dem Geldangebot (= Geldmenge) versteht man den **Bargeldumlauf** (ohne Kassenbestände der Geschäftsbanken), die Sichtguthaben inländischer Nichtbanken bei Banken (ohne Zentralbankguthaben öffentlicher Haushalte) und die Termingelder inländischer Nichtbanken mit einer Laufzeit bis zu drei Monaten.

Notenbank und Währungssicherung

Das Geldangebot wird vom Bankensystem bestimmt. Die Notenbank entscheidet über die Ausgabe von Münzen und Banknoten (= primäre Geldschöpfung). Notenbank und Geschäftsbanken zusammen - letztere durch die Möglichkeit von Kreditvergaben = sekundäre Geldschöpfung - bestimmen die Buchgeldmenge. Die Notenbank ist eine **Person des öffentlichen Rechts** und von den Weisungen der Bundesregierung weitgehend unabhängig. Ihre Aufgabe besteht darin, den Geldumlauf und die Kreditversorgung der Wirtschaft zu regeln unter dem Aspekt der Währungssicherung. Die Notenbank kann neues Geld schaffen, indem sie zusätzliche Münzen prägen und Banknoten drucken lässt und ihren Kunden - den Geschäftsbanken - die zusätzlichen Zahlungsmittel in Form von Krediten zur Verfügung stellt.

Nachfrage nach Geld

Die Nachfrage nach Geld entfaltet sich über Nichtbanken, Haushalte und Unternehmen. Unter der Nachfrage nach Geld versteht man, dass die Wirtschaftssubjekte, also Haushalte und Unternehmen, Geld als Kasse oder Sichtguthaben halten möchten.

liquide Mittel bereithalten

Ein Haushalt will eine bestimmte Geldsumme als Kasse halten, weil er mit seinem monatlichen Einkommen wirtschaften muss. Er ist deshalb gezwungen, für laufende Ausgaben oder für einmalige geplante Ausgaben eine Kasse oder Sichteinlagen zu halten. Ähnlich muss auch ein Unternehmen liquide Mittel bereithalten. Da der Haushalt und die Unternehmen mit diesen liquiden Mitteln Transaktionen tätigen wollen, bezeichnet man diese Art der Nachfrage nach Geld als **Transaktionskasse**.

Ein weiterer Grund, eine bestimmte Geldsumme als Kasse oder Sichtguthaben zu halten, ist für einen Haushalt oder ein Unternehmen im **Spekulationsmotiv** zu finden. Ein Wirtschaftssubjekt hat die Möglichkeit, z.B. festverzinsliche Wertpapiere zu kaufen oder Geld zinslos zu halten.

1.2.2 Preisniveau und Inflation

Der Verbraucherpreisindex/Preisindex

Preisniveau

Unter dem Preisniveau verstehen wir den Index der Preise einer Reihe von Gütern einer Volkswirtschaft. Der Preisindex kann sich auf diejenigen Güter beziehen, die ein Durchschnittshaushalt mit vier Personen üblicherweise nachfragt. Man bezeichnet diesen als Verbraucherpreisindex.

Er will ein umfassendes Bild der Preisentwicklung vermitteln, soweit davon die privaten Haushalte betroffen sind. Deshalb ist es erforderlich, den Verbrauch der Haushalte detailliert zu erfassen. Dabei werden aber nicht alle Waren und Dienstleistungen berücksichtigt. Vielmehr wählt das statistische Bundesamt einen so genannten Warenkorb aus, der stellvertretend den gesamten Verbrauch repräsentiert.

umfassendes Bild der Preisentwicklung

Unter Warenkorb versteht man in den Wirtschaftswissenschaften eine möglichst **repräsentative Menge von Gütern**. Der Warenkorb kommt in der Preisstatistik für die Preismessung zur Anwendung. Die Preisentwicklung der enthaltenen Güter wird im Zeitablauf bei konstanter Gewichtung gemessen. Üblicherweise versteht man unter Warenkorb jenen Warenkorb, der für die Berechnung des **Verbraucherpreisindex (VPI)** verwendet wird. Dieser beruht auf den Ausgaben der privaten Haushalte für die entsprechenden Güterkategorien. Daneben gibt es auch Warenkörbe für die Berechnung anderer Preisindizes wie etwa Erzeugerpreisindex, Großhandelspreisindex oder Baupreisindex.

Warenkorb (Quelle: Wikipedia)

In Deutschland wird der Warenkorb für den Verbraucherpreisindex vom Statistischen Bundesamt erstellt und enthält etwa 750 Güter (Stand: 2004). Im Februar 2003 erfolgte eine Umstellung des Preisindex auf einen neuen Warenkorb mit dem Basisjahr 2000. Im neuen Warenkorb wurden u. a. Disketten durch CD-Rohlinge ersetzt, Schreibmaschinen entfernt und Laserdrucker sowie „Essen auf Rädern" hinzugefügt. Darüber hinaus wurde die Gewichtung neu bemessen und - mehr als zehn Jahre nach der Wiedervereinigung - ein einheitliches Wägungsschema für ganz Deutschland eingeführt.

Warenkorb in Deutschland

Die Datenbasis zu Ermittlung des Verbraucherpreisindex wird durch monatlich durchgeführte Erhebungen erstellt: Jeweils zur Monatsmitte führen im Auftrag der Statistischen Landesämter etwa 560 und im Auftrag des Statistischen Bundesamtes weitere 15 Mitarbeiter **Preiserhebungen** zu den im Warenkorb enthaltenen Gütern und Dienstleistungen durch. Die Preise werden in rund 40.000 so genannten Berichtsstellen erfragt (z.B. Einzelhandelsgeschäfte, Dienstleistungsbüros usw.), die in 190 Gemeinden über das gesamte Bundesgebiet verteilt sind. Insgesamt setzt sich die Datenbasis aus etwa 350.000 Einzelpreisen pro Monat zusammen.

Abnahme des Geldwertes; Inflationsarten

Der Preisindex bezieht sich immer auf ein Basisjahr, bei dem ein Preisniveau mit 100% zugrunde gelegt wird. Beträgt zum Beispiel im Jahr 2006 der Preisindex 110,6, so bedeutet dies, dass das Preisniveau gegenüber dem Basisjahr 2000 um 10,6% gestiegen ist. Man unterscheidet verschiedene Inflationsarten.

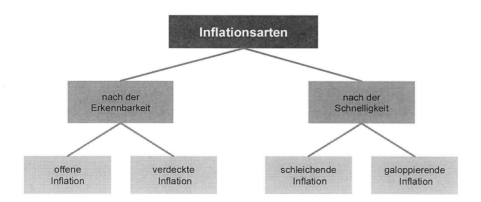

Offene Inflation

Bei der offenen Inflation steigt das Preisniveau offen an, d.h. die Regierung legt die Preisindizes offen. Der Staat schreibt weder Fest- noch Höchstpreise vor.

Verdeckte Inflation

Die Verdeckte Inflation bezeichnet man auch als gestoppte, zurückgestaute oder unsichtbare Inflation. Durch **dirigistische Maßnahmen des Staates** wird die Preissteigerungsrate nicht ersichtlich. Dies erfolgt insbesondere durch einen Preisstopp, der von staatlicher Seite aus kontrolliert wird. Die Folgen sind Güterrationierung und die Zuteilung von Waren mit Bezugsscheinen, da das Güterangebot gering ist.

Schleichende Inflation

Charakteristisch für diese Art der Inflation sind **lang anhaltende Preissteigerungen**. Von schleichender Inflation spricht man, wenn die Preissteigerungsrate nicht größer ist als der Zinssatz für Spargelder. Solange die Realeinkommen über der Inflationsrate liegen, ist die Preissteigerungsrate noch nicht besorgniserregend.

Galoppierende Inflation

In Deutschland gab es die galoppierende Inflation nach dem ersten Weltkrieg. Das Preisniveau steigt innerhalb kürzester Zeit um mehr als 50%. Der Geldwert sinkt sehr schnell. Das Geld verliert seine Aufgabe als Wertaufbewahrungsmittel. Die Flucht in Sachwerte beginnt, wie z.B. in Immobilien, Grundstücke, Edelsteine usw.).

Inflationsursachen

Die Ursachen einer Inflation können sowohl von der Nachfrage- als auch von der Angebotsseite ausgehen:

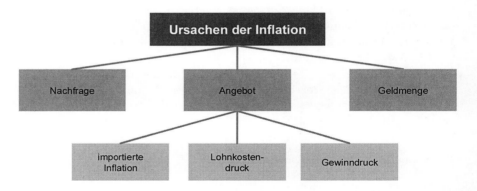

Nachfragebedingte Inflation

Um eine Nachfrageinflation handelt es sich, wenn der erste Anstoß für die Geldentwertung von der Nachfrage ausgeht. Die gesamte Nachfrage setzt sich zusammen aus der Nachfrage der privaten Haushalte, der Unternehmen und des Staates nach Konsum- und Investitionsgütern sowie Dienstleistungen. Hinzu kommt noch die Nachfrage des Auslands (= Export). Ist die gesamte Nachfrage größer als das gesamte Angebot einer Volkswirtschaft, so kommt es zu einer Preissteigerung, sofern die Angebotsmenge nicht ausgedehnt werden kann.

Importierte Inflation

Geht der erste Impuls für die Inflation von der Angebotsseite aus, spricht man von einer Angebotsinflation. Durch laufende Exportüberschüsse kommt es zu Einnahmen ausländischer Zahlungsmittel (**Zahlungsbilanzüberschuss**). Unsere Exporteure tauschen die Devisen bei den Banken in inländische Währung um, wodurch die Geldmenge steigt.

Exportüberschüsse entstehen hauptsächlich wenn im Ausland ein höherer Anstieg des Preisniveaus gegeben ist als im Inland. Man spricht in diesem Falle auch von importierter Inflation, weil die Inflation vom Ausland ins Inland "herein getragen" wird.

Ein weiterer Mechanismus für die Angebotsinflation: Tarifabschlüsse führen zum Kostendruck auf der Angebotsseite, die wiederum Preissteigerungen nach sich ziehen. Die Lohn-Preis-Spirale gerät in Bewegung:

- **Lohnkostendruck**: Gewerkschaften setzen Lohn- und Gehaltserhöhungen durch Tarifverhandlungen fest. Da die Unternehmer ihren Gewinn nicht schmälern möchten, schlagen sie die erhöhten Lohnkosten auf die Preise der Güter auf.

- **Gewinndruck**: Erhöhen Unternehmer ihre Gewinne durch Preissteigerungen, so handelt es sich um eine Angebotsinflation, die über einen Gewinndruck verursacht wird.

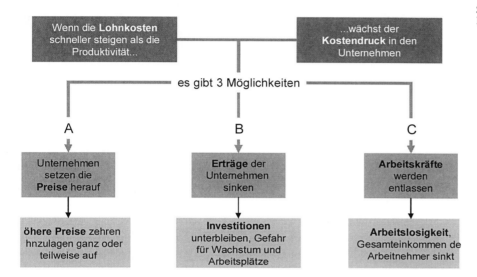

Schaubild „Das ABC der Lohnpolitik"

Der Wert des Geldes wird ausschließlich von seinem **Tauschwert** bestimmt, d.h. von seiner Kaufkraft. Das heißt, die allgemeine Wertschätzung des Geldes beruht auf seiner **Knappheit**. Diese wird im Wesentlichen durch das Verhältnis der vorhandenen Geldmenge zur Menge der produzierten Güter bestimmt. Je kleiner die Geldmenge im Vergleich zur Gütermenge ist, desto mehr Güter kann man sich für eine bestimmte Geldeinheit kaufen, d.h. desto größer ist der Geldwert.

Von der Geldmenge abhängige Inflation

Umgekehrt gilt: Je mehr Geld im Vergleich zur Gütermenge im Umlauf ist, desto weniger Güter kann man für eine Geldeinheit erwerben, d.h. desto geringer ist der Wert des Geldes. Der Wert des Geldes wird ausschließlich von seinem Tauschwert, d.h. von seiner Kaufkraft bestimmt. Ein hohes Preisniveau führt zu einer Verringerung der Kaufkraft.

Der Sachverhalt kann aus der „Fischer'schen Verkehrsgleichung" abgeleitet werden:

$$G * U = H * P$$

(G= Geldmenge, U= Umlaufgeschwindigkeit des Geldes,
H= Handelsvolumen, P= durchschnittliches Preisniveau)

Betrachtet man den Zusammenhang zwischen Kaufkraft und Preisniveau sowie den Zusammenhang zwischen Güter- und Geldmenge mit der Umlaufgeschwindigkeit des Geldes, so kann folgender Schluss gezogen werden: **Steigendes Preisniveau bedeutet sinkende Kaufkraft des Geldes und umgekehrt.** Das Preisniveau muss ansteigen, wenn die Geldmenge und/ oder die Umlaufgeschwindigkeit des Geldes bei unverändertem Handelsvolumen zunehmen. Gleiches gilt für den Fall, dass das Handelsvolumen abnimmt, die Geldmenge oder die Umlaufgeschwindigkeit des Geldes aber nicht abnimmt. Beispiel: Steigt das Preisniveau um 100%, so beträgt die Kaufkraft einer Geldeinheit nur noch 50%!

Folgen der Inflation

negative Auswirkungen der Inflation

Für die Volkswirtschaften sind die Auswirkungen einer Inflation negativ zu bewerten:

- **Schuldner** (Staat, Bauherren, Unternehmen) werden begünstigt. Sie gewinnen entsprechend den Verlusten der Vermögensbesitzer, weil der reale Wert der Kreditaufnahme im Laufe der Zeit weniger wird. Dies gilt besonders dann, wenn die Inflationsrate höher ist als der Zinssatz für den Kredit.

- Umgekehrt werden **Sparer** (Gläubiger), aber auch **Bezieher fester Einkommen** (Angestellte, Rentner, Arbeitslose) geschädigt.

- **Eigentümer von Grundvermögen** (Grundstücke, Gebäude) erleiden dann Verluste, wenn die Preise für ihr Grundvermögen langsamer steigen als das allgemeine Preisniveau.

- In der Regel löst die Inflation aber gerade eine "Flucht in die Sachwerte" aus: Die Angst vor weiterer Geldentwertung führt in der Anfangsphase der Inflation zu steigender Nachfrage, welche wiederum die Inflation anheizt. Man spricht von "Inflationsmentalität".

- Vergrößerung der **sozialen Ungleichheit**: Wenn man davon ausgeht, dass Arbeitnehmer ihre Ersparnisse i.d.R. auf Sparbüchern anlegen, während Selbstständige ihr Geldvermögen in Sachwerten investieren, so verschiebt sich die Vermögensverteilung zu Ungunsten der Arbeitnehmer. Die Inflation vergrößert hierdurch die soziale Ungleichheit.

- Die Angst vor **Arbeitslosigkeit** lässt die **Sparquote** ansteigen. Dadurch stagniert die **Konsumgüternachfrage** oder sie ist gar rückläufig.

Der Staat ist der größte Gewinner der Inflation

Der Staat ist der größte Gewinner der Inflation, da seine Steuereinnahmen durch Preiserhöhungen ebenfalls ansteigen. Dies gilt besonders für die Umsatzsteuer und die Verbrauchsteuern. Parlamente lassen sich dadurch gerne zu vermehrten staatlichen Ausgaben verführen. Die Folgen sind immer größere **Haushaltsdefizite**, die durch **Steuererhöhungen** ausgeglichen werden müssen. Problematisch sind oft die gesetzlich fixierten Ausgaben, die kaum mehr zurückgenommen werden können.

1.2.3 Deflation und Stagflation

Deflation und ihre Ursachen

Unter Deflation versteht man ein anhaltendes Sinken des Preisniveaus, verbunden mit zunehmender Arbeitslosigkeit. Zwar führt die Senkung des Preisniveaus zu einer Steigerung der Kaufkraft des Geldes, was aber den meisten Menschen wenig hilft, da die Deflation in der Regel einen Rückgang der Beschäftigung und somit des Einkommens zur Folge hat. Die Ursachen der Deflation sind vor allem:

- **Kürzungen der Staatsausgaben**, um z.B. die entstandenen Haushaltsdefizite der Vorjahre auszugleichen

- **Pessimistische Zukunftserwartungen** der Wirtschaftssubjekte, die zur Kaufzurückhaltung, fehlenden Investitionsneigung der Unternehmen und zu einer Verringerung der Umlaufgeschwindigkeit des Geldes führen

Stagflation ist verbunden mit einem rückläufigen Wirtschaftswachstum (= Stagnation) bei steigendem Preisniveau (= Inflation). Die Bevölkerung spart aufgrund inflationärer Erscheinungen weniger, das Investitionsvolumen der Unternehmen sinkt ab, es entsteht **Arbeitslosigkeit** und ein sinkendes Bruttoinlandsprodukt:

Stagflation

Stagflation = Stagnation + Inflation

1.2.4 Preisniveau und Geldmenge

Geldentwertung wird oft damit erklärt, dass das Preisniveau von der Geldmenge abhängt. Hieraus ergeben sich folgende volkswirtschaftliche Beobachtungen:

Wie kann Geldentwertung erklärt werden?

- Die Entwicklung des Preisniveaus hängt hauptsächlich von der Entwicklung der nachfragewirksamen Geldmenge ab.

- Steigt die nachfragewirksame Geldmenge schneller als die Menge der zu konstanten Preisen bewerteten Güter (= Handelsvolumen), so steigt auch in einer freien Wirtschaft das Preisniveau.

- Steigt die nachfragewirksame Geldmenge im gleichen Maße wie das Handelsvolumen, so wird das Preisniveau gleich bleiben.

Die beiden letzten Thesen können allerdings nicht umgekehrt werden. Eine Verringerung der nachfragewirksamen Geldmenge ist zum einen nur sehr selten vorzufinden und dürfte zum anderen auch nur auf Teilmärkten zu Preissenkungen führen. Zu begründen ist diese Sicht damit, dass bei Zurückgehen der Produktion die Stückkosten der Betriebe steigen. Falls die Betriebe ausreichend wettbewerbsfähig sind, müssen sie sogar die Preise erhöhen. Ferner gibt es viele Kosten, die trotz geringerer Nachfrage nicht sinken, wie beispielsweise Steuern, tariflich festgelegte Mindestlöhne oder Importpreise für Rohstoffe. Wenn dem zufolge die nachfragebedingte Geldmenge sinkt, so wird nicht das Preisniveau fallen, sondern das Güterangebot abnehmen. Die Folge ist Arbeitslosigkeit.

1.3 Geldpolitik der Europäischen Zentralbank

Hinweis

Dieser Abschnitt wird zurzeit aktualisiert. Übergangsweise wird auf folgende Links zum Thema verwiesen:

- www.bundesbank.de/ezb/

- www.handelsblatt.com/wirtschaftswiki/

1.4 Das ökonomische Prinzip im Wirtschaftsprozess

Allgemeine Formulierung des ökonomischen Prinzips

Verhältnis von Erfolg zu Mitteleinsatz

In der allgemeinen Formulierung des ökonomischen Prinzips sind der Mitteleinsatz (Input) und Erfolgsziel (Output) variabel. Dabei besteht das ökonomische Prinzip in dem Grundsatz, das Verhältnis von Erfolg und Mitteleinsatz zu maximieren.

Anders formuliert:

> Es gilt, einen möglichst großen Überschuss an Erfolg
> über den Mitteleinsatz zu erlangen.

Es ist demnach unsinnig und unlogisch, mit dem geringstmöglichen Aufwand den größtmöglichen Erfolg anzustreben - man kann einen Extremwert nicht gleichzeitig in zwei Richtungen bestimmen.

Maximal- und Minimalprinzip

Das ökonomische Prinzip kann als Maximal- oder Minimalprinzip formuliert werden:

Fixierter Input, maximaler Output (Maximalprinzip): Mit gegebenen Mitteln soll **der größtmögliche Erfolg** erzielt werden. Zum Beispiel handelt ein Unternehmen nach dem ökonomischen Maximalprinzip, wenn es versucht, mit geplanten Kosten in einem bestimmten Zeitabschnitt einen größtmöglichen Gewinn zu erzielen (Gewinnmaximierung).

Maximalprinzip

Fixierter Output, minimaler Input (Minimalprinzip): Ein geplanter Erfolg soll mit einem **möglichst geringen Einsatz an Mitteln** erreicht werden. Ökonomisches Handeln ist erreicht, wenn eine bestimmte Prüfungsnote (Ziel) mit einem möglichst geringen Zeit- und Arbeitsaufwand erreicht wird.

Minimalprinzip

Wer nach dem ökonomischen Prinzip handelt, will auch wissen, wie ergiebig er gehandelt hat - dese **Ergiebigkeit** wird über die **Produktivität** gemessen. Sie ist das Verhältnis zwischen den eingesetzten Faktoreinsatzmengen und der durch diesen Einsatz erstellten Mengen; kurz:

Produktivität

$$\text{Produktivität} = \frac{\text{Ausbringung}}{\text{Faktoreinsatzmengen}}$$

Je größer der Quotient, desto günstiger ist das Verhältnis zwischen Ausbringung und Faktoreinsatzmenge. Arbeitsproduktivität wiederum ist der Maßstab für die Ergiebigkeit der eingesetzten menschlichen Arbeitskraft:

$$\text{Arbeitsproduktivität} = \frac{\text{gefertigte Produkteinheiten}}{\text{eingesetzte Arbeitsleistung}}$$

1.5 Wirtschaftskreislauf

Zusammenspiel der Wirtschaftseinheiten

Um einen ersten Eindruck vom Zusammenspiel der Wirtschaftseinheiten in einer Gesamtwirtschaft zu gewinnen, betrachten wir eine einfache Kreislaufdarstellung des Wirtschaftsprozesses:

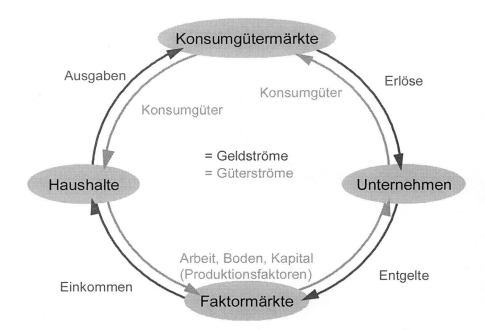

Geschlossene Wirtschaft ohne ökonomische Staatsaktivität

In dieser Wirtschaft soll es nur Haushalte und Unternehmen geben. Der Staat nimmt nicht am wirtschaftlichen Leben teil und es gibt keine ökonomischen Beziehungen zum Ausland. Eine solche Wirtschaft nennt man eine geschlossene Wirtschaft ohne ökonomische Staatsaktivität.

Durch welche Vorgänge sind hier die Haushalte mit den Unternehmen verknüpft?

Zunächst steht fest, dass ein Teil der Haushaltsmitglieder zu den Unternehmen geht, um dort zu arbeiten. Das heißt, **Arbeitsleistungen** werden von den Haushalten an die Unternehmen abgegeben. Dafür zahlen die Unternehmen an die Haushalte **Einkommen**. Einige reiche Haushalte stellen den Unternehmen außerdem noch Kapital und eventuell Grund und Gebäude zur Verfügung. Dafür erhalten sie ebenfalls Einkommen und zwar in Form von Zinsen, Mieten, usw.

Es fließt also einerseits ein **Güterstrom** (Arbeit, Boden, Kapital) von den Haushalten zu den Unternehmen, andererseits fließt ein **Geldstrom** in Form des Einkommens zu den Haushalten. Zur Vereinfachung gilt die Annahme, dass die Haushalte von dem erzielten Einkommen nichts sparen, dieses also vollständig zum Kauf von Konsumgütern (Konsumausgaben) wieder ausgeben.

Ein genauer Blick auf die Kreislaufdarstellung zeigt hier zwei Kreisläufe:

Geldkreislauf

▪ Außen befindet sich der so genannte Geldkreislauf: Die Unternehmen zahlen an die Haushalte **Einkommen**, die das Geld in Form von Konsumausgaben wieder an die Unternehmen zurückgeben. Der Markt, auf dem Konsumgüter angeboten werden, heißt Konsumgütermarkt.

■ Innen ist der Güterkreislauf der Wirtschaft eingezeichnet: Die Haushalte stellen den Unternehmen **Arbeitskraft, Boden und Kapital** zur Verfügung und die Unternehmen liefern ihrerseits die von ihnen produzierten Güter an die Haushalte.

Güterkreislauf

Da Arbeit und Boden zur Erzeugung von Gütern erforderlich ist, spricht man hier auch von **Produktionsfaktoren**. Der Markt, auf dem diese nachgefragt werden, heißt Faktormarkt.

Faktormarkt

Die Aufgabe des Marktes im Wirtschaftskreislauf

Der Markt ist der Ort, an dem sich Angebot und Nachfrage treffen; er bringt Angebot und Nachfrage auf den Güter- und Faktormärkten zum Ausgleich.

Markt

Die Nachfrage setzt sich aus der Summe aller mit Kaufkraft versehenen Kaufwünsche der einzelnen Wirtschaftssubjekte zusammen.

Nachfrage

Das Angebot setzt sich aus der Summe sämtlicher Verkaufswünsche der Wirtschaftssubjekte zusammen.

Angebot

Die privaten Haushalte fragen Verbrauchs- und Gebrauchsgüter (Konsumgüter) nach, die Unternehmen als Wirtschaftssubjekte auf den Konsumgütermärkten anbieten.

private Haushalte

Die Unternehmen fragen Produktionsfaktoren nach (Arbeit, Boden[1], Kapital), die private Haushalte und andere Unternehmen auf den Faktormärkten anbieten.

Unternehmen

Erweiterte Wirtschaftskreisläufe

Erweiterte Wirtschaftskreisläufe bilden zum Beispiel auch die Rolle des Staates als Einkommensverteiler, oder die des Bankensektors, ab - und verdeutlichen damit den Zusammenhang von Sparen & Investieren.

---

1 „Boden" steht im erweiterten Sinne auch für „Natur"; also für Rohstoffe, Wasser, Luft, natürliche Energien, Pflanzen, Tiere usw.

2

Wirtschafts- und Vertragsrecht

Inhalt:

- Rechts- und Geschäftsfähigkeit

- Fallbeispiele zu Geschäfts-/Geschäftsunfähigkeit

- Willenserklärung und Rechtsgeschäfte

- Zustandekommen von Verträgen

- Das Vertragswerk

- Der Vorvertrag im Verhältnis zur Willenserklärung

- Wichtige Vertragsarten im Überblick

- Arten von Kaufverträgen

- Vertragsgestaltung

- Allgemeine Geschäftsbedingungen (AGB)

- Störungen im Vertragsverhältnis

- Störung von Verträgen auf Lieferantenseite

- Störung von Verträgen auf der Käuferseite

- Das gerichtliche Mahnverfahren

- Fallbeispiele für Störungen auf der Käuferseite

2.1 Rechts- und Geschäftsfähigkeit

2.1.1 Rechtsfähigkeit

Rechtsfähigkeit ist die Fähigkeit, Träger von Rechten und Pflichten zu sein. Alle Rechte, seien es schuldrechtliche (z.B. Ansprüche aus einem Kaufvertrag) oder dingliche Rechte (z.B. Eigentum) setzen **Rechtsträger** voraus. Wer rechtsfähig ist, kann unter anderem Eigentum haben oder eine Erbschaft machen. Rechtsfähig im Sinne des BGB sind natürliche Personen, also Menschen, und juristische Personen, also Vereine, Stiftungen, Aktiengesellschaften, GmbH, etc.

Beginn und Ende der Rechtsfähigkeit bei natürlichen Personen

Jeder Mensch ist ohne weitere Voraussetzungen mit Vollendung der **Geburt** rechtsfähig (§ 1 BGB). Die **Rechtsfähigkeit ist unabhängig** von Lebensalter, Geschlecht, Betreuung nach dem Betreuungsgesetz von 1992 oder sonstigen Dingen. In einigen Fällen unterstellt das Gesetz die Rechtsfähigkeit eines noch nicht geborenen, aber schon gezeugten Kindes, indem es dem noch ungeborenen Kind ein Erbrecht gewährt (§ 1923 Abs. 2 BGB). Die Rechtsfähigkeit des Menschen endet nur mit seinem Tod.

Beginn und Endeder Rechtsfähigkeit bei juristischen Personen

Bei juristischen Personen beginnt die Rechtsfähigkeit mit der **Gründung** des Unternehmens (z.B. Eintrag in das Handelsregister[1]); sie endet mit der **Auflösung** (z.B. Löschung im Handelsregister). Jede juristische Person kann klagen und verklagt werden, wobei sie von einer natürlichen Person vertreten werden muss[2].

2.1.2 Geschäftsfähigkeit

rechtswirksame Willenserklärungen abgeben und Rechtsgeschäfte abschließen

Voraussetzung für eine wirksame Willenserklärung und für die Gültigkeit von Verträgen ist, dass der Erklärende geschäftsfähig ist (§§ 104, 105 BGB). Deshalb soll an dieser Stelle der Begriff der Geschäftsfähigkeit erläutert werden:

Geschäftsfähigkeit ist die Fähigkeit, **rechtswirksame Willenserklärungen abgeben** und **Rechtsgeschäfte abschließen** zu können. Die volle Geschäftsfähigkeit wird mit der **Volljährigkeit** erlangt. Die Volljährigkeit tritt mit der Vollendung des 18. Lebensjahres ein. Das BGB geht von dem Grundsatz aus, dass jeder Mensch geschäftsfähig ist, und führt in § 104 Nr. 1 bis 2 nur Personen auf, die ausnahmsweise geschäftsunfähig sind.

2.1.3 Geschäftsunfähigkeit

die Willenserklärung eines Geschäftsunfähigen ist ungültig

Geschäftsunfähig ist:

- ▪ wer **nicht das siebente Lebensjahr** vollendet hat (§ 104 Nr. 1 BGB),

- ▪ wer sich in einem die freie Willensbestimmung ausschließenden **Zustand krankhafter Störung der Geistestätigkeit** befindet, sofern nicht der Zustand seiner Natur nach ein vorübergehender ist (§ 104 Nr. 2 BGB).

Nur die Willenserklärungen eines voll Geschäftsfähigen sind wirksam (gültig). Gibt ein Geschäftsunfähiger (§ 104 BGB) eine Willenserklärung ab, so ist diese **nichtig** (ungültig), d.h. das Gesetz betrachtet sie als nicht vorhanden, sie ist rechtlich ein

---

1 Das Handelsregister ist ein öffentliches Verzeichnis, das Eintragungen über sämtliche Kaufleute im Bezirk des zuständigen Registergerichts führt.

2 Praxis: Eine GmbH kommt ihrer Streupflicht bei Glatteis nicht nach - ein Mitarbeiter fällt und verletzt sich. Der Mitarbeiter kann seine Ansprüche gegen die GmbH geltend machen, nicht aber gegen den Geschäftsführer.

Nichts. Die Willenserklärung eines Geschäftsunfähigen kann deshalb **auch nicht geheilt** werden, auch nicht zum Beispiel durch die Genehmigung eines gesetzlichen Vertreters. Für den Geschäftsunfähigen handelt sein **gesetzlicher Vertreter** (Eltern § 1626 BGB oder Vormund § 1793 BGB). Dieser kann für den Geschäftsunfähigen wirksam Rechtsgeschäfte abschließen.

Die Willenserklärungen eines Geschäftsunfähigen sind nichtig, auch wenn der Geschäftspartner von dieser Gegebenheit nichts wusste. Der gute Glaube an die Geschäftsfähigkeit wird nicht geschützt.

Wichtiger Hinweis!

Exkurs: Handlungsfähigkeit

Handlungsfähigkeit ist der **Oberbegriff** für die Geschäftsfähigkeit und die Deliktsfähigkeit. Handlungsfähigkeit bedeutet, dass eine Person fähig ist, durch eigenes Tun, Rechtswirkungen hervorzubringen, insbesondere Rechte und Pflichten zu begründen, zu ändern oder aufzuheben. Die Handlungsfähigkeit geht noch weiter: Sie bedeutet nicht nur, Träger von Rechten und Pflichten zu sein, sondern auch die Fähigkeit, solche **Rechte und Pflichten selbst durch eigenes Handeln zu begründen, zu ändern oder aufzuheben.**

Handlungsfähigkeit

Geschäftsfähigkeit ist die **Handlungsfähigkeit hinsichtlich der Rechtsgeschäfte.**

Geschäftsfähigkeit

Deliktsfähigkeit ist die **Handlungsfähigkeit auf dem Gebiet der unerlaubten Handlungen** (§§ 823 ff. BGB) sie gilt grundsätzlich ab 7 Jahren. Dies beinhaltet die Fähigkeit, für unerlaubte Handlungen verantwortlich zu sein und **für den Schaden selbst einstehen** zu müssen, der durch die unerlaubte Handlung entstanden ist (§§ 827, 828 BGB).

Deliktsfähigkeit

2.1.4 Beschränkte Geschäftsfähigkeit

Geschäftsfähigkeit und Willenserklärung

Beschränkte Geschäftsfähigkeit führt nicht unbedingt zur Nichtigkeit eines Vertrages, aber sie bringt **abweichende Rechtswirkungen** mit sich. Wie bereits erläutert, unterscheidet man hinsichtlich der Geschäftsfähigkeit drei Stufen, die vor allem auch an das **Lebensalter** geknüpft sind:

Drei Stufen der Geschäftsfähigkeit

- 0 bis 7 Jahre = Geschäftsunfähigkeit

- 7 bis unter 18 Jahre = beschränkte Geschäftsfähigkeit (§ 106 BGB)

- über 18 Jahre = volle Geschäftsfähigkeit (§ 2 BGB)

Bringt die Willenserklärung des beschränkt Geschäftsfähigen ihm:

Wirkung der Willenserklärung beschränkt Geschäftsfähiger

- lediglich einen **rechtlichen Vorteil**, so ist sie voll gültig (§ 107 BGB)[1].

- **rechtliche Vorteile und aber auch rechtliche Nachteile**, so ist sie schwebend unwirksam (§§ 107, 108 Abs. 1 BGB)

- lediglich **rechtliche Nachteile**, dann ist sie ebenfalls schwebend unwirksam (§§ 107, 108 Abs. 1 BGB)

---

1 Praxis: Der 13-jährige Neffe bekommt von seiner Tante ein Sparbuch über 500,00 € geschenkt. In diesem Falle liegt hier ein Schenkungsvertrag vor, der ihm lediglich einen rechtlichen Vorteil bringt und damit nicht der Zustimmung des gesetzlichen Vertreters bedarf.

Zusammenfassung

Die bisher genannten Punkte lassen sich wie folgt zusammenfassen:

- § 107 BGB gilt nicht für Geschäftsunfähige

- Alle Willenserklärungen des beschränkt Geschäftsfähigen, durch die er nicht nur einen rechtlichen Vorteil erlangt, bedürfen für ihre rechtliche Gültigkeit der Einwilligung des gesetzlichen Vertreters (§§ 107, 108 Abs. 1 BGB).

- Gleiches gilt übrigens auch für die Entgegennahme von Willenserklärungen durch den beschränkt Geschäftsfähigen (§ 131 Abs. 1 und 2).

- Ein wirtschaftlicher Vorteil macht die Willenserklärung in der Regel nicht gültig

- Nur solche Rechtsgeschäfte sind gültig, bei denen der beschränkt Geschäftsfähige keinerlei Haupt- oder Nebenpflichten übernimmt und keine Rechte aufgibt oder schmälert[1].

- Liegt die Einwilligung des gesetzlichen Vertreters vor, so ist die Willenserklärung des beschränkt Geschäftsfähigen von Anfang an, also rückwirkend gültig (§ 184 BGB). Wird die Genehmigung verweigert, so ist die Willenserklärung endgültig von Anfang an unwirksam.

Auch wenn der Gegner gutgläubig die volle Geschäftsfähigkeit des beschränkt Geschäftsfähigen angenommen hat, ist das Rechtsgeschäft schwebend unwirksam und wird bei Verweigerung der Genehmigung durch den gesetzlichen Vertreter von Anfang an unwirksam. Guter Glaube an die Geschäftsfähigkeit wird nicht geschützt.

Taschengeldparagraph

Die beschränkte Geschäftsfähigkeit ist in einigen Fällen vom BGB ausgeweitet: Ein von einem Minderjährigen geschlossener **Vertrag ist auch ohne Zustimmung** des gesetzlichen Vertreters von Anfang an **voll wirksam**, wenn der Minderjährige die ihm obliegende Leistung mit Mitteln bewirkt hat, die ihm vom gesetzlichen Vertreter zu diesem Zweck oder zur freien Verfügung überlassen worden sind (§ 110 BGB, „Taschengeldparagraph").

Fallbeispiel
Anwendung des
Taschengeldparagraphen

Tanja ist die 15jährige Tochter von Werksleiter Krause. Herr Krause leitet das Badische Zementwerk, Tanja besucht das örtliche Gymnasium. Die Schülerin hat sich ohne Einwilligung ihrer Eltern ein Mofa im Wert von 1.200,00 € auf Raten gekauft. Sie bezahlt von ihrem Taschengeld einen Betrag in Höhe von 300,00 € an und möchte den Rest in vier Monatsraten aus dem Verdienst eines Ferienjobs bezahlen. Vater und Mutter Krause sind gegen den Kauf des Mofas und verlangen zudem, dass die Tochter das Mofa zurückgibt.

Wie ist der Kaufvertrag zu beurteilen?

Da die Eltern die Genehmigung verweigern, ist der Kaufvertrag von Anfang an ungültig, so dass der Verkäufer das Mofa zurücknehmen und zugleich auch die erhaltene Anzahlung zurückgeben muss. Auch hier gilt, dass der gute Glaube an die Geschäftsfähigkeit nicht geschützt wird. Der Schutz des Jugendlichen steht über dem des Verkäufers.

Zu diesen finanziellen Mitteln zählen auch andere Geldzuwendungen, die der beschränkt Geschäftsfähige zur freien Verwendung erhält, wie zum Beispiel Geldgeschenke von Verwandten zur Konfirmation oder auch der Verdienst, den er vom Arbeitgeber ausgezahlt bekommt.

---

1 Praxis: Schenkung, Schulderlass.

Wird ein beschränkt Geschäftsfähiger **von seinem gesetzlichen Vertreter ermächtigt**, einen Dienst- oder Arbeitsverhältnis einzugehen, so ist er für alle Rechtsgeschäfte unbeschränkt geschäftsfähig, die eine Eingehung, Aufhebung oder Erfüllung dieses Vertrages betreffen(§ 113 BGB). Dies bedeutet in der Folge, dass der Minderjährige mit seinem Arbeitgeber auch eigenverantwortlich Vereinbarungen über seine Arbeitszeit, sein Gehalt oder über die Art seiner Tätigkeit treffen kann, ohne dass er der Genehmigung seines gesetzlichen Vertreters bedarf.

Ein noch Minderjähriger kann auch zum **selbstständigen Betrieb eines Erwerbsgeschäftes** durch seine gesetzlichen Vertreter ermächtigt werden. Hierzu ist allerdings die Genehmigung des **Vormundschaftsgerichtes** erforderlich. Damit ist der beschränkt Geschäftsfähige für alle Rechtsgeschäfte voll geschäftsfähig, die der Geschäftsbetrieb mit sich bringt (§ 112 Abs. 1, 2 BGB).

Die Grenzen des Taschengeldparagraphen liegt dort, wo Verträge abgeschlossen werden, zu deren Erfüllung das gewährte Taschengeld nicht ausreicht, auch wenn später erwartetes Taschengeld hierfür verwendet werden soll[1].

Dienst- und Arbeitsverträge mit beschränkt Geschäftsfähigen

Grenzen des Taschengeldparagraphen

Übersicht zum Thema Geschäftsunfähigkeit

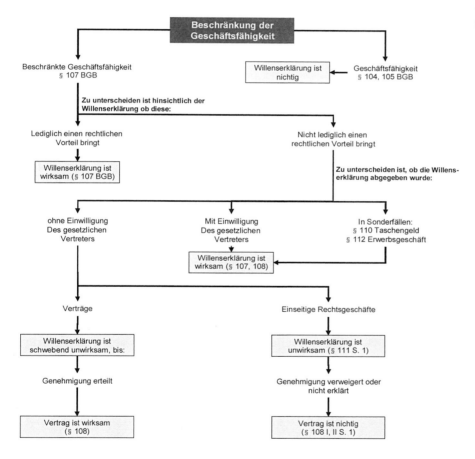

---

1 Praxis: Wenn ein Konfirmand 100,00 € als Taschengeld bekommen hat, so kann er nicht einen Ratenkaufvertrag über eine Stereoanlage im Werte von 1000,00 € abschließen, mit der Abrede, den restlichen Betrag mit seinem künftigen Taschengeld abzustottern. Kreditgeschäfte sind von § 110 BGB nicht erfasst.

2.2 Fallbeispiele zu Geschäfts-/Geschäfts- unfähigkeit

Die folgenden Fallbeispiele befassen sich mit den Themen Geschäftsfähigkeit, beschränkte Geschäftsfähigkeit und Geschäftsunfähigkeit:

Fallbeispiel
Behandlung der
Willenserklärung
eines Minderjährigen

Als Herr Krause abends nach Hause kommt, bittet ihn sein siebzehnjähriger Sohn Philipp, den Kauf eines Fahrrades zu erlauben, das 350,00 € kosten und aus dem ersparten Geld des Sohnes bezahlt werden soll. Der Vater antwortet: "Einverstanden!" und seine Frau nickt zustimmend.

Welche rechtsverbindlichen Erklärungen sind von den Beteiligten hier abgegeben worden?

Philipp möchte einen Kaufvertrag über ein Fahrrad abschließen (§ 433 BGB). Da er aber noch nicht das 18. Lebensjahr, sondern das siebzehnte vollendet hat, ist er beschränkt geschäftsfähig (§§ 2, 106 BGB). Zur Abgabe seiner Willenserklärungen, die ihm nicht lediglich einen rechtlichen Vorteil bringt, bedarf er deshalb der Einwilligung seines gesetzlichen Vertreters (§ 107 BGB). Gesetzliche Vertreter eines Minderjährigen sind in der Regel seine Eltern (§ 1626 BGB). Beide müssen übereinstimmend ihre Zustimmung zu der Willenserklärung des Kindes geben. Vater Krause hat dies durch eine ausdrückliche Erklärung, Mutter Krause durch schlüssiges Verhalten, nämlich mit Kopfnicken wirksam getan.

Die erforderliche Genehmigung zum Kauf des Fahrrades liegt damit vor. Phillipp darf sich das Fahrrad von seinem ersparten Geld kaufen.

Fallbeispiel
Nichtige Kündigung

Jens Krause ist der älteste Sohn des Hauses, er studiert in Freiburg Rechtswissenschaften und wohnt zur Untermiete bei einem Kollegen seines Vaters, Herrn Müller. Spät abends kommt Jens von einer ausgedehnten Weinprobe sehr stark alkoholisiert nach Hause. Dabei erklärt er seinem Vermieter, den er im Hausflur zufällig trifft: "Herr Müller, ich kündige; zum nächst möglichen Termin ziehe ich aus". Am nächsten Morgen möchte Müller, dem die Kündigung des Studenten eigentlich ganz gelegen kommt, mit diesem Einzelheiten des Auszugs besprechen. Jens, inzwischen wieder nüchtern, meint aber, so ernst habe er das nicht gemeint; von einer Kündigung könne natürlich keine Rede sein.

Hat Jens Krause wirksam gekündigt? Wie ist die Rechtslage?

Eine Kündigung ist eine einseitige, empfangsbedürftige Willenserklärung (§ 564 Abs. 2 BGB). Die Wirksamkeit der Kündigung hängt davon ab, ob sie wirksam abgegeben wurde. Hierbei kommt es darauf an, ob es sich um eine Erklärung unter Anwesenden oder um eine Erklärung unter Abwesenden handelt. In diesem Beispiel ist die Willenserklärung durch Vernehmen wirksam geworden; es handelt sich um eine Willenserklärung unter Anwesenden, die mit dem Hören wirksam wurde. Jens ist jedoch stark alkoholisiert gewesen, so dass die Erklärung gemäß § 105 Abs. 2 BGB nichtig sein könnte, wenn er sie in einem Zustand der Bewusstlosigkeit oder vorübergehenden Störung der Geistestätigkeit abgegeben hätte. Dieser Fall liegt hier wohl vor, weil der Studiosus so betrunken war, dass er nicht mehr wusste, was er tat oder sagte.

Die Kündigung ist nichtig (§ 105 Abs. 2 BGB), weil der Erklärende sie im Zustand der vorübergehenden Störung seiner Geistestätigkeit abgegeben hat.

Tanja Krause erhält von ihren Eltern monatlich 300,00 €. Sie hat sich durch Ferienarbeit noch 1.000,00 € dazu verdient und dieses Geld gespart. Am Monatsende kauft sie sich in einem Fernsehgeschäft einen gebrauchten Fernseher, der 250,00 € kostet. Sie zahlt 100,00 € an und verspricht, den Rest am Monatsende zu zahlen. Als der Händler vier Wochen später immer noch kein Geld erhalten hat, verlangt er von Tanja und ihren Eltern die Zahlung der restlichen 200,00 €.

Wie ist die rechtliche Situation - hat die Forderung des Händlers Aussicht auf Erfolg, wenn Vater und Mutter Krause ihre Zustimmung verweigern?

Die Forderung des Händlers besteht nur dann zu Recht, wenn ein gültiger Kaufvertrag zwischen der Schülerin Tanja und ihm zustandegekommen ist (§ 433 BGB). Tanja ist noch minderjährig (§ 2 BGB) und daher noch nicht voll geschäftsfähig (§ 106 BGB). Deshalb kann der Händler grundsätzlich nur einen Kaufvertrag mit Zustimmung ihrer gesetzlichen Vertreter, also der Eltern in diesem Falle, abschließen (§§ 108, 1626 BGB). Ohne die Einwilligung der Eltern wäre der Vertrag schwebend unwirksam bis zu der Entscheidung über die endgültige Zustimmung. Die Ausnahmeregelung des § 110 BGB trifft in diesem Fall nicht zu, weil hierfür die Voraussetzung wäre, dass die Jugendliche die Leistung mit Mitteln, die ihr zu diesem Zweck oder zur freien Verfügung vom gesetzlichen Vertreter überlassen wurden, erbracht hätte. Da Tanja Krause aber zum Teil auf Kredit gekauft hat, ist der gesamte Kaufvertrag schwebend unwirksam und mit der Weigerung der Eltern völlig unwirksam.

Der Händler kann weder Ansprüche gegen Tanja geltend machen noch gegen ihre Eltern, da diese mit dem Vertrag nichts zu tun haben.

Fallbeispiel
Schwebende Unwirksamkeit eines Kaufvertrages

Herr Müller, der Vermieter von Jens Krause, hat einen sechsjährigen Sohn, Stephan. Dieser tauscht mit einem Sammler Briefmarken: Er gibt dem Briefmarkensammler für eine Marke im Werte von 600,00 € mehrere andere schöne Briefmarken aus seiner Sammlung, die aber im Wert nur insgesamt 50,00 € ausmachen. Stephans Vater ist mit dem Tausch seines Sohnes einverstanden und lobt ihn wegen seiner Geschäftstüchtigkeit. Nach sechs Wochen verlangt der Sammler seine Marken von Stephan Müller wieder zurück.

Kann er das? Wie ist die rechtliche Situation zu beurteilen?

Der Briefmarkensammler könnte die Briefmarken zurückverlangen, wenn der Tauschvertrag unwirksam wäre (§§ 433, 515 BGB). In diesem Falle er Ansprüche aus §§ 985 oder 812 BGB geltend machen. Stephan ist als Minderjähriger, der nicht das 7. Lebensjahr vollendet hat, geschäftsunfähig (§104 Nr. 1 BGB), d.h. seine Willenserklärungen, und damit auch der Tauschvertrag, sind nichtig (§ 105 Abs. 1 BGB). Die Genehmigung von Vater Müller kann den Mangel nicht heilen; der Vertrag ist damit nichtig. Der Vertrag kann auch nicht schwebend unwirksam sein, da dies nur für beschränkt Geschäftsfähige gelten würde; aber davon abgesehen müsste auch Stephans Mutter noch genehmigen (§ 1626 BGB).

Und wie steht es mit dem Rückgabeanspruch des Sammlers?

Er könnte seinen Rückgabeanspruch auf § 985 BGB stützen. Aber da Stephan geschäftsunfähig ist, ist auch die Übereignung nach § 929 BGB, also der dingliche Einigungsvertrag, nichtig (§§ 104 Nr. 1, 105 Nr.2 BGB). Auch in diesem Fall kann der Vater den Mangel nicht durch seine Genehmigung heilen. Der Sammler ist Eigentümer seiner Briefmarken geblieben und hat darüberhinaus einen Herausgabeanspruch gegen Stephan als Besitzer gemäß § 985 BGB. Außerdem könnte sich der Sammler auch auf den § 812 BGB stützen, weil Stephan durch ihn etwas ohne rechtlichen Grund erlangt hat (= nichtiger Tauschvertrag).

Fallbeispiel
Nichtiger Tauschvertrag und Herausgabeanspruch

2.3 Willenserklärung und Rechtsgeschäfte

Schlüsselfragen, falls rechtliche Ansprüche gestellt werden

In unserem Alltag schließen wir ständig in irgendeiner Form Verträge, ohne dass wir uns dessen immer bewusst sind. Werden an uns rechtliche Ansprüche aus einem Vertrag gestellt, so sollten wir uns folgende Fragen stellen:

▓ Ist dieser Vertrag für mich bindend?

▓ Liegen überhaupt **Willenserklärungen** im Sinne des BGB vor?

▓ Sind diese Willenserklärungen überhaupt wirksam geworden und wenn ja, sind sie vielleicht mit **Mängeln** behaftet, so dass der Vertrag von Anfang an ungültig war oder im nachhinein für ungültig erklärt wird?

▓ Wie kann ich die Willenserklärung, die zu Ansprüchen gegen mich führen könnte, zu Fall bringen?[1]

▓ Ist mein Anspruch unangreifbar?

▓ Kann ich eine gerichtliche Klage wagen?

▓ Wie kann ich Fehler in den Willenserklärungen von Anfang an vermeiden?

▓ Kann der Gegner meinem Anspruch ausweichen oder ihn zu Fall bringen?

Hier ist wichtig, sich mit Nichtigkeitsgründen und Anfechtungsfällen auseinanderzusetzen, um im täglichen Leben die Willenserklärungen, die auf den Abschluss eines Vertrages gerichtet sind, kritischer betrachten und Verträge auf offensichtliche oder gar verborgene Mängel "abklopfen" zu können. Wie bereits ausgeführt, verwendet das BGB die Begriffe Rechtsgeschäft und Willenserklärung nebeneinander. Da die Willenserklärung aber ein ganz zentraler Begriff ist, der für sämtliche Bereiche des BGB und sogar darüber hinaus für fast das gesamte Recht von Bedeutung ist, soll hier noch einmal genauer darauf eingegangen werden.

Voraussetzungen

Eine Willenserklärung ist eine Äußerung des Willens, die eine Rechtswirkung herbeiführen soll. Ob nun im Sinne des BGB eine Willenserklärung vorliegt, müssen einige **Voraussetzungen** hierfür geprüft werden:

▓ Es muss ein Wille **vorhanden** sein.

▓ Der Wille muss **erkennbar geäußert** werden (= erklärt werden).

▓ Der erklärte Wille muss auf einen **Rechtserfolg** gerichtet sein.

Antrag bzw. Angebot als Willenserklärung

Abgabe der Willenserklärung

Der Wille ist nur dann rechtserheblich, wenn er erklärt wird (vgl. §§ 130 ff. BGB). Diese Erklärung kann wie folgt abgegeben werden durch:

▓ ausdrückliche Äußerung: mündlich oder schriftlich bzw. in Textform (§ 129a BGB),

▓ **schlüssiges Verhalten:** der Wille ist hier nicht ausdrücklich (sprachlich o.ä.) ausgedrückt, sondern ergibt sich unmittelbar aus dem Verhalten,

▓ **Schweigen:** keine Reaktion auf abweichende Auftragsbestätigung (bei Kaufleuten).

---

1 Ein Lieferant liefert einem Kunden Ware und sagt ihm 5% Skonto bei Zahlung der Rechnung binnen 2 Wochen, zu. Der Kunde zahlt aber erst nach 5 Wochen und zieht dennoch 5% von der Rechnungssumme ab. Der Lieferant verlangt die Restzahlung der 5% mit der Begründung, Skonto hätte man nur innerhalb der 2 Wochen in Anspruch nehmen dürfen. Hätte es sich bei den 5% um einen Preisnachlass in Form eines Rabattes gehandelt, wäre der berechtigterweise auch noch bei Zahlung nach 5 Wochen abzugsfähig gewesen.

- Die Bindung an die Willenserklärung "**freibleibendes Angebot**": Wenn keine besonderen Abmachungen getroffen worden sind, dann ist ein Antrag (beim Kaufvertrag = Angebot) so lange bindend, bis der Antragende unter verkehrsüblichen Umständen, wie Hinsendung, angemessene Überlegungsfrist, Rücksendung, eine Antwort erwarten kann. Es muss mindestens auf gleich schnellem Wege geantwortet werden. Zum Beispiel: Antrag durch Fax, Annahme dann auch durch Fax oder Telefon. Der Anbietende kann allerdings auch die **Bindung von vornherein ausschließen** durch den Vermerk "freibleibendes Angebot" oder "Zwischenverkauf vorbehalten" (§ 145 BGB).

Die Bindung an den Antrag erlischt, wenn dieser verspätet angenommen wurde (§ 146 BGB):

Erlöschen der Bindung an den Antrag

- Ein Antrag gegenüber einem Anwesenden kann nur sofort angenommen werden, wobei dies auch im Falle des telefonischen Antrags zutrifft.

Ein Antrag gegenüber einem Abwesenden kann nur bis zu dem Zeitpunkt angenommen werden, bis unter regelmäßigen Umständen - wie Hinsendung, Überlegungsfrist, Rücksendung - eine Antwort erwarten und werden kann (§ 147 BGB).

2.4 Wirksamkeit einer Willenserklärung

Die Abgabe einer Willenserklärung allein genügt noch nicht, damit diese auch wirksam, d.h. gültig, ist. § 130 Abs. 1 BGB unterteilt vielmehr Willenserklärungen in:

Kriterium Empfangsbedürftigkeit

- empfangsbedürftige

- nicht empfangsbedürftige

Nur die letzteren sind allein durch ihre Abgabe seitens des Erklärenden wirksam[1]. Im täglichen Leben jedoch kommen die empfangsbedürftigen Willenserklärungen am häufigsten vor und diese setzen für ihre Wirksamkeit die Erklärung gegenüber einem bestimmten Empfänger voraus. Das heißt, die Gegenpartei muss die Erklärung empfangen.

Bei Anwesenheit der anderen Partei wird die empfangsbedürftige **Willenserklärung** mit der Vernehmung wirksam. Anwesend ist die Gegenpartei, die eine Willenserklärung unmittelbar wahrnimmt. Telefonisch übermittelte Willenserklärungen gelten als Erklärungen unter Anwesenden. Es gilt hier die Vernehmungstheorie[2] - Äußerung und Vernehmung fallen zusammen.

Anwesenheit des Erklärungsempfängers (= Vernehmungstheorie)

Bei dieser Theorie ist nicht Vernehmung Voraussetzung für die Wirksamkeit der Erklärung, sondern es gilt die Empfangstheorie. Dies bedeutet, dass sie der Gegenpartei nur zugehen muss (§ 130 BGB), wobei das Zugehen noch genauer im Gesetz definiert wird. "Zugehen" bedeutet, dass die Willenserklärung so in den Bereich des Gegners gelangen muss, dass dieser sie **unter gewöhnlichen Umständen zur Kenntnis nehmen** kann. Nimmt der Gegner sie trotzdem nicht zur Kenntnis, so ist die Erklärung dennoch wirksam.

Abwesenheit des Erklärungsempfängers (= Empfangstheorie)

---

1 Praxis: Hund verschwunden, 50 EURO Finderlohn für Überbringer = Anspruch seitens Überbringer auf Zahlung von 50 Euro.

2 Die Vernehmungstheorie bezieht sich auf die akustisch-lautliche Wahrnehmung der Erklärung durch den Empfänger.

Einzelaspekte

das Zugehen der Willenserklärung beweisen	Im Alltagsleben ist es für den Erklärenden oft sehr wichtig, das **Zugehen der Willenserklärung beweisen** zu können. Ist der Erklärungsempfänger geschäftsunfähig oder nur beschränkt geschäftsfähig, so wird die Willenserklärung grundsätzlich nur mit dem Zugehen an dessen gesetzlichen Vertreter wirksam (§ 131 BGB). Beim **Absenden der Erklärung** sollten folgende Möglichkeiten bedacht werden:
eingeschriebener Brief Einwurf-Einschreiben	Ein nur eingeschriebener Brief bzw. ein Einwurf-Einschreiben ist nicht immer sinnvoll, da es sein kann, dass der Brief aus irgendeinem Grunde verloren geht und damit dem Gegner nicht zugestellt wird. Inzwischen kann eine für die Willenserklärung wichtige Frist verstreichen, wie zum Beispiel bei der termingebundenen Kündigung.
eingeschriebener Brief mit Rückschein	Diese Möglichkeit ist zweckmäßiger als der nur eingeschriebene Brief, da man **durch den Rückschein beweisen kann, dass der Brief angekommen ist**. Aber zu beachten ist, dass hier nur bewiesen ist, dass ein Brief abgesendet und empfangen wurde. **Einen Beweis für den Inhalt gibt es dadurch nicht.**
Zustellung durch den Gerichtsvollzieher	Bei der Zustellung durch den Gerichtsvollzieher gelten die Vorschriften der Zivilprozessordnung (§ 132 Abs. 1 BGB). Es handelt sich hier um die sicherste Art, das Zugehen zu beweisen. Wenn der Aufenthalt der Person nicht bekannt ist, besteht die Möglichkeit der öffentlichen Zustellung (§ 132 BGB)[1].
Exkurs: Schweigen als Willenserklärung	Schweigen wird im Rechtsverkehr nicht als Zustimmung, sondern als Ablehnung behandelt. Grundsätzlich (außer unter Kaufleuten) ist Schweigen keine Willenserklärung und führt somit auch nicht zu einer rechtlichen Bindung. Schweigen als Willenserklärung auf einen Antrag hin gilt dennoch in der Regel als Ablehnung (vgl. §§ 146, 147 BGB).

Fallbeispiel Stillschweigende Annahme eines Angebots	Mutter Krause erhält von einer Versandfirma unbestellt eine Ware zugesandt mit dem Begleitschreiben: "..... Wenn Sie binnen 14 Tagen nicht antworten, gehen wir davon aus, dass Sie den Gegenstand annehmen und gebrauchen konnten. Wir bitten um Überweisung....". Wenn Frau Krause den betreffenden Gegenstand tatsächlich in Gebrauch nimmt, dann erklärt sie stillschweigend die Annahme des betreffenden Angebotes. Der Vertrag kommt dann zustande: Frau Krause muss zahlen. Wenn Frau Krause den Gegenstand nicht gebrauchen kann, ihn nicht benutzt, vielmehr das Paket ablegt und im Übrigen schweigt, kommt der Vertrag nicht zustande, die Zahlungsverpflichtung entfällt[a]. Als Zustimmung kann Schweigen nur angesehen werden, wenn nach Treu und Glauben (§ 242 BGB) von dem Schweigenden zu erwarten wäre, dass er ausdrücklich Ablehnung erklärt.

a. Wenn das Paket aber einen Inhalt hat, der mit dem üblichen Geschäft eines Kaufmanns in Zusammenhang steht, kann dies auch anders zu sehen sein.

---

1 Eine böswillige Gegenpartei kann das Zugehen oder die Vernehmung der Willenserklärung verhindern, indem sie zum Beispiel den Briefkasten abmontiert oder die Wohnung verschlossen hält. Auch solche Fälle kommen im täglichen Leben vor. Hier gilt der Grundsatz: Wer das verkehrsübliche Zugehen verhindert und sich dann auf das Fehlen des Zugehens oder auf ein verspätetes Zugehen berufen will, muss sich die Einrede des Rechtsmissbrauchs entgegenhalten lassen.

Die Ausnahme von dem Grundsatz, dass Schweigen im Rechtsverkehr nicht Zustimmung, sondern Ablehnung bedeutet, besteht vor allem im kaufmännischen Geschäftsverkehr: Im **Handelsrecht** gilt kraft **Gewohnheitsrecht** das **Schweigen** eines Kaufmannes auf das Bestätigungsschreiben eines anderen Kaufmannes als **Zustimmung**: Geht jedoch einem Kaufmann, der regelmäßig für einen anderen Kaufmann Geschäfte ausführt, ein Antrag von diesem zu, dann gilt Schweigen als Annahme des Antrags. Wenn er einen Auftrag nicht übernehmen will, so muss er **unverzüglich antworten**, da sonst der Vertrag zustande kommt (§ 362 HGB).

Wichtiger Hinweis!

2.5 Zustandekommen von Verträgen

Durch die Abgabe einer Willenserklärung will die Person bzw. der Erklärende einen bestimmten Rechtserfolg herbeiführen, zum Beispiel die Kündigung eines Arbeitsvertrages. Bei einseitigen Rechtsgeschäften ist die Willenserklärung von lediglich einer Partei erforderlich. Beispiele: beim Testament, bei der Kündigung oder im Falle der Anfechtung.

einen bestimmten Rechtserfolg herbeiführen

Rechtsgeschäfte können sowohl durch empfangsbedürftige wie auch durch nicht empfangsbedürftige Willenserklärungen zustande kommen. Testamente gehören zu den nicht empfangsbedürftigen Rechtsgeschäften, während die Kündigung ein Beispiel für ein empfangsbedürftiges Rechtsgeschäft darstellt.

Bei zwei- oder mehrseitigen Rechtsgeschäften sind die Willenserklärungen aller Beteiligten erforderlich.

Damit überhaupt ein Vertrag entstehen kann, müssen hier die Erklärungen inhaltlich übereinstimmen (§ 150 Abs. 2 BGB).

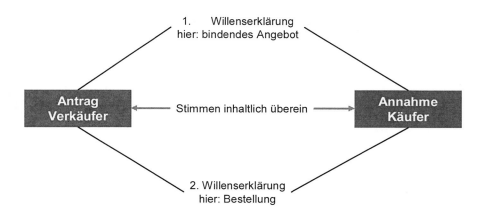

Zum wesentlichen Bestandteil eines Vertrages zählen die Willenserklärungen. Beim Vertrag sind jeweils zwei Willenserklärungen auf ihre Wirksamkeit hin und außerdem auf ihre **Übereinstimmung** zu untersuchen. Nur wenn sie sich gegenseitig ergänzen oder inhaltlich übereinstimmen, kann ein Vertrag entstehen[1].

Willenserklärungen müssen wirksam sein und übereinstimmen

---

1 Praxis: Der Interessent sagt "Ich kaufe das Fahrrad" (= Antrag), der Anbieter reagiert: „Ich verkaufe das Fahrrad" (= Annahme) - es handelt sich um einen Kaufvertrag nach § 433 BGB. Aber: Der Interessent sagt: "Ich kaufe das Fahrrad" (= Antrag), der Anbieter reagiert: „Ich verleihe das Fahrrad" (= Annahme) - es liegen keine übereinstimmenden Willenserklärungen nach §§ 145, 154 BGB vor; es handelt sich nicht um einen Kaufvertrag, sondern um einen Dienst.

2.6 Das Vertragswerk

Die Voraussetzungen eines Vertrages sind Antrag und Annahme

Ein Vertrag liegt vor, wenn zwei sich deckende Willenserklärungen - **Antrag** und **Annahme** - abgegeben werden (§§ 145 ff. BGB).

Antrag und Annahme

Der Abschluss eines Kaufvertrages erfolgt **schrittweise**. Die zeitlich zuerst abgegebene Willenserklärung heißt Antrag, die zweite Willenserklärung heißt Annahme. Jeder der beiden Vertragspartner kann demnach den Anstoß zum Vertragsabschluss geben (§§ 145 ff. BGB).

Antrag

Der Antrag ist eine empfangsbedürftige Willenserklärung, durch die dem Gegenüber der Abschluss eines Vertrages **angeboten** wird. Er muss grundsätzlich so bestimmt sein, dass er **ohne weiteres durch Zustimmung angenommen werden kann**. Die Bestimmtheit ergibt sich in der Regel aus Vorbesprechungen sowie aber auch aus der Formulierung.

Annahme

Die Annahme ist eine - im Zweifel ebenfalls empfangsbedürftige - **Gegenerklärung, durch die der Antrag unverändert angenommen wird**. Antrag und Annahme müssen sich decken, das heißt übereinstimmen. Erfolgt die Annahme verspätet, oder weicht sie vom Angebot ab, so ist der Antrag abgelehnt; diese modifizierte (= veränderte) Annahmeerklärung gilt jedoch als **neuer Antrag** (§ 150 BGB).

Freibleibendes Angebot

dies deutlich zum Ausdruck bringen

Will sich ein Kaufmann an sein Angebot nicht binden, so muss er dies deutlich zum Ausdruck bringen, indem er das Angebot als "freibleibend", "ohne Verpflichtung" oder als "unverbindlich" kennzeichnet.

Kaufmännisches Bestätigungsschreiben

schriftliche Bestätigung einer Vertragspartei

Manchmal wird ein bereits formlos geschlossener Vertrag schriftlich von einer Vertragspartei bestätigt (= kaufmännisches Bestätigungsschreiben). Weicht das Bestätigungsschreiben vom Inhalt des Vertrages ab, so gilt der Inhalt des Bestätigungsschreibens, sofern der Empfänger nicht unverzüglich widerspricht. Hier wirkt Schweigen als Zustimmung.

Unbestellte Waren

Bei unbestellten Waren ist man - insbesondere als Verbraucher - weder zur Abnahme, noch zur Zahlung verpflichtet und auch nicht gezwungen, diese zurückzusenden (§ 241a Abs. 1 BGB)[1].

Das Erfüllungs- und Verpflichtungsgeschäft aus dem Kaufvertrag

liefern, übergeben und übereignen

Mit Abschluss des Kaufvertrages ist der Verkäufer verpflichtet, die verkaufte Sache ordnungsgemäß zu liefern, das heißt zu übergeben und zu übereignen.

---

1 Nach § 241a Abs. 1 BGB gilt, dass kein Anspruch begründet wird; dies entspricht Artikel 9 der Richtlinie 97/7/EG des Europäischen Parlaments und des Rates vom 20. Mai 1997

Der Käufer hat gleichzeitig mit Vertragsabschluss die Verpflichtung übernommen, die gekaufte Sache abzunehmen und vor allem zu bezahlen (§ 433 BGB). Er wird durch den Abschluss noch nicht Eigentümer an der gekauften Sache.

annehmen und bezahlen

Der Kaufvertrag ist ein **Verpflichtungsgeschäft**, dem das **Erfüllungsgeschäft** (Übereignung) folgen muss. Er wird erst erfüllt, wenn der Verkäufer die Ware vertragsgemäß übereignet und der Käufer die Waren abgenommen hat (Regelfall). Die Übereignung erfolgt, wenn der Käufer bezahlt - sie fällt also mit der vollständigen Bezahlung zusammen.

2.7 Exkurs: Der Vorvertrag im Verhältnis zur Willenserklärung

Ein Vorvertrag ist eine vertragliche **Verpflichtung, einen Hauptvertrag abzuschließen**. Weil er bereits verbindlich ist, muss er auch die wesentlichen Bestimmungen des Hauptvertrages wenigstens mittelbar enthalten. Deshalb bedarf er auch grundsätzlich der Form des Hauptvertrages (siehe § 313 BGB).

vertragliche Verpflichtung, einen Hauptvertrag abzuschließen

■ **Haftung vor Vertragsschluss:** Erst mit Vertragsschluss entstehen vertragliche Verpflichtungen zwischen den Parteien. Dennoch gilt es zu beachten, dass bereits bei den Vorverhandlungen die Partner in (vertragsähnliche) Beziehungen treten, die ihnen nach **Treu und Glauben** bereits die **Pflicht** auferlegen, **gegenseitige Rücksichtnahme** zu üben. Die schuldhafte Verletzung dieser Pflicht führt zur Haftung für den dem anderen daraus entstehenden Schaden aus dem Gesichtspunkt des Verschuldens bei Vertragsschluss (§§ 242, 280, 284 BGB).

Die Aufforderung zur **Abgabe von Angeboten** (z.B. Schaufensterauslage, Werbeblätter, etc.) ist noch kein Antrag im Sinne des § 145 BGB. In diesem Falle ist unsere Alltagssprache dem Gesetzestext längst davongelaufen. Man sagt, der Händler bietet meterweise Ware an, aber dennoch handelt es sich hier nicht um ein Angebot, sondern um eine **Aufforderung an den Kunden**, dass dieser ein Angebot zum Kauf machen solle. Gleiches geschieht übrigens im Supermarkt, wenn der Kunde die Waren zur Kasse bringt. Damit gibt er zum Ausdruck, dass er diese Waren zu dem angegebenen Preis haben möchte. Die Kassiererin nimmt die Waren und prüft dabei den Preis. Indem sie den Preis eingibt (heute Scanner), nimmt sie den Kaufantrag an.

Aufforderung zur Abgabe von Angeboten

Sie könnte aber auch den Antrag ablehnen, wenn zum Beispiel der Preis auf der Ware falsch ausgezeichnet ist. Ablehnen kann der Verkäufer auch dann, wenn er sich geirrt hat, zum Beispiel wenn die Preisschilder im Schaufenster vertauscht sind, oder im Werbeprospekt ein falscher Preis aufgedruckt ist. Der Kunde hätte hier in keinem Fall das Recht, die Ware zu dem angegebenen Preis zu bekommen. Denn: Er, der Kunde, macht dem Händler erst das Angebot zum Kauf.

Wenn er Vertrag nicht zustande kommt

2.8 Wichtige Vertragsarten im Überblick

Die Mehrheit der Verträge hat gemeinsam, dass sie durch Antrag und Annahme zustande kommt. Aus den Rechten des einen Vertragspartners ergeben sich die Pflichten des anderen und umgekehrt. Mit Vertragsabschluss verpflichten sich beide Vertragspartner (= Verpflichtungsgeschäft), den Vertrag zu erfüllen (= Erfüllungsgeschäft[1]).

Vertragsabschluss = Verpflichtungsgeschäft

Art des Vertrages	Vertragsinhalt	gesetzliche Grundlage
Kaufvertrag	Übereignung von Sachen oder Rechten gegen Geld z. B. Waren, Patente ...	BGB §§ 433-479 HGB § 373 ff.
Tauschvertrag	Gegenseitige Übereignung von Sachen oder Rechten	BGB § 480
Schenkungs-vertrag	Unentgeltliche Zuwendung von Sachen oder Rechten	BGB §§ 516 ff.
Leihvertrag	Unentgeltliche Überlassung des Gebrauchs einer Sache, später Rückgabe derselben Gegenstände, z. B. Leihfässer für Wein	BGB §§ 598 ff
Mietvertrag	entgeltliche Überlassung von Sachen zum Gebrauch: z. B. Mietwohnung	BGB §§ 535 ff
Pachtvertrag	entgeltliche Überlassung von Sachen zum Gebrauch und Fruchtgenuss gegen einen Pachtzins; z. B. Verpachtung eines Grundstücks mit Obstbäumen samt Ernte der Früchte	BGB §§ 581 ff
Darlehens-vertrag	entgeltliche oder unentgeltliche Überlassung von Sachen zum Verbrauch, spätere Rückgabe gleichartiger Dinge; z. B. Geldkredit	BGB §§ 607 ff BGB §§ 488 ff.
Werkvertrag	Herstellen eines Werkes, Veränderung einer Sache, Verrichtung einer bestimmten Arbeit durch einen Dritten gegen Entgelt; z. B. Autoreparatur, Reparatur einer Maschine	BGB §§ 631 ff
Dienstvertrag (meist Arbeits-vertrag)	Leistung von Diensten gegen Entgelt; z. B. Arbeiten eines Angestellten gegen ein Gehalt	BGB §§ 611 ff
Berufsausbil-dungsvertrag	Ausbildung für eine Berufstätigkeit	BBiG §§ 10 ff
Gesellschafts-vertrag	Regelung der Zusammenarbeit von Geschäftsteilhabern; gegenseitige Verpflichtung, einen gemeinsamen Zweck zu erreichen; z.B. bei OHG, KG, GmbH	BGB § 705 AktG § 23 GmbHG § 2
Versicherungs-vertrag	Ersatz des Vermögensschadens nach Eintritt eines Versicherungsfalles gegen vorherige Prämienzahlung	Versicherungs-vertragsgesetz
Kontovertrag	Entgeltlicher Geschäftsbesorgungsvertrag durch die Bank wie Kontoführung, Ausführung von Aufträgen des Überweisungsverkehrs, Scheckeinzug etc.	HGB § 355 BGB § 675

2.9 Informationen zu der Vertragsart Kaufvertrag

Hinweis

An dieser Stelle soll lediglich der Hinweis gegeben sein, dass der Kaufvertrag Hauptgegenstand der folgenden Kapitel ist und hier nur der Einordnung halber erwähnt ist.

---

1 Das Erfüllungsgeschäft des Verkäufers besteht darin, die Ware zur rechten Zeit, am richtigen Ort, in der richtigen Art und Weise zu liefern und zu übereignen und den Kaufpreis entgegenzunehmen. Der Käufer hat im Gegenzug die gelieferte Ware ordnungsgemäß anzunehmen, zu überprüfen und den Kaufpreis vereinbarungsgemäß zu bezahlen.

2.9.1 Miet- bzw. Pachtvertrag[1]

Diese Vertragsart wird zwischen Mieter und Vermieter abgeschlossen. Durch den Mietvertrag wird der Vermieter verpflichtet, dem Mieter gegen Entgelt (Miete) die vermietete Sache während der Dauer des Vertrages zum Gebrauch zu überlassen. Gegenstand des Mietvertrages können bewegliche wie auch unbewegliche Sachen sein (Auto, Grundstück). Der Schwerpunkt des Mietvertrages liegt in der **Benutzungsmöglichkeit.**

gegen Entgelt (Miete) die vermietete Sache zum Gebrauch überlassen

Wenn zu der Gebrauchsüberlassung auch noch der **Fruchtgenuss** vereinbart wird, dann handelt es sich um einen **Pachtvertrag.**

Pachtvertrag

Der Mietvertrag bedarf grundsätzlich **keiner besonderen Form.** Das bedeutet, dass sowohl mündlich wie auch schriftlich vereinbart werden darf.

Form des Vertrages

Für Wohnräume und Grundstücke, die für eine **längere Zeit** vermietet werden (mehr als 1 Jahr), gilt aber aus Gründen der Beweissicherheit die **Schriftform.**

Wenn ein Mietvertrag für bestimmte Zeit abgeschlossen worden ist, so endet dieser mit Ablauf der vereinbarten Zeit, es sei denn, dass ein vorzeitiger Kündigungsgrund gegeben wäre. Für unbestimmte Zeit abgeschlossene Mietverträge werden durch **Kündigung** beendet. Grundsätzlich bedarf die Kündigung eines Wohnungsmietverhältnisses der Schriftform.

Beendigung eines Mietverhältnisses

2.9.2 Leihvertrag

Gegenstand des Leihvertrages ist die Regelung, dass der Verleiher dem Entleiher eine **Sache unentgeltlich zum Gebrauch überlässt** (§ 598 BGB), während der Entleiher sich gleichzeitig verpflichtet, die Sache nach Ablauf der vereinbarten Zeit zurückzugeben (§ 604 Abs. 1 BGB). Das entscheidende Kriterium des Leihvertrages ist die **Unentgeltlichkeit.** Würde für die Gebrauchsüberlassung etwas bezahlt werden, so handelt es sich um einen Mietvertrag, und bei verbrauchbaren Sachen liegt ein Darlehensvertrag vor. Deshalb sind die Bezeichnungen "Bootsverleih" oder "Leihbücherei" rechtlich gesehen falsch gewählt - wie gesagt, wenn keine Gebühren zu zahlen sind.

eine Sache unentgeltlich zum Gebrauch überlassen

2.9.3 Darlehensvertrag

Die Vertragsparteien eines **Darlehensvertrages** heißen **Darlehensgeber** und **Darlehensnehmer.** Beim Darlehensvertrag handelt es sich um einen gegenseitigen Vertrag. Der Darlehensnehmer übernimmt die Verpflichtung, das ihm vom Darlehensgeber überlassene Geld oder die ihm überlassenen Sachen wiederum in Sachen von gleicher Art, Güte und Menge zurückzuerstatten (§ 607 BGB). Im Gegensatz zum Miet- oder Leihvertrag handelt es sich beim Darlehensvertrag um **verbrauchbare Sachen**[2]. Beim Kreditvertrag handelt es sich um die vertragliche Hingabe von **Geld**, bei dem Kredithöhe, Kreditkosten, Kreditsicherheiten, Laufzeit des Kredites, Kündigungsfristen usw. vereinbart werden[3].

Überlassenes zurückerstatten

---

1 Die Vorschriften der §§ 535 bis 580a BGB wurden durch das Mietrechtsreformgesetz mit Wirkung vom 1. September 2001 vollständig neu gefasst.

2 Praxis: Eine Nachbarin borgt sich 20 Eier, die sie beim Backen verbraucht. Am nächsten Tag kauft sie 20 Eier und gibt diese zurück.

3 Hier bestehen besondere Aufklärungspflichten des Darlehnsgebers.

2.9.4 Werkvertrag

Herstellung eines vereinbarten Werkes gegen Vergütung

Die Vertragspartner beim Werkvertrag heißen **Unternehmer (= Auftragnehmer)** und **Besteller (= Auftraggeber)**. Beim Werkvertrag verpflichtet sich der Unternehmer zur Herstellung des vereinbarten Werkes und der Besteller seinerseits zur Entrichtung der vereinbarten Vergütung (§ 631 BGB). Der Unterschied zum Kaufvertrag liegt darin, dass beim Werkvertrag eine Sache erst noch hergestellt werden muss, während beim Kaufvertrag eine fertige Sache zu liefern ist. Beim Werkvertrag handelt es sich um einen typischen Handwerksvertrag. Installateure, Schreiner, Maurer usw. arbeiten in der Regel aufgrund von Werkverträgen. Geschuldet wird der Erfolg.

2.9.5 Dienstvertrag

Leistung versprochener Dienst gegen Vergütung

Durch den Dienstvertrag ist derjenige, der die Dienste zusagt, zur **Leistung der versprochenen Dienste** verpflichtet, während der andere Vertragspartner zur Gewährung der vereinbarten **Vergütung** verpflichtet ist (§ 611 Abs. 1 BGB).

Im Unterschied zum Werkvertrag wird beim Dienstvertrag die Arbeit als solche (das **Tätigwerden**) geschuldet, während beim Werkvertrag die **Herstellung** eines bestimmten Werkes im Mittelpunkt steht. Der Architektenvertrag ist deshalb auch in der Regel kein Dienst-, sondern ein typischer Werkvertrag.

Der Dienstvertrag endet mit Ablauf der vereinbarten Zeit (§ 620 I BGB), wenn sein Zweck erreicht ist oder durch einen Aufhebungsvertrag. Unbefristete Dienstverträge enden durch Kündigung innerhalb bestimmter gesetzlicher oder vertraglich vereinbarter Kündigungsfristen (§ 621 BGB).

Die Vertragsarten, noch einmal nebeneinander gestellt:

Werkvertrag	Werklieferungsvertrag	Dienstvertrag	Kaufvertrag
Herstellung des Werkes steht im Mittelpunkt (Erfolg!)	Unternehmer liefert die wesentlichen Bestandteile des herzustellenden Werkes	Arbeit als solche wird geschuldet (Bemühen!)	Lieferung einer fertigen Sache

2.10 Arten von Kaufverträgen

Für den Abschluss von Kaufverträgen besteht innerhalb des gesetzlichen Rahmens Vertragsfreiheit. Je nach den Vereinbarungen zwischen Käufer und Verkäufer unterscheidet man Verträge nach unterschiedlichen Arten.

2.10.1 Kaufvertragsformen nach Liefer- und Zahlungsbedingungen

Kommissionskauf

Der Verkäufer (= **Kommissionär**) muss erst dann die Ware mit seinem Auftraggeber (= **Kommittent**) abrechnen, wenn er selbst die Ware verkauft hat. Er kann die Waren zurückgeben, wenn sie nicht verkauft worden sind[1].

---

1 Praxis: Getränkelieferung für eine Gartenparty - ich brauche 10 Kästen Bier, kann ich die nicht verbrauchten vollen Kästen zurückgeben?

Die gekaufte Ware soll **in Teilmengen** oder **ganz auf besondere Anweisung** des Käufers später geliefert werden. Der Vorteil besteht in den günstigeren Preisen durch größere Abnahmen und der Einsparung von Lagerkosten.

Kauf auf Abruf

Ein Kauf, bei dem ein **fester Liefertermin** bzw. eine **fest vereinbarte Lieferfrist** wesentlicher Bestandteil des Vertrages ist[1].

Fixkauf

Mit Übergabe der Ware wird der Kaufpreis bezahlt; "**Zug um Zug-Geschäft**"

Barkauf

Der Kaufpreis wird **gestundet**, etwa für 1 - 3 Monate. Durch Gewährung von **Skonto** wird eine schnellere Zahlung angestrebt, z.B. nach 8 bis 14 Tagen.

Zielkauf

Die Bezahlung des Kaufpreises erfolgt in Raten, d.h. in Teilbeträgen. Oft wird eine **Anzahlung** vereinbart. Die Lieferung der Waren erfolgt i.d.R. unter **Eigentumsvorbehalt**. Beim Ratenkauf ist - neben den anderen, nachstehenden Formalien - bei Verbrauchern insbesondere die Schriftlichkeit (Form) zu beachten. Weitere Formalien sind: Barzahlungspreis, Teilzahlungspreis, Betrag, Zahl und Fälligkeit der Raten sowie effektiver (tatsächlicher) Jahreszinssatz. Der Käufer kann innerhalb von zwei Wochen nach Vertragsschluss schriftlich widerrufen (§§ 355, 495 Abs. 1 BGB). Jeder der Vertragspartner muss die erhaltenen Leistungen dann zurückgeben. Diese Bestimmungen sind zum **Schutz des Verbrauchers** gedacht

Ratenkauf

2.10.2 Verträge nach Art, Beschaffenheit und Güte der Ware

Der Kunde hat bei Nichtgefallen der Ware ein **Rückgaberecht** innerhalb einer vereinbarten oder angemessenen Frist. Wenn sich der Käufer innerhalb dieser Frist nicht äußert, so gilt sein **Schweigen als Annahme** des Vertrages (§§ 454, 455 BGB).

Kauf auf Probe

Beim Kauf nach Probe sind die **Eigenschaften** eines Musters oder einer Probe für die gesamte gekaufte Menge **verbindlich**; z.B. Wein, Papier (§ 455 BGB). Zur Beweissicherung ist es wichtig, die **Proben aufzubewahren**.

Kauf nach Probe (Musterkauf)

Es handelt sich um einen Kauf in kleinerer Menge. Wenn die Ware zusagt, wird eine größere Bestellmenge in Aussicht gestellt.

Kauf zur Probe

Beim Spezifikationskauf muss die Ware **bestimmte Eigenschaften** erfüllen, wobei die Ware nur dem Grunde nach bestimmt wird[2].

Spezifikationskauf

Beim Bestimmungskauf wird innerhalb einer **vereinbarten Frist** eine gekaufte Warenmenge noch genauer nach Größe, Farbe, Maß und Form bestimmt. Verstreicht die Frist, so kann der Verkäufer selbst bestimmen und eine Nachfrist zur anderweitigen Bestimmung durch den Käufer setzen. Verstreicht auch die Nachfrist, dann gilt die vom Verkäufer vorgenommene Einteilung (§ 375 HGB). Der Vorteil des Bestimmungskaufes liegt in der **Sicherung der Produktionskapazität**.

Bestimmungskauf

Kauf von Waren im Block zu einem **Pauschalpreis**; für die einzelnen Stücke wird **keine bestimmte Qualität zugesichert**, z.B. bei Versteigerungen.

Ramschkauf/Kauf en bloc

Faq = fair average quality; Es handelt sich hier um den Kauf einer guten Durchschnittsqualität, zumeist im Außenhandel gebräuchlich.

Faq-Kauf

---

1 Praxis: Kauf eines Hochzeitskleides, vereinbarte Lieferung zum Hochzeitstag - die Lieferung am Tag danach ist eine Verletzung des vereinbarten Fixtermins.
2 Praxis: Kauf eines Computers, der mit mindestens 4 GHz arbeiten muss.

2.10.3 Kaufvertrag nach dem Erfüllungsort

Platzverkauf

Käufer und Verkäufer haben den **gleichen Wohn- bzw. Geschäftssitz.** Erfüllungsort ist immer der Geschäfts- bzw. Wohnsitz des Verkäufers.

Versendungsverkauf

Auf Wunsch des Käufers sendet der Verkäufer die Ware an einen **anderen Ort als den Erfüllungsort.** Die Gefahr für eventuelle Beschädigung geht mit der Übergabe der Ware an die Beförderungsfirma, z.B. Post, Spediteur usw. auf den **Käufer** über (§ 447 BGB).

Streckengeschäft

Das Streckengeschäft gehört zum Versendungskauf: Hierbei sendet der Verkäufer die Ware nicht an den Käufer, sondern an dessen Kunden, z.B. Möbelfabrikant sendet den Wohnzimmerschrank nicht an den Möbelgroßhändler, sondern an dessen Abnehmer.

2.10.4 Verträge nach der rechtlichen Stellung der Vertragspartner

Bürgerlicher Kauf

Beim bürgerlichen Kauf handeln **beide Vertragspartner als Privatleute/Verbraucher** im Sinne des § 13 BGB und für beide gilt das BGB mit den §§ 433 ff.[1]

Einseitiger Handelskauf (neu: Verbrauchsgüterkauf)

Beim einseitigen Handelskauf (seit der Schuldrechtsreform: Verbrauchsgüterkauf) ist **ein Vertragspartner Unternehmer** im Sinne des § 14 BGB. Für ihn gelten §§ 355, 433 BGB[2]. Der andere Partner ist **Verbraucher** im Sinne des § 13 BGB.

Zweiseitiger Handelskauf

Beim zweiseitigen Handelskauf sind **beide Vertragspartner Kaufleute** (§§ 343, 373 ff. HGB)[3].

2.11 Vertragsgestaltung

Zur Begründung eines Schuldverhältnisses ist ein Vertrag zwischen den Beteiligten Vertragspartnern erforderlich (§§ 145, 241 BGB), der durch übereinstimmende Willenserklärungen nach §§ 145 ff. BGB zustande kommt.

2.11.1 Grundsatz der Vertragsfreiheit

Die Vertragsfreiheit ist ein wesentlicher Bestandteil unseres Grundrechtes (Art. 2 Abs.1 GG) und damit sogar **verfassungsrechtlich geschützt.** Der Inhalt der Vertragsfreiheit bezieht sich zum einen auf die **Abschlussfreiheit** und zum anderen auf die **Gestaltungsfreiheit** von Verträgen.

Abschlussfreiheit

Unter der Abschlussfreiheit versteht man, dass jeder grundsätzlich frei entscheiden kann, ob und mit wem er einen Vertrag abschließen will. Einschränkungen dieser Abschlussfreiheit erfolgen durch **Abschlussverbote und Abschlussgebote.** Beispiele für Abschlussverbote wären die gesetzlichen Beschäftigungsverbote für Frauen und Jugendliche in Bezug auf bestimmte gefährliche Arbeiten (§ 22 JArbSchG, §§ 3 und 4 MSchG)[4].

---

1 Praxis: Frau Müller verkauft ihr Auto an ihre Freundin.
2 Praxis: Frau Müller kauft sich im Autohaus ein neues Auto.
3 Praxis: Ein Elektrogroßhändler verkauft Waren an ein Maschinenbauunternehmen.

Die Gestaltungsfreiheit beinhaltet, dass die Vertragsparteien den Inhalt eines Vertrages frei bestimmen können. Diese Gestaltungsfreiheit findet allerdings ihre **Grenzen**, wenn z.B.:

- zwingende gesetzliche Bestimmungen ein Abweichen vom Vertrag verbieten, i.d.R. im Arbeitsrecht oder Mietrecht zu finden.

- ein Vertrag gegen die guten Sitten verstößt (§138 BGB);

- ein Vertrag gegen ein gesetzliches Verbot verstößt (§ 134 BGB; z.B. Drogenhandel); gegen ein behördliches Veräußerungsverbot verstößt (§ 135 BGB; z.B. Verkauf von Kriegswaffen an bestimmte Länder).

2.11.2 Vertragsgestaltung und -typisierung

Tagtäglich werden in unserer Wirtschaft eine große Anzahl von gleich gearteten Verträgen abgeschlossen. Daraus hat sich die Tendenz herausgebildet, die **Verträge formularmäßig zu gestalten** und zu typisieren.

Gerade der moderne Dienstleistungs- und Warenverkehr mit seinen typischen massenweise gleichartigen Verträgen kann auf eine gewisse typisierte Vertragsgestaltung nicht mehr verzichten. Die Vertragstypisierung kommt vor allem bei den so genannten

- **Formular- und Normverträgen** sowie bei den

- **Allgemeinen Geschäftsbedingungen** vor.

Der Vorteil der Vertragstypisierung ist in einem erheblichen **Rationalisierungseffekt** begründet, da hier gerade bei Massenverträgen die Geschäftsabwicklung stark vereinfacht wird. Genauso vorteilhaft ist auch die **schärfere Kalkulationsmöglichkeit** für Angebote sowie die **Haftungs- und Risikobegrenzung**.

Der Nachteil dieser Vertragstypisierung ist, dass **einseitig die Interessen** dessen berücksichtigt werden, der sie formuliert hat und der auch in der Regel der stärkere Partner ist. Besonders von Nachteil kann sich erweisen, dass das **so genannte "Kleingedruckte"** oft nicht gelesen wird und in seiner Bedeutung häufig nicht erfasst wird.

2.12 Allgemeine Geschäftsbedingungen (AGB)

Allgemeine Geschäftsbedingungen vereinfachen, beschleunigen und standardisieren den Vertragsschluss durch ein **vorformuliertes Klauselwerk**. Sie verändern in der Regel die Risikoverteilung und Haftung häufig zu Gunsten des Verwenders und erleichtern diesem die Vertragsabwicklung. Für den Verwender, der meist ein Kaufmann bzw. Unternehmer und wirtschaftlich stärker und geschäftlich erfahrener als der Kunde bzw. Verbraucher ist, bergen AGB die potenzielle Möglichkeit, einseitig zu seinen Gunsten Regelungen gegenüber einem Verbraucher durchsetzen zu können. Dies begründet die Notwendigkeit, AGB einer durchaus kritischen Kontrolle zu unterwerfen und ggf. bestimmten Klauseln die Wirksamkeit zu nehmen[1].

---

4   Ein Beispiel für das Abschlussgebot ist die Kfz-Haftpflichtversicherung, die jeder Autobesitzer haben muss.

2.12.1 Klärung des Begriffs AGB

"Kleingedrucktes" auf der Rückseite

AGB sind **vorformulierte Regeln**, die eine Vertragspartei aufgestellt hat, um sie für alle Fälle zum Inhalt einer Vielzahl von Verträgen zu machen. In der Regel sind die AGB als "Kleingedrucktes" auf der Rückseite der Auftragsformulare enthalten oder auf dem unteren Teil von Angeboten, oder auf Lieferscheinen und Rechnungen. Oft sind sie aber auch auf besonderen Blättern abgedruckt, oder in Geschäftsräumen ausgehängt. AGB heißen **auch oft "Allgemeine Lieferbedingungen"**, Allgemeine Bedingungen für das. . . .-Gewerbe. Sie beziehen sich vor allem auf den Gerichtsstand, Erfüllungsort, Zahlungsmodalitäten, Eigentumsvorbehalte, Haftungsausschluss bei Verschulden, Ausschluss von Gewährleistungsansprüchen usw.

2.12.2 Wirksamkeit allgemeiner Geschäftsbedingungen

unverbindliche Willenserklärungen einer Vertragsseite

AGB sind keine Rechtsnormen, sondern **unverbindliche Willenserklärungen** einer Vertragsseite. In Verträgen mit Nichtkaufleuten (= **einseitigen Handelskäufen**) sind die AGB nur Vertragsbestandteil, wenn

- der Käufer ausdrücklich darauf **hingewiesen** wird,

- der Käufer vom Inhalt der AGB **Kenntnis nehmen** kann und

- der Käufer mit den Regelungen der AGB **einverstanden** ist.

2.12.3 Festlegung und Anwendung allgemeiner Geschäftsbedingungen

Grundsätze

Es haben sich folgende Grundsätze herausgebildet:

- AGB sind nur dann wirksam, wenn sie Inhalt des Einzelvertrages geworden sind.

- Dies kann erfolgen durch ausdrückliche oder stillschweigende Vereinbarung oder aber auch durch **Bezugnahme**. Das heißt, die Parteien brauchen sich nicht auf den konkreten Inhalt zu einigen, sondern es genügt die Einigung darüber, dass die AGB gelten sollen.

- Die Bezugnahme muss vor Vertragsabschluss vorliegen und in der Regel ausdrücklich und deutlich erfolgen; sie kann aber auch unter Umständen stillschweigend erfolgen.

Exkurs: Deutliche Inbezugnahme

AGB werden nur dann Vertragsbestandteil wenn diese wirksam in den Vertrag einbezogen werden (§ 305 Abs. 2 BGB). Das heißt, diese müssen zur Kenntnis genommen werden können (Rückseite reicht nur, wenn auf der Vorderseite ausdrücklich auf die Rückseite mit den AGB hingewiesen wurde; für Zusatzblätter gilt entsprechendes) und der Vertragspartner muss mit deren Anwendung einverstanden sein. Auch dürfen für das entsprechende Rechtsgeschäft keine von den AGB abweichenden Bedingungen vereinbart sein.

---

1 Mit der Schuldrechtsmodernisierung 2002 wurde das bis dahin für eben den Zweck erlassene AGB-Gesetz durch das Schuldrechtsmodernisierungsgesetz aufgehoben und die materiell-rechtlichen Vorschriften zusammen mit anderen Verbraucherschutzregelungen in das Bürgerliche Gesetzbuch überführt. Diese Vorschriften finden sich nun in den §§ 305 bis 310 BGB. Für die formell-rechtlichen Vorschriften wurde das Unterlassungsklagengesetz (UKlaG) geschaffen.

2.12.4 Inhaltliche Grenzen bei der Anwendung allgemeiner Geschäftsbedingungen

Eine **Inhaltskontrolle der AGB** ist insbesondere dann sinnvoll, notwendig und möglich, wenn gesetzliche Regelungen einseitig zu Gunsten einer Vertragspartei erfolgen. Folgende Klauseln sind in den Allgemeinen Geschäftsbedingungen **nicht erlaubt**:

Klauseln, die in AGB nicht erlaubt sind

▨ Ausschluss des Schadensersatzes bei Fehlen zugesicherter Eigenschaften

▨ Eine Verkürzung der gesetzlichen Gewährleistungsfristen

▨ Der Verkäufer behält sich für die Lieferung einer Ware eine unangemessen lange oder nicht bestimmte Frist vor.

▨ Ausschluss oder Einschränkung der gesetzlichen Verbraucherrechte, bei Verzug des Verkäufers oder Unmöglichkeit der Leistung Schadensersatz zu verlangen oder vom Vertrag zurückzutreten.

▨ Preiserhöhungen für Lieferungen innerhalb von 4 Monaten nach Vertragsabschluss

▨ Verpflichtung zu einer Vertragsstrafe des Kunden

Die Allgemeinen Geschäftsbedingungen gelten unter Anderem nicht für Tarifverträge, Gesellschaftsverträge, familienrechtliche Verträge (§ 310 BGB).

2.13 Störungen im Vertragsverhältnis

Zur Begründung eines Schuldverhältnisses durch ein Rechtsgeschäft ist ein Vertrag zwischen den beteiligten Partnern erforderlich (§§ 145, 241 BGB), der durch übereinstimmende Willenserklärungen nach §§ 145 ff. BGB zustande kommt. Die meisten Schuldverhältnisse werden entsprechend den getroffenen Vereinbarungen abgewickelt; sie enden ordnungsgemäß durch **Erfüllung**. Dennoch läuft nicht jedes Schuldverhältnis so planmäßig ab: Es können **Störungen** auftreten, die eine ordnungsgemäße Erfüllung verzögern oder verhindern.

die meisten Schuldverhältnisse enden ordnungsgemäß durch Erfüllung

Der Kaufmann nennt diese Störungen:

Bei allen Störungen der Erfüllung des Vertrages kann der jeweils geschädigte Partner seine Rechte nach den gesetzlichen Bestimmungen aus dem BGB, dem HGB sowie nach den Allgemeinen Geschäftsbedingungen des Kaufvertrages durchsetzen.

2.14 Störung von Verträgen auf Lieferantenseite

2.14.1 Mangelhafte Lieferung als Form der Störung

Sachmängelhaftung

Die fehlerhafte Lieferung zählt mit zu den häufigsten Vertragsstörungen: **falsche Ware** wird geliefert, **die Menge stimmt nicht** mit der Bestellung überein oder die **Waren sind beschädigt**. Der Verkäufer ist aber verpflichtet, die Waren ohne Mängel zu liefern. Hieraus lassen sich die wesentlichen Rechte des Käufers ableiten.

Rechte des Käufers

Recht auf Nacherfüllung

■ Nach der Schuldrechtsreform enthält § 437 BGB abgestufte Gewährleistungsrechte des Käufers. Vorrangig ist Nacherfüllung zu verlangen, da die Lieferung mangelhafter Sachen nun als Nichterfüllung angesehen wird[1].

Recht auf Minderung

■ Wenn die Ware noch verwertbar oder benutzbar ist und nur kleine Mängel vorliegen, kann der Käufer das Recht auf Minderung geltend machen und eine **Herabsetzung des Kaufpreises** verlangen (d.h. **Preisnachlass**; § 437 Ziff. 2 und § 441 BGB).

Recht auf Austausch

■ Mit dem Recht auf Austausch verlangt der Käufer eine einwandfreie Ware als **Ersatz**. Dies ist allerdings nur bei **Gattungswaren** (= vertretbaren Waren) möglich (d.h. **Ersatzlieferung**; § 437 Ziff. 1 BGB).

Recht auf Schadensersatz wegen Nichterfüllung

■ Der Lieferant muss Schadensersatz leisten, wenn der Ware eine bei Vertragsschluss **ausdrückliche Eigenschaft** fehlt. Er muss auch Schadensersatz leisten, wenn er einen Warenmangel arglistig verschwiegen hat. Gleiches gilt auch im Falle dass die Ware vom Muster abweicht (d.h. **Kauf nach Probe**; § 437 Ziff. 3 BGB).

Verschiedene Mängelarten

der Käufer muss die Ware prüfen

Der Käufer hat die vom Lieferanten gelieferte Ware im Zeitpunkt des Gefahrenübergangs, spätestens bei ihrem Eintreffen auf Mängel hin zu prüfen. Man unterscheidet folgende Mängelarten:

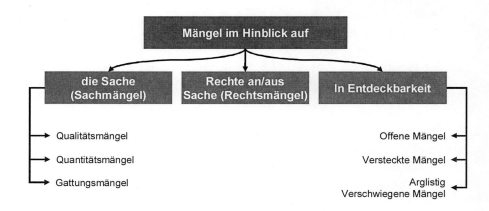

---

1 Primär ist die Nacherfüllung nach Wahl des Kunden (Mangelbeseitigung oder Lieferung mangelfreier Sache) und erst nachrangig nach erfolglosem Ablauf einer zur Nacherfüllung gesetzten Frist entfalten die anderen Käuferrechte Wirkung.

- **Qualitätsmängel:** Qualitätsmängel sind Mängel in der Güte und Beschaffenheit. Der Gegenstand weist z.B. Beschädigungen auf oder er weicht von der bestellten Qualität ab.

Vertragsstörende Mängel im Hinblick auf die Sache (Sachmängel)

- **Quantitätsmängel:** Hier wurde entweder zu viel oder zu wenig Ware geliefert.

- **Gattungsmängel:** Bei den Gattungsmängeln handelt es sich um Mängel in der Art, d.h. es ist eine ganz andere Ware als die bestellte geliefert worden; z.B. Mäntel anstelle von Pullovern.

Rechtsmängel liegen vor, wenn der gelieferte Gegenstand unter Eigentumsvorbehalt eines anderen steht und zur Sicherheit übereignet worden ist oder sich als Pfand beim Verkäufer befindet (§ 435 BGB).

Vertragsstörende Mängel im Hinblick auf Rechte an/aus einer Sache (Rechtsmängel)

- **Offene Mängel:** Damit sind Mängel angesprochen, die ohne weiteres sofort erkennbar sind[1].

Vertragsstörende Mängel im Hinblick auf ihre Entdeckbarkeit

- **Versteckte Mängel:** Versteckte Mängel werden meistens erst später ersichtlich; sie sind oft trotz gewissenhafter Prüfung nicht sofort erkennbar[2].

- **Arglistig verschwiegene Mängel:** Hierbei handelt es sich um versteckte Mängel, die der Lieferant dem Käufer mit Absicht verschweigt. Die Verjährungsfrist für diese Mängel beträgt 3 Jahre (§ 438 Abs. 3 BGB).

Prüf- und Rügepflicht

Beim **einseitigen Handelskauf** und beim bürgerlichen Kauf muss der Käufer weder unverzüglich prüfen noch rügen. Allerdings gilt es zu beachten, dass nach einigen Monaten die Entstehung des Mangels schwierig zu beweisen ist. Deshalb hat der Gesetzgeber entschieden, dass Mängel, die innerhalb von 6 Monaten auftauchen als von Anfang an vorhanden zu sehen sind (§ 476 BGB)[3]. Im Falle des **zweiseitigen Handelskaufes** hat der Käufer die Pflicht, die eingegangene Ware unverzüglich, d.h. ohne schuldhaftes Zögern, zu prüfen. Werden Fehler oder Mängel festgestellt, so muss er diese ebenfalls unverzüglich rügen (§ 377 HGB)[4].

Unterschiede beim ein- und zweiseitigen Handelskauf

Die Mängelrüge kann **formlos** erfolgen. Der Mangel aber muss genau beschrieben werden (nicht jeder ist fachlich versiert). Aus Gründen der **Beweissicherung** ist die schriftliche Form (möglichst Einschreiben mit Rückschein) empfehlenswert. Da die Mängelrüge eine **empfangsbedürftige Willenserklärung** ist, muss der Käufer die rechtzeitige Absendung und den Zugang der Mängelanzeige dem Verkäufer gegenüber beweisen.

Form der Mängelrüge

2.14.2 Lieferverzug als Form der Störung

Der Kaufvertrag verpflichtet den Verkäufer, die **Ware fristgerecht zu liefern.** Kommt er dieser Vereinbarung nicht oder nicht rechtzeitig nach, dann gerät er in Lieferverzug. Lieferverzug bedeutet „nicht rechtzeitige Lieferung trotz Fälligkeit und Mahnung". Ist ein Tag nach dem Kalender bestimmt, so entfällt die Mahnung.

nicht rechtzeitige Lieferung trotz Fälligkeit und Mahnung

---

1 Praxis: Fehler in den Fasern einer Polstergarnitur, Kratzer im Möbelstück.
2 Praxis: Materialfehler bei einer Maschine.
3 Allerdings muss der Käufer das tatsächliche Vorhandensein des Mangels nachweisen (neue Rechtsprechung 2007)
4 Handelt es sich um versteckte Mängel, so gilt, dass diese unverzüglich nach Entdeckung, oder aber innerhalb der vereinbarten **Garantiezeit** zu rügen sind. Die Garantiezeit kann sowohl mehr als auch weniger - auch bei Verbrauchern kürzere Garantie Zeit möglich, wenn Gewährleistung (normale) danach weiter besteht §§ 477 BGB - als die gesetzliche Gewährleistungsfrist betragen.

Voraussetzungen des Vorliegens von Lieferverzug

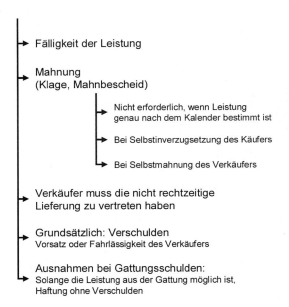

Fälligkeit der Leistung

Mahnung
(Klage, Mahnbescheid)

Nicht erforderlich, wenn Leistung
genau nach dem Kalender bestimmt ist

Bei Selbstinverzugsetzung des Käufers

Bei Selbstmahnung des Verkäufers

Verkäufer muss die nicht rechtzeitige
Lieferung zu vertreten haben

Grundsätzlich: Verschulden
Vorsatz oder Fahrlässigkeit des Verkäufers

Ausnahmen bei Gattungsschulden:
Solange die Leistung aus der Gattung möglich ist,
Haftung ohne Verschulden

Bedingungen für Lieferverzug

Lieferverzug ist unter folgenden Bedingungen gegeben:

- Die Lieferung muss fällig sein, d.h. der Käufer darf sie verlangen (§ 286 BGB).

- Den Lieferer muss ein **Verschulden**, d.h. Vorsatz oder Fahrlässigkeit treffen. **Vorsätzlich** handelt, wer absichtlich eine Handlung vollzieht und den Eintritt des Schadens voraussieht. **Fahrlässig** handelt, wer die den Umständen nach angemessene Sorgfalt außer Acht lässt (§ 276 BGB). Höhere Gewalt schließt ein Verschulden aus (§ 286 IV BGB).

- Die Lieferung muss nach **Fälligkeit** durch eine Mahnung angefordert werden (§ 286 BGB)[1]. Eine Mahnung ist nicht erforderlich, wenn der Lieferungstermin kalendermäßig bestimmt werden kann, z.B. Zahlung 1. Juni... Der Lieferant wird in diesem Falle gewissermaßen durch den Kalender gemahnt. Gleiches gilt auch für das **Fixgeschäft**, bei dem der Liefertermin so maßgeblich ist, dass von der Einhaltung das Geschäft abhängig ist (§ 323 BGB, § 376 HGB).

Nachfrist

Beabsichtigt der Käufer, auf die Lieferung zu verzichten und/oder Schadensersatz wegen Nichterfüllung zu verlangen, muss er dem Verkäufer eine angemessene Nachfrist setzen.

Rechte des Käufers bei Lieferverzug

Lieferung und Schadensersatz

- Der Käufer kann auf nachträglicher Lieferung bestehen und Schadensersatz verlangen, wenn ein **Verzögerungsschaden** eingetreten ist (§§ 280 II, 286).

---

1 Praxis: Zahlung 14 Tage nach Lieferung.

- Der Käufer kann nach Ablauf einer angemessenen Nachfrist mit **Ablehnungsandrohung** auf die Lieferung verzichten und **Schadensersatz wegen Nichterfüllung** verlangen (§ 280 I., II., 281 I. 1 BGB).

Ablehnung der Lieferung und Schadensersatz

- Wird innerhalb der Nachfrist nicht geliefert, kann der Käufer auf die Lieferung verzichten und **vom Vertrag zurücktreten**, und kaum zugleich Schadensersatz wegen Nichterfüllung beanspruchen (§ 440, 323 BGB).

Ablehnung der Lieferung und Rücktritt

Exkurs: Das Fixgeschäft

Ein Fixgeschäft liegt vor, wenn das Interesse des Gläubigers an der Leistung zu einer fest bestimmten Zeit oder innerhalb einer fest bestimmten Frist besonders hervorgehoben ist. Typisch für das Fixgeschäft ist, dass die Einhaltung der vereinbarten Leistungszeit nach dem Willen der Parteien so wesentlich ist, dass davon der Bestand des Vertrages abhängt. **Das Geschäft steht und fällt mit dem Termin.** Üblich werden Formulierungen verwendet wie: "prompt", "spätestens", "fix", "genau am".

Einhaltung der vereinbarten Leistungszeit

Beim absoluten Fixgeschäft ist die Leistung ausschließlich zu der vereinbarten Zeit zu erbringen[1].

absolutes Fixgeschäft

Beim relativen Fixgeschäft ist der vereinbarte Termin so wesentlich, dass davon das Bestehen des Vertrages abhängen soll, aber dennoch ist die Leistung nach ihrem Inhalt auch nach dem Termin noch nachholbar - der Gläubiger hat möglicherweise aber kein Interesse mehr daran[2]. Der Kunde kann in diesem Falle entweder weiterhin auf Erfüllung bestehen, vom Vertrag zurücktreten (§§ 280, 281, 284 BGB) und Ersatz des Verzögerungsschadens gemäß §§ 280, 281, 284 BGB oder Schadensersatz wegen Nichterfüllung gemäß §§ 280, 281, 284 BGB verlangen.

relatives Fixgeschäft (§ 323 BGB)

Das handelsrechtliche Fixgeschäft enthält Sonderregelungen für Handelsgeschäfte.

handelsrechtliches Fixgeschäft (§ 376 HGB)

2.15 Störung von Verträgen auf der Käuferseite

2.15.1 Störung durch käuferseitigen Annahmeverzug

Pflichten des Käufers bei Annahmeverzug

Zu den Pflichten des Käufers gehört es, die gelieferte Ware ordnungsgemäß zur rechten Zeit am rechten Ort anzunehmen.

ordnungsgemäße Annahme

Kommt er dieser Verpflichtung nicht nach, so gerät er in **Annahmeverzug** (§ 293 BGB). Im Falle der Nichtannahme trägt der Käufer die Gefahr für die Ware bei Gattungsschulden. Der Verkäufer hat seinerseits lediglich für Vorsatz und grobe Fahrlässigkeit zu haften. Der Annahmeverzug setzt voraus, dass die Leistung fällig ist, tatsächlich angeboten wird und der Käufer die angebotene Leistung nicht annimmt (§§ 294, 295 BGB). Dabei ist ein Verschulden des Käufers nicht erforderlich.

---

1 Praxis: Brautstrauß zur Hochzeit - die Leistung ist hier nicht nachholbar; es liegt eine Unmöglichkeit der Leistung vor.

2 Praxis: Nicht rechtzeitige Lieferung von Saisonwaren, von WM 2006 Waren, von Weihnachtsschmuck.

Rechte des Verkäufers beim Annahmeverzug

Hinterlegung

- Wenn der Verkäufer Kaufmann ist, so kann er jede Ware an jedem geeigneten Ort auf sichere Weise auf Kosten und Gefahr des Käufers **einlagern**; z.B. im eigenen Lager, bei einem Spediteur oder einem Lagerhaus (§ 373 HGB). Ist der Verkäufer Nichtkaufmann, so muss er die hinterlegungsfähigen Waren wie z.B. Geld, Schmuck oder gar Wertpapiere bei einer **öffentlichen Hinterlegungsstelle** am Leistungsort hinterlegen. Handelt es sich bei den Waren z.B. um verderbliche und damit nicht hinterlegungsfähige Sachen, kann der Verkäufer nach vorheriger Androhung des **Selbsthilfeverkaufs** (siehe dort) diese **am Leistungsort versteigern** lassen. Dinge mit einem Markt- oder Börsenpreis kann er freihändig verkaufen; dabei ist der Erlös zu hinterlegen.

Selbsthilfeverkauf

- Der Lieferant kann auf Klage verzichten und durch eine **öffentliche Versteigerung** einen Selbsthilfeverkauf vornehmen lassen (§ 373 Abs. 2 bis 4 HGB). Dieser Selbsthilfeverkauf kann an dem Ort vorgenommen werden, an dem sich die Ware gerade befindet. Ort und Zeit der Versteigerung sind dem Käufer vorher mitzuteilen. Sowohl Käufer als auch Verkäufer dürfen mitbieten. Den **Mindererlös** zwischen Rechnungsbetrag und Versteigerungserlös hat der Kunde zu ersetzen. Sollte ein **Mehrerlös** erzielt werden, so ist dieser dem Kunden auszubezahlen (§ 302 BGB).

Notverkauf

- Wenn es sich um **verderbliche Waren** handelt, kann wegen des **Zeitverlustes** die vorherige Mitteilung unterbleiben; es handelt sich hier um einen so genannten "**Notverkauf**".

Versteigerung

- Die Versteigerung von Waren mit einem Börsen- oder Marktpreis darf nur ein Gerichtsvollzieher oder eine zur Versteigerung befugte Person vornehmen.

Bestehen auf Abnahme

- Der Verkäufer kann auch auf Abnahme der Ware bestehen und **gegebenenfalls klagen**.

Anspruch auf Kostenerstattung

- Der Käufer hat alle Kosten, die durch Einlagerung, freihändigen Verkauf oder durch Versteigerung entstehen, zu tragen (§ 304 BGB).

Sonstige rechtliche Wirkungen des Annahmeverzugs

Die Haftung des Verkäufers wird eingeschränkt; sie erstreckt sich nur noch auf grobe Fahrlässigkeit und Vorsatz (§ 300 Abs. 1 BGB). Für leichte Fahrlässigkeit haftet der Verkäufer nicht mehr. Beim Gattungskauf trägt außerdem der Käufer die Sachgefahr des zufälligen Untergangs und der zufälligen Verschlechterung der Ware (§ 300 Abs. 2 BGB) - dies trifft auch z.B. bei unverschuldeten Unfällen zu.

2.15.2 Käuferseitige Nicht-Rechtzeitig-Zahlung (früher: käuferseitiger Zahlungsverzug)

trotz Fälligkeit seine Zahlungspflicht nicht erfüllen

Nicht-Rechtzeitig-Zahlung bedeutet, dass der Käufer trotz Fälligkeit seine Zahlungspflicht aus einem abgeschlossenen Kaufvertrag nicht erfüllt.

Dabei gilt es zu beachten:

- Ist der **Zahlungstermin kalendermäßig bestimmt**, so befindet sich der Schuldner vom Fälligkeitstag ab ohne zusätzliche Mahnung in **Verzug** (§ 286 Abs. 2 Nr. 1 BGB)[1].

▪ Ist der **Zahlungstermin beim zweiseitigen Handelskauf kalendermäßig nicht genau bestimmt,** dann muss der Gläubiger den Schuldner zunächst durch eine **Mahnung** in Zahlungsverzug setzen, indem er ihm eine **Zahlungsfrist** setzt (§ 286 Abs. 1 BGB)[1]. Ansonsten tritt der Zahlungsverzug automatisch 30 Tage nach Rechnungszugang ein, ohne dass eine vorige Mahnung erforderlich wäre. Als Konsequenz hat der Gläubiger von diesem Tag an Anspruch auf Verzugszinsen in Höhe von 8% über dem Basis-Zinssatz.

▪ beim Verbrauchsgüterkauf gilt die 30-Tage-Frist nur, wenn der Verbraucher in der Rechnung ausdrücklich darauf hingewiesen wurde; ansonsten bedarf es einer Mahnung, um ihn in Verzug zu setzen.

Durch den Zahlungsverzug entstehen dem Verkäufer (Lieferant, Gläubiger) **finanzielle Nachteile.** Das Gesetz erlaubt es ihm hierfür Verzugszinsen und Kostenersatz zu berechnen. Unter Kaufleuten betragen diese Verzugszinsen bei beiderseitigen Handelsgeschäften (Geschäft, welches den gleichen Geschäftsbereich betrifft z.B. Werkzeug für Werkzeughersteller) 5% ab Fälligkeit (§ 352 i.V.m. § 353 HGB), bei Verbrauchern 5% über dem Basiszinssatz ab Verzug (§ 288 Abs. 1 BGB). Bei Nichtverbrauchern 8% über dem Basiszinssatz.

durch Zahlungsverzug entstehen finanzielle Nachteile

Weist der Gläubiger nach, dass er **höhere Bankzinsen** zahlen muss, z.B. weil er durch den Verzug einen teuren Kontokorrentkredit in Anspruch nehmen muss, so kann er dies in Rechnung stellen. Der Schuldner (Käufer) hat auch die Mahnkosten zu tragen.

auch höhere Bankzinsen sind anrechenbar

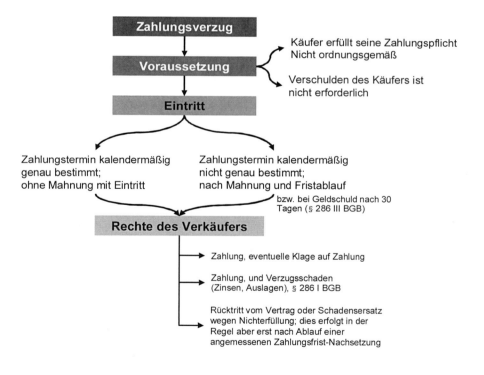

---

1 Praxis: "Zahlbar bis spätestens 24. Mai... ; Zahlbar Ende Mai... ".
1 Praxis: "Zahlbar sofort", zahlbar ab 1. Juni.., zahlbar 20 Tage nach Bestellung".

Außergerichtliches Mahnverfahren (Briefliches Mahnverfahren)

den Kunden veranlassen, der Zahlungsverpflichtung nachzukommen, ohne das Gericht einzuschalten

Von Seiten des Gesetzes gibt es **keine vorgeschriebene Form** der außergerichtlichen Mahnung. Aus Gründen der Beweissicherheit sollten sie aber in der Regel schriftlich erfolgen. Sinn und Zweck der außergerichtlichen Mahnung ist es, den Kunden zu veranlassen, seiner Zahlungsverpflichtung nach zu kommen, ohne dabei das Gericht bemühen zu müssen.

Nur wenn die Zahlungsfrist kalendermäßig nicht genau bestimmt ist, verfolgt die außergerichtliche Mahnung das Ziel, eine **angemessene Zahlungsfrist** zu setzen und den Kunden dadurch in Verzug zu setzen, wenn die Frist verstrichen ist.

Sinn und Zweck des außergerichtlichen Mahnverfahrens

Sinn und Zweck des außergerichtlichen Mahnverfahrens ist es, **den Kunden (Schuldner) an seine Forderung** zu erinnern, um:

- selbst nicht in Zahlungsschwierigkeiten zu geraten und unter Umständen teure Bankkredite aufnehmen zu müssen,

- selbst Lieferer-Skonto ausnutzen zu können,

- sich vor Verlusten bei Insolvenz eines Kunden zu schützen,

- Verluste durch Verjährung zu vermeiden.

Aus diesen Gründen heraus ist es außerordentlich wichtig, in der betrieblichen Praxis ein **gut funktionierendes Mahnwesen** zu haben. Mit Hilfe von Terminkalender, Termin- und Mahnkarteien sowie durch die "Offene-Posten-Buchhaltung" mit EDV-Mahnwesen kann der rechtzeitige Zahlungseingang der Kunden relativ sicher überwacht werden. Organisatorisch fällt diese wichtige Aufgabe in der Regel dem Bereich der Buchhaltung zu.

kein allgemeingültiges Schema

Wie bereits ausgeführt, bleibt die Art und Weise wie gemahnt wird jedem Kaufmann selbst vorbehalten. Es gibt hier kein allgemeingültiges Schema. Dennoch sei hier zu bemerken, dass es sich beim Mahnwesen um eine **heikle Angelegenheit** handelt, da durch eine **ungeschickte oder plumpe Zahlungserinnerung** der Kunde verletzt und verloren sein kann.

Stufen der Zahlungserinnerung

In der Praxis haben sich folgende Stufen der Zahlungserinnerung herausgebildet:

- **Erste Mahnung**, die zumeist eine höfliche Erinnerung an die fällige Zahlung ist.

- **Zweite Mahnung**, die ausdrücklich auf die Fälligkeit der Zahlung hinweist und zugleich eine letzte Zahlungsfrist setzt.

- **Dritte Mahnung**, die dem Schuldner darauf hinweist, dass ihm zusätzliche Kosten durch das Säumnis entstehen, gegebenenfalls die Forderung durch ein Inkassoinstitut eingezogen wird, falls in den nächsten Tagen (i.d.R. 3 bis 6 Tage) nicht bezahlt wird.

2.16 Das gerichtliche Mahnverfahren

das Gericht zur Beitreibung der Forderung in Anspruch nehmen

Wenn das briefliche Mahnverfahren nicht zum Eingang der Zahlung geführt hat oder wenn der Schuldner sich weigert seiner Zahlungsverpflichtung nachzukommen, so wird das Gericht zur **Beitreibung der Forderungen** in Anspruch genommen. Hierzu ist der Erlass eines **Mahnbescheides** erforderlich (§§ 688 ff. ZPO), indem der Gläubiger als Antragsteller und der Schuldner als Antragsgegner bezeichnet wird. Das Gericht fordert in dem Mahnbescheid den Antragsgegner

(Schuldner) auf, innerhalb von 2 Wochen nach Zustellung des Bescheides die Schuld zuzüglich Zinsen und aufgelaufenen Kosten zu zahlen. Eine Begründung des Zahlungsanspruches oder eine Überprüfung von Seiten des Gerichtes, ob die Forderung berechtigt ist, erfolgt zum Zeitpunkt des Erlasses des Mahnbescheides nicht.

Der Sinn des Mahnbescheides liegt darin, Sinn des Mahnbescheides

- den Klageweg aus **Kostengründen** zu vermeiden,

- dass das gerichtliche Mahnverfahren in der Regel **schneller** ist als der Klageweg,

- dass durch die Zustellung des Mahnbescheides die **Verjährung der Forderung gehemmt** wird (§ 204 Abs. 1 Ziff. 3 BGB)

Das gerichtliche Mahnverfahren durchläuft folgende Stadien: Erläuterungen zum Gang des gerichtlichen Mahnverfahrens

- Der Antrag auf Erlass des Mahnbescheids wird bei dem Amtsgericht gestellt, an dessen Ort der Antragsteller (= Gläubiger) seinen allgemeinen Gerichtsstand hat. Mit diesem Antrag beginnt das gerichtliche Mahnverfahren zu laufen. Das Antragsformular ist sowohl beim Gericht als auch im Schreibwarengeschäft oder als Online-Formular mit Bar-Code erhältlich.

- Das **Amtsgericht** erlässt den Mahnbescheid und stellt ihn dem Antragsgegner (= Schuldner) zu. Es fordert ihn auf, die Forderung samt Zinsen und Gerichts- sowie ggf. Rechtsanwaltskosten zu zahlen oder binnen einer Frist von zwei Wochen einen Antrag auf Entscheidung von **Einspruch** (gegen den Antrag) und **Widerspruch** (gegen den Anspruch) zu erheben. Bezahlt der Antragsgegner die Forderung, ist das gerichtliche Mahnverfahren beendet.

- Wenn der Antragsgegner **Widerspruch** erhebt, wird der Antragssteller von dem Widerspruch benachrichtigt, der dann wiederum einen **Antrag auf eine mündliche Verhandlung vor Gericht** stellen kann.

- Das gerichtliche Mahnverfahren mündet damit in ein **formelles Zivilprozessverfahren**. Dabei ist der Kaufvertrag als Beweismittel für die Forderung des Antragstellers besonders wichtig. Ergibt die Gerichtsverhandlung, dass die Forderung zu Recht besteht, dann ist der Antragsteller berechtigt, die **Zwangsvollstreckung** gegen den Antragsgegner zu beantragen (das Urteil der Verhandlung ist ein "**Vollstreckungstitel**").

- Reagiert der Antragsgegner auf den Mahnbescheid überhaupt nicht, so kann der Antragsteller ohne Gerichtsverhandlung sofort den **Vollstreckungsbescheid beantragen**. Wenn der Antragsgegner die im Vollstreckungsbescheid ausgewiesene Forderung bezahlt, dann ist das gerichtliche Mahnverfahren beendet. Erhebt der Antragsgegner rechtzeitig **Einspruch**, dann mündet dieser ebenso wie der Widerspruch gegen den Mahnbescheid in ein **Zivilprozessverfahren**. Unternimmt der Antragsgegner nichts, so hat der Antragsteller das Recht, den **Gerichtsvollzieher** mit der **Pfändung** in das Vermögen des Schuldners (was z.B. auch Rentenanwartschaften umfasst) zu beauftragen.

- Die **Zwangsvollstreckung erfolgt**, wenn der Schuldner trotz des Vollstreckungsbescheids oder des gerichtlichen Urteils die Zahlung verweigert. Die Forderung wird dann durch den Gerichtsvollzieher eingetrieben, d.h. das Vermögen des Schuldners wird gepfändet.

Voraussetzung für die Zwangsvollstreckung

Voraussetzung für die Zwangsvollstreckung ist:

- Der **Vollstreckungstitel**, das heißt das Recht, das Vermögen des Schuldners mit Hilfe des Gerichtsvollziehers pfänden zu dürfen[1].

- Die **Vollstreckungsklausel**, mit der ein Vollstreckungstitel textlich versehen sein muss[2],

- Die **Zustellung** durch das Gericht an den Schuldner,

- Der Vollstreckungsantrag beim zuständigen Vollstreckungsgericht, dem als Urkunde zumindest der Vollstreckungstitel mit der Vollstreckungsklausel und dem **Zustellungsnachweis** beigefügt sein muss.

das Schema des gerichtlichen Mahnverfahrens

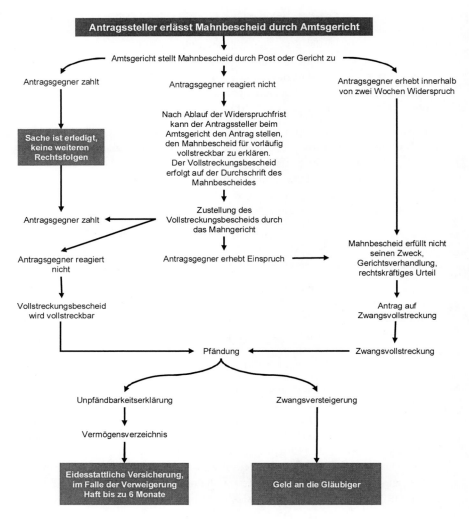

---

1 Zu den wichtigsten Vollstreckungstiteln gehören der Vollstreckungsbescheid, das für vorläufig vollstreckbar erklärte rechtskräftige Urteil und gerichtliche Vergleiche.

2 Praxis: "Vorstehende Ausfertigung wird Herrn...... zum Zwecke der Zwangsvollstreckung erteilt".

2.17 Fallbeispiele für Störungen auf der Käuferseite

Fallbeispiele zum Lieferungsverzug

Der kaufmännische Leiter der Badischen Zementwerke, Herr Gruber, hat beim örtlichen Toyota-Fachhändler Meierding ein gebrauchtes Fahrzeug für einen Außendienstmitarbeiter für 35.000,00 € gekauft; es soll am 1.6. geliefert werden. Meierding hat noch einige wichtige Aufträge zu erledigen und bringt das Fahrzeug erst am 5.6. zu den Badischen Zementwerken. Diese konnten deshalb einige Geschäfte nur verspätet ausführen und erlitten ihrerseits 1.500,00 € Schaden.

Können die Badischen Zementwerke von Meierding Schadensersatz verlangen?

Zwischen den Badischen Zementwerken und Meierding ist ein gültiger Kaufvertrag über ein Fahrzeug abgeschlossen worden. Meierding hat die Leistung, die er der Firma aus diesem Vertrag schuldete, verspätet erbracht. Die Firma könnte daher Ansprüche aus Verzug gemäß §§ 280, 281, 284, 286 BGB geltend machen. Voraussetzungen des Lieferungsverzugs sind Nichtleistung, Fälligkeit, Mahnung und Vertretenmüssen. Meierding hat nicht geleistet, obgleich er die Leistung am 1.6. hätte erbringen müssen (§ 286 BGB). Zwar haben die Badischen Zementwerke nicht gemahnt, da die Leistung aber nach dem Kalender bestimmt war, war eine Mahnung auch nicht erforderlich (§ 286 Abs. 2 BGB). Meierding hat ebenfalls auch die Nichtleistung zu vertreten, da er wissentlich und willentlich den Termin überschritt, um noch andere Geschäfte abzuwickeln. Damit handelte er vorsätzlich (§ 276 BGB). Somit befand sich Meierding im Lieferungsverzug.

Die Gläubigerin Badische Zementwerke kann gemäß §§ 280, 281, 284, 286, neben der Erfüllung des Vertrages auch Ersatz des Verzögerungsschadens in Höhe von 1.500,00 € verlangen.

Im vorherigen Fall wird das Fahrzeug am 4.6. ohne Verschulden des Meierding gestohlen und von dem Dieb zu Schrott gefahren. Die Badischen Zementwerke verlangen nun von Meierding Schadensersatz und meinen, sie müsste für ein gleichwertiges Fahrzeug 37.000,00 € ausgeben. Kaufmann Gruber hat sich selbst in die Angelegenheit eingeschaltet.

Ist der Anspruch der Badischen Zementwerke begründet?

Meierding befand sich im Lieferungsverzug. Seine Leistung ist ihm während des Verzugs unmöglich geworden. Da die Unmöglichkeit aber nach Vertragsschluss eingetreten ist, gelten hier die Rechtsfolgen nach den Regeln über die nachträgliche Unmöglichkeit (§§ 275 ff. BGB). Hierbei spielt es eine Rolle, ob Meierding die Unmöglichkeit zu vertreten hat oder nicht. Da sich Meierding mit seiner Leistung in Verzug befand, ist er in diesem Falle auch für die durch Zufall eingetretene Unmöglichkeit der Leistung verantwortlich. Da es sich bei Diebstahl auch nicht um "höhere Gewalt" handelt, haftet Meierding gemäß §§ 280, 283, 284, 285 249ff. BGB auf Schadensersatz

Die gesetzlichen Rechtsregeln der "Differenztheorie" besagen zudem, dass die Badischen Zementwerke den Unterschiedsbetrag zwischen dem von ihr geschuldeten Kaufpreis und dem Wert der Gegenleistung (gleichwertiges Fahrzeug würde 37.000,00 € kosten), also 2.000,00 €, als Ersatz verlangen können.

Zwischen Müller, kaufmännischer Angestellter der Badischen Zementwerke, und einem Kunden wird ein Kaufvertrag über die Lieferung von 5.000 Sack Gips vereinbart. Beide vereinbaren: "Die Lieferung erfolgt prompt zum 15. Mai".

Am 20. Mai hat Müller noch immer nicht geliefert. Kann der Kunde daraufhin vom Vertrag zurücktreten?

In diesem Beispiel ist das Interesse des Kunden an der Leistung zu einem bestimmten Termin besonders hervorgehoben. Gerade aus der Angabe des genauen Liefertages in Verbindung mit dem Zusatz "prompt" im Kaufvertrag ergibt sich, dass die Einhaltung des Termines nach dem Willen der Parteien so wesentlich war, dass das Geschäft damit stehen und fallen sollte. Damit liegt ein gewöhnliches Fixgeschäft vor, dessen Rechtsfolgen sich aus §§ 296, 280, 281, 284, 323 BGB ergeben.

Der Kunde kann gemäß § 323 BGB vom Vertrag zurücktreten. Er braucht weder eine Nachfrist zu setzen noch die Ablehnung der Leistung anzudrohen, da es sich um ein gewöhnliches Fixgeschäft handelt.

Fallbeispiele zum Annahmeverzug

Herr Gruber hat im Elektrogeschäft Groß eine Waschmaschine gekauft. Es wird vereinbart, dass diese im August geliefert und aufgestellt werden soll. Am 15. August wird die Waschmaschine geliefert. Gruber hat gerade das Haus zum Einkaufen verlassen.

Groß nimmt die Maschine wieder mit und verlangt nun von Gruber die Kosten für Fahrt und Zeitaufwand ersetzt. Kann er das?

Im Rahmen des Kaufvertrages zwischen Gruber und Groß (§ 433 BGB) hat Groß die Maschine angeboten, Gruber hat diese jedoch nicht angenommen. Es stellt sich hier die Frage ob in diesem Beispiel tatsächlich ein Annahmeverzug vorliegt. Wäre das der Fall, dann könnte Groß seine entstandenen Mehraufwendungen ersetzt verlangen (§ 304 BGB). Annahmeverzug setzt voraus: die Berechtigung zur Leistung, die Möglichkeit zur Leistung, ein Angebot und die Nichtannahme der Leistung. Groß war zur Lieferung berechtigt, die Leistung wurde ordnungsgemäß angeboten; d.h. das Angebot erfolgte auch tatsächlich (§ 294 BGB) zur rechten Zeit (§ 271 BGB), am rechten Ort (§ 269 BGB) und in der rechten Art und Weise (§§ 242 ff., 266 BGB). Gruber wäre danach in Annahmeverzug geraten, wenn er sich nicht auf die Ausnahmeregelung des § 299 BGB berufen könnte, weshalb nur eine vorübergehende Annahmeverhinderung vorläge.

Die Leistungszeit war nicht bestimmt, so dass Gruber am 15. August nicht unbedingt mit der Lieferung der Waschmaschine rechnen musste. Er war also nur vorübergehend für die Annahme verhindert. Damit sind die Voraussetzungen des § 299 BGB erfüllt, Gruber ist nicht in Annahmeverzug geraten.

Das Elektrogeschäft Groß kann keinen Ersatz für Mehraufwendungen nach § 304 BGB verlangen.

Wie wäre der Sachverhalt aus dem Fallbeispiel 4 zu beurteilen, wenn Groß dem Gruber auf einer Postkarte am 6. August mitgeteilt hätte, dass er am 15. August liefern wolle - Gruber war trotzdem an diesem Tag zum Einkaufen und nicht zu Hause?

Die Voraussetzungen für die Ausnahmeregelung gemäß § 299 BGB fehlen bei diesem Beispiel. Zwar war auch hier die Zeit der Leistung nicht genau vereinbart worden und der Kunde nur vorübergehend an der Annahme verhindert. Aber dennoch hatte der Schuldner Groß die Lieferung eine angemessene Zeit vorher angekündigt (§ 299 BGB, letzter Halbsatz).

Die Frist von 9 Tagen kann als angemessen angesehen werden. Gruber ist daher in Annahmeverzug geraten.

Wie wäre oben geschilderter Sachverhalt zu beurteilen, wenn Groß auf der Rückfahrt von Gruber, den er ja nicht angetroffen hatte, einen Unfall durch eigene Fahrlässigkeit erleidet, wodurch die Waschmaschine zerstört wird?

Aufgrund des Unfalls ist dem Schuldner Groß die Lieferung dieser Maschine unmöglich geworden. Die Unmöglichkeit ist nach Vertragsschluss eingetreten, wodurch sich die Rechtsfolgen aus §§ 275 ff. BGB ergeben. Demnach kommt es darauf an, ob das Elektrogeschäft diese Unmöglichkeit zu vertreten hat. Grundsätzlich gilt die Regelung, dass ein der Leistungsschuldner gemäß § 276 BGB Fahrlässigkeit zu vertreten hat. Groß hat den Unfall fahrlässig herbeigeführt. Der Unfall ist allerdings geschehen, nachdem Groß die Waschmaschine vergeblich angeboten hatte, wodurch der Annahmeverzug eingetreten ist. Hierdurch ergibt sich für Groß eine erhebliche Haftungserleichterung. Gemäß
§ 300 Abs. 1 BGB haftet der Leistungsschuldner nur noch für Vorsatz und grobe Fahrlässigkeit.

Da sich Gruber im Annahmeverzug befand und Groß weder vorsätzlich noch grob fahrlässig handelte, hat der Leistungsschuldner die Unmöglichkeit der Leistung nicht zu vertreten, d.h. er wird von seiner Leistungspflicht frei (§ 275 BGB).

Könnte Groß von Gruber gar die Zahlung des Kaufpreises verlangen?

Die Antwort ergibt sich aus den §§ 320 ff. BGB: Der Kaufvertrag ist ein gegenseitiger Vertrag und da sich der Kunde Gruber im Annahmeverzug befand und dadurch die Leistung unmöglich wurde, ohne dass dies Groß zu vertreten hatte, bleibt der Kunde Gruber zur Gegenleistung verpflichtet.

Groß kann von ihm die Zahlung des Kaufpreises verlangen.

Unternehmensorganisation und -führung

Inhalt:

- Das Einzelunternehmen, Gesellschaftsunternehmen und Personengesellschaften
- Offene Handelsgesellschaft (OHG), Grundlagen
- Die Kommanditgesellschaft (KG)
- GmbH & Co KG
- Die Gesellschaft bürgerlichen Rechts (GbR)
- Partnergesellschaft (PartnG)
- Weitere Informationen zur GmbH
- Limited
- Unternehmenskultur und -ziele
- Standortwahl, Grundaspekte
- Markt- und Standortanalyse
- Führungsrolle und -aufgabe im Unternehmen
- Unternehmensorientierte Führungsstile im Wandel
- Führungsfunktionen der Unternehmensleitung
- Motivation
- Kaufleute
- Handelsregistereintrag
- Firma
- Aufbauorganisation in Unternehmen
- Aufgabenanalyse als Basis der Aufbauorganisation
- Stellen als Elemente der Aufbauorganisation
- Organisationsplan/Organigramm
- Ablauforganisation in Unternehmen
- Bewährte Managementkonzeptionen

3.1 Wichtige Unternehmensformen

Grundlagen, Begriffe zum Thema "Unternehmensformen"

Begriff

Unsere Rechtsordnung kennt keinen einheitlichen Begriff des Unternehmens. Der gesetzliche Sprachgebrauch ist unterschiedlich. Das Handelsgesetzbuch spricht zum Beispiel vom "**Handelsgeschäft**", das Betriebsverfassungsgesetz vom "**Betrieb**", das Kartell- und Konzernrecht vom "**Unternehmen**".

Übersicht über verschiedene Unternehmensformen

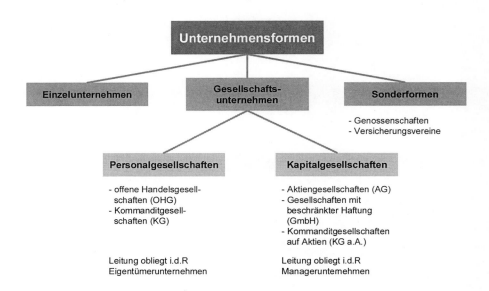

Rechtsquellen

Das **Gesellschaftsrecht** ist in folgenden Rechtsquellen zu finden und geregelt:

Bürgerliches Gesetzbuch

Das Bürgerliche Gesetzbuch als Rechtsgrundlage für:

- die BGB-Gesellschaft (§§ 705 bis 740 BGB)

- den rechtsfähigen Verein (§§ 21 ff. BGB)

- den nicht rechtsfähigen Verein (§ 54 BGB)

Handelsgesetzbuch

Das Handelsgesetzbuch als Rechtsgrundlage für:

- die offene Handelsgesellschaft (§§ 105 bis 160 HGB)

- die Kommanditgesellschaft (§§ 161 bis 177 a HGB)

- die stille Gesellschaft (§§ 230 - 236 HGB)

- die Reederei (§§ 484 bis 510 HGB)

Aktiengesetz

- Das Aktiengesetz als Rechtsgrundlage für die Aktiengesellschaft und Kommanditgesellschaft auf Aktien.

GmbH-Gesetz

- Das GmbH-Gesetz als Rechtsgrundlage für die Gesellschaften mit beschränkter Haftung.

Bestimmungsfaktoren für die Wahl der betrieblichen Rechtsform

Weitere Begriffe

Kaufmann ist, wer ein Handelsgewerbe von solcher Bedeutung betreibt, dass anzunehmen ist, dass er sich mit den Gepflogenheiten des Handels so weit auskennt, dass man ihn den Besonderheiten des Handelsrechts unterwerfen kann.

Kaufmann

Kaufleute sind, wie Nichtkaufleute auch, den Bestimmungen des Bürgerlichen Gesetzbuchs unterworfen. Ein Kaufmann im Sinne des § 1 des **deutschen Handelsgesetzbuches (HGB)** unterliegt jedoch zusätzlich den Rechten und Pflichten des HGB. Einige Vorschriften des HGB sind aber auch auf **Nichtkaufleute** anwendbar, sofern diese HGB-relevant tätig werden.

Gewerbe umfasst jede wirtschaftliche Tätigkeit, die betrieben wird:

(Handels-)Gewerbe

■ auf eigene Verantwortung und Rechnung,

■ auf Dauer und mit der Absicht zur Gewinnerzielung

Im engeren Sinne versteht man unter Gewerbe die produzierenden und verarbeitenden Gewerbe: **Industrie und Handwerk**. Die gängige Rechtssprechung besagt: Ein Gewerbe ist jede erlaubte selbständige zum Zwecke der Gewinnerzielung vorgenommene nach außen erkennbare Tätigkeit, die planmäßig und für eine gewisse Dauer ausgeübt wird und **kein „freier Beruf"** ist.

Das **Handelsregister** ist ein öffentliches **Verzeichnis**, das Eintragungen über sämtliche Kaufleute im **Bezirk** des zuständigen Registergerichts führt.

Handelsregister

Eine **Firma** (firmare (lat.) = beglaubigen, befestigen; abgekürzt: Fa.) ist im Rechtssinne der Name, unter dem ein Kaufmann sein Gewerbe ausübt, seine Unterschriften leistet und unter dem er klagen und verklagt werden kann. Man spricht auch von einer Firmierung. Umgangssprachlich wird Firma auch **synonym für Unternehmen** verwendet[1]. Für Konzerne und größere mittelständische Unternehmen ist die Firma ein wesentlicher Bestandteil der **Corporate Identity**[2].

Firma

3.2 Das Einzelunternehmen

Bei Klein- und Mittelbetrieben ist das Einzelunternehmen die **häufigste und ursprünglichste Rechtsform**. Ca. neun Zehntel aller Unternehmen in der Bundesrepublik Deutschland sind Einzelunternehmen, allerdings ist die Zahl dieser Unternehmen rückläufig.

Merkmale der Einzelunternehmung

Typisch für die Einzelunternehmung ist, dass das Kapital, insbesondere das Haftungskapital, von einer Person aufgebracht wird, die zugleich das Unternehmen **leitet** und auch das **Risiko allein** trägt. Aus dieser Tatsache ergeben sich einige typische Merkmale der Einzelunternehmung:

Recht zur Geschäftsführung
- Das ausschließliche Recht zur **Geschäftsführung** liegt persönlich beim Einzelunternehmer /Inhaber). Daraus ergibt sich, dass der Unternehmer schnell Entscheidungen treffen kann, ohne jemand anderen fragen zu müssen. Allerdings hat er auch allein die Last der Verantwortung zu tragen.

Kapitalhöhe
- Der Einzelunternehmer hat die Pflicht, das ganze **Kapital** allein aufzubringen. Er kann aber auch dafür den Gewinn für sich allein beanspruchen. Über die Höhe des aufzubringenden Kapitals gibt es keine gesetzliche Vorschriften - es muss daher kein Mindestkapital erbracht werden.

Haftung
- Für eingegangene Verpflichtungen und Verbindlichkeiten muss der Einzelunternehmer **allein und unbeschränkt haften**. Das heißt im Klartext, er haftet mit seinem Geschäfts- und gesamten Privatvermögen.

relativ schlechte Kreditbasis
- Sein Kapital ist oft gering und Kredit wird ihm nur aufgrund seiner **Vertrauenswürdigkeit** gegeben (= Personalkredit). Die Rentabilitätsaussichten des Unternehmens sind daher für eine gute Kreditbasis oft ausschlaggebend.

Vertretung
- Der Inhaber vertritt das Unternehmen allein. Er schließt alle betreffenden Rechtsgeschäfte selbst ab, kann allerdings bestimmten Mitarbeitern **Vollmachten** erteilen.

Firma
- Die Firma enthält gem. § 17 Abs. 1 HGB meist den **Vor- und Zunamen des Einzelunternehmers**; sie muss zur Kennzeichnung des Kaufmanns geeignet sein und Unterscheidungskraft besitzen, § 18 Abs. 1 HGB.

Auflösung des Unternehmens
- Die Auflösung des Unternehmens liegt allein im Entscheidungsbereich des Einzelunternehmers.

Bedeutung der Einzelunternehmung
Die Einzelunternehmung bietet sich als die geeignete Rechtsform für Unternehmer an die ihre eigenen Ideen verwirklichen wollen und eine Übernahme des persönlichen Risikos nicht scheuen. Aus dieser Rechtsform haben sich alle übrigen Rechtsformen der Gesellschaften heraus entwickelt.

---

1   § 17 HGB erklärt, was die Firma ist, sagt aber nichts darüber, was sie zu enthalten hat: Die Namenserfordernis ist weggefallen, aber ein Zusatz, aus dem die Rechtsform zu erkennen ist, ist (auch für andere Rechtsformen) Pflicht.

2   Bei einer Übernahme eines Unternehmens kann die Firma beibehalten werden, wenn der vorherige Eigentümer zustimmt.

Vor- und Nachteile des Einzelunternehmens

Einzelunternehmen haben einige Vorteile aufzuweisen:

- keine Abstimmung der Entscheidungen mit anderen

- schnelle Entscheidungsmöglichkeiten, daher sehr flexibel

- keine Missverständnisse hinsichtlich der Unternehmensführung

- großes Eigeninteresse des Inhabers an der Arbeit und am Gewinn, da er diesen alleine beanspruchen kann

- keine Pflicht zur Veröffentlichung des Jahresabschlusses

Den Vorteilen stehen einige Nachteile gegenüber:

- Alleiniges Entscheidungsrecht; nachteilig bei unzureichender Qualifikation des Unternehmers

- Eventuell nachteilige Beeinflussung des Betriebsklimas "(Chef entscheidet allein)"

- Großes Haftungsrisiko (Gütertrennung ist daher oft sinnvoll)

- oft geringe Kapitalbasis und schlechte Kreditbeschaffungsbasis

3.3 Gesellschaftsunternehmen

Gründe für die Wahl der Form eines Gesellschaftsunternehmens

Die Wahl einer Gesellschaft als Unternehmensform kann aus einer Vielzahl von Gründen sinnvoll sein. An dieser Stelle werden einige der wichtigen Gründe genannt, die in der **wirtschaftlichen Praxis** eine Rolle spielen:

- Der Grund, ein bestehendes Unternehmen in ein Gesellschaftsunternehmen umzuwandeln oder diese Rechtsform zu wählen, liegt häufig im Wunsch nach Verbesserung der fachlichen Basis. Beispiel: Ein Ingenieur nimmt einen Kaufmann als Mitgesellschafter in sein Unternehmen auf und umgekehrt.

- Häufig kommt der Einzelunternehmer an die Grenze, bei der sein Geschäft und Privatvermögen nicht mehr ausreicht, um erforderliche Wareneinkäufe oder Investitionen zu finanzieren. Auch persönliche Vorsicht oder Begrenzung der Verantwortung gegenüber der Familie machen Gesellschaftsunternehmen sinnvoll.

- Im Falle des Einzelunternehmens haftet der Inhaber unbeschränkt sowohl mit seinem Betriebs- als auch mit seinem Privatvermögen. Durch Hinzunahme von Gesellschaftern kann diese Basis oft vergrößert werden. Hierdurch verbessert sich die Kreditbasis.

- Bei Gesellschaftsunternehmen ist das Risiko auf mehrere Personen verteilt. Auch das Haftungsrisiko wird verringert durch die Möglichkeit, die Haftung auf das Betriebsvermögen zu begrenzen- Ausnahme OHG und bedingt auch KG - auf das Betriebsvermögen, was im Falle der Einzelunternehmung gesetzlich nicht möglich ist.

Der Gesellschaftsvertrag; Regelungsbereiche

Vertragsfreiheit

Im Folgenden geht es um das Spannungsfeld zwischen Freiheit und Zwang im Gesellschaftsrecht. Vertragsfreiheit bedeutet Abschlussfreiheit, Inhaltsfreiheit und ggf. Formfreiheit.

rechtliche Aspekte beim Abschluss eines Gesellschaftsvertrages

Im Gesellschaftsrecht sind einige Aspekte beim Abschluss eines Gesellschaftsvertrages zu beachten:

■ Es besteht ein "Typenzwang" der Gesellschaftsformen, zulässig ist aber in gewissem Rahmen die Typenvermischung und Typenverbindung.

■ Innerhalb der zulässigen Gesellschaftsformen ist das Gesetz in weiten Bereichen dispositiv, das heißt, es besteht also insofern Vertragsfreiheit. Bei Personengesellschaften (z.B. OHG, KG) reicht diese allerdings deutlich weiter als bei Kapitalgesellschaften (z.B. GmbH, Aktiengesellschaft).

■ Die Formfreiheit gilt im Wesentlichen bei der Gründung von Personengesellschaften; bei den Kapitalgesellschaften ist vom Gesetz her durchweg eine notarielle Beurkundung und Eintragung in das Handelsregister vorgesehen.

Gesellschaftsverträge sind zumeist das **Ergebnis von Verhandlungen**, Kompromissen und Absprachen unter den Gesellschaftern. Unter Abschätzung der gegenwärtigen Lage und künftigen Entwicklung soll das Ergebnis durch vertragliche Klauseln rechtsverbindlich werden.

Bestimmungsfaktoren

Die künftigen Gesellschafter werden sich als erstes die Frage stellen, welche Gesellschaftsform die sinnvollste ist. Hinsichtlich der Bestimmungsfaktoren für die Wahl der Gesellschaft gilt:

■ Zweck, Sitz und Firma der Gesellschaft ergeben sich in der Regel zwangsläufig aus den rechtlichen oder tatsächlichen Gegebenheiten. Bei Gesellschaften, die eine unterschiedliche Haftung der Gesellschafter vorsehen, muss der Gesellschaftsvertrag z.B. die persönlich haftenden Gesellschafter nennen.

■ Gleiches gilt für Einlagen und Beteiligungsverhältnisse, etwaige Nachschusspflichten, für Regelungen der Gewinn- und Verlustverteilung, Entnahmen und eventuell Tätigkeitsvergütungen.

■ Die Geschäftsführung und Vertretung wird meistens mit der Haftungsfrage koordiniert ("Wer das Risiko trägt, trifft auch die Entscheidungen - wer haftet, bestimmt").

■ Wichtig sind auch Regelungen über das Ausscheiden von Gesellschaftern und im Falle der Insolvenz oder des Todes eines Gesellschafters.

■ Wie bei allen Verträgen empfiehlt sich die Schriftform und die Teilnichtigkeitsklausel[1] sowie eine Schiedsgerichtsvereinbarung, um bei Streitfällen schnell und sachkundig zu Entscheidungen zu kommen.

die wichtigsten Regelungsbereiche

Im Folgenden sind die wichtigsten Regelungsbereiche eines Gesellschaftsvertrages in annähernder Vollständigkeit aufgeführt:

■ Gesellschaftsform

■ Zweck und Sitz des Unternehmens

---

1 Beispiel für eine Teilnichtigkeitsklausel: *„Sollte eine Bestimmung dieses Vertrages unwirksam sein oder werden, so berührt dies die Wirksamkeit der restlichen Bestimmungen nicht. Vielmehr gilt anstelle der unwirksamen Bestimmung eine dem Zweck entsprechende oder zumindest nahekommende Ersatzbestimmung, die Parteien vereinbart hätten, wenn sie die Unwirksamkeit der Bestimmung gekannt hätten. Entsprechendes gilt bei Unvollständigkeit der Bestimmungen."*

- Gesellschafter und ihre Haftung

- Einlagen und Beteiligungsverhältnisse

- etwaige Nachschusspflichten

- Gewinn- und Verlustrechnung (-verteilung)

- Regelung der Entnahmen

- Tätigkeitsvergütungen, wenn nicht durch die Gesellschaft selbst mit den Tätigen Dienstverträge geschlossen werden

- Geschäftsführung und Vertretung; etwaige Beschränkungen der Geschäftsführung und Vertretung (z.B. Einstimmigkeit der Gesellschafter in bestimmten Fällen)

- Stimmrechte

- Informations- und Kontrollrechte

- Dauer der Gesellschaft

- Ausscheiden von Gesellschaftern (Tod, Ausschließung)

- Kündigungsmöglichkeiten

- Wechsel im Gesellschafterbestand durch Neueintritt von Gesellschaftern

- Reaktion der Gesellschaft auf Gläubigerzugriffe

- Wettbewerbsverbote

- Liquidationsfragen

- steuerliche Fragen, Kosten des Vertrags

- Schriftformklauseln, Teilnichtigkeitsklauseln

- Schiedsgerichtsvereinbarung

3.4 Personengesellschaften

Personengesellschaften sind dadurch charakterisiert, dass die Gesellschafter und nicht die Gesellschaft an sich rechtsfähig sind. Als natürliche Personen haften sie für die Gesellschaft. Mindestens ein Gesellschafter haftet auch mit seinem Privatvermögen.

die Rechtsfähigkeit liegt bei den Gesellschaftern, die auch haften

3.5 Offene Handelsgesellschaft (OHG), Grundlagen

Die OHG ist ein Unternehmen, in dem **mindestens zwei Gesellschafter** unter einer gemeinsamen Firma ein Handelsgewerbe betreiben. Die Gesellschafter haften unbeschränkt mit ihrem ganzen Vermögen, d.h. auch mit ihrem Privatvermögen (vgl. § 105 Abs. 1 HGB).

mindestens zwei Gesellschafter

Die Gründung und Weiterführung der OHG erfolgt durch mindestens zwei Personen. Zur Gründung ist ein Gesellschaftsvertrag zwischen den Gesellschaftern erforderlich, der allerdings **formlos** sein darf, d.h. die gemeinsame kaufmännische Tätigkeit zweier Personen reicht für die Gründung einer OHG. Üblich und empfehlenswert ist jedoch die Schriftform. Bei Einbringung von Grundstücken ist eine notarielle Beurkundung erforderlich.

Gründung der OHG

Die Firma der OHG

Die Firma ist der Geschäftsname der OHG, unter der Rechtsgeschäfte abgeschlossen werden. Zum Beispiel: Kaufverträge, Arbeitsverträge, Mietverträge usw.. Sie muss die Rechtsform ausweisen.

Die Regelung der Haftung in der OHG

Jeder Gesellschafter haftet für die Verbindlichkeiten der Gesellschaft. Es gilt:

unbeschränkt

- „**Unbeschränkt**" bedeutet, dass sich die Haftung auf das gesamte Geschäfts- und Privatvermögen der einzelnen Gesellschafter erstreckt. Bei Gütergemeinschaft bzw. Zugewinngemeinschaft können die Gläubiger unter Umständen sogar das Vermögen der Ehefrau/des Ehemannes des Gesellschafters in Anspruch nehmen. Dies trifft im Falle der Gütertrennung allerdings nicht zu. Eine Vereinbarung über eine Haftungsbeschränkung auf den Kapitalanteil unter den Gesellschaftern gilt lediglich im Innenverhältnis. Dritten gegenüber ist eine derartige Beschränkung unwirksam.

unmittelbar

- „**Unmittelbar**" bedeutet, dass sich die Gläubiger direkt an jeden der Gesellschafter halten können.

solidarisch (= gesamtschuldnerisch)

- „**Solidarisch**" bedeutet, dass jeder Gesellschafter alleine für die gesamten Schulden der Gesellschaft haftet und nicht die Einrede der Haftungsteilung geltend machen kann. "Einer für alle, alle für einen", damit kann sich ein Gesellschaftsgläubiger den zahlungsfähigsten Gesellschafter heraussuchen, um über einen Klageweg möglichst schnell an sein Geld heranzukommen. Beispiel: Müller hat ohne Krauses Zustimmung im Namen der OHG einen Geschäftswagen gekauft. Im Falle, dass die Geschäftsführungsbefugnis von Müller eingeschränkt gewesen wäre, ist das Rechtsgeschäft trotzdem für die OHG bindend. Der Lieferant kann sich für seine Forderung ganz oder teilweise entweder an die OHG oder an Müller oder an Krause wenden.

Bei Eintritt eines Gesellschafters in die OHG haftet der neue Gesellschafter für alle bereits bestehenden Verbindlichkeiten. Beim Ausscheiden dagegen haftet ein Gesellschafter noch fünf Jahre für seine beim Austritt vorhandenen Verbindlichkeiten, sofern der Anspruch nicht einer kürzeren Verjährungsfrist unterliegt.

Exkurs: Haftung für Privatschulden

Privatschulden sind solche, die nicht für die Gesellschaft eingegangen wurden. Dabei handelt es sich um private Geschäfte, die ein Gesellschafter außerhalb seiner Gesellschaftergeschäftsführung vorgenommen hat. Beispiele: private Darlehensaufnahme, Ein- und Verkauf für private Zwecke, ein Gesellschafter baut sich privat ein Haus etc. Da es sich hier um eine private Verbindlichkeit handelt, kann sich der Gläubiger an das Privatvermögen des Gesellschafters halten. Zu diesem Vermögen zählt auch der **Gesellschaftsanteil** des Schuldners (Gesellschafters).
Eine Vollstreckung in das Gesellschaftsvermögen ist allerdings nicht zulässig.

Geschäftsführung und Vertretung der OHG

Geschäftsführung bzw. Vertretung im Außenverhältnis

Der Regelungsbereich der Geschäftsführung und Vertretung ist in der Praxis äußerst wichtig. Zunächst ist jeder Gesellschafter einzeln zur Geschäftsführung berechtigt. Dies umfasst die **Erledigung der laufenden Geschäftsangelegenheiten**. Widerspricht hier aber im Einzelfall ein anderer Gesellschafter, so muss die beabsichtigte

Maßnahme unterbleiben (§ 115 HGB). Bei außergewöhnlichen Geschäften ist die Zustimmung aller Gesellschafter erforderlich. Jeder Gesellschafter kann grundsätzlich die OHG nach außen allein vertreten. Dritten Personen gegenüber wie Lieferanten, Kunden oder Banken ist jeder Gesellschafter allein vertretungsbefugt und kann für die Gesellschaft Verpflichtungen eingehen oder Rechte erwerben.

3.6 Weitere Informationen zur OHG

Die Gesellschaft ist ersatzpflichtig:

Ersatzpflicht

- für Aufwendungen eines Gesellschafters in Gesellschaftsangelegenheiten, die er den Umständen nach für erforderlich halten darf. Beispiel: der Gesellschafter bezahlt bei einer Geschäftsreise die Hotel- und Taxirechnung aus der eigenen Tasche

- für Verluste, wenn ein Gesellschafter unmittelbar durch seine Geschäftsführung Einbußen erlitten hat, die damit zusammenhingen. Beispiel: Ein Gesellschafter kommt auf einer Dienstreise durch einen Unfall zu Schaden und dieser ist nur teilweise durch Versicherungen abgedeckt

Für nicht-geschäftsführungsberechtigte Gesellschafter ist das Kontrollrecht gemäß § 118 HGB die einzige Möglichkeit, sich über die Gesellschaft zu informieren. Ein Gesellschafter kann sich demnach

Recht auf Kontrolle

- von den Angelegenheiten der Gesellschaft persönlich unterrichten

- durch Einsicht in die Handelsbücher und die Geschäftsbücher informieren

- sich hieraus eine Bilanz anfertigen

Wenn eine Gesellschaft für unbestimmte Zeit gegründet worden ist, so kann jeder Gesellschafter spätestens sechs Monate vor Abschluss eines Geschäftsjahres zu dessen Ende kündigen (§ 132 HGB). Die Gesellschaft wird dadurch aufgelöst, es sei denn, der Gesellschaftsvertrag würde für diesen Fall bestimmen, dass die Gesellschaft unter den verbleibenden Gesellschaftern fortzusetzen ist.

Kündigungsrecht

Ohne Zustimmung der anderen Gesellschafter dürfen die Teilhaber keine eigenen Geschäfte im Bereich des Handelsgewerbes durchführen. Sie dürfen auch nicht in eine andere OHG als persönlich haftende Gesellschafter eintreten (§ 112 I HGB). Durch Einwilligung der übrigen Gesellschafter kann jedoch ein Gesellschafter von diesem Wettbewerbsverbot entbunden werden.

Wettbewerbsverbot

Rechte und Pflichten der Gesellschafter

In der Regel bestreiten die Gesellschafter ihren Lebensunterhalt aus ihrer unternehmerischen Tätigkeit. Daher sieht das Gesetz vor, das, wenn sonst nichts anderes vereinbart wurde, jeder Gesellschafter berechtigt ist, während der Geschäftsjahres bis zu 4% seiner zu Anfang des Geschäftsjahres vorhandenen **Kapitalanlage zu entnehmen** (§§ 121, 122 HGB).

Recht auf Privatentnahmen

Das Recht auf Privatentnahme ist unabhängig davon, ob die Gesellschaft einen Gewinn oder Verlust erzielt hat, allerdings vorausgesetzt, dass die Gesellschaft dadurch keinen Schaden erleidet (§ 122 Abs. 2 HGB).

Ergebnisverteilung (Gewinn- bzw. Verlustverteilung)

Wenn nichts anderes vereinbart ist, gilt für die Gewinn- bzw. Verlustverteilung die **gesetzliche Regelung**. Die gesetzliche Regelung besagt, dass jeder Gesellschafter als Gewinnanteil 4% Verzinsung seines Kapitalanteils erhält; der Restgewinn wird nach Köpfen verteilt. Dazu ein Beispiel:

Beispiel
Ergebnisverteilung in der OHG

Eine OHG hat im vergangenen Jahr einen Reingewinn von 65.000,00 € erzielt. Das Eigenkapital des Gesellschafters Müller beläuft sich auf 250.000,00 €, das von Meier auf 100.000,00 €. Der Gewinn wird nach den Vorschriften des HGB verteilt.

Gesellschafter	Müller	Meier	Gesamt
EK	250000,00	100000,00	350000,00
4% Verzinsung, Rest nach Köpfen	10000,00 25500,00	4000,00 25500,00	14000,00 51000,00
Gewinnanteile	35500,00	29500,00	65000,00

Gründe für die Auflösung einer OHG

Gründe für die Auflösung einer OHG können sein (§§ 131, 132 HGB):

- **Kündigung oder Tod** eines Gesellschafters, sofern nichts Gegenteiliges im Gesellschaftsvertrag vereinbart worden ist. In der Regel wird vereinbart, dass die Gesellschaft beim Ausscheiden oder durch Tod eines Gesellschafters weitergeführt wird. Dies gilt jedoch nur im Falle einer OHG, die mehr als zwei Gesellschafter hat. Bei einer Zwei-Mann-OHG erlischt die Gesellschaft bei Ausscheiden eines Gesellschafters, da es eine Ein-Mann-OHG nicht gibt.

- **Auflösungsbeschluss** sämtlicher Gesellschafter; mehrere Gesellschafter sind gesamtgeschäftsführungsbefugt und gesamtvertretungsbefugt (§ 150 HGB) und deshalb gilt hier auch bei der Liquidation für die OHG das "Prinzip der Gemeinschaftlichkeit".

- **Insolvenzeröffnung**, das heißt zwangsweise Auflösung der Gesellschaft durch das Amtsgericht aufgrund von Zahlungsunfähigkeit (siehe dazu § 144 HGB).

- Ablauf der vereinbarten Dauer der OHG.

Hauptvorteile der OHG

Zusammengefasst ergeben sich folgende Hauptvorteile aus der OHG:

- Die OHG ist die typische Rechtsform für kleinere und mittlere Unternehmen.

- Sie kombiniert ideal Arbeitseinsatz, Kapitaleinsatz und Kreditwürdigkeit.

- Innerhalb der OHG kooperieren zwei oder mehrere Gesellschafter, die persönlich und unbeschränkt haften.

- OHG-Gesellschafter sind Unternehmer und bringen ihr Kapital selbst auf, führen die Geschäfte persönlich, vertreten das Unternehmen und nehmen das Risiko auf sich; daraus ergibt sich ein besonderes Interesse der Gesellschafter am Wohlergehen der OHG (Leistungsanreiz).

- Die OHG ist besonders verbreitet im engeren Bereich des Groß- und Einzelhandels, aber auch in der Fertigungswirtschaft oft zu finden.

- Sie muss nicht publizieren, es sei denn, dass die Voraussetzungen zum Publizitätszwang gegeben sind (siehe unten Exkurs Publizität).

Bei der OHG hängt der wirtschaftliche Erfolg ganz entscheidend von den Fähigkeiten der Gesellschafter, deren Vermögensverhältnissen und Einsatzkraft ab. Im Vordergrund steht die **vertrauensvolle Zusammenarbeit** der Gesellschafter untereinander. Da die OHG strengen Haftungsbestimmungen unterliegt, ist sie weitaus kreditwürdiger als ein Einzelunternehmen.

Bestimmte Unternehmen müssen ihren Jahresabschluss publizieren, d.h. veröffentlichen. Zum Jahresabschluss gehört die Jahresbilanz, die Gewinn- und Verlustrechnung sowie bei offenlegungspflichtigen Unternehmen der Anhang, der aus einer Erläuterung des Jahresabschlusses besteht. Ergänzt wird der Anhang durch Informationen über die Anzahl der Mitarbeiter und Haftungsverhältnisse. *Exkurs: Publizität*

Nur große Einzelunternehmen und Personengesellschaften unterliegen dem Publizitätszwang gemäß dem **Publizitätsgesetz**. Dies gilt für den Fall, dass für einen Abschlussstichtag und in der Regel für die zwei darauf folgenden Abschlussstichtage bestimmte unternehmerische Merkmale zutreffen:

- die Bilanzsumme übersteigt 65 Mio. €
- die Umsatzerlöse übersteigen in zwölf Monaten vor Abschlussstichtag 130 Mio. €
- es werden in diesem Zeitraum mehr als 5000 Arbeitnehmer beschäftigt

Steuerrechtliche Behandlung der OHG

Die OHG ist selbst nicht einkommensteuerpflichtig; Steuersubjekt ist der Gesellschafter. Für die Gesellschaft wird lediglich eine einheitliche und gesonderte Gewinnfeststellung vorgenommen. *Einkommensteuer*

Die OHG ist gem. § 2 Abs. 2 Nr. 1 GewStG selbstständiges Steuersubjekt. *Gewerbesteuer*

Im Sinne des § 2 UStG ist die OHG steuerpflichtiger Unternehmer. *Umsatzsteuer*

Wenn Gesellschafter namentlich bei der Gründung Grundstücke als Einlage in die OHG mit einbringen, fällt Grunderwerbsteuer an. *Grunderwerbsteuer*

Vor- und Nachteile der OHG, Übersicht

Vorteile	Nachteile
Ausnutzung verschiedener Kenntnisse und Fähigkeiten der Gesellschafter verbessert die Geschäftsführung	durch persönliche Differenzen der Gesellschafter kann das Unternehmen gefährdet werden
Verteilung des unternehmerischen Risikos	eine aufwendige Lebenshaltung der Gesellschafter kann die Existenz der OHG gefährden. da die Kontrollorgane fehlen
keine Publizitätspflicht bei kleineren und mittelgroßen Personengesellschaften	Fremdkapital kann nur in begrenztem Maße aufgenommen werden (im Gegensatz zur AG)
im Vergleich zum Einzelunternehmen hat die OHG eine größere Eigenkapitalbasis	dem Wachstum der OHG sind oft finanzielle Grenzen gesetzt, da das Eigenkapital der Gesellschafter zur Finanzierung großer Investitionen nicht ausreicht
größere Kreditwürdigkeit durch strenge Haftungsregeln	unbeschränkte, gesamtschuldnerische und direkte Haftung

3.7 Die Kommanditgesellschaft (KG)

Begriff/Grundmodell der KG

Begriff der KG

Die Kommanditgesellschaft (§§ 161 - 177 HGB) ist ein Unternehmen, in dem **mindestens zwei Gesellschafter** unter einer gemeinsamen Firma ein Handelsgewerbe betreiben. Dabei haftet den Gläubigern gegenüber mindestens ein Gesellschafter (Komplementär) unbeschränkt und ein Gesellschafter (Kommanditist) haftet beschränkt bis zur Höhe seiner Kapitaleinlage (§ 161 HGB).

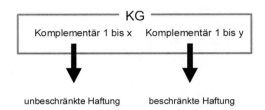

Gründung einer KG

sowohl natürliche wie auch juristische Personen können Gesellschafter sein

Wie bei der OHG können auch bei der KG sowohl natürliche wie auch juristische Personen Gesellschafter sein. Beteiligt sich eine juristische Person in der KG, so erfolgt dies in der Regel als **Komplementär** (Beispiel: GmbH & Co. KG).

Ebenso wie die OHG muss auch die KG zur Eintragung in das **Handelsregister** angemeldet werden. Hierbei gelten die gleichen Regeln wie bei der OHG. Bei der KG muss die Handelsregisteranmeldung gem. § 162 HGB folgendes beinhalten: die Bezeichnung der Kommanditisten und den Betrag jeder Kommanditeinlage[1].

Anmeldung und Bekanntmachung der KG

In der Anmeldung der KG sind die Kommanditisten zu „bezeichnen"[2]; in der Bekanntmachung ist im Vergleich zur OHG ein wesentlicher Unterschied zu beachten: Bei der OHG müssen die Namen aller Gesellschafter bekannt gemacht werden, während bei der KG gem § 162 Abs. 2 HGB nur die Zahl der Kommanditisten angegeben werden muss.

Wenn die Gesellschaft bereits vor Eintragung ins Handelsregister die Geschäfte aufgenommen hat, dann haften auch die Kommanditisten mit ihrem gesamten geschäftlichen und privaten Vermögen - wie die Vollhafter.

Die Firma der KG

Als Firma, also als der Name, unter dem die KG im Geschäftsverkehr auftritt und im Handelsregister eingetragen ist, ist eine **Personenfirma** ebenso zulässig wie eine dem Unternehmensgegenstand entlehnte **Sachfirma** oder eine **Phantasiefirma**. Die Firma kann auch eine Kombination dieser Elemente darstellen. Es ist aber zwingend notwendig, dass die Bezeichnung Unterscheidungskraft besitzt und den Rechtsformzusatz "Kommanditgesellschaft" oder "KG" enthält.

---

1 Gleiches gilt sowohl im Falle des Eintritts wie auch des Austritts eines Kommanditisten.
2 Angabe von Vor- und Familiennamen bzw. bei juristischen Personen Angabe der Firma.

Haftungsregelungen für die KG

Die KG kann wie die OHG gemäß § 124 Abs. 1 HGB in Verbindung mit § 161 Abs. 2 HGB unter ihrer Firma Verbindlichkeiten eingehen. Demzufolge haftet die KG für Gesellschaftsschulden selbst.

Für die Komplementäre der KG ist die geltende Rechtslage der OHG maßgebend. Sie haften gem. § 128 HGB für die Gesellschaftsverbindlichkeiten - unmittelbar, unbeschränkt, primär und gesamtschuldnerisch.

Haftung der Komplementäre

§ 171 Abs. 1 HGB besagt: „Der Kommanditist haftet den Gläubigern der Gesellschaft bis zur Höhe seiner **Einlage** unmittelbar; die Haftung ist ausgeschlossen, soweit die Einlage geleistet ist". Das bedeutet, dass der Kommanditist, soweit er eine Einlage zwar übernommen, aber noch nicht geleistet hat, im Haftungsfall zur Zahlung an die Gläubiger der Gesellschaft unmittelbar verpflichtet ist. Hat der Kommanditist seine Einlage dagegen voll geleistet, kann er nicht noch einmal für Zahlungen herangezogen werden.

Haftung der Kommanditisten

Rechte und Pflichten der Beteiligten an KGs

Für das Innenverhältnis der KG gilt **Vertragsfreiheit**. Die gesetzlichen Vorschriften greifen nur ein, wenn der Gesellschaftsvertrag nichts Abweichendes regelt. Für die KG besteht vor allem die Möglichkeit, die Rechtsbeziehungen der Kommanditisten zu den Komplementären gesellschaftsvertraglich zu regeln. So können zum Beispiel die ohnehin bescheidenen gesetzlichen Einflussmöglichkeiten der Kommanditisten noch weiter reduziert und die **Kontrollrechte** noch weiter beschnitten werden.

Rechte und Pflichten der Gesellschafter

Die Kommanditisten könnten ihrerseits aber auch ihre Stellung auf Kosten der Komplementäre weiter ausbauen, z.B. Teile der Geschäftsführung auf die Kommanditisten übertragen. Es ist sogar denkbar und zulässig, die Geschäftsführung dem Komplementär zu entziehen und ausschließlich auf einen oder mehrere Kommanditisten zu übertragen.

Für die Komplementäre gelten grundsätzlich die gleichen Bestimmungen wie für die Gesellschafter der OHG.

Rechte und Pflichten der Komplementäre

- **Gewinnanteil (§168 HGB):** Wenn nichts im Gesellschaftsvertrag sonst geregelt ist, gilt die gesetzliche Regelung, d.h. die Gesellschafter erhalten zunächst 4% vom Jahresgewinn. Der über 4% hinausgehende Rest des Gewinns wird unter den Voll- und Teilhaftern in einem angemessenen Verhältnis verteilt (bei der OHG gilt die Verteilung nach Köpfen). Am Verlust nehmen die Teilhafter auch in einem angemessenen Verhältnis teil. Sie haften aber nur bis zur Höhe ihrer Einlage. Lässt der Teilhafter seine Gewinnanteile im Betrieb, so gelten diese als Verbindlichkeiten der KG gegenüber dem Kommanditisten.

- **Information:** Die Kommanditisten haben das Recht auf eine abschriftliche Mitteilung der Bilanz am Schluss des Geschäftsjahres. Sie dürfen auch die Richtigkeit durch Einsicht in die Bücher und Papiere überprüfen.

Rechte und Pflichten der Kommanditisten

- **Widerspruch (§ 164 HGB):** Jeder Teilhafter hat das Recht, bei außergewöhnlichen Geschäften der Vollhafter zu widersprechen; dies gilt auch im Falle der Prokuraerteilung (§ 116 Abs. 3 HGB). Die Eintragung der Prokura durch den Komplementär ist rechtsgültig.

■ **Kündigung:** Jeder Kommanditist kann zum Ende des Geschäftsjahres unter Einhaltung einer Kündigungsfrist von 6 Monaten kündigen, es sei denn, dass der Vertrag etwas anderes vorsieht.

■ **Einlagepflicht:** Für die Teilhafter besteht die Einlagepflicht. Jede Veränderung der Kapitaleinlage eines Kommanditisten muss in das Handelsregister eingetragen werden. Kommanditisten haften mit ihrer Kapitaleinlage für die Verbindlichkeiten der Gesellschaft (§ 171 HGB). Bei Eintritt in eine bereits bestehende KG haften sie auch für die vor dem Eintritt begründeten Verbindlichkeiten (§ 173 HGB).

■ **Wettbewerbsverbot:** Kommanditisten unterliegen keinem Wettbewerbsverbot (§ 165 HGB). Es besteht für sie lediglich eine allgemeine gesellschaftsrechtliche Treuepflicht., die beinhaltet, alles zu unterlassen, was der KG schaden könnte. Daraus kann sich unter Umständen natürlich ergeben, einen besonders nachteiligen Wettbewerb zu unterlassen. Im Gesellschaftsvertrag kann allerdings ein Wettbewerbsverbot für Kommanditisten geregelt werden.

Die Auflösung der KG

Auflösungsgründe

Für die Kommanditgesellschaft gelten die Vorschriften der OHG mit folgender Abweichung: Der Tod eines Kommanditisten führt nicht zur Auflösung der Gesellschaft.

Liquidation

Für die Liquidation enthält das Recht der KG keine gesonderten Vorschriften. Deshalb gelten auch hier die Regelungen, die bei der OHG zugrunde gelegt werden.

Die wirtschaftliche Bedeutung der KG

Erscheinungsformen

Die KG kennt verschiedene typische Erscheinungsformen in der Praxis. Die typische KG findet sich im mittelständischen Bereich bei Familienunternehmen (Familiengesellschaften). Die Aufnahme namentlich mitarbeitender Familienangehöriger in die KG, bei der der Senior weiterhin als Komplementär fungiert, hat das Ziel, den Generationenkonflikt abzuschwächen.

Modell der GmbH & Co. KG

Es gibt bei der KG aber auch die Möglichkeit, dass der Komplementär nicht aus einer natürlichen, sondern aus einer juristischen Person besteht. Dies entspricht meist dem Modell der GmbH & Co. KG, seltener der GmbH & Co. aA. Diese Modelle kombinieren den Vorteil der Haftungsbeschränkung mit steuerlichen Vorteilen.

Kalkulierbarkeit des Beteiligungsrisikos

Die Attraktivität der KG liegt in der Kalkulierbarkeit des Beteiligungsrisikos als Kommanditist. Aus Sicht der Komplementäre besteht der Hauptvorteil in der Möglichkeit, die Kapitalbasis durch die Einwerbung von Kommanditeinlagen zu erweitern, ohne Geschäftsleitungsbefugnisse abgeben zu müssen.

Die steuerliche Behandlung der KG

vergleichbar mit der OHG

Die steuerrechtliche Behandlung der KG ist vergleichbar mit der OHG. Komplementäre und Kommanditisten gelten beide als Mitunternehmer im Sinne des Einkommensteuerrechts.

3.8 GmbH & Co KG

Übersicht

Die GmbH & Co. KG ist eine Kommanditgesellschaft, deren einziger Komplementär eine GmbH ist. Die Kommanditisten sind in der Regel gleichzeitig die Gesellschafter der GmbH. Die GmbH als Komplementär ist persönlich haftender Gesellschafter, entweder allein oder zusammen mit anderen Komplementären. Unbeschränkt haftet nur die GmbH als Komplementär mit ihrem Gesellschaftsvermögen.

Da die Gesellschafter der Komplementär-GmbH und der GmbH & Co. KG dieselben Personen sind, haben sie ihre Haftung einmal als Beteiligte der Komplementär-GmbH und zum zweiten als Kommanditisten der GmbH & Co. KG beschränkt.

Weitere Informationen

Die rechtlichen Grundlagen hinsichtlich der Firma, Geschäftsführung und Vertretung entsprechen denen der KG. Es ergeben sich allerdings einige Vorteile:

- Die Attraktivität der GmbH & Co. KG liegt hauptsächlich in der Haftungsbeschränkung. Der Vollhafter (GmbH) haftet beschränkt.

- Die Kapitalbeschaffung ist ebenfalls über die Kommanditisten einfacher. Allerdings ist durch die Haftungsbeschränkung das Risiko für die Gläubiger höher und die Kreditwürdigkeit der Gesellschaft dementsprechend eingeschränkt.

einziger Komplementär ist eine GmbH

Die Vorteile der GmbH & Co. KG

3.9 Die Gesellschaft bürgerlichen Rechts (GbR)

Die Gesellschaft bürgerlichen Rechts (BGB-Gesellschaft) ist vergleichbar mit einem Einzelunternehmen, mit dem Unterschied, dass sich hier zwei oder mehr Gesellschafter zusammengeschlossen haben. Bei dieser Gesellschaftsform **haftet jeder einzelne Unternehmer als Gesamtschuldner unbeschränkt mit seinem gesamten Vermögen, auch Privatvermögen.** Bezüglich des Gesellschaftsvertrages kann ein formfreier Vertrag erstellt werden. Eine Zusammenarbeit mit einem Notar ist nicht zwingend erforderlich. Der erwirtschaftete Jahresüberschuss oder –verlust fließt anteilig (Vereinbarung gemäß Geschäftsvertrag) in die Einkommensteuererklärung des einzelnen Gesellschafters und wird entsprechend versteuert.

BGB-Gesellschaft

3.10 Partnergesellschaft (PartnG)

Die Partnerschaftsgesellschaft ist eine Rechtsform[1], die ausschließlich von Freiberuflern (z.B. Ärzten) gewählt werden kann. Sie ist eng mit einer OHG verwandt. Partnerschaftsgesellschaften sind in das **Partnerschaftsregister beim Amtsgericht** einzutragen.

Für Verbindlichkeiten der Partnerschaft haften den Gläubigern gegenüber - neben dem Vermögen der Partnerschaft - die Gesellschafter **persönlich**. Haftungsansprüche aus Schäden wegen fehlerhafter Berufsausübung (auch unter Zugrundelegung

Rechtsform ausschließlich für Freiberufler

Haftung

---

1 Das Recht der Partnerschaftsgesellschaften ist im Gesetz nur knapp geregelt. Seitdem auch Freiberufler zur Gründung von Gesellschaften mit beschränkter Haftung berechtigt sind, ist das Interesse an dieser Rechtsform zurückgegangen.

von Allgemeinen Geschäftsbedingungen) können die Partner jedoch auf denjenigen von ihnen beschränken, der im Rahmen einer gegebenen Kompetenzen- und Arbeitsteilung innerhalb der Partnerschaft die sachliche Leistung zu erbringen oder verantwortlich zu leiten und zu überwachen hatte bzw. hat.

Vorteile

Die **Vorteile** einer Partnergesellschaft sind:

- geeignete Kooperationsform unterschiedlicher Freiberufe

- keine Zahlung von Gewerbesteuer

Nachteile

Den Vorteilen stehen diese **Nachteile** gegenüber:

- Rechtsform nur für Freiberufe

- keine Haftungsbeschränkung

3.11 Gesellschaft mit beschränkter Haftung (GmbH), Grundlagen

Begriff und Wesen der GmbH

Die Gesellschafter haften nur mit ihrer Einlage, also „beschränkt".

Die GmbH ist eine Handelsgesellschaft mit eigener Rechtspersönlichkeit (juristische Person), die zu jedem gesetzlich zulässigen Zweck errichtet werden kann und für deren Verbindlichkeiten den Gläubigern gegenüber nur das Gesellschaftsvermögen haftet. Die Wesensmerkmale der GmbH:

Wesensmerkmale

- Als juristische Person hat die GmbH selbständige Rechte und Pflichten. Sie kann Eigentum und andere dingliche Rechte an Grundstücken erwerben, vor Gericht klagen und verklagt werden.

- Eine GmbH kann zu jedem beliebigen Zweck errichtet werden. Sie braucht nicht auf den Betrieb eines Handelsgewerbes ausgerichtet zu sein. Unternehmensgegenstand können auch karitative, wissenschaftliche, sportliche oder kulturelle Zwecke sein.

- Nicht zulässig ist die Rechtsform der GmbH allerdings für bestimmte Wirtschaftsbereiche wie: Hypothekenbanken, Versicherungsvereine und Versicherungsunternehmen in der Lebens-, Unfall-, Haftpflicht-, Feuer- und Hagelversicherung.

Die GmbH im Vergleich zur Aktiengesellschaft

Parallelen

Die GmbH weist als Kapitalgesellschaft gewisse Ähnlichkeiten zur Aktiengesellschaft auf. Im Unterschied zur AG ist sie jedoch stärker personalorientiert strukturiert und: Das **GmbH-Gesetz ist weniger zwingend als das Aktienrecht.** Damit besteht die Möglichkeit, den Gesellschaftsvertrag stärker zur Personengesellschaft hin zu orientieren. Man sagt deshalb: "Die GmbH ist nach außen hin Aktiengesellschaft, nach innen OHG!".

Unterschiede

- Die Gründung der GmbH ist einfacher und weniger kostenintensiv als die der AG

- Gesellschafterbeschlüsse setzen bei der GmbH keine notarielle Beurkundung voraus

- Ein Aufsichtsrat ist erst zwingend gefordert bei mehr als 500 Arbeitnehmern.

- Es kann eine Nachschusspflicht für die Gesellschafter vereinbart werden.

- Die Übertragung der GmbH-Anteile ist wegen der notariellen Beurkundung gegenüber der Aktie erschwert.

- Es gibt bei der GmbH keine gesetzliche Rücklagepflicht.

- Es gibt keine Pflichtprüfung bei der GmbH
  (Ausnahme Großunternehmen).

Verfahren zur Gründung der GmbH

Haben die Gesellschafter vor der Eintragung in das HR im Namen der Gesellschaft Geschäfte getätigt, so haften sie persönlich und gesamtschuldnerisch.

Die Firma der GmbH

Die Firma der GmbH kann eine Sachfirma oder eine Personenfirma sein, muss aber in jedem Fall den **Zusatz** "mit beschränkter Haftung" enthalten.

Die Firma der GmbH kann eine Sachfirma oder eine Personenfirma sein

3.12 Weitere Informationen zur GmbH

Kapitalstruktur einer GmbH

Das Stammkapital ist in der Bilanz der GmbH als "gezeichnetes Kapital" auszuweisen. Mit dem Leisten der Stammeinlage erwerben die Gesellschafter den **Geschäftsanteil**. Der Geschäftsanteil jedes Gesellschafters bestimmt sich nach dem Betrag der von ihm übernommenen **Stammeinlage**. Die Geschäftsanteile können verkauft oder vererbt werden. Hierzu bedarf es allerdings eines in notarieller Form abgeschlossenen Vertrages.

Als Kapitalgesellschaft verfügt die GmbH über ein Mindeststammkapital

Das Stammkapital einer GmbH muss mindestens 25.000,00 € betragen, die Stammeinlage jedes Gesellschafters muss mindestens 100,00 € betragen und durch 50,00 € teilbar sein.

§7 Abs. 2 GmbHG besagt: „(1) Die Anmeldung darf erst erfolgen, wenn auf jede Stammeinlage, soweit nicht Sacheinlagen vereinbart sind, ein Viertel eingezahlt ist. (2) Insgesamt muss auf das Stammkapital mindestens soviel eingezahlt sein, dass der Gesamtbetrag der eingezahlten Geldeinlagen zuzüglich des Gesamtbetrags der Stammeinlagen, für die Sacheinlagen zu leisten sind, die Hälfte des Mindeststammkapitals gemäß § 5 Abs. 1 erreicht. (3) Wird die Gesellschaft nur durch eine Person errichtet, so darf die Anmeldung erst erfolgen, wenn mindestens die nach den Sätzen (1) und (2) vorgeschriebenen Einzahlungen geleistet sind und der Gesellschafter für den übrigen Teil der Geldeinlage eine Sicherung bestellt hat."

Die Organe der GmbH

Geschäftsführung

Die Gesellschafter können **einen oder mehrere Geschäftsführer** bestellen. In der Regel üben die Gesellschafter die Geschäftsführung selbst aus. Die Geschäftsführer vertreten die Gesellschaft gerichtlich und außergerichtlich. Ihre Rechte und Pflichten sind mit denen des Vorstandes der Aktiengesellschaft zu vergleichen. Die Namen der Geschäftsführer müssen ebenso wie Rechtsform, Sitz des Unternehmens und Registergericht auf allen Geschäftsbriefen erscheinen (§ 35 a GmbHG).

Aufsichtsrat

Für Gesellschaften mit mehr als 500 Mitarbeitern ist ein Aufsichtsrat zwingend vorgeschrieben. Bei GmbHs mit mehr als 2000 Mitarbeitern gilt das **Mitbestimmungsgesetz.**

Gesellschafterversammlung

Die Gesellschafterversammlung entspricht der Hauptversammlung der AG. Abgestimmt wird nach Geschäftsanteilen und nicht nach Köpfen. Je 50,00 € Geschäftsanteil wird eine Stimme gewährt.

Die Gesellschafterversammlung kann folgendes beschließen:

- Feststellung des Jahresabschlusses

- Einforderung von Einzahlungen auf das Stammkapital

- Rückzahlung von Nachschüssen

- Bestellung und Abberufung von Geschäftsführern

- Maßnahmen der Prüfung und Überwachung der Geschäftsführung

- Bestellung von Prokuristen und Handlungsbevollmächtigten

Bedeutung der GmbH

Die GmbH führt die Vorteile der elastischen Unternehmensführung der OHG mit der beschränkten Haftung der AG zusammen. Dem steht aber in der Regel der Nachteil der geringeren Kredit- bzw. Kapitalbasis gegenüber. Oft wird die GmbH als Rechtsform von **Familiengesellschaften** gewählt. Der Grund ist, dass sie als juristische Person die Weiterführung beim Tod eines Familiengesellschafters problemlos erlaubt. Die GmbH kann im Vergleich zur AG mit weniger Kapital gegründet werden. Auch die Gründungskosten sind niedriger als bei der AG.

Exkurs/Ausblick

Bezüglich des Rechtes der Gesellschaften mit beschränkter Haftung wird es in 2008 durch das **Gesetz zur Modernisierung des GmbH-Rechts** und zur Bekämpfung von Missbräuchen (MoMiG) einige Änderungen ergeben, von denen die sicher kommenden hier kurz dargestellt werden sollen.

Leichtere Kapitalaufbringung

Das Mindeststammkapital der GmbH soll von bisher 25.000,00 € auf 10.000,00 € herabgesetzt werden, um Gründungen zu erleichtern. Der Entwurf sieht auch eine

Einstiegsvariante der GmbH vor, die sog. **Haftungsbeschränkte Unternehmerge-sellschaft** (§ 5a), die ohne bestimmtes Mindestkapital gegründet werden kann. Hierbei handelt es sich um eine GmbH, die ihre **Gewinne nicht voll ausschütten** darf, sondern das Mindeststammkapital der GmbH nach und nach **ansparen** muss.

■ Geschäftsanteile sollen künftig leichter aufgeteilt, zusammengelegt und einzeln oder zu mehreren an einen Dritten übertragen werden. *(Handhabung der Geschäfts-anteile)*

■ Des Weiteren muss die Stammeinlage auch nicht mehr wie bisher mindestens 100,00 € betragen und durch 50 teilbar sein, sondern der Entwurf sieht vor, dass jeder Geschäftsanteil nur noch auf einen Betrag von mindestens 1,00 € lauten muss. Dies bewirkt eine leichtere Stückelung vorhandener Geschäftsanteile.

■ Der Gesellschafter könnte ferner seine Verpflichtungen gegenüber der Gesell-schaft auch mit einer „verdeckten Sacheinlage" erfüllen, wenn er nachweist, dass der Wert der verdeckten Sacheinlage den Betrag der geschuldeten Bareinlage er-reicht. Kann er das nicht, muss er die Differenz in bar erbringen.

Für unkomplizierte Standardgründungen wird ein **Mustergesellschaftsvertrag** als Anlage zum GmbH-Gesetz zur Verfügung gestellt. Eine Standardgründung soll dann vorliegen, wenn es sich u.a. um eine Bargründung mit höchstens drei Gesell-schaftern handelt. *(Mustergesellschaftsvertrag)*

Wenn dieses Muster verwendet wird, ist keine notarielle Beurkundung des Gesell-schaftsvertrages mehr erforderlich, sondern nur eine öffentliche Beglaubigung der Unterschriften. Ferner soll das Gesetz auch ein Muster für die Handelsregisteran-meldung bieten.

Nach dem Anfang 2007 in Kraft getretenen **Gesetz über elektronische Handelsre-gister und Genossenschaftsregister sowie das Unternehmensregister (EHUG)** sollen die Eintragungszeiten beim Handelsregister weiter verkürzt werden. Dazu sieht das MoMiG vor, dass die Eintragung einer GmbH künftig schon erfolgen kann, bevor etwaig erforderliche staatliche Genehmigungen für den geplanten Ge-werbebetrieb vorliegen. Dies betrifft insbesondere Handwerks- und Restaurantbe-triebe oder Bauträger, die eine gewerbliche Erlaubnis benötigen. *(Schnelle Registereintragung)*

Durch Streichung des § 4a Abs. 2 GmbHG soll es deutschen Gesellschaften ermög-licht werden, einen Verwaltungssitz zu wählen, der nicht notwendigerweise mit dem Sitz im Gesellschaftsvertrag übereinstimmt. Dabei kann dieser **Verwaltungs-sitz auch im Ausland** liegen. *(Sitzverlegung ins Ausland)*

3.13 Limited

Mit "Limited" oder "Ltd." ist die so genannte **Private Company Limited by Shares** gemeint. Sie ist der GmbH zwar ähnlich und wie diese eine Kapitalgesellschaft - dennoch darf der Begriff Limited im Zusammenhang mit der Firmierung **nicht** mit dem das Wort „beschränkt" enthaltenden und damit gefährlich assoziativen „GmbH" ins Deutsche übersetzt werden. Die im Einzelnen zum Teil gravierenden Unterschiede zwischen beiden Rechtsformen wären damit leicht übersehen. *(Begriff dieser Rechtsform)*

Die Gründungsdauer beträgt circa ein bis zwei Wochen, und der Gang zum **Notar ist nicht erforderlich.** Der Name der Gesellschaft kann grundsätzlich frei gewählt werden, er muss aber das Wort "limited" einschließen. *(Gründung einer Limited)*

Kapital

Ein gesetzlich vorgeschriebenes Mindest- oder Höchstkapital gibt es nicht. Hinsichtlich des Kapitals der "Limited" wird zwischen dem **Nominalkapital** und dem einbezahlten Kapital unterschieden.

Das **einbezahlte Kapital** bezieht sich auf die Anteile (= shares), die tatsächlich an die Gesellschafter ausgegeben wurden, und die dafür erbrachte Einlage. Die Einlage kann nicht nur durch Barzahlung, sondern auch durch Dienstleistungen und Warenlieferungen erbracht werden. Die Höhe des gesamten Kapitals ist durch **Satzung** frei bestimmbar.

Haftung

Für die Haftung der Gesellschafter kommt es nur auf die Höhe der jeweils erbrachten **Einlage** an. Eine Nachschusspflicht besteht nicht. Für die Haftung ist das Nominalkapital dagegen nicht maßgebend. Es besteht außerdem keine Verpflichtung, die Anteile in der vollen Höhe des Nominalkapitals auszustellen.

Pflichten und Kosten

Diese Vorteile bei der Gründung einer Limited sollten aber nicht die zahlreiche Pflichten und Kosten außer Acht lassen, die im weiteren Verlauf des Lebens der Gesellschaft schon **nach englischem Recht** entstehen.

3.14 Unternehmenskultur

Eine wichtige unternehmerische Aufgabe

wichtige unternehmerische Aufgabe

Der Begriff "Unternehmenskultur" ist in Europa noch relativ jung und hat sich in der betrieblichen Praxis **noch nicht allgemein durchgesetzt**. Er wird mit unterschiedlichen Begriffen und Inhalten belegt wie zum Beispiel Unternehmensphilosophie, Corporate Identity (vgl. den Band „Marketing" aus dieser Reihe), Unternehmensethik oder Unternehmensimage.

Jedes Unternehmen hat eine Kultur, auch wenn dies vielen Führungskräften nicht bewusst ist. Unternehmenskultur ist zusammen mit der Unternehmervision wichtige **Grundlage für die unternehmerische Langfriststrategie**.

Elemente der Kultur von Unternehmen

Corporate Communications

Die Corporate Communications, d.h. die "**Sprache**" eines Unternehmens, die Art der gewählten **Kommunikationsmittel** und das gesamte **Auftreten** eines Unternehmens nach außen sind Ausdruck der Unternehmenskultur. Diese Tatsache sollte jedem Mitarbeiter bei jeder Gelegenheit bewusst sein, jeder ist **Repräsentant** der Unternehmensphilosophie. So ist es einleuchtend, dass u.U. Stellenanzeigen mehr über ein Unternehmen aussagen als dessen Werbeanzeigen. Man sagt, dass viele **Stellenanzeigen** nicht der Findung und Einstellung qualifizierter Kräfte dienen, sondern ausschließlich der **Selbstdarstellung** des Unternehmens!

Werbeaussagen werden aber zu Schall und Rauch, wenn die dahinterstehenden Produkte, die Produktinformationen und auch der Schriftwechsel des Unternehmens nicht damit in Einklang stehen.

Corporate Culture

In der Corporate Culture wird deutlich, wie die Mitarbeiter (Vorgesetzte und Untergebene) innerhalb des Unternehmens miteinander umgehen. Die Unternehmenskultur zeigt sich vor allem in der **Organisationsform** und im **Führungsstil**, also in unternehmensinternen Bereichen.

Ein Unternehmen, dessen Auftritt nach außen verschleiert, wie es "drinnen" aussieht, wird bald Schiffbruch erleiden, es wird unglaubwürdig. Natürlich lassen sich innerbetriebliche Disharmonien nicht vermeiden, aber es ist Ausdruck einer Unternehmenskultur, wie im Unternehmen mit solchen **Konflikten** umgegangen wird.

In Ergänzung zur Corporate Culture betrachtet die Corporate Philosophy das Verhältnis zwischen dem Unternehmen und seinen **Kunden** und **Geschäftspartnern**. Es kommt darin zum Ausdruck,

Corporate Philosophy

- welche Einstellung das Unternehmen zu seinen Kunden hat (Kunde ist König oder Kunde ist Melkkuh),

- ob mit Partnern wirklich partnerschaftlich umgegangen wird,

- ob Unternehmensinteressen Priorität haben oder ob "über den Tellerrand hinausgeblickt" wird.

Eine große Rolle bei der Bestimmung der Corporate Philosophy ist die **klare Ausrichtung der Unternehmenspolitik an den angesprochenen Zielgruppen**. Beispiel: Wenn die Haupt-Zielgruppe einer Musikschule "Kinder" sind, dann muss Kinderfreundlichkeit gedacht, gelebt, praktiziert und demonstriert werden.

3.15 Unternehmensziele

3.15.1 Ober- und Unterziele

Zielorientierte Unternehmenspolitik basiert auf der klaren Formulierung eines oder mehrerer Unternehmensziele - in der Regel allgemein formuliert und einen **weiten Handlungsspielraum** umfassend. In der betriebswirtschaftlichen Literatur waren bis vor ca. 15 Jahren fast ausschließlich gewinnorientierte Maximierungsziele von Bedeutung. Solche allgemeinen Zielsetzungen (Oberziele) können sein:

Maximierungs- und Optimierungsziele

- Gewinnmaximierung und Wirtschaftlichkeit

- Marktbeherrschung

- Maximierung des Marktanteils

Schon bald zeigte sich, dass die reine Gewinnorientierung im Sinne von Maximierung langfristig nicht immer Bestand haben kann, so dass Optimierungsziele an deren Stelle traten:

Optimierungsziele

- Umsatz-Optimierung

- Kapitalrendite

- Optimale Auslastung vorhandener Betriebsmittel

Spätestens seit Mitte der achtziger Jahre wurden Wachstumsziele von **sozialen und ökologischen Überlegungen** geprägt. Dadurch wandelten sich die Unternehmens-Oberziele vielfach in "philosophische Denkansätze". Beispiel: Der jahrelang publizierte Microsoft-Slogan "Where do you want to go today?" ist insofern ein solcher philosophischer Denkansatz, als dass das weit übergeordnete menschliche Bedürfnis nach freier Entfaltung in ein Segment verlagert wird, das mittels Softwareprodukten die Erreichbarkeit aller nur denkbaren Ziele suggeriert. Ein heute viel disku-

Allgemeine Formulierung der Oberziele

tiertes weiteres Ziel ist zum Beispiel "sustainable development"[1]. In allen Fällen zeigt sich, dass diese Unternehmensziele (Oberziele) so allgemein formuliert sind, dass sich daraus noch keine konkreten Handlungsrichtlinien ableiten.

Formulierung der Unterziele

Es ist daher zwingend notwendig, darüber hinaus strategische Ziele (Unterziele) zu formulieren, die verdeutlichen, durch welche Art von **Maßnahmen** die Oberziele erreicht werden sollen. Beispielsweise ist das Ziel "Wirtschaftlichkeit" durch mehrere **Strategien** erreichbar:

- Kostenersparnis

- Umsatzausweitung bei konstanten Kosten

- Umsatzverlagerung in andere Bereiche

- Personalkostenersparnis durch Einsatz von Subunternehmen

- Verzicht auf serviceintensive Produkte

- Minimierung der Kosten für Gewährleistungen

Unterziele resultieren aus den beabsichtigten Strategien, sind aber noch immer allgemein formuliert. Klare **Handlungsanweisungen** ergeben sich erst aus den einzelnen Maßnahmen, die für die jeweilige Strategie geplant sind.

Operationale Ziele

Klare Handlungsvorgaben

Operationale Ziele sind solche, nach denen gehandelt (operiert) werden kann. Sie müssen so klar formuliert sein, dass sie **zeitlich und inhaltlich messbar** sind. Es ist daher sinnvoll, operationale Ziele mit **quantifizierten Größen** zu formulieren.

Beispiel

Wenn die Strategie lautete "Minimierung der Kosten für Gewährleistung", dann könnten die zugehörigen operationalen Zielsetzungen heißen:

- Rückgang der Fehlerquote in der Produktion von 8% auf 5% innerhalb von 10 Monaten.

- Neue Formulierung der Garantiezusage bis zum 15. des Folgemonats.

- Einsatz der neu gestalteten Garantiekarten für alle Produkte innerhalb von drei Monaten. Schaffung einer neuen Stelle in der Qualitätskontrolle und Besetzung dieser Stelle bis Ende des 2. Quartals mit damit verbundener Steigerung der Personalkosten um maximal 1,5%...

Dieses Beispiel macht deutlich, dass operationale Ziele **ausführlich und manchmal kompliziert zu formulieren** sind. Wichtig ist dabei, dass die Formulierung eindeutig und für die Ausführenden klar verständlich ist. Aus den operationalen Zielen werden dann **konkrete (Dienst-) Anweisungen abgeleitet**.

Zielhierarchie

Top-Down-Prinzip

Eine Unternehmenskonzeption beruht auf einer Zielhierarchie, die im vorigen Abschnitt bereits angeklungen ist:

- Unternehmensziel

- Strategisches Ziel

---

1 etwa zu übersetzen als "nachhaltige Entwicklung". Zu erwähnen sind hier zum Beispiel die Anstrengungen der chemischen Industrie in der Initiative „Responsible Care".

- Operationales Ziel

- Anweisung

Damit Ober- und Unterziele, Teil- und Einzelziele "zueinander passen", werden diese Ziele in der Reihenfolge von oben nach unten formuliert. Jede nachgeordnete Zielebene ist daraufhin zu überprüfen, ob sie dem übergeordneten Ziel entspricht.

3.15.2 Formulierung des Unternehmensziels

In den Ausführungen über Unternehmensziele ist immer wieder von Zielformulierung die Rede. Es entspricht jedoch nicht immer der täglichen Praxis, dass betriebliche Ziele tatsächlich formuliert werden.

Oftmals werden **Zielsetzungen stillschweigend vorausgesetzt**, es kommt dadurch zu Missverständnissen, Konzeptionslosigkeit der Maßnahmen und Strategien und zu Interessenkonflikten.

Die eigentlich selbstverständliche Fragestellung nach dem Ziel des Tuns in einem Unternehmen muss eindeutig gestellt werden und erfordert eine eindeutige Antwort. Auch bei bereits lange agierenden Unternehmen führt diese Frage und Antwort oft zu überraschenden Ergebnissen.

Fragestellung nach dem Ziel des Tuns

Für Unternehmen oder Institutionen ist das Leitbild eine klar gegliederte, langfristig ausgerichtete Zielvorstellung, die angibt, mit welchen Strategien diese erreicht werden soll. Damit ist das Unternehmensleitbild die Ausformulierung der Unternehmenskultur in folgender funktionaler Hinsicht:

Unternehmensleitbild

- **Orientierung**: Werte, Normen, Regelungen und Paradigmen

- **Integration**: Wir-Gefühl - also die Corporate Identity, Kommunikationsstil

- **Entscheidung**: Regeln für das Krisenmanagement, Entscheidungsspielraum

- **Koordinierung**: Mitarbeiter, Führungskräfte, Mediation, Öffentlichkeitsarbeit

Ein Leitbild enthält zentrale Aussagen zur angestrebten Kultur (Umgang, Auftreten, Benehmen) in einem Unternehmen oder einer Institution. Es verbindet

- das gewachsene Selbstverständnis,

- die Unternehmensphilosophie (Gesellschafts- und Menschenbild, Normen und Werte) und

- die beabsichtigte Entwicklung der quantitativen und qualitativen Unternehmensziele

Ein konkretes Beispiel, im Internet gefunden:

Unternehmensziel, publiziert im WWW

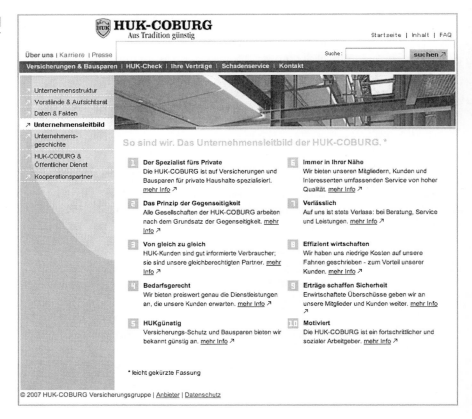

3.16 Standortwahl, Grundaspekte

Der Sinn betrieblicher Betätigung...

Der Sinn betrieblicher Betätigung besteht in der Bereitstellung der zur Bedarfsdeckung erforderlichen Sachgüter, Arbeitsleistungen und Dienstleistungen. In unserem Wirtschaftssystem sollte ein Unternehmer sein Unternehmensziel so festlegen, dass das investierte Kapital unter gleichzeitigem Einsatz der Faktoren **Arbeit** und **Werkstoffe** einen möglichst hohen Gewinn erzielt.

Betriebliche Tätigkeitsbereiche und Aufgabenschwerpunkte

Je nachdem, in welchem Bereich die Leistungserstellung erfolgen soll (Dienstleistung oder Produktion), müssen vor der Betriebsgründung Aufgabenschwerpunkte abgegrenzt und fixiert werden. Nach der Art des Einsatzes der Produktionsfaktoren unterscheidet man zwischen **materialintensiven**, **kapitalintensiven** und **lohnintensiven** Betrieben. Ist ein Betrieb zum Beispiel materialintensiv, so wird er seine Planung im Wesentlichen nach den Möglichkeiten einer optimalen Rohstoffversorgung ausrichten.

die zu erwartende Betriebsgrößenentwicklung berücksichtigen

Im Rahmen einer abgestimmten **Gesamtplanung** müssen die einzelnen Aufgabenbereiche festgelegt werden. Die Gesamtplanung sollte dabei die zu erwartende Betriebsgrößenentwicklung berücksichtigen.

In der Betriebswirtschaftslehre gibt es verschiedene Verfahren, nach denen die optimale Betriebsgröße ermittelt werden kann, auf die an dieser Stelle nicht genauer eingegangen werden soll. Aber ganz allgemein kommt es darauf an, dass die anfallenden Kosten und Erträge mit zunehmender Betriebsgröße verglichen werden. Optimal bezeichnet man eine Betriebsgröße, wenn bei einem wachsenden Unternehmen der Kostenzuwachs gleich der Ertragszunahme ist.

3.17 Markt- und Standortanalyse

Den optimalen Standort ermitteln

Der wirtschaftliche Erfolg vieler Betriebe ist von der richtigen Standortwahl abhängig. Bei jeder Betriebsgründung ist die Frage zu klären, welche **Beziehungen zwischen Betrieb und Markt** entstehen, und zwar sowohl auf der Beschaffungs- als auch auf der Absatzseite. Wir sprechen von dem "optimalem Standort", wenn alle wesentlichen Funktionen des Betriebes an diesem Standort wahrgenommen werden können. Die Wahl des Standortes zählt damit zu den unternehmerischen Entscheidungen, die den Aufbau des Betriebes wesentlich mitbestimmen. Dabei handelt es sich um eine **Entscheidung mit langfristiger Wirkung**, die unter Umständen nicht mehr so einfach revidiert werden kann.

alle wesentlichen Funktionen des Betriebes an diesem Standort wahrnehmen

Jeder Standort verfügt über Vor- und Nachteile. Es ist derjenige Standort zu wählen, der den größten Beitrag zur Erfüllung des höchsten Unternehmenszieles leistet. Das heißt, der Unternehmer sollte seine Entscheidung so treffen, dass er **auf lange Sicht** gesehen den größtmöglichen Gewinn, also die größtmögliche Differenz zwischen Erträgen und Aufwendungen erzielen kann.

Sowohl die Aufwendungen als auch die Erträge sind an verschiedenen Standorten unterschiedlich (z.B.: Arbeitslöhne, Mieten, Grundstückspreise, Steuerbelastungen, Transportkosten usw.). Deshalb kann das Gewinnmaximum nur erreicht werden, wenn der Betrieb den Standort wählt, an dem die **Differenz zwischen standortbedingten Erträgen und standortabhängigen Aufwendungen** größtmöglich ist.

Im Hinblick auf den optimalen Standort müssen eine Vielzahl von Faktoren berücksichtigt werden, die miteinander in Konkurrenz stehen. Dabei ist die Wahl des Standortes immer ein Problem des **Abwägens von Kostenvorteilen und Absatzvorteilen**. Die Gründe, die dazu führen, sich als Unternehmen an einem bestimmten Standort niederzulassen, bezeichnet man als Standortfaktoren.

Standortfaktoren

Informationen für die Standortwahl beschaffen

Als wichtigste Informationsquellen für die Beurteilung eines Standortes sind zu nennen:

Informationsquellen für die Beurteilung eines Standortes

- die regionale Beschaffungs- und Absatzmarkterfahrung des Unternehmers,

- Erkundung ohne besondere Systematik (z.B. Briefwechsel mit Kunden und Lieferanten, Erfahrungsberichte usw.),

- Informationen aus Wirtschaftszeitungen, Fachzeitschriften sowie Mitteilungen der Fach- und Berufsverbände,

- Marktforschung durch systematische Beobachtung und Analyse der regionalen Beschaffungs- und Absatzmärkte.

Das Genehmigungsverfahren durchlaufen

Jede Einrichtung eines Betriebes bedarf der **Zustimmung der öffentlichen Hand**. Hinsichtlich der Genehmigung zur Errichtung eines Betriebes können erhebliche Einschränkungen durch Gesetze und Verordnungen bestehen, die sich auf ganze Wirtschaftszweige eines Betriebes erstrecken.

Staatliche Begrenzung der Standortwahl

Insbesondere gelten neben den Bestimmungen der Länder und Gemeinden:

- das **Bauplanungsrecht** nach dem Baugesetzbuch und der Baunutzungsverordnung (Bauleitpläne: Flächennutzungsplan und Bebauungsplan),

- Vorschriften der **Gewerbeordnung**,

- das **Bundesimmissionsschutzgesetz** (anlagenbezogenes Umweltrecht).

Entscheidung über den Standort

Art der im Unternehmen benötigten/verarbeiteten Materialien

Von **Rohstofforientierung** spricht man dann, wenn sich der Standort des Unternehmens nach den günstigsten Transportkosten für die Beschaffung der für die Produktion erforderlichen Roh-, Hilfs- und Betriebsstoffe richtet. Beispiel: Ziegeleien, Roheisen und Stahlwerke errichten ihre Betriebe in der Nähe der Gewinnungsstätten.

Arbeits- und Lohnkosten am Standort

Viele Unternehmen sind auf **qualifizierte Fachkräfte** angewiesen. Aber auch der Faktor der **Arbeitskosten** kann eine entscheidende Rolle dahingehend spielen, dass der Betrieb sich nach den niedrigsten Löhnen orientiert.

Energiebedarf und -versorgung vor Ort (Energieorientierung)

Energiebetriebe wählen ihren Standort am zweckmäßigsten nach dem Vorkommen der **Energiequellen** (z. B. Wasserläufe für Wasserkraftanlagen).

Verkehrslage und -aufkommen

Bestimmte Unternehmen sind verkehrsorientiert und bevorzugen **Verkehrsknotenpunkte**. Die Verkehrsorientierung ergibt sich aus dem Streben nach der **Minimierung der Transportkosten**. Dabei spielen ein entsprechendes Straßennetz, Autobahnanschluss oder Flughafennähe eine wichtige Rolle. Verkehrsbetriebe zum Beispiel sind nicht verkehrsorientiert, sondern absatzorientiert und wählen Standorte, an denen die größte Nachfrage nach Verkehrsleistungen besteht.

Absatzwege und –gegebenheiten (Absatzorientierung)

Nach den optimalen Absatzmöglichkeiten orientieren sich **vor allem Groß- und Einzelhandel** und die Wirtschaftszweige, die einen engen Kontakt mit den Absatzgebieten haben müssen, z.B.: Nahrungsmittelbetriebe, Brauereien, Baugewerbe usw.

Umwelteigenschaften und –bedingungen

Die zunehmende Beachtung des Umweltschutzes durch den Gesetzgeber hat gerade in den letzten Jahren dazu geführt, dass bestimmte Standorte z.B. in der Nähe von Landschaftsschutzgebieten überhaupt nicht mehr zur Verfügung stehen oder **erhebliche zusätzliche Kosten aufgrund behördlicher Auflagen** verursachen. Diese können sich sowohl auf die äußere Gestaltung von Bauwerken und Anlagen wie auch auf die Installation besonderer Vorrichtungen beziehen.

Steuern und Abgaben im Standortbereich

Wirtschaftlich schwache Gebiete gewähren häufig besondere **Anreize** wie preisgünstige Überlassung von Baugelände, Gewährung zinsgünstiger Darlehen oder auch Gewerbesteuerbefreiung für eine gewisse Zeit. Eine wesentliche Rolle bei der Standortentscheidung spielt der Gewerbesteuerhebesatz, der von Gemeinde zu Gemeinde differiert.

3.18 Führungsrolle und -aufgabe im Unternehmen

Wo immer Menschen zusammenleben und zusammenarbeiten, bildet sich eine **Führungsstruktur** heraus, die der Gemeinschaft funktionale Koordination, Orientierung, Schutz und Vorbild gibt. Dieses Herausbilden kann sowohl spontan erfolgen als auch aufgrund bewusster Einsetzung der Führenden geschehen.

sachliche Kompetenz allein genügt nicht

Für den Betrieb moderner Prägung gilt, dass sich die Führenden in der Hierarchie nicht aufgrund von Gruppenprozessen herausbilden, sondern dass sie vielmehr von oben her eingesetzt werden. Dabei besteht allgemein Übereinstimmung in der Auffassung, dass die fachliche Kompetenz eines Vorgesetzten, so wichtig sie nach wie vor ist, nicht mehr allein genügt. Die sichere und richtige Führung, die Fähigkeit, mit Menschen umzugehen, ist eine weitere wichtige **Voraussetzung für den Erfolg**.

Besonderheiten der Führungsaufgabe

Die Aufgaben des Vorgesetzten lassen sich zwei Aspekten zuordnen:

Aufgaben des Vorgesetzten

- dem sachlich/fachlichen Aspekt, der die Leitungsfunktion ausmacht,
- dem menschenbezogenen Aspekt, der die Führungsaufgaben beinhaltet.

Führungsformen, wie sie in der Wirtschaft Anwendung finden, sind nicht speziell für die Wirtschaft entwickelt worden, sondern sind Ausdruck der allgemeinen Führungssituation der Zeit, in der sie entstanden sind. Als die ersten Fabriken Anfang des 19. Jahrhunderts entstanden sind, war Leitbild für die Menschenführung der absolute Staat mit seinem Verwaltungsapparat und seiner Armee. Die gesamte Gesellschaftsordnung hatte ein autoritäres Führungsgepräge. Befehl und Gehorsam, Herrschen und Dienen waren die Ordnungskriterien. Im Laufe der Zeit haben sich die Gesellschaftsordnung, die Wirtschaft und die Technik verändert.

Ausdruck der allgemeinen Führungssituation

Nach dem 2. Weltkrieg wandelte sich in der Bundesrepublik Deutschland die gesellschaftlich-politische Situation. Gleichzeitig wandelten sich die betrieblichen Bedürfnisse: In den heutigen Unternehmen werden nicht mehr Untergebene gebraucht, die kritiklos gehorchen, sondern Mitarbeiter, die selbstständig denken und handeln können, die Initiative entwickeln, zur Kooperation und zur Übernehme von Verantwortung bereit sind. Dies bewirkte ein **Umdenken** hin zu kooperativen Führungsformen. Das autoritäre Führungsprinzip ist noch nicht überwunden, aber der Entwicklungsprozess hin zu neuen, zeitgemäßen Führungsformen ist offensichtlich.

Auch betriebliche Bedürfnisse haben sich gewandelt

3.19 Unternehmensorientierte Führungsstile im Wandel

Unternehmensorientierte Führungsstile können grob kategorisiert werden in:

Führungsstile im Überblick

- tradierte Führungsstile: Autokratischer, Patriarchalischer, Charismatischer, und Bürokratischer Stil,
- klassische Führungsstile: Autoritärer, Kooperativer und Laisser-faire-Stil.

Nachfolgend werden die Charakteristiken der verschiedenen Führungsstile herausgearbeitet.

3.19.1 Tradierte Führungsstile in Unternehmen

Autokratischer Führungsstil

Autokratischer Führungsstil: **Unumschränkte Alleinherrschaft**

- Mitarbeiter werden als Untergebene angesehen, die am Entscheidungsprozess grundsätzlich nicht beteiligt sind,

- unbedingter Gehorsam, Disziplin und präzises Befolgen von Anordnungen,

- streng hierarchisch gegliederter Führungsapparat.

Patriarchalischer Führungsstil

Patriarchalischer Führungsstil: Auch hier wird von einem absoluten - in aller Regel **vom Eigentum abgeleiteten** - Herrschaftsanspruch des Patriarchen ausgegangen. Allerdings:

- basiert der Herrschaftsanspruch hier auf Güte und Autorität.

- Leitbild ist der strenge, aber gütige Vater als unumstrittenes Familienoberhaupt.

- Dieser Führungsstil ist oft in kleinen (Familien-) Unternehmen zu finden.

- Die ungeteilte Gehorsamskompetenz und damit Entscheidungsbefugnis und Kontrolle liegt in der Hand einer Instanz. Es gibt dabei wenig Koordinierungsprobleme, da die Geführten direkten Zugang zum Patriarchen haben

Charismatischer Führungsstil

Charismatischer Führungsstil: Ein auf Charisma (Gnadengabe, **starke persönliche Ausstrahlung**) basierender Führungsstil. Leitet seinen Anspruch nicht aus Eigentum, Erbfolge oder Ähnlichem ab, sondern aus der Kraft der Persönlichkeit, ihrer Einmaligkeit: der Erfolg beruht auf dem persönlichen Erscheinen

- Gerade in Krisen oder Notzeiten kann der charismatische Führungsstil Zuversicht vermitteln und ggf. verkrustete Ordnungsstrukturen überwinden.

- Dieser Führungsstil vermag mitzureißen und besondere Leistungs- oder Opferbereitschaft der Geführten auszulösen, deren eigenverantwortliches Mitwirken aber weniger gefördert wird.

- Entscheidungskompetenz und Willensbildung liegen auch hier alleine beim Führenden.

Bürokratischer Führungsstil

Bürokratischer Führungsstil: Der bürokratische Führungsstil ist eine Ableitung aus dem bürokratischen Reglement und den Kompetenzen der Instanzen. Die Legitimation beruht nicht mehr auf Tradition, Eigentum oder persönlicher Ausstrahlung, sondern **formal** auf der Stelleninhabe. Seine Kennzeichen:

- mehr an die Funktion gebunden (als an die Person),

- auf Zeit verliehen und übertragbar,

- Richtlinien, Stellenbeschreibungen, Dienstanweisungen usw. prägen die Bürokratie,

- im positiven Sinne herrschen Gerechtigkeit und Gleichbehandlung,

- Führung erfolgt ohne Ansehen der Person - insofern ist Willkür überwunden,

- Entscheidungskompetenz ist an die jeweilige Amtsinhabe gekoppelt.

3.19.2 Klassische Führungsstile in Unternehmen

Die folgenden Betrachtungen sind zurückzuführen auf den Vater der Führungsstilforschung K. Lewin und seine Schüler. Untersucht wurde die Auswirkung des Führungsverhaltens auf die Produktivität, Zufriedenheit und Gruppenkohäsion (Gruppenzusammenhalt) der Geführten. Im Mittelpunkt dieser Führungsstile steht ihre Effizienz. Unterschieden werden die Kategorien autoritär, kooperativ und laisser-faire.

Der autoritäre Führungsstil[1] führt zu einer **gespannten Atmosphäre im Betrieb**, da die Mitarbeiter keine Achtung, Anerkennung und Selbstentfaltung erleben. Sie sind in der Regel unzufrieden, manchmal auch aggressiv. Die Merkmale:

Autoritärer Führungsstil

- machtgebietende und einheitliche Leitung,

- Entscheidungen werden vom Vorgesetzten allein ohne Anhören der Mitarbeiter getroffen,

- Aufgaben werden befehlsmäßig den Untergebenen angeordnet, ohne sie zu begründen. Die Arbeitsanweisungen werden bis ins Detail festgelegt, und die Mitarbeiter führen die Anordnungen nur aus, ohne Verantwortung und Kompetenz zu besitzen,

- Informationen werden nur auf dem Dienstweg weitergegeben und enthalten nur das zur Aufgabenerfüllung Notwendige,

- Der Vorgesetzte geht auf Distanz zu seinen Mitarbeitern und pocht auf seine Amtsautorität. Er erwartet von ihnen in erster Linie Pünktlichkeit, Ordnung, Aufrechterhaltung der Disziplin und Anerkennung der gegebenen Zustände,

- Er geht davon aus, dass er gegenüber seinen Mitarbeitern den größeren Sachverstand besitzt und glaubt, dass ohne sein Eingreifen und ständige Kontrollen keine Leistung zustandekommt,

- Kritik ist nicht konstruktiv, die Mitarbeiter erhalten kein persönliches Lob und keine Anerkennung,

Beim kooperativen Führungsstil[2] werden soziale Bedürfnisse, Statusstreben und der Wunsch nach Selbstverwirklichung befriedigt. Somit sind die Mitarbeiter zufrieden, freundlich und vertrauensvoll untereinander denn:

Kooperativer Führungsstil (Informationen, Kompetenzen, Selbstbestimmung)

- Der Vorgesetzte berücksichtigt alle relevanten Kenntnisse und Informationen der Mitarbeiter bei der Entscheidungsfindung. Aufgaben und Entscheidungsbefugnisse werden an die Mitarbeiter delegiert, sie übernehmen auch die Verantwortung für den delegierten Aufgabenbereich.

- Ein hierarchischer Abstand zwischen Vorgesetzten und Mitarbeitern wird eher als hinderlich angesehen, eine persönliche Autorität des Vorgesetzten wird jedoch vorausgesetzt.

- Der Vorgesetzte setzt einen hohen Sachverstand bei seinen Mitarbeitern voraus und erwartet, dass diese im Rahmen ihrer festgelegten Aufgabenbereiche selbstständig denken, handeln und entscheiden.

- Informationen, die der Mitarbeiter benötigt, werden leicht zugänglich gemacht.

- Die Mitarbeiter kontrollieren sich selbst oder der Vorgesetzte kontrolliert in Form von Ergebniskontrollen.

---

1 auch genannt autoritativ, autokratisch, direktiv, imperativ
2 auch genannt: demokratisch, kollegial, sozial-integrativ, partizipativ

Laisser-faire-Stil (distanziert, unpersönlich, ergebnisfixiert)

Laisser-faire-Stil[1] (distanziert, unpersönlich ergebnisfixiert): Der **Vorgesetzte bemüht sich nicht**, bei den Mitarbeitern Interesse und Aktivität zu wecken und diese auf die Unternehmensziele auszurichten. Vielmehr gilt:

■ Er kontrolliert die Mitarbeiter selten und lässt sie gewähren.

■ Er entwickelt ein distanziertes Verhältnis zur Person des Mitarbeiters. Ihn interessiert nur die Leistung, um die persönlichen Probleme der Mitarbeiter kümmert er sich nicht.

■ Er neigt zu einem weichen Kurs und übersieht unerwünschtes Verhalten von Mitarbeitern.

■ Die Informationen fließen mehr oder weniger zufällig.

Spannungsfeld autoritär-kooperativ

Das Spannungsfeld zwischen autoritärem und kooperativem Führungsstil ist wie folgt polarisiert:

■ autoritär: autonome Entscheidung durch den Vorgesetzten. Dieser fordert Stellungnahmen zu seinen Entscheidungen, lässt Änderungsvorschläge zu, lässt Mitarbeiter teilweise mitentscheiden. Die Mitarbeiter haben in gewissen Grenzen freien Entscheidungsspielraum.

■ kooperativ: Mitarbeiter entscheiden, der Vorgesetzte gibt Informationen.

Autoritätsformen

Die individuelle Autorität eines Vorgesetzten ergibt sich immer aus einem Gleichgewicht aus drei Autoritätsformen:

■ Amtsautorität aufgrund der hierarchischen Position,

■ funktionale Autorität aufgrund seines Sachverstandes als Experte,

■ persönliche Autorität aufgrund seiner Ausstrahlungskraft.

3.20 Führungsfunktionen der Unternehmensleitung

"Wenn du mit anderen ein Schiff bauen willst, beginne nicht, mit ihnen Holz zu sammeln, sondern erwecke in ihnen die Sehnsucht nach dem großen, weiten Meer." (Antoine de Saint-Exupéry)

Führung wird als **Interaktion zwischen den Gruppenmitgliedern und dem Gruppenführer** verstanden. Je nach der zu bewältigenden Aufgabe werden an den Führenden unterschiedliche **Rollenerwartungen** gestellt.

Aufgabe der Mitarbeiterführung im Betrieb ist es, Menschen zu veranlassen, in bestmöglicher Weise am Erreichen der Unternehmensziele mitzuwirken. Das setzt voraus, dass die Führungskraft ihre Mitarbeiter motiviert.

Lokomotion

das Sachziel der Gruppe erreichen

Es muss gewährleistet sein, dass das Sachziel der Gruppe erreicht wird. Lokomotion betrifft den Leistungsbereich des Unternehmens, der Vorgesetzte wirkt als Zielsetzer, Planer, Koordinator, Kontrolleur und Experte. Lokomotion ist für ein Unternehmen als Leistungsorganisation, deren Ziele erreicht werden müssen, unabdingbar. Lokomotion erfordert, sich auf wechselnde Situationen flexibel einstellen zu können.

---

1 von frz. laissez = lasst, faire = machen

Diese Beweglichkeit im Handeln begründet zwei Schlüsselkompetenzen:

- Veränderung des eigenen **Verhaltens** entsprechend der gegebenen Situation

- Veränderung der **Situation**, damit man mit ihr leben kann

Kohäsion

Der Zusammenhalt der Gruppe muss herbeigeführt und aufrechterhalten werden. Kohäsion bezeichnet den Beziehungsaspekt, das heißt die menschliche Seite der Führung. Sie zeigt sich unter anderem in folgenden Verhaltensweisen der Führungskraft:

- allen Betroffenen die Möglichkeit geben, an Entscheidungen teilzunehmen

- aufmerksam zuhören können

- Ideen der Gruppe aufnehmen

- Spannungen innerhalb der Gruppe spüren

- Minderheiten unterstützen

- ein gutes Verhältnis zum informellen Führer haben

- mit Spaß in Gruppen arbeiten

- Gruppen ohne Schwierigkeiten führen können

- sich der Wirkung auf die Gruppe bewusst sein

- ohne Probleme an Informationen aus der Gruppe kommen

Fazit

Führungsfähigkeit hängt davon ab, in welchem Maße ein Vorgesetzter beide Führungsfunktionen - Lokomotion und Kohäsion - erfüllen kann, wobei die Führungsfunktionen **auch auf zwei Führer verteilt** sein können. Einer treibt die Erfüllung der **Sachaufgabe** voran, der andere fördert den **Gruppenzusammenhalt**. Um sich richtig kohäsiv oder lokomotiv zu verhalten, benötigt ein Vorgesetzter beide Verhaltensmuster.

Grundstile situativer Führung

W. J. Reddin entwickelte das "3D-Modell" zur Leistungssteigerung des Managements. Demnach gibt es den einzig idealen Führungsstil nicht. Das Modell geht von den beiden Grunddimensionen aus:

- Aufgaben-Orientierung und

- Beziehungsorientierung

Daraus ergeben sich 4 Grundstile:

Stil...	Integration	Beziehung	Verfahren	Aufgabe
effektiv eingesetzt	Integrierer	Förderer	Bürokrat	Macher
nichteffektiv eingesetzt	Kompromissler	Gefälligkeitsapostel	Kneifer	Autokrat

Effektivität

Effektivität steht für das Ausmaß, in dem ein Manager die geforderten Ergebnisse in seiner jeweiligen Position erbringt. Er ist nicht effektiv, wenn er

- nur effektiv erscheint oder

- nur persönliche Ziele zu erreichen strebt.

Dabei sind die Ergebnisse (output), die ein Manager vorweisen kann, wichtiger als das, was er tut (Arbeitsweise, input).

Effektivität ist also keine persönliche Eigenschaft oder Fähigkeit, die jemand hat oder nicht hat. Sie ergibt sich vielmehr aus der richtigen **Erfassung einer spezifischen Führungssituation** und deren **gezielter Beeinflussung**. Daher muss jede Situation zuerst beurteilt werden, ehe man sie bewältigen kann.

3.21 Motivation

Motive sind "Beweg-" Gründe

Von Motivation spricht man immer dann, wenn es um die Bedingungen geht, die einen Menschen dazu veranlassen, sich mit einer bestimmten **Intensität** in eine von ihm beabsichtigte **Richtung** zu bewegen. Verantwortlich dafür kann eine Vielzahl von **Motiven** ("Beweg-"Gründe, warum ein Mensch etwas tut) sein. Sie sind **schwer erkennbar** und lassen sich allenfalls aus dem beobachtbaren Verhalten der entsprechenden Person ableiten. Diese Motive sind auf Bedürfnisse zurückzuführen, die so lange motivierend wirken, bis sie befriedigt sind, vorausgesetzt, es besteht die Chance, sie zu erfüllen.

Motivation ist etwas sehr individuelles

Wenn in einem Betrieb die Frage nach der Motivation der Mitarbeiter gestellt wird, muss ein Vorgesetzter über Verhaltensgründe bei seinen Mitarbeitern nachdenken. Diese Verhaltensgründe können sehr unterschiedlich sein und hängen von verschiedenen Faktoren ab. Die Persönlichkeit des Mitarbeiters, seine Lebens- und Arbeitsbedingungen und seine Bedürfnisse und daraus resultierende Motive spielen dabei eine entscheidende Rolle. Motivation ist demnach ein **sehr individueller Prozess**. Dennoch können Hinweise auf allgemeine menschliche Verhaltenskriterien hilfreich sein.

Verhaltenskriterien

Drei wesentliche Verhaltenskriterien sind in diesem Zusammenhang zu nennen:

- **Physiologische** Kriterien: körperliche Leistungsfähigkeit, Gesundheit, Alter, Biorhythmus

- **Psychologische** Kriterien: Persönlichkeit, Konstitution, Typ, Triebregungen

- **Soziologische** Kriterien: Gruppe, Zugehörigkeit, Einfluss, Anerkennung

3.21.1 Wichtige Formen der Motivation

Warum arbeiten?

Für betriebliche Organisationsbelange sind die Motivationsprozesse von Interesse, die bei einem Arbeitnehmer bezogen auf seine Arbeit stattfinden. Anders ausgedrückt geht es um die Frage, warum jemand arbeitet.

Die Antwort darauf mag lauten: "Weil jeder arbeiten muss, um leben zu können". Das ist zum Teil sicherlich richtig, doch erklärt es nicht die Tatsache, dass oft sehr viel mehr gearbeitet wird, als tatsächlich zum Leben benötigt wird. So weist ein zweiter Teil der Antwort darauf hin, dass von jedem erwachsenen Mitglied der Gesellschaft erwartet wird, dass es arbeitet und dass alle es tun (Norm). Fleiß, Anstrengung und Eifer gelten als allgemein anerkannte Werte.

Wenn jemand in unserer Gesellschaft "dazugehören" möchte, dann ergreift er einen Beruf. Seine Wahl hängt von verschiedenen Faktoren ab. Eine große Rolle spielt seine **Leistungsfähigkeit** und **Leistungsbereitschaft**, aber auch die Frage der **Bezahlung** und des **gesellschaftlichen Ranges**, den der Angehörige dieser Berufsgruppe ausfüllen kann. Damit berücksichtigt der einzelne bewusst oder unbewusst gesellschaftliche Normen, die er selber nicht gesetzt hat, denen er aber mehr oder weniger stark unterliegt.

Berufswahl

Es gibt viele Motive, die die **Arbeitsmotivation** beeinflussen; um gezielt motivieren zu können, muss ein Vorgesetzter Motivforschung bei seinen Mitarbeitern betreiben. Das ist nicht ganz einfach, denn Motive sind allenfalls aus dem **Verhalten des Mitarbeiters** abzuleiten.

Motivforschung

Fremdmotivation

Jeder Betrieb bietet **Belohnungen** an, die den Arbeitnehmer zu bestimmten Leistungen motivieren sollen. Als Anreiz kann alles dienen, was zur Erfüllung von Bedürfnissen beiträgt oder die Motive der Menschen unterstützt[1]:

Anreize motivieren

- **Materielle** Anreize: Lohn, Werkswohnung, Kantinenbesuch, Personalrabatt, Firmenwagen, Zugang zu Betreuungseinrichtungen

- **Immaterielle** Anreize: Betriebsklima, soziale Kontaktmöglichkeiten, Freizeit- und Weiterbildungsmöglichkeiten, Arbeitsorganisation

Auch außerbetriebliche Anreize haben Einfluss auf die Motivstruktur eines Mitarbeiters, wie zum Beispiel die Arbeitsmarktsituation oder auch das Anreizsystem konkurrierender Firmen[2]. Ein Mitarbeiter, der vor allem deshalb an seinem Arbeitsplatz hart arbeitet, weil er befördert werden möchte, ist extrinsisch motiviert (äußere Motivation). Die Belohnung für seine hervorragenden Leistungen vermitteln ihm andere Personen. In diesem Beispiel liegt eine Fremdmotivation vor.

außerbetriebliche Anreize

Selbstmotivation

Im Gegensatz dazu besteht auch die Möglichkeit, dass ein Mensch aus Begeisterung sehr viel arbeitet. Ihm macht die Tätigkeit einfach großen Spaß. Hierin besteht sein Anreiz, und das macht ihn unabhängiger von äußeren Belohnungen. Seine Motive würde man als intrinsische Motive bezeichnen (**innere Motivation**). Sein Interesse an der Tätigkeit motiviert ihn.

Interesse, Spaß, Begeisterung

Diese Art der Motivation ist sicherlich die dauerhaftere, denn der intrinsisch Motivierte erbringt die **Leistung um ihrer selbst willen**. Ein Teil seiner Motive wird durch die Arbeit an sich erfüllt, anders also als bei einer extrinsisch motivierten Person, deren Arbeitsleistung von äußeren Faktoren abhängig ist. Beispiel: Der neue Abteilungsleiter eines metallverarbeitenden Betriebes hat sich zum Ziel gesetzt, die Abteilung umzustrukturieren, um den Mitarbeitern ein eigenverantwortliches Arbeiten ermöglichen zu können.

intrinsische Motive

---

1 Diese Übersicht über betriebliche Anreizmöglichkeiten hat Beispielcharakter und erhebt nicht den Anspruch auf Vollständigkeit.

2 Motive, die durch die Rahmenbedingungen einer Tätigkeit erfüllt werden können, bezeichnet man auch als extrinsische Motive, und die Motivation, die diese Gruppe von Arbeitsmotiven aktiviert, nennt man extrinsische Motivation. Sie spielt für viele Arbeitsprozesse eine große Rolle.

Von der eigenen Idee erfüllt sein	Er steckt all seine Energie in diese Aufgabe, obwohl ihm bei der Geschäftsleitung deswegen nicht nur Wohlwollen entgegengebracht wird. Er ist erfüllt von seiner Idee und setzt sie durch. In diesem Bereich würde man ihn als intrinsisch motiviert bezeichnen.

Auf seine eigenen Motive einwirken

Von Selbstmotivation spricht man aber auch in einem anderen Zusammenhang[1], wobei der Aspekt im Vordergrund steht, dass jeder die Möglichkeit besitzt, auf sein individuelles Maß an Motiven einzuwirken - man/frau:

- entwickelt einen persönlichen **Lebensplan**

- setzt sich ein **konkretes berufliches Ziel**

- erstellt einen persönlichen **Handlungsablaufplan**

- formuliert Teilschritte als **Ziel-Zwischenstationen**

- handelt danach mit **Optimismus und Selbstvertrauen**

3.21.2 Klassische Theoriemodelle für Motivation in Unternehmen

Abraham Maslow

Zwei Bedürfnis- bzw. Motivklassen

Der amerikanische Psychologe Abraham Maslow hat sich intensiv mit menschlichen Bedürfnissen beschäftigt. Die von ihm entwickelte Bedürfnishierarchie wird vor allem bei der Entwicklung von Marketing-Strategien beachtet. Im Zusammenhang mit der Arbeitsmotivation unterscheidet Maslow zwei Bedürfnis- bzw. Motivklassen:

- **Defizitmotive:** Gelingt es dem Menschen nicht, sich die Bedürfnisse auf die sich Defizitmotive ausrichten, zu erfüllen, können Störungen im physischen und/ oder psychischen Bereich nicht ausgeschlossen werden.

- **Wachstumsmotive:** Wenn die Bedürfnisse, auf die sich Wachstumsmotive ausrichten, unerfüllt bleiben, entstehen keine Mangelsituationen; sie stellen quasi "Luxuswünsche" dar.

Die Zwei-Faktoren-Theorie von Herzberg

Der Verhaltensforscher Frederik Herzberg ermittelte bei Befragungen zwei Gruppen von **Motivationsfaktoren:**

---

1 Anmerkung des Herausgebers: Gemeint ist hiermit der "Übergeordnete Gesamtzusammenhang des Lebens an sich": Auch wenn im Rahmen dieses Werkes immer nur vom Arbeitsleben des Menschen und den Aspekten der Unternehmensorganisation die Rede ist, so darf nicht vergessen werden, dass Selbstmotivation und Selbstorganisation sozusagen "Schlüsselkompetenzen des Individuums" sind und i.a. nicht auf den Arbeitsplatz beschränkt zur Wirkung kommen, sondern stets ganzheitlich die Denk-, Lern- und Arbeitsweise eines Menschen bestimmen (Work - Life - Balance).

Motivationsfaktoren	Parameter
Hygienefaktoren (extrinsisch)	Status Unternehmenspolitik Verwaltung Bezahlung Überwachung Sicherheit des Arbeitsplatzes
Motivatoren (intrinsisch)	Leistung Anerkennung die Arbeit selbst Verantwortung Beförderung (Aufstiegschancen)

Die Hygienefaktoren bilden die Rahmenbedingungen, um Unzufriedenheit unter Arbeitnehmern zu vermeiden. Sie wirken aber nicht motivierend. Um das zu erreichen, müssen Motivatoren wie Anerkennung und Verantwortung zum Einsatz kommen.

Hygienefaktoren

Größen wie Höhe der Entlohnung und Arbeitsplatzsicherheit bauen zwar Unzufriedenheit ab, haben aber nur kurzfristigen Einfluss. Wirklich motivierend sind schwerpunktmäßig die Bedingungen, die in der Arbeit selbst liegen. Sie aktivieren intrinsische Arbeitsmotive, die **längerfristig die Arbeitsleistung beeinflussen**. Die Hygienefaktoren betreffen stärker das Arbeitsumfeld und dienen der extrinsischen Motivation, einer kurzfristigen Art der Bewegungsanreize für Mitarbeiter. Bei den Hygienefaktoren handelt es sich um Faktoren, die der Arbeitnehmer nicht selbst beeinflussen kann, während die Motivatoren in seinem Verantwortungsbereich liegen. Das lässt den Schluss zu, dass letztere tatsächlich für die Leistungsbereitschaft bedeutsam sind.

Motivatoren entscheiden über die Leistungsbereitschaft

Konkret auf die Motivation von Mitarbeitern bezogen bedeutet dies, dass eine hohe Arbeitszufriedenheit und damit **gesteigerte Leistungsbereitschaft** in erster Linie durch die Arbeitsinhalte herbeigeführt werden kann. Demzufolge müssten Arbeitsinhalte so gestaltet sein, dass sie ein vorwiegend selbstständiges Arbeiten ermöglichen. Das aber bedeutet eine Veränderung der Organisationsformen.

3.22 Kaufleute

Rechtlich gesehen ist Kaufmann, wer ein Handelsgewerbe betreibt (§1 HGB). Nach Art oder Umfang des Gewerbebetriebes unterscheidet man verschiedene Fälle:

Formen der Kaufmannschaft

- Als **Kaufmann kraft Eintragung** ist jede Person bzw. jeder Gewerbebetrieb anzusehen, dessen Firma im Handelsregister eingetragen ist. Dies gilt, ohne dass die rechtlichen Voraussetzungen für eine Eintragung vorliegen müssen - allein aufgrund der Eintragung sind die Vorschriften des HGB auch für den Kaufmann kraft Eintragung verbindlich.

- **Form-Kaufmann** sind Handelsgesellschaften, die aufgrund ihrer Rechtsform in das Handelsregister einzutragen sind, wie beispielsweise die Kapitalgesellschaften GmbH bzw. AG oder die KG a.A. Die Personengesellschaften OHG und KG bedürfen für die Qualifikation einer Handelsgesellschaft i.S.d. § 6 Abs. 1 HGB der Durchführung eines nach Art und Größe eingerichteten Gewerbebetriebes.

3.22.1 Gründung des Unternehmens

Allgemeine Aspekte

Gewerbefreiheit gem. §1 GewO und Art 12 GG

Nach der bestehenden Gewerbeordnung (§ 1 GewO) und nach dem Grundgesetz (Art. 12, 1 GG) ist jeder berechtigt, einen Gewerbebetrieb zu eröffnen.

Mit Rücksicht und zum Schutz der Öffentlichkeit wird allerdings diese Gewerbefreiheit **eingeschränkt, wenn Gefahren für die Öffentlichkeit** bestehen. Deshalb ist in folgenden Fällen eine behördliche Genehmigung erforderlich, wenn:

- bestimmte **Gewerbe** wie z.B. Gaststätten, Beförderungsunternehmen, Krankenhäuser usw. Belästigungen hervorrufen

- eine bestimmte **Sachkunde** erforderlich ist, z.B. bei Arzneimittelhandel

- **Berechtigungen** zur Berufsausübung verlangt werden wie zum Beispiel bei Ärzten, Apothekern oder Handwerksmeistern. Letztere müssen in die so genannte Handwerksrolle eingetragen werden (§ 1 Abs. 1 HwO)[1].

- **Anlagen** errichtet werden, die durch ihre Inbetriebnahme Belästigungen oder erhebliche Nachteile für die Öffentlichkeit verursachen könnten. Beispiele: Chemische Fabrik, Hammerwerk, Kalk- und Zementwerke (siehe auch BImSchG)

Die Anmeldung des Unternehmens

Checkliste zur Anmeldung des Unternehmens

Jedes kaufmännische Unternehmen muss bei den Behörden angemeldet werden:

- bei der zuständigen **Gemeindebehörde** in einfacher schriftlicher Form (§ 14 GewO) sowie beim zuständigen **Amtsgericht** zur Eintragung in das Handelsregister, sofern das Unternehmen eingetragen werden muss

- beim zuständigen **Finanzamt** in mündlicher und schriftlicher Form (§ 138 AO) und bei den zuständigen **Sozialversicherungsträgern**, wenn Arbeiter und Angestellte beschäftigt werden

- bei der zuständigen **Berufsgenossenschaft** als Träger der Unfallversicherung, beim **Gewerbeaufsichtsamt und** bei der zuständigen Industrie- und Handelskammer bzw. im Handwerksbereich bei der Handwerks**kammer**

3.22.2 Die Kaufmannseigenschaft

Begriffe und rechtliche Grundlagen

Handelsrecht

Das Handelsrecht ist das Sonderrecht der Kaufleute. Die Kaufmannseigenschaft ist somit Anknüpfungspunkt für die Anwendung des Handelsrechts. Damit ist die Definition des Kaufmanns entscheidend für die Zugrundelegung handelsrechtlicher Normen.

Begriff "Kaufmann"

Kaufmann im Sinne des HGB ist, wer ein Handelsgewerbe betreibt (§ 1 HGB). Wesensmerkmal des Kaufmanns ist, dass er Unternehmer ist. Nach § 2 UstG ist Unternehmer jeder, der eine gewerbliche oder berufliche Tätigkeit selbstständig und nachhaltig mit der Absicht der Gewinnerzielung ausübt und dabei seine Arbeitszeit frei bestimmen kann.

---

1 Neben den genannten Beispielen siehe auch §§ 30 bis 38 GewO

Die Mitglieder der freien Berufe wie z.B. Ärzte, Architekten und Rechtsanwälte sind Unternehmer, nicht aber Kaufleute Für sie gelten die meisten Vorschriften, z. B. die des HGB nicht. Beispiele: Vorschriften über die Prokura, Handlungsvollmacht, Firma.

Begriff „Unternehmer"

Zum Handelsgewerbe zählen zum Beispiel Einzelhandels- und Großhandelsbetriebe, Export- und Importbetriebe, Industriebetriebe, Banken und Versicherungen

Handelsgewerbe

3.23 Handelsregistereintrag

Begriffe

Im kaufmännischen Geschäftsverkehr ist die vorrangige Forderung diejenige nach Rechtsklarheit. Das heißt, man möchte wissen, woran man ist und mit wem man es zu tun hat. Dieses Bedürfnis nach Rechtsklarheit wird in erster Linie durch die Einrichtung des Handelsregisters befriedigt. Es enthält die für den kaufmännischen Geschäftsverkehr wesentlichen Tatsachen, über die sich jedermann durch Einblick informieren kann.

Bedürfnis nach Rechtsklarheit

Das Handelsregister ist ein amtliches, öffentliches Verzeichnis aller Vollkaufleute und Handelsgesellschaften eines Amtsgerichtsbezirks, das beim Amtsgericht (Registergericht) geführt wird.

Definition "Handelsregister"

Vorgänge, die in das Handelsregister einzutragen sind, nennt man einzutragende Tatsachen. Dazu zählen zum Beispiel:

In das Handelsregister einzutragende Tatsachen

- Erteilen und Erlöschen der Prokura

- die Firma

- Gründung und Auflösung der Firma

- wichtige Vorgänge und Veränderungen bei Gesellschaften

- Haftungsverhältnisse

Insgesamt gelten Schwellenwerte von 250.000,00 € bei Warenumsätzen und 125.000,00 € bei Dienstleistungsumsätzen als Richtgrößen für die Eintragungspflicht.

Schwellenwerte für die Eintragungspflicht

Ergibt die Gesamtbetrachtung, dass ein Unternehmen materiell nicht vollkaufmännisch ist, so kann es sich gleichwohl freiwillig in das Handelsregister eintragen lassen. Es unterliegt dann den gleichen rechtlichen Rahmenbedingungen wie Vollkaufleute.

freiwilliger Eintrag in das Handelsregister

3.23.1 Die handelsrechtlichen Funktionen des Handelsregisters

Das Handelsregister hat vier Funktionen:

- Es ist ein allgemeines Publikationsmittel für Tatsachen, die im kaufmännischen Geschäftsverkehr von Bedeutung sind. Durch die Eintragung besteht die Möglichkeit der **Mitteilung an die Öffentlichkeit**. Diese Funktion finden wir bei

Publikationsmittel

allen Registern wie Grundbuch, Vereinsregister usw. Diese **Offenlegung** kann sowohl im Interesse des Rechtsverkehrs von Dritten sein wie auch im Interesse des einzelnen. Daraus folgt, dass **bestimmte Tatsachen eintragungspflichtig** sind, während andere wiederum nur auf freiwillige Anmeldung hin einzutragen sind. Die Einsicht des Handelsregisters sowie der zum Handelsregister eingereichten Schriftstücke ist jedem gestattet (§ 9 Abs. 1 HGB). Im Unterschied zum Grundbuch bedarf es nicht eines berechtigten oder rechtlichen Interesses.

Schutzfunktion

- Die Schutzfunktion. **Auf Eintragungen in öffentlichen Registern kann man sich verlassen** - sonst hätten derartige Register auch keinen Sinn. Entscheidend ist hier allerdings die Frage, in welchem Umfang das Vertrauen auf die Registereintragung geschützt ist. Dazu siehe die Beweisfunktion des Handelsregisters.

Beweisführung

- Das Handelsregister erleichtert die Beweisführung im kaufmännischen Geschäftsverkehr für bestimmte Rechtsverhältnisse. So ist es zum Beispiel möglich, von den Eintragungen und den zum Handelsregister eingereichten Schriftstücken eine **Abschrift** zu fordern, die auf Wunsch von der Geschäftsstelle zu beglaubigen ist. Beispiel: Ein Prokurist, dessen Prokura ins Handelsregister eingetragen wurde, kann Geschäftspartner durch **Vorlegen des Handelsregisterauszuges** leicht über den Umfang seiner Vertretungsmacht informieren.

Kontrolle

- Die Industrie- und Handelskammer ist verpflichtet, die Registergerichte bei der **Verhütung unrichtiger Eintragungen** zu unterstützen. Ebenso verpflichtend ist diese Unterstützung bei der **Berichtigung und Vervollständigung** des Handelsregisters. Auf diesem Wege ermöglicht das Handelsregister eine Kontrolle wichtiger Vorgänge im kaufmännischen Geschäftsverkehr.

3.23.2 Elektronisches Handels- und Unternehmensregister

Quelle: Pressemitteilung des Bundesministeriums der Justiz, Berlin, 15. November 2006 *„Heute ist das Gesetz über elektronische Handelsregister und Genossenschaftsregister sowie das Unternehmensregister (EHUG) im Bundesgesetzblatt verkündet worden. Das Gesetz tritt am 1. Januar 2007 in Kraft. Die Gesetzesänderungen haben drei Schwerpunkte:*

Elektronisches Handels-, Genossenschafts- und Partnerschaftsregister.

Zuständigkeit und Verfahren

Die Handels-, Genossenschafts- und Partnerschaftsregister werden auf den elektronischen Betrieb umgestellt. Zuständig für die Führung der Register bleiben die **Amtsgerichte.** Um die Verwaltung der Register zu beschleunigen, können Unterlagen in Zukunft nur noch elektronisch eingereicht werden. Die Bundesländer können allerdings **Übergangsfristen** vorsehen, nach denen die Unterlagen bis spätestens Ende 2009 auch noch in Papierform eingereicht werden können. Aus Gründen der Rechtssicherheit bleibt für die Anmeldungen zur Eintragung eine **öffentliche Beglaubigung** erforderlich.

Beschleunigung der Eintragungsverfahren

Zur Beschleunigung der Eintragungsverfahren ist unter anderem vorgesehen, dass über Anmeldungen zur Eintragung grundsätzlich „unverzüglich" zu entscheiden ist; zudem sollen die Ausnahmen vom Erfordernis eines Kostenvorschusses erweitert werden.

Öffentliche Bekanntmachung

Weil die Register elektronisch geführt werden, können Handelsregistereintragungen künftig auch **elektronisch bekannt gemacht** werden - eine preiswerte und für jeden Interessenten aus dem In- und Ausland in gleicher Weise leicht zugängliche Form. Für einen Übergangszeitraum bis Ende 2008 soll die Bekanntmachung zusätzlich noch in einer **Tageszeitung** erfolgen.

Offenlegung der Jahresabschlüsse

Um die Veröffentlichung der Jahresabschlüsse zu erleichtern, sollen für ihre zentrale Entgegennahme, Speicherung und Veröffentlichung nicht mehr die Amtsgerichte, sondern der **elektronische Bundesanzeiger** zuständig sein. Damit werden die Gerichte von justizfernem Verwaltungsaufwand entlastet und der elektronische Bundesanzeiger zu einem zentralen Veröffentlichungsorgan für wirtschaftsrechtliche Bekanntmachungen ausgebaut.

Entgegennahme der Jahresabschlüsse

Die Unterlagen der Rechnungslegung sind künftig ebenfalls elektronisch einzureichen; über die Einzelheiten der elektronischen Einreichung wird der elektronische Bundesanzeiger rechtzeitig vor Inkrafttreten des EHUG unter **www.ebundesanzeiger.de** informieren. Daneben soll für eine Übergangszeit bis Ende 2009 auch eine Einreichung in Papierform möglich sein – dies sieht eine Rechtsverordnung des Bundesministeriums der Justiz vor, der vom Bundesrat allerdings noch zugestimmt werden muss.

Unterlagen der Rechnungslegung

Elektronisches Unternehmensregister – www.unternehmensregister.de

Ab dem 1. Januar 2007 können unter www.unternehmensregister.de wesentliche **publikationspflichtige Daten eines Unternehmens online abgerufen** werden. Damit gibt es eine zentrale Internetadresse, über die alle wesentlichen Unternehmensdaten, deren Offenlegung von der Rechtsordnung vorgesehen ist, online bereit stehen („one stop shopping"). Das schließt den **Zugang zu den Handels-, Genossenschafts- und Partnerschaftsregistern** und zu den veröffentlichten Jahresabschlüssen ein. Der Rechts- und Wirtschaftsverkehr wird künftig nicht mehr verschiedene Informationsquellen bemühen müssen, um die wesentlichen publizitätspflichtigen Angaben über ein Unternehmen zu erhalten (*Ende Zitat*)"

zentrale Internetadresse

3.23.3 Rechtliche Wirkungen des Handelsregistereintrags

Das Handelsregister kann seiner Schutzfunktion nur gerecht werden, wenn die Eintragungen eine gewisse **Verbindlichkeit** erhalten. Es hat zwar nicht den "erhöhten Vertrauensschutz" des Grundbuches, jedoch sind dritte Personen in ihrem Vertrauen auf die Eintragungen gemäß § 15 HGB geschützt. Dieser **Vertrauensschutz** ist je nach dem, ob es sich um eine richtige oder unrichtige Eintragung und Bekanntmachung handelt, unterschiedlich.

Wenn eine in das Handelsregister einzutragende Tatsache nicht eingetragen und bekannt gemacht worden ist, so kann gem. § 15 Abs.1 HGB diese Tatsache einem Dritten gegenüber nicht entgegengehalten werden, es sei denn, diese war dem Dritten bekannt. Im Klartext bedeutet dies: "Auf das Schweigen des Handelsregisters kann man sich verlassen". Damit bringt die negative Publizität einen gewissen **Zwang zur Eintragung von Tatsachen**, wie auch das folgende **Beispiel** verdeutlicht:

Negative Publizität

▪ Das Ausscheiden aus einer OHG ist eine einzutragende Tatsache (vgl. § 143 Abs. 2 HGB). Versäumt ein Gesellschafter diese Pflicht, so schweigt sich das Handelsregister darüber aus. Ein Dritter kann sich also hierauf verlassen und den bereits ausgeschiedenen Gesellschafter auch für Neuverbindlichkeiten in Anspruch nehmen.

Positive Publizität

Eine bestimmte Tatsache ist eingetragen und bekannt gemacht. Daraus folgt rechtlich, dass ein Dritter diese **Tatsache gegen sich gelten lassen** muss. Er kann sich nicht darauf berufen, dass er/sie nicht kannte. Auch hier ein **Beispiel:**

- Die Prokura ist eine einzutragende Tatsache. Wenn ein Prokurist nun im Handelsregister eingetragen ist, dann kann sich ein Dritter auch auf die gesetzlich umschriebene Vertretungsmacht des Prokuristen verlassen, auch wenn dieser mittlerweile entlassen worden ist und der Widerruf der Prokura noch nicht eingetragen und bekannt gemacht worden ist.

3.24 Firma

der im Handelsregister eingetragene Name des Vollkaufmanns

Die Firma ist der im Handelsregister eingetragene Name des Kaufmanns, unter dem er sein Handelsgewerbe betreibt und die Unterschrift abgibt (§ 17 HGB). Der Kaufmann kann unter seiner Firma klagen und verklagt werden. Regelungen zur Firma enthalten die §§ 18,19 HGB.

3.24.1 Erscheinungsformen

Die Erscheinungsformen einer Firma sind:

Personenfirma

Personenfirmen enthalten einen oder mehrere Personennamen. Zur weiteren Kennzeichnung werden häufig Zusätze in die Firma aufgenommen. Soweit sie zur Unterscheidung der Person oder des Geschäfts dienen, sind sie grundsätzlich zulässig. Beispiele: "Fritz Müller", "Fritz Müller Fahrzeugbau", "Kröner & Sohn".

Sachfirma

Sachfirmen sind aus dem Zweck des Unternehmens abgeleitet. Beispiele: "Volkswagenwerk AG", "Ruhrkohle AG", "Süddeutsche Zucker AG", "Allianz Versicherungs AG".

Gemischte Firma

Gemischte Firmen enthalten sowohl den Personennamen und einen dem Gegenstand des Unternehmens entnommenen Begriffs. Beispiele: "Schubert & Salzer Maschinenfabrik AG", "Klöckner-Humboldt-Deutz AG".

Fantasiefirma

Fantasiefirmen sind Bezeichnungen, die weder Inhabernamen noch einen Hinweis auf den Unternehmensgegenstand enthalten, Sie bestehen lediglich aus Fantasiebezeichnungen (z.B. „ComDirect" usw.). Oft handelt es sich bei den Fantasiebezeichnungen gleichzeitig um Markennamen.

3.24.2 Grundsätze bei der Festlegung einer Firma

Wahrheit und -klarheit

Die Firma darf nicht über Art und Umfang des Unternehmens täuschen.

Firmenausschließlichkeit

Die Firma muss sich von allen an demselben Ort oder in derselben Gemeinde bereits bestehenden und in das HR eingetragenen Firmen deutlich unterscheiden.

Firmenbeständigkeit

Eine Firma darf unter bestimmten Voraussetzungen bei der Veräußerung des Unternehmens vom Erwerber fortgeführt werden.

3.24.3 Haftung einer Firma

Vom Grundsatz her gilt: Wer ein Handelsgeschäft erwirbt und fortführt, haftet gemäß § 25 Abs.1 S. 1 HGB für alle im Betrieb des Geschäfts begründeten **Verbindlichkeiten des früheren Inhabers.** Dies gilt aber nur dann, wenn die bisherige
Firma fortgeführt wird, wobei es nicht darauf ankommt, ob ein das **Nachfolgever-
hältnis** andeutender Zusatz erfolgt. Eine abweichende Vereinbarung ist Dritten gegenüber nur wirksam, wenn sie in das **Handelsregister** eingetragen wird oder wenn
der Käufer bzw. Verkäufer die Abweichung mitgeteilt hat (§ 25 Abs. 2 HGB).

*Die Haftung
des Erwerbers bei
Firmenfortführung*

Beispiel: Wenn Fritz Müller den Betrieb von Hans Krause fortführt, dann haftet er
für die von Hans Krause begründeten Betriebsschulden, gleichgültig ob er firmiert
"Hans Krause" oder "Hans Krause, Nachfolger von Fritz Müller". Würde er aber auf
die abgeleitete Form verzichten und als "Fritz Müller" firmieren, so käme eine Haftung von Anfang an nicht in Betracht.

Diese Form der Schuldübernahme ist uns vielleicht seitens des BGB geläufig: Nach
§ 419 BGB haftet der Erwerber bei der Übernahme des Vermögens für die zurzeit der
Veräußerung begründeten Verbindlichkeiten. § 25 HGB ergänzt diesen Rechtsge-
danken für den Fall des Unternehmenserwerbs mit Fortführung:

Form der Schuldübernahme

- Wenn **§ 419 BGB** zum Tragen kommt: Die Haftung gilt nur in dem Falle, wenn
das gesamte Vermögen übernommen wird. Die Haftung des bisherigen Vermö-
gensinhabers dauert noch an.

- Wenn **§ 25 Abs. 1 HGB** zum Tragen kommt: Die Haftung gilt nur, wenn die
bisherige Firma fortgeführt wird (S. 1). Die Haftung des Unternehmensverkäufers
dauert ebenfalls noch an.

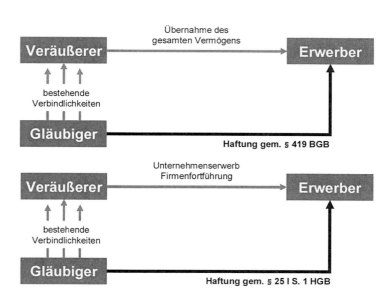

3.25 Aufbauorganisation in Unternehmen

Zu viel Organisation endet in Erstarrung; zu wenig Organisation endet im Chaos.

3.25.1 Rahmenbedingungen

Betriebliche Ordnung

Organisation ist die Schaffung einer betrieblichen Ordnung, die eine reibungslose, effektive und zielgerichtete **Durchführung der Betriebsaufgabe** ermöglicht.

Diese Ordnung regelt verbindlich: wer hat welche Aufgabe; wer arbeitet mit wem zusammen; wer entscheidet was; wer verantwortet was und wer muss welche Regelungen beachten.

Man unterscheidet **generelle und fallweise Regelungen**, also dauerhafte und projektbezogene Organisation. Ein Minimum an generellen Regelungen ist unerlässlich. Voraussetzung dafür ist aber, dass sich generelle Regelungen auf Fälle beziehen, die gleichartig sind und regelmäßig wiederkehren. **Generelle Regelungen schaffen Verhaltenssicherheit.** Sie sind den fallweisen Regelungen immer übergeordnet.

Abgrenzung

Organisation im Sinne starrer, genereller Regelungen ist nicht in allen betrieblichen Situationen anwendbar, da sie standardisiert ist. Ihre wichtigste Anwendung ist die **Strukturierung von Routineaufgaben.** In der Regel erfordert unternehmerisches Handeln jedoch einen Handlungsspielraum.

Disposition

Anpassung an Änderungen

Diesen Handlungsspielraum gewährt die Disposition. Sie vollzieht sich im Rahmen der bestehenden Organisation und gibt die Möglichkeit zur kurzfristigen Anpassung an Änderungen, die zwar erwartet werden, in ihrer konkreten Gestalt aber nicht voll zu überblicken sind.

Beispiel
Disposition

> Die Zahl der beim Standesamt gemeldeten Geburten eines Jahrgangs gibt einen Anhaltspunkt für die Anzahl der Kindergartenplätze, die drei Jahre später benötigt werden. Der konkrete Bedarf weicht davon jedoch ab, da Zu- und Wegzüge von Familien nicht exakt prognostizierbar sind.
>
> Oder: Bei der Organisation eines Sommerfestes im Freien werden Dispositionen getroffen für den Fall, dass es regnet.

Improvisation

Die bestehende Organisation außer Kraft setzen

In nicht vorhersehbaren betrieblichen Situationen muss improvisiert werden. Dabei können Regelungen getroffen werden, ohne Rücksicht auf die bestehende Organisation. Diese wird durch die Improvisation außer Kraft gesetzt. Dabei spielt auch die Hierarchie keine Rolle mehr. In Notsituationen hat derjenige Recht, der richtig handelt. Daraus wird deutlich, dass nur in wirklichen Extremsituationen improvisiert werden darf. Die Improvisation als Dauerzustand zeigt, dass die bestehende Organisation ungenügend ist.

Während der Nacht wurde in die Geschäftsräume eingebrochen. Am Morgen wird der Schaden bemerkt und die Polizei gerufen. Die Polizei kommt und sichert Spuren, die Geschäftsräume bleiben trotz ausgewiesener Öffnungszeiten für Publikumsverkehr geschlossen. In der allgemeinen Aufregung denkt nur die Praktikantin daran, einen handgeschriebenen Zettel "Vorübergehend geschlossen" in die Eingangstüre zu hängen und damit die möglichen Besucher zu informieren.

Oder: Das Sommerfest findet bei strahlendem Sonnenschein statt. Es ist heiß und es wird mehr getrunken als erwartet. Als die alkoholfreien Getränke ausgehen, setzt sich der Chef in den VW-Golf des Azubis, fährt zur Tankstelle und besorgt Softdrinks in Dosen.

Es ist Aufgabe von Führungskräften, das "richtige Maß" an Organisation (**Organisationsgrad**) festzulegen. Dabei muss genügend Spielraum bleiben, damit sich der Betrieb flexibel an aktuelle Situationen anpassen kann und damit Improvisation nur selten notwendig wird.

Improvisation versus Spielraumnutzung

Zusammenfassung: Anforderungen an eine gute Organisation

Eine gute Organisation zeichnet sich dadurch aus, dass sie folgende Anforderungen erfüllt:

- Die Organisation ist **auf das Unternehmensziel abgestimmt** und gewährleistet die Erfüllung der betrieblichen Aufgaben.

  zweckmäßig

- Die Organisation ist eine **optimale Kombination** aus Arbeitskraft, Material, Zeit, Weg, Raum und Kosten.

  wirtschaftlich

- Um Handlungssicherheit zu erreichen, darf die Organisationsstruktur nicht kurzfristig geändert werden. Sie muss so **flexibel** gestaltet sein, dass sie auch unter geänderten betrieblichen Bedingungen Bestand hat (**Elastizität**).

  dauerhaft

- Damit die Organisation von den Betroffenen akzeptiert wird, muss sie die Aufgabenbereiche möglichst klar abgrenzen. Diese sollen einfach und eindeutig beschrieben sein. Zur Darstellung empfiehlt sich ein **Organigramm**, d.h. ein grafisches Schema der Abgrenzung sowie der Über- und Unterordnung.

  übersichtlich

3.26 Aufgabenanalyse als Basis der Aufbauorganisation

Voraussetzungen für eine erfolgreiche Aufgabenanalyse

Erste Voraussetzung, um ein Organigramm zu erstellen, ist die **Erfassung des gegebenen oder geplanten Ist-Zustandes**. Dabei müssen alle vorhersehbaren Tätigkeiten und Aufgaben aufgelistet werden. Diese Auflistung sollte so **detailliert** wie möglich gemacht werden - im Extremfall bis zur Erfassung einzelner Handgriffe.

Voraussetzung für das Organigramm

In einem zweiten Schritt werden die so analysierten (in Teilaufgaben zerlegten) Aufgaben **mit Zeiteinheiten gewichtet** und daraus in Verbindung mit der Regelarbeitszeit eines Mitarbeiters Stellen gebildet.

Aufgabenanalyse

Eine Beratungsstelle soll während der Öffnungszeiten ständig von zwei Mitarbeitern besetzt sein. Die Öffnungszeiten sind Mo. bis Fr. jeweils 10 bis 18 Uhr, samstags 10 bis 14 Uhr. Das ergibt 88 "Mann/Frau-Stunden", in 52 Wochen 4576 Stunden. Die wöchentliche Regelarbeitszeit beträgt 38 Stunden. Abzüglich Urlaubs- und Krankheitszeiten wird mit 43 Arbeitswochen pro Jahr gerechnet. Eine Stelle ergibt somit 1634 Jahresarbeitsstunden.

Für die geforderte zweifache Besetzung sind daher 2,8 Vollzeit-Stellen erforderlich ohne die Berücksichtigung von Tätigkeiten, die über die Öffnungszeit hinaus noch verrichtet werden müssen.

Grundlage für weitere Organisationsschritte

Die Aufgabenanalyse muss sehr sorgfältig und gewissenhaft durchgeführt werden, denn sie ist Grundlage für alle weiteren Organisationsschritte. Bei der Analyse treten oft auch Rationalisierungspotenziale zutage, da z.B. Doppelarbeit dokumentiert wird.

Identifizierung von Rationalisierungspotenzial im Zuge der Aufgabenanalyse

Bei der Beobachtung einer Mitarbeiterin an der Info- und Kassentheke einer Volkshochschule wurde deren Zeitaufwand für Begrüßung, Verabschiedung, Auskunftserteilung, Telefonvermittlung und Kassenbetrieb erfasst. Dabei fiel dem externen Organisationsfachmann auf, dass jeder Besucher beim Verlassen der Räume durch das Schließen der Türe den Fußabtreter so verrutschte, dass die Türe für den nächsten Besucher klemmte.

Die Mitarbeiterin verbrachte 28% (!) ihrer täglichen Arbeitszeit damit, aufzustehen und den Fußabstreifer wieder gerade zurücken.

Aufgabengliederung/Kriterien der Aufgabenanalyse

Um die Gesamtaufgabe eines Betriebes sinnvoll in Teilaufgaben zu gliedern, stehen folgende Kriterien zur Verfügung. Sie sollen jeweils an einem Beispiel veranschaulicht werden.

Aufgabengliederung einer Hilfsorganisation

Eine Hilfsorganisation sammelt Geldspenden und Sachspenden zur Weiterleitung in Katastrophengebiete

	Kriterium	im Beispiel
1	Verrichtung/Tätigkeit	Werbung, Sammlung, Lagerung, Transport, Abrechnung
2	Objekte	Geldspenden, Sachspenden, Lebensmittel, Patenschaften
3	Hilfsmittel	Sammelbüchsen, Überweisungsträger, Seefracht, Luftfracht, LKW
4	Ort	Katastrophengebiete/Erdteile, Sammelpunkte/Stadtteile
5	Rang	Entscheidungsbefugnis für die Bewilligung von Spendenmitteln bis 10 T€, bis 50 T€, über 50 T€
6	Phase	Planung-Durchführung-Kontrolle der Hilfseinsätze oder Sammelaktionen
7	Zweck	(direkte oder indirekte Beziehung zum eigentlichen Betriebszweck) Hilfsdienst, Beratung, Verwaltung, Akquisition

Aufgabensynthese und Stellenbildung im Rahmen der Aufbauorganisation

Die ermittelten und gegliederten Aufgaben werden zu Stellen zusammengefügt. In der Organisationslehre ist die Stelle die kleinste organisatorische Einheit, weil sie das kleinste (unterste) abgrenzbare Aufgabengebiet umfasst. Die Aufbauorganisation befasst sich mit der hierarchischen und funktionalen Ordnungsstruktur des Betriebes; sie kommt in der Stellen-Bildung zum Ausdruck.

Aufbauorganisation ist Stellenbildung

3.27 Stellen als Elemente der Aufbauorganisation

Die Stelle als organisatorische Einheit ist völlig **unabhängig von der Person** des Stelleninhabers. Stellen werden nach festen Prinzipien gebildet:

Prinzipien der Stellenbeschreibung, Inhalte

- Zusammenfassung von Teilaufgaben zu einem Aufgabenbereich, der von einer Person bewältigt werden kann; Eine Stelle entspricht in ihrem Anforderungsprofil der Arbeitskapazität und Eignung/Übung eines normalen Stelleninhabers

- Stellen sind dauerhafte Gebilde; Die Stelle beinhaltet eine klare Abgrenzung von Aufgaben, Kompetenz und Verantwortung

Inhalt/Aussagen einer umfassenden Stellenbeschreibung

Die Stellenbeschreibung ist ein wertvolles organisatorisches Instrument, sofern nachfolgend genannte inhaltliche Bedingungen erfüllt sind:

- Eine klare und wahrheitsgemäße Bezeichnung der Stelle ist erforderlich, um innerbetrieblich und außerbetrieblich (Stellenanzeigen) den richtigen **Eindruck von Aufgaben- und Kompetenzumfang** und Einordnung der Stelle zu vermitteln und um dem Stelleninhaber einen **sachlichen Anhaltspunkt für seine Selbsteinschätzung** zu geben.

Stellenbezeichnung

- Aus der Stellenbeschreibung muss deutlich werden, welcher Stelle der Stelleninhaber unterstellt ist (von wem er **Weisungen** erhält, an wen er berichtet, wessen **Entscheidungen** er einzuholen hat) und wer ihm unterstellt ist.

Über-/Unterstellungs-verhältnisse

- Die Einordnung der Stelle in die betriebliche Hierarchie und Zusammenarbeit ergibt sich aus den **Angaben zur Über- und Unterstellung und zur Zusammenarbeit.** Bewährt hat es sich, einen Ausschnitt aus dem Organisationsplan einzufügen, der dies veranschaulicht. In Großbetrieben ist es manchmal üblich, die tarifliche Eingruppierung anzugeben.

Einordnung der Stelle

- Angaben zum Gehalt (wie auch zu sonstigen arbeitsvertraglichen Vereinbarungen) sind **prinzipiell nicht** in die Stellenbeschreibung aufzunehmen. Allenfalls können evtl. Angaben zur **tariflichen Eingruppierung** der Stelle gemacht werden, wenn über das Tarifgefüge ohnehin Transparenz besteht und die Tarifentlohnung für diese Stelle zwingend vorgeschrieben ist, wie dies bei manchen Großbetrieben und bei den Behörden der Fall ist.

Angaben zum Gehalt

- Ein aus dem Unternehmensziel abgeleitetes, auf die Stelle konkret bezogenes Ziel, das dem Stelleninhaber eine **Leitlinie für die Ausrichtung seiner Tätigkeit** bietet - wichtig hierbei ist allerdings, dass dieses Ziel in Bezug auf die Stelle genügend **operationalisiert** ist, d.h. dass es tatsächlich als verständliche, **konkret anwendbare Handlungsanweisung** für den Stelleninhaber dienen kann.

Ziel der Stelle

Aufgaben

▨ Die Aufgaben, die der Stelle übertragen sind, müssen so dargestellt werden, dass sie einerseits einen **konkreten Einblick in die Tätigkeit**, die damit verbundenen Einzelaufgaben und die verlangte **Art der Bewältigung** bieten. Andererseits darf die Beschreibung der Aufgaben nicht ausschließlich Sammlung von Einzeltätigkeiten sein, sondern muss - **orientiert an der Gesamtaufgabe** der Stelle - auch Entwicklungen in der Aufgabenstellung einfangen können und die Entfaltung von Eigeninitiative im delegierten Aufgabenbereich ermöglichen.

Kompetenzen

▨ Art und Umfang der Entscheidungsbefugnisse sind festzulegen, ebenso die Frage, bei welcher Stelle und in welchen Fällen Entscheidungen einzuholen sind. Da mit der Stelle auch Vollmachten verbunden sein können, die gegenüber Dritten rechtswirksam werden (z.B. Prokura), wird man sie in die Stellenbeschreibung aufnehmen.

Stellvertretung

▨ Es ist festzulegen, welcher Stelleninhaber zu vertreten ist und von welchem Stelleninhaber diese Stelle vertreten wird, um bei Abwesenheit (z.B. Urlaub, Krankheit) die Aufgabe nicht unerfüllt zu lassen (aktive und passive Stellvertretung). Grad und Umfang der Stellvertretung kann in der Stellenbeschreibung, ebenso aber auch in allgemein gültigen Anweisungen geregelt werden.

Zusammenarbeit

▨ Für die Zusammenarbeit mit anderen Stellen im Arbeitsablauf sind klare Vorgaben zu machen. Ebenso empfiehlt es sich, den Mitarbeitern durch die Stellenbeschreibung zu verdeutlichen, dass die Betriebsleistung nur möglich ist, wenn sie kooperative Verhaltenweisen zeigen und bei Engpässen auch in anderen Bereichen aushelfen. Geschieht dies nicht, so gerät die Stellenbeschreibung in Gefahr, Schutzzonen für den einzelnen Mitarbeiter zu schaffen, den Ressortegoismus zu fördern und der Inflexibilität und Bürokratisierung Vorschub zu leisten.

Anforderungen

▨ Eine Beschreibung der Anforderungen dient als Bemessungsgrundlage im Fall der Stellenausschreibung und Besetzung und für die Selbsteinschätzung des Mitarbeiters. Ebenso können hier Angaben zum Belastungsgrad eingefügt werden, die als Grundlage für die Gehaltseinstufung dienen.

Besondere Festlegungen

▨ Je nach Aufgaben und Anforderungen der Stelle werden zusätzliche Angaben in die Stellenbeschreibung aufgenommen, z.B. Kontakte nach außen, Mitarbeit in Verbandsgremien oder in Prüfungsausschüssen.

Gültigkeitsklausel

▨ Eine Stellenbeschreibung sieht keine Gültigkeitsklausel[1] vor. Als Bestandteil der Aufbauorganisation ist sie dauerhaft im dargestellten Sinne und ändert sich mit den Anforderungen des Betriebes. Es empfiehlt sich aber, arbeitsvertraglich entsprechende Vorkehrungen zu treffen, um in vertretbarem Rahmen Änderungen vornehmen zu können.

Nutzen und Vorteile einer guten Stellenbeschreibung

Vorteile der Stellenbeschreibung

Die Stellenbeschreibung, schriftlich niedergelegt und im Organisationsplan verankert, hat viele Vorteile:

▨ Vermeidung von Doppelarbeit; Offenlegung der nicht übertragenen Aufgaben

▨ Vermeidung von Konflikten zwischen den Mitarbeitern; Vermeidung der stillschweigenden Ausweitung der Kompetenzbereiche

---

1   salvatorische Klausel

- Vermeidung der Abschiebung unbeliebter Aufgaben; Schutz vor willkürlichen Eingriffen von Seiten des Vorgesetzten

- Bessere Information für Vorgesetzte über die Tätigkeit seiner Mitarbeiter; Basis für eine sachliche Kontrolle des Stelleninhabers

- Klare Festlegung der Kriterien für eine Stellenbesetzung; Sachliche Kriterien für die Beurteilung des Mitarbeiters; Verbesserung der Selbsteinschätzung des Mitarbeiters

Führungsstellen sind solche Stellen, denen weitere Stellen untergeordnet sind. Sie müssen in ihrer **Kompetenz** so ausgelegt sein, dass sie ihrer Führungsaufgabe gerecht werden können.

Führungsstellen

3.28 Organisationsplan/Organigramm: "Karte" der Aufbauorganisation

Die so gebildeten Stellen werden zu einem Organisationsplan zusammengefügt. Dabei finden wieder die Kriterien der Aufgabengliederung Anwendung. Dieser Plan zeigt - meist in grafischer Darstellung als Organigramm - den sachlichen und hierarchischen Aufbau eines Betriebes:

Es gelten die Kriterien der Aufgabengliederung

- Die "**Kästchen**" eines Organigramms zeigen einzelne Stellen oder Abteilungen.

- Die **Position** der Kästchen im Organigramm zeigt den Rang der Stelle in der Hierarchie (die Instanz) sowie deren „Verantwortungs" und Kompetenzbereich.

- Die **Linien** im Organigramm zeigen die Über- bzw. Unterstellung sowie die Kommunikationswege.

3.28.1 Ein- und Mehrliniensysteme im Vergleich

Ist jede Stelle in direkter Linie mit nur einer übergeordneten Stelle verbunden, so spricht man vom Ein-Linien-System.

Ein-Linien-System

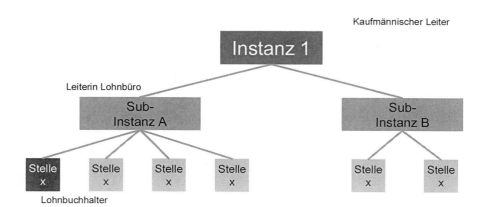

111

Mehr-Linien-System

Im Mehr-Linien-System hat eine Stelle u.U. mehrere vorgesetzte Stellen.

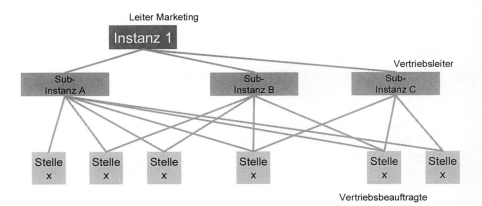

Mehrlinien-Strukturen sind oftmals nicht nur für die Vorgesetzten, sondern auch für die Mitarbeiter chwierig zu realisieren, da permanente Abstimmungsprozesse zur vernünftigen Disposition von Ressourcen und Zugriffsrechten erforderlich sind.

klassische Stab-Linien-Organisation

Sonderform

Eine Sonderform bildet die Stab-Linien-Organisation. Hier werden Stabsstellen gebildet, die mit ihrem **Spezialwissen** Abteilung unterstützen. Beispiele für Stabstellen sind Rechtsabteilung, Werbeabteilung, betriebliche Fortbildung usw. Es ist für Stabstellen kennzeichnend, dass sie **zwar hohen Sachverstand, aber keine Entscheidungskompetenzen** haben.

Sie arbeiten den Entscheidungsträgern zu, indem sie Sachverhalte ermitteln, begutachten und beurteilen - die Ergebnisse der Stabsarbeit werden als Empfehlungen und Entscheidungsvorlagen an den Linienvorgesetzten gegeben.

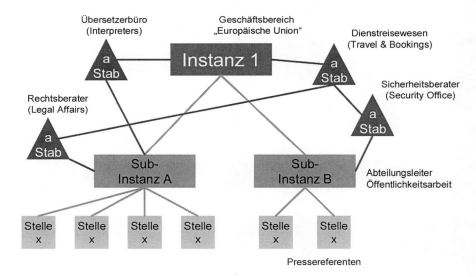

Die Arbeit in Stäben kann sehr **abwechslungsreich** sein, wenn die Stelleninhaber je nach Bedarf und aktueller Aufgabenstellung in verschiedenen Ressorts oder Projekten jeweils vorübergehend mitarbeiten.

Prinzip der Zentralisierung und Dezentralisierung

Das Kriterium zur Unterscheidung der zentralen von der dezentralen Organisationsform ist die Frage nach der Zuordnung von Ressourcen (Mitarbeiter, Budgets, Zeiten) zu einer entweder zentral zugewiesenen oder zu einer in verschiedene Organisationseinheiten mehrfach aufgeteilten Aufgabenstellung (= Projekte). Die Zentralisierung von Ressourcen ist von Vorteil, wenn der Aufwand zur Bereitstellung der Ressourcen am Auftragsort bzw. der des Transports dort hin geringer ist als der im Allgemeinen höhere Aufwand einer dezentral autarken Verfügbarkeit. Eine Dezentralisierung kann zwingend erforderlich sein, wenn zum Beispiel Wegezeiten und sonstige Risiken die im Allgemeinen wirtschaftlichere zentrale Lösung nicht zulassen:

Zuordnung von Ressourcen

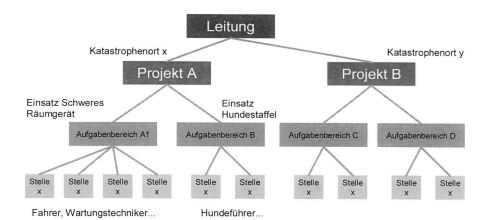

Die Wahl der Organisationsform hängt wesentlich davon ab, wie viele Stellen in der Organisation vorhanden sind. Die Dezentralisation ist für aktuelle Aufgaben flexibler, ist jedoch erst ab einer größeren Mitarbeiterzahl anwendbar.

Wahl der Organisationsform

Matrix-Organisation als wichtige Form der Aufbauorganisation

In kleineren Teams mit wechselnden Aufgabenstellungen oder Prioritäten hat sich eine völlig anders geartete Organisationsform entwickelt: die Matrix-Organisation:

Matrix-Organisation für kleine Teams mit wechselnden Aufgabenstellungen

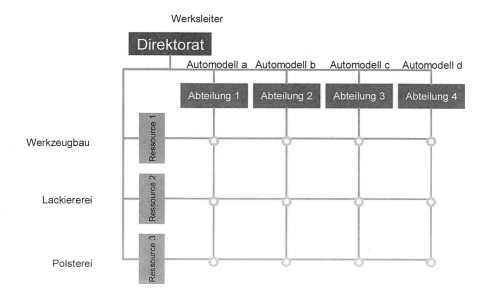

Diese Organisationsform bietet sich besonders dann an, wenn nicht alle Projekte (A,B,C) gleichzeitig anfallen bzw. mit unterschiedlichen Prioritäten bearbeitet werden. Die Matrixorganisation ist außerordentlich flexibel und **setzt ein gutes Teamwork voraus.**

Aufgaben in der Matrix näher kennzeichnen

Es hat sich bewährt, in der Matrix nicht nur festzulegen, wer welche Aufgabe zu erfüllen hat, sondern diese Festlegung auch noch weiter zu präzisieren, damit letztlich funktionierende Betriebsabläufe zustande kommen:

▧ Entscheidung - Mitsprache - Beratung - Initiative - Kontrolle - Kenntnisnahme - Sachbearbeitung - Zustimmung - Vetorecht - Ausführung...

Die Matrix-Organisation wird vornehmlich im Projektmanagement angewendet.

3.29 Ablauforganisation in Unternehmen

Definition des Begriffs "Ablauforganisation"

Ablauforganisation ordnet Funktionen

Die Ablauforganisation ordnet das zeitliche und räumliche Neben- und Nacheinander von Funktionen, die notwendig sind zur Erreichung eines vorgegebenen Ergebnisses (Ziel). Zu den Gliederungskriterien der Aufbauorganisation (Verrichtung, Objekt, Ort, Hilfsmittel, Rang, Phase, Zweck) kommen also noch die Kriterien Raum und Zeit hinzu. Dabei betrachtet die Ablauforganisation:

Zeit

▧ die Zeit in den Dimensionen **Zeitfolge** (was passiert wann) und **Zeitdauer** (was dauert wie lange) und

Raum

▧ den Raum in den Dimensionen Platz[1] (was passiert wo) und Weg (was wird wohin transportiert).

3.29.1 Prozessarten im Rahmen der Ablauforganisation

Individuelle und arbeitsteilige Prozesse

Es werden individuelle und arbeitsteilige Prozesse unterschieden:

▧ Der individuelle Prozess wird **von Anfang bis Ende** von einer Person bzw. Stelle ausgeführt.

▧ Arbeitsteilige Prozesse **berühren mehrere Stellen**, die jeweils in unterschiedlicher Funktion (oder Rang, oder Phase,...) auf den Prozess einwirken. Arbeitsteilig wird ein Prozess auch dann genannt, wenn er gleichzeitig von mehreren Stellen individuell ausgeführt wird (z.B. Massenproduktion).

Einfache und komplexe Ablauffolgen

Weiterhin unterscheidet man einfache und komplexe Ablauffolgen:

▧ Einfache Prozesse laufen "**geradlinig**" ab, d.h. nur durch mehrere Arbeitsschritte gegliedert. Dabei ergibt sich die Reihenfolge der einzelnen Arbeitsschritte in der Regel aus der Logik des Herstellungsvorganges.

▧ Komplexe Prozesse sind solche, die sich aus mehreren Einzelprozessen zusammensetzen oder bei denen **Teilprozesse abgekoppelt** sind und an bestimmter Stelle wieder in den Gesamtprozess zurückmünden.

---

1 Die Organisationslehre verwendet hier den Begriff "Platz", da der Begriff "Stelle" eine andere Bedeutung hat.

In der Organisationslehre unterscheidet man folgende verschiedene Zeiten:

Verschiedene Zeiten

■ Beschaffungszeiten, Rüstzeiten (Vorbereitungszeiten), Maschinenzeiten, Produktionszeiten, Wegezeiten, Arbeitszeiten, Entscheidungszeiten, Kontrollzeiten

Bei Abläufen, deren Ergebnis zu einem feststehenden Termin gesichert sein soll, plant man die Prozessdauer sinnvollerweise vom Endtermin aus "rückwärts" und bestimmt damit einen Soll-Anfangstermin. In den meisten Fällen wird man zunächst die aufbauorganisatorischen Überlegungen anstellen, so dass man bei der Ablauforganisation bereits von einer bestimmten Betriebsstruktur mit genau definierten Stellen ausgehen kann. Es ist aber auch genauso gut möglich, dass die Ablauforganisation bestimmend wird für die Aufbauorganisation.

Terminierte Prozesse rückwärts planen!

3.29.2 Darstellung von Prozessen

Da in der arbeitsteiligen Wirtschaft mit mehrstufigen Organisationen komplexe Prozesse die Regel sind, liegt hier das Hauptgewicht der Organisationslehre. Um Ablaufpläne anschaulich und übersichtlich zu machen, ist man auch hier bestrebt, eine grafische Darstellung zu finden, die aussagefähig ist. Aufgrund der Komplexität der Abläufe ist es nicht möglich, alle Kriterien grafisch (zweidimensional) darzustellen. Es muss also entschieden werden, welche Kriterien Priorität haben sollen. Es gibt daher verschiedene Darstellungsweisen, die jeweils andere Betrachtungsweisen hervorheben:

Ablaufpläne visualisieren

■ **Ablaufdiagramm:** Zeigt, wer macht was wo oder wer macht was wann

■ **Balkendiagramm:** (Gantt-Diag.) zeigt zeitlich sich überschneidende Prozesse

■ **Datenflussplan:** zeigt Kommunikationsstrukturen (Beleg- oder Materialfluss)

■ **Netzplan:** zeigt abgekoppelte Prozesse

■ **Tensor[1]-Organisation:** gibt die Möglichkeit, mehr als die oben beschriebenen Kriterien in einem relativ komplexen Schema (Koordinatensystem) darzustellen.

3.30 Die klassischen Managementaufgaben

Die Managementfunktionen müssen auf allen betrieblichen Bereichen und Ebenen ausgeübt werden allerdings mit unterschiedlicher **Gewichtung**. Die Gewichtung ist eine Folge der **innerbetrieblichen Arbeitsteilung** und wird durch die Aufbauorganisation bestimmt. Die Managementfunktionen sind:

Die Aufbauorganisation bestimmt die Gewichtung der Managementfunktionen

■ Ziel setzen - Planen - Entscheiden - Realisieren - Kontrollieren - Kommunizieren

Ziele setzen: Die wichtigste Funktion des Managements ist die Zielsetzung. Der Vorgesetzte muss seine **Mitarbeiter umfassend über die Gesamtzielsetzung ihres Bereiches informieren,** damit sie sich mit ihren Aufgaben identifizieren können, damit sie mitdenken und Kreativität entwickeln. Nur Mitarbeiter, die Zielvorgaben auch wirklich akzeptieren, werden sich so einsetzen, dass eine **bestmögliche Zielverwirklichung** erreicht wird. Detailziele müssen klar definiert und zeitlich begrenzt werden. Es ist wichtig, dass die Mitarbeiter auf Zielsetzung und Zielanpassung Einfluss nehmen können. Nur dann werden sie sich in der gewünschten Weise engagieren.

Mitarbeiter einbeziehen

1 Aus der Mathematik sind Vektoren als "Zahlen mit einer Richtung" bekannt. Tensoren sind in der Mathematik Zahlen mit zwei Richtungen, also mehrdimensional.

Mit Informationen motivieren

Planen: Mit Hilfe der Planung sucht man den bestmöglichen Weg zur Zielverwirklichung. Für die Planung gelten die Ausführungen über die Zielsetzung sinngemäß: Die **Mitarbeiter sollten möglichst beteiligt werden**, wenn ihr Aufgabenbereich betroffen ist. Das erhöht die Motivation. Notwendige Informationen dürfen nicht zurückgehalten werden.

Transparenz

Entscheiden: Entscheidungen müssen unbedingt mit den Betroffenen diskutiert werden. Der Vorgesetzte muss dem Mitarbeiter den **Sinn der Entscheidung verdeutlichen** und erreichen, dass er sie akzeptiert. Nicht akzeptierte Entscheidungen bergen die Gefahr in sich, dass sie nicht befolgt werden (vor allem, wenn der Vorgesetzte aus dem Gesichtskreis des Mitarbeiters verschwunden ist). Klare Entscheidungen erleichtern die Realisation.

Führung ist eine "Dienstleistung"

Realisieren: Die Führungskraft muss die Realisierung der gesetzten Ziele möglich machen. Diese Funktion zeigt besonders deutlich, dass **Vorgesetzte Fach- und Führungsqualitäten** haben müssen, die sich z. B. in folgenden Aktivitäten ausdrücken:

- Organisation der Arbeitsabläufe und richtige Aufgabenverteilung,

- Mitarbeiter veranlassen (ihnen sagen, was sie zu tun haben),

- Mitarbeiter in Arbeitsaufgaben einweisen und zu Arbeitsverfahren anleiten,

- neue Mitarbeiter einweisen.

Überlegungen der Mitarbeiter sind dabei zu berücksichtigen. Der Vorgesetzte muss seine Mitarbeiter bei ihrer Aufgabenbewältigung in jeder Hinsicht unterstützen (d.h. aber nicht, dass er ihre Aufgaben selbst erledigen soll!).

Konstruktiv kontrollieren

Kontrollieren: Es muss kontrolliert werden, ob und inwieweit die gesteckten Ziele erreicht wurden. Der Vorgesetzte muss die **Ist-Leistung des Mitarbeiters erfassen und mit der Soll-Leistung vergleichen.** Die Abweichungen sind zu analysieren. Kontrolle ist ein Führungsmittel, das nicht dem Zufall überlassen oder auf den Einzelfall beschränkt sein darf. Die Mitarbeiter wollen ihre Leistung bestätigt haben. **Verhaltensabweichungen** sind rechtzeitig aufzuzeigen. Kontrolle soll nicht Jagd auf Fehler sein.

Führung ist Kommunikation

Kommunikation ist die Basisfunktion. Ohne regen Informationsaustausch ist eine optimale Verwirklichung der betrieblichen Zielsetzung nicht möglich. Die Qualität des praktizierten Führungsstils kann man am Kommunikationsgrad messen. Bei einem **hohen Kommunikationsgrad** sind die Mitarbeiter an allen sie betreffenden Fragen und Belangen beteiligt. Bei einem **niedrigen Kommunikationsgrad** sind die Mitarbeiter von Zielsetzung, Planung und Entscheidung weitgehend ausgeschlossen. Insgesamt muss festgestellt werden, dass die verschiedenen Funktionen vielfältig miteinander verwoben sind, sie können nicht isoliert gesehen werden.

3.31 Bewährte Managementkonzeptionen

Das Grundprinzip des Managements

Menschen effektiv einsetzen und besser motivieren

Das ständig wachsende Interesse an Führungs- und Managementfragen, das sich aus der Notwendigkeit ergibt, Menschen effektiver einzusetzen und sie besser zu motivieren, hat eine Fülle von Führungs- und Managementprinzipien hervorgebracht. Verschiedene Prinzipien fanden in Management-Konzeptionen ihren Niederschlag. In der Literatur werden diese als "mangement-by"-Modelle beschrieben, bei denen jeweils bestimmte Verhaltensweisen bzw. Eigenschaften der Führungskraft in den Vordergrund gestellt werden. Sie werden im Wesentlichen danach unterschieden, welche der Managementfunktionen (Zielfindung, Planung, Entscheidung, Realisation, Kontrolle, Kommunikation) besonders herausgestellt werden.

Grundsätzlich ist anzumerken, dass von den beschriebenen "Management-by"-Modellen keines, für sich allein angewendet, ein geschlossenes Konzept zur Unternehmensführung bietet. **Die Modelle ergänzen sich gegenseitig.** Mit dem Harzburger Modell wurde in Deutschland auf der Grundlage von „Management by Delegation" unter besonderer Berücksichtigung der anderen Modelle ein viel beachtetes Managementkonzept entwickelt.

3.31.1 Management by Delegation

Eine arbeitsteilige Wirtschaft mit zunehmender Mechanisierung und Automatisierung erfordert auch ein **Umdenken bei der Führung von Mitarbeitern.** Das notwendige Spezialwissen und Spezialkönnen wird immer detaillierter und kann nicht mehr in der Person des Vorgesetzten vereint werden. Der im Detailwissen meist unterlegene Vorgesetzte ist auf die Mitarbeit seiner Spezialisten angewiesen.

Aufgaben, Kompetenzen und Verantwortung übertragen

Das „Management by Delegation" ist eine Managementtechnik, das dieser Veränderung Rechnung trägt. Gemeint ist damit die Übertragung von Aufgaben, Kompetenzen und Handlungsverantwortung auf die Mitarbeiter, die selbstständig Entscheidungen treffen und realisieren.

Dieses Managementmodell geht über die reine Form der Übertragung von Arbeiten hinaus, bei der Mitarbeiter nur mit der Ausführung beauftragt werden, genaue Anweisungen bekommen und den Vorgesetzten bei jedem Problem zu fragen und zu informieren haben.

Delegation ist mehr als nur Übertragung von Arbeiten

Vor der Einführung dieses Managementmodells müssen folgende Voraussetzungen gegeben sein:

Voraussetzungen

- Die Mitarbeiter müssen über die erweiterten Rechte und Pflichten systematisch informiert werden.

- Die organisatorische Vorbereitung erfolgt durch Stellenbeschreibungen und die Ausarbeitung von Führungsanweisungen.

- Aufgaben müssen den Fachkenntnissen und der Berufserfahrung der Mitarbeiter angemessen sein.

- Aufgaben, Kompetenzen und Handlungsverantwortung werden an die Mitarbeiter übertragen, wobei der Umfang von Aufgaben, Kompetenz und Handlungsverantwortung möglichst gleich sein sollte.

- Die Mitarbeiter müssen die Verantwortung nach Art und Umfang akzeptieren.

- Rück- und Weiterdelegation durch die Mitarbeiter sind nicht möglich.

- Eingriffe des Vorgesetzten sind bei richtiger Handlungsweise des Mitarbeiters nicht vorgesehen (nur bei Fehlern und ausnahmegeregelten Fällen).

- die Handlungsverantwortung trägt der Mitarbeiter, die Führungsverantwortung trägt der Vorgesetzte.

Die Vor- und Nachteile des „Management by Delegation":

Vorteile	Nachteile
■ der Vorgesetzte wird entlastet	■ Gefahr der Delegation reiner Routineaufgaben oder weniger interessanter Aufgaben
■ Entscheidungen können sachgerecht und schneller getroffen werden	■ Festigung der Hierarchie durch den starren Formalismus von Aufgaben und Kompetenzen
■ durch die dem Mitarbeiter zugewachsene Handlungs- und Entscheidungskompetenz werden Eigeninitiative, Leistungsmotivation und Verantwortungsbereitschaft gefördert	■ Vernachlässigung von Beziehungen auf gleicher Hierarchieebene
	■ starke Aufgabenorientierung, geringe Mitarbeiterorientierung

3.31.2 Management by Objectives

Zielvorgaben, Elemente

Management by Objectives bedeutet Führung durch Zielvorgaben. Diese Ziele sollten nach Möglichkeit operationalisiert, das heißt so präzise formuliert sein, dass das Ergebnis des Handelns beobachtbar und messbar ist. Bei diesem Modell steht also das Ergebnis im Vordergrund und weniger die Handlungen der Mitarbeiter. Management by Objectives besteht aus folgenden Elementen:

Festlegung einer Zielhierarchie

■ Ziele werden in Ober- und Unterziele unterteilt. Oberziele werden von der Unternehmensleitung festgelegt und für jeden Managementbereich in Unterziele zerlegt. Entsprechend dem Aufbau der Unternehmenshierarchie entstehen somit zum Beispiel Bereichsziele, Hauptabteilungsziele und Abteilungsziele.

Planung und Organisation

■ Die formulierten Ziele werden in Teilschritten mit entsprechenden Zwischenergebnissen realisiert[1]. Die Führungsleistung eines Vorgesetzten wird am Grad des Erreichens "seines" Soll-Ziel-Wertes gemessen.

Kontrolle

■ Die Soll-Werte (=Ziele) werden nun mit den Ist-Werten (= erreichter Zustand) verglichen. Die Kontrolle erfolgt von unten nach oben, das heißt, die Führungskräfte einer Ebene der Unternehmenshierarchie geben die Ergebnisse an die Führungskräfte der nächsthöheren Ebene weiter[2].

Die Vor- und Nachteile des Management by Objectives:

---

1 Dies macht Planungen notwendig, die sich auf die Objekte (Produkte, Umsatz, Kosten), die Zeiträume (zum Beispiel mittel-, kurzfristig) und die Verantwortlichen (Vorgesetzte der einzelnen Bereiche) beziehen.

2 Heute wird die Ergebniskontrolle meist einem eigenen Bereich zugeordnet (Controlling), um zu verhindern, dass Vorgesetzte ihre eigenen Planungen kontrollieren und damit die Möglichkeit zur Manipulation haben

Vorteile	Nachteile
■ durch die starke Betonung der Ergebnisverantwortung wird die Beurteilung der Mitarbeiter objektiver, ein Belohnungs- und Anreizsystem macht leistungsgerechte Entlohnung möglich	■ die Mitarbeiter sehen sich u.U. einem hohen Leistungsdruck ausgesetzt. Für die Vorgesetzten steht die Einhaltung der Pläne im Vordergrund, personelle Führungsaufgaben werden vernachlässigt
■ Eigeninitiative und Verantwortungsbereitschaft werden gefördert	■ kreative Tätigkeiten, die sich nicht in Messgrößen ausdrücken lassen, werden nicht gefördert
■ Führungskräfte besitzen einen relativ großen Freiheitsgrad in ihren Maßnahmen	■ es kann nicht immer vorausgesetzt werden, dass Mitarbeiter sich mit den Unternehmenszielen identifizieren
■ Im Vordergrund steht die Zielerreichung, nicht der Weg dorthin	■ Planung und Kontrolle erfordern einen hohen Verwaltungsaufwand

3.31.3 Management by Exception

Diese Managementtechnik besagt, dass der Vorgesetzte erst dann tätig wird, wenn in einem Arbeitsprozess Probleme, das heißt Abweichungen vom Normalen (exceptions = Ausnahmen) auftreten. Er wird von Routinearbeiten entlastet und nur aktiv, wenn die zulässigen Toleranzen überschritten werden.

Wenn im Arbeitsprozess Probleme...

Folgende Voraussetzungen müssen gegeben sein:

■ Delegation der Aufgaben an die Mitarbeiter

■ Erarbeitung von Messgrößen in Form betrieblicher Kennziffern und Bestimmung der Toleranzgrenzen

■ Schaffung eines geeigneten Berichtssystems, das den Vorgesetzten ständig über die Ergebnisse informiert

■ Festlegung der Art des Eingreifens durch den Vorgesetzten in zeitlicher und inhaltlicher Hinsicht

Die Vor- und Nachteile des Management by „Exception":

Vorteile	Nachteile
■ Entlastung des Vorgesetzten von Routinearbeiten	■ nur anwendbar, wenn Messgrößen und Toleranzen definierbar
■ höhere Arbeitsbefriedigung, da die Mitarbeiter innerhalb eines gegebenen Rahmens selbstständig entscheiden können	■ führt zu umfangreichem Berichtswesen, notwendige Entscheidungen werden verzögert
	■ Mitarbeiter werden durch Beschränkung auf Routinearbeiten und Zwang zur Meldung von Abweichungen möglicherweise demotiviert

Management by Exception setzt Management by Objectives voraus: Ausnahmen können erst dann bestimmt werden, wenn die Zielgrößen bekannt sind.

3.31.4 Das Harzburger Modell

Führung im Mitarbeiterver-
hältnis

Das Harzburger Modell wurde 1966 erstmals veröffentlicht und wird heute in vielen deutschen und internationalen Unternehmen angewandt. Das komplette Modell besteht aus über 300 Organisationsregeln, die im "Führungsbrevier der Wirtschaft" aufgeführt sind. Hier nur die Grundprinzipien:

Grundprinzipien des Harz-
burger Modells

▧ Für alle Stellen der Organisation gibt es Stellenbeschreibungen.

▧ Es gibt eine Führungsanweisung, die das Verhältnis zwischen Vorgesetzten und Mitarbeitern sowie den Umfang der Delegation regelt; Führungskräfte werden in der Anwendung und Umsetzung der Führungsanweisung geschult.

▧ Betriebliche Entscheidungen werden jeweils von den Mitarbeitern auf der Ebene getroffen, zu der sie ihrer Zielsetzung und Aufgabe nach gehören. Ein Teil der Verantwortung wird an die Mitarbeiter delegiert.

▧ Der Vorgesetzte greift nur in außergewöhnlichen Fällen ein. Der Mitarbeiter hat eine Handlungsverantwortung, die sich aus seiner Stellenbeschreibung ergibt.

▧ Der Vorgesetzte hat eine Führungsverantwortung: Fehler von Mitarbeitern hat der Vorgesetzte nur dann zu verantworten, wenn er seiner Führungsverantwortung nicht gerecht geworden ist (z.B. Auswahl nichtqualifizierter Mitarbeiter, Versäumnisse der Dienstaufsicht, fehlende Erfolgskontrollen).

Der entscheidende Vorteil des Harzburger Modells ist die **Transparenz der Handlungs- und Führungsbereiche**. Der große Nachteil des Harzburger Modells ist die Gefahr eines "Wasserkopfes", da die Regelungen sehr umfangreich, formalistisch und starr sind.

3.31.5 Lean Management

Kombination aus mehreren
unternehmerischen Berei-
chen

Die in den 90er-Jahren entstandene Konzeption des Lean Management enthält eine Kombination aus mehreren unternehmerischen Bereichen. Lean Management fordert folgende Kriterien:

▧ flache Hierarchie - dezentrale Verantwortung - großer Entscheidungsspielraum,

▧ Führen als Motivation ("Aufstiegschance") - Leistungsprinzip (!),

▧ Integration der Stäbe - Marketing-Orientierung - enge Lieferantenbindung.

3.31.6 Last but not Least...

Einige wohl eher humoristische, wenngleich aus der betrieblichen Praxis immer wieder interpretierbare Management-Konzeptionen sollen den Abschluss bilden:

▧ Management by Helicopter: über allem schweben, von Zeit zu Zeit auf den Boden kommen, viel Staub aufwirbeln und dann wieder ab nach oben,

▧ Management by Jeans: an den wichtigsten Stellen sitzen die größten Nieten,

▧ Management by Champignon: die Mitarbeiter im Dunkeln lassen, mit Mist bestreuen, wenn sich Köpfe zeigen, sofort absägen,

▧ Management by Pingpong: jeden Vorgang zurück- oder weitergeben, bis er sich von selbst erledigt,

▧ Management by Darwin: Mitarbeiter gegeneinander aufstacheln, Sieger befördern, Verlierer abschieben,

▧ Management by Robinson: alle warten auf Freitag.

Produktion, Materialwirtschaft und Qualitätsmanagement

Inhalt:

- Qualitätsmanagement (QM)
- Qualitätsmanagementkonzepte
- DIN EN ISO 9000:2000
- TQM- Total Quality Management
- EFQM- Modell für Excellence
- Einbindung der Mitarbeiter im QM
- Funktion der Unternehmensleitung im QM

4.1 Qualitätsmanagement (QM)

Teil des funktionalen Managements

Ein Teil des funktionalen Managements ist das Qualitätsmanagement (QM). Es hat das Ziel, unter Berücksichtigung von materiellen und zeitlichen Kontingenten eine Optimierung der Arbeitsabläufe oder Geschäftsprozesse herzustellen, sowie die Qualität von Produkten und Dienstleistungen zu erhalten und weiterzuentwickeln. Das Verfahren bezieht sich auf die gesamte Organisation und orientiert sich an den Bedürfnissen seiner Kunden. In den letzten Jahren setzte sich der Begriff QM gegenüber dem zuvor verwendeten Begriff der Qualitätssicherung durch. Für eine konsequente Umsetzung in allen Hierarchieebenen müssen die Leitung und die Mitarbeiter Hand in Hand arbeiten.

Qualitätsmanagementsystem

Das Qualitätsmanagementsystem ordnet Aufgaben

Zur Umsetzung von QM wird ein Qualitätsmanagementsystem benötigt, welches die Planungstätigkeiten, Verantwortlichkeiten, Methoden, Verfahren, Prozesse und Ressourcen zur Entwicklung, Umsetzung, Erfüllung, Bewertung und Aufrechterhaltung der Qualität erfasst. Das Qualitätsmanagementsystem ordnet alle Aufgaben, die in einem Unternehmen zu leisten sind, und ermöglicht so die gezielte Umsetzung. Das Ziel ist eine Vernetzung der Regelkreise auf allen Hierarchieebenen, die die Ziele, die Struktur, die Verantwortlichkeiten, Verfahren, Prozesse und die Mittel festlegen.

Regelkreis

Auf die kontinuierliche Verbesserung der Prozesse wird großen Wert gelegt. Die Erfahrungen, die dadurch entstanden sind, fließen wieder in die Planung zurück, so dass ein Regelkreis entsteht.

- Qualitätsplanung: Nachdem der Ist- Zustand ermittelt wurde und die Rahmenbedingungen festgelegt wurden, werden Konzepte und Abläufe erarbeitet

- Qualitätslenkung: Umsetzung der in der Planphase gewonnenen Ergebnisse

- Qualitätssicherung: Auswertung quantitativer und qualitativer Informationen

- Qualitätsverbesserung: Informationen aus der vorherigen Phase werden für die Prozessoptimierung und Strukturverbesserungsmaßnahmen eingesetzt.

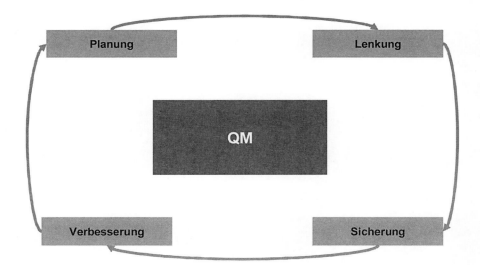

Bei der Implementierung eines Qualitätsmanagementsystems in einem Unternehmen ist zu beachten, dass der Aufbau gut vorbereitet und durchdacht ist, um das reibungslose Funktionieren zu ermöglichen. Schon hier müssen alle Mitarbeiter in den Prozess integriert werden.

Aufbau

Folgende Punkte können als Hilfestellung zum erfolgreichen Aufbau eines Qualitätsmanagementsystems dienen:

- Unterstützung durch die Unternehmensleitung in allen anfallenden Bereichen

- **Qualitätsbeauftragter**, der Möglichkeiten zur Umsetzung von Ressourcen hat

- Einbindung aller Mitarbeiter Sicherung von Information und Weiterbildung

Der Umfang einer Qualitätsmanagementdokumentation wird durch die Größe eines Unternehmens, der Art seiner Tätigkeiten, der Komplexität sowie nach den Fähigkeiten des Personals bestimmt.

Dokumentation

Qualitätsmanagementhandbuch

Im Qualitätsmanagementhandbuch wird das Qualitätsmanagementsystem, mit seinem Umfang und Inhalten des QM, eines Unternehmens schriftlich festgehalten. Ziel ist es, die Einstellung der Unternehmensleitung, deren Absichten und Maßnahmen zur Verbesserung und dauerhaften Sicherung der Qualität im Unternehmen bekannt zu machen.

Einstellung der Unternehmensleitung bekannt machen

Zertifizierung

Die Zertifizierung bescheinigt den Erfolg und die Effektivität eines QM-Systems innerhalb eines Unternehmens und bestätigt, dass das verwendete QM bestimmten Normen entspricht. Wenn eine unabhängige akkreditierte Zertifizierungsgesellschaft die Abläufe auf Normenkonformität bestätigt, wird dies als (externe) Zertifizierung bezeichnet. Dabei wird nach der Größe und dem Aufbau des Unternehmens gefragt, werden Projektgespräche geführt und das QM-Handbuch überprüft Das Zertifikat kann ausgestellt werden, sofern nach der Ergebniszusammenfassung keine gravierenden Mängel aufgedeckt wurden.

Abläufe auf Normenkonformität bestätigen

Die interne Zertifizierung wird durchgeführt, um vor der offiziellen Zertifizierung zu überprüfen, wie weit den eigenen Mitarbeitern das QM-System bekannt ist, inwieweit es eingehalten wird und der Qualitätsverbesserung dient.

4.2 Qualitätsmanagementkonzepte

Es gibt viele Qualitätsmanagementmodelle, die den Versuch unternehmen, die Managementprozesse eines Unternehmens objektiv bewertbar zu machen. Hierbei lassen sich zwei grundlegend verschiedene Ansätze unterscheiden:

zwei grundlegend verschiedene Ansätze

- Durch **Audits** bewertete zertifizierte Normen mit genau festgelegten Mindestanforderungen an ein wirksames Qualitätsmanagementsystem.

- Die **Selbstbewertung** und **Benchmarking** zwischen Wettbewerbern um einen Qualitätspreis, innerhalb dessen die Qualitätsmanagementsysteme hinsichtlich ihrer Wirksamkeit verglichen werden.

4.2.1 DIN EN ISO 9000:2000

Anhand der Normenreihe DIN EN ISO 9000:2000 lässt sich die Frage nach der Messbarkeit von Qualität beantworten. Sie hat sich als Parameter für Unternehmensqualität international durchgesetzt.

Abkürzungen

▨ DIN: Deutsches Institut für Normung

▨ EN: Europa Norm

▨ ISO: International Organization for Standardization

Die Abkürzungen bedeuten, dass die Norm international (ISO), in Europa (EU) und in Deutschland (DIN) gilt.

Ziel der Normenfamilie DIN EN ISO 9000

Das Ziel der Normenfamilie DIN EN ISO 9000 ist in erster Linie die Regelung des Verhältnisses zwischen Unternehmen und Kunden. Die Forderungen beziehen sich auf Bereiche, die im Rahmen des Qualitätsmanagementsystems geregelt sein müssen, nicht aber auf die Ergebnisse oder auf die Wirkungen im Dienstleistungsbereich. Wie diese Bereiche dann von den Unternehmen umgesetzt werden, bleibt ihnen weitgehend selbst überlassen. Die Normengruppe DIN EN ISO 9000 setzt sich aus diversen Einzelnormen zusammen:

▨ DIN EN ISO 9000: Qualitätsmanagementsysteme- Grundlagen und Begriffe

▨ DIN EN ISO 9001: Qualitätsmanagementsysteme- Anforderungen

▨ DIN EN ISO 9004: Qualitätsmanagementsysteme- Leitfaden zur Leistungsverbesserung

Zum Erreichen der Qualitätsziele, der Kundenzufriedenheit und einer permanenten Verbesserung werden in der DIN EN ISO 9000:2000 acht wichtige Leitlinien genannt:

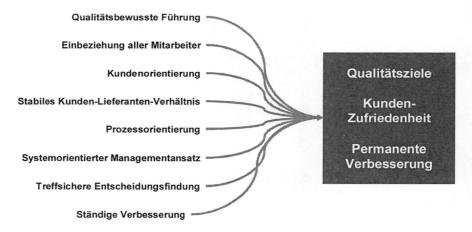

Das permanente Ziel einer Organisation ist das stetige Streben nach Verbesserungsmöglichkeiten innerhalb der Systeme.

4.2.2 TQM- Total Quality Management

beruht auf der Mitwirkung aller Mitglieder einer Organisation

Total Quality Management, das „umfassende Qualitätsmanagement" ist eine Managementmethode, die auf der Mitwirkung aller Mitglieder einer Organisation beruht. Die Qualität wird besonders hervorgehoben, um **Kundenzufriedenheit**, langfristigen Geschäftserfolg sowie Nutzen für alle Mitglieder einer Organisation zu erhalten. Der Ausdruck „alle Mitglieder" zeigt, dass ein wesentlicher Teil des Erfolgs dieser Methode die Einbeziehung aller Hierarchieebenen mit geschultem Personal und einer überzeugenden Leitung ist.

Im TQM steht der Mensch im Mittelpunkt. Diese Aussage bezieht sich sowohl auf die Kundenorientierung als auch auf die Mitarbeiter des Unternehmens. Diese müssen einbezogen werden und ihr gesamtes Potential zur Erreichung der permanenten Verbesserung in das Unternehmen einbringen. Die **Kundenorientierung** bezieht sich nicht nur auf den Kunden als Abnehmer der Produkte, sondern auch auf seine Erwartungen als Mensch. Das Wissen über diese Erwartungen ist von großer Bedeutung und kann ein großer Wettbewerbsvorteil für das Unternehmen sein.

Die wichtigsten Grundsätze des TQM:

- Die Verinnerlichung neuer Sichtweisen

Grundsätze

- Das Engagement der Unternehmensleitung

- Die Mitarbeiterorientierung: Nutzung des Potentials aller Mitarbeiter

- Die Kundenorientierung: Kundenerwartungen als Vorgabe für die Qualität

- Die Lieferantenintegration: Zusammenarbeit mit Lieferanten ausbauen und verbessern

- Die Sicherung der Qualität durch vorbeugende Maßnahmen: Fehlervermeidung vor Fehlerbeseitigung

- Die permanente Verbesserung auf allen Ebenen: ständige Verbesserung in allen Hierarchieebenen

- Das Benchmarking: Der ständige Vergleich mit herausragender Konkurrenz

- Das **Qualitätscontrolling**: Ergebnis- und Qualitätskontrolle

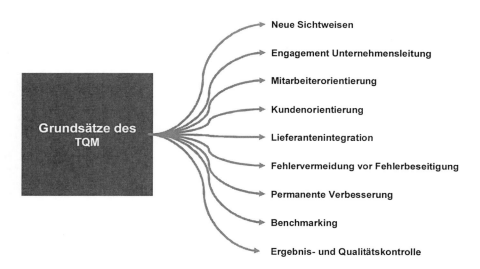

Das flächendeckendste TQM- Konzept in Deutschland ist das EFQM- Modell für Excellence, das im folgenden Kapitel vorgestellt wird.

Fazit

4.2.3 EFQM- Modell für Excellence

Die European Foundation for Quality Management wurde 1988 als eine gemeinnützige Organisation auf Mitgliederbasis mit Sitz in Brüssel von 14 führenden eu-

European Foundation for Quality Management

ropäischen Unternehmen gegründet. Ihr Ziel ist es, die treibende Kraft für nachhaltige Spitzenleistung in Europa zu sein, mit einer weltweit überragenden Stellung der europäischen Unternehmen. Die Methode, die von der EFQM entwickelt wurde, orientiert sich an den Grundsätzen des TQM. Wie bereits oben erwähnt gilt das EFQM- Modell als Selbstbewertungsmodell, d.h. Qualitätsnormen für den Fortschritt eines Unternehmens werden in der internen Zielsetzung definiert. Die Zertifizierung allerdings findet je nach Stufe durch einen Validator oder Assessorenteams statt. Darüber hinaus werden Unternehmen von der European Foundation for Quality Management prämiert, die besondere Verdienste im Bereich TQM vorweisen können. Sie werden mit dem **European Quality Award (EQA)** ausgezeichnet.

Selbstbeurteilung nach EFQM

Die Bewertung des Unternehmens im Gesamten oder die einzelner Abteilungen ist der Zweck der Selbstbeurteilung. Das EFQM-Modell hat hierfür eine eigens entwickelte Methodik, um permanente Weiterentwicklung bis hin zur Spitzenleistung / Excellence zu fördern. Ziel der Methode ist es, **Aussagen über den Entwicklungsstand des Unternehmens** zu machen. Des Weiteren gibt die Selbstbewertung Aufschluss über die Stärken und das Verbesserungspotential einer Organisation, die dann zur Optimierung eingesetzt werden können. Der Selbstbewertungsprozess zeigt dem Unternehmen Stärken und Schwächen auf und ermöglicht so eine Einschätzung der vorhandenen Potentiale.

Prinzipien

Exzellente Leistung beruht im EFQM- Modell auf folgenden Prinzipien:

- Ergebnisorientierung = Alle Hierarchiestufen des Unternehmens stehen hinter den erzielten Ergebnissen.

- Führung und Zielkompetenz = Eine fortschrittliche Unternehmensführung mit kontinuierlicher Zielsetzung sorgt für hervorragende

- Kundenausrichtung = Einwandfreie Qualität soll dem Kundennutzen dienen

- Mitarbeiterentwicklung und –beteiligung = Verbesserung der Qualität durch Fort- und Weiterbildung der Mitarbeiter.

- Entwicklung von Partnerschaften = Aufbau dauerhafter Partnerschaften zu Kunden und Lieferanten.

- Verantwortung gegenüber der Gesellschaft = Die vorgegebenen Normen sollen nicht nur erfüllt, sondern im Sinne der Gesellschaft benutzt werden.

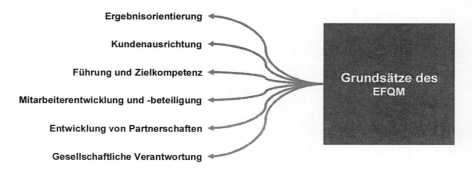

Durch die Anwendung dieser Grundsätze soll dem Unternehmen geholfen werden, seine Leistung zu verbessern und zu optimieren. Das EFQM- Modell ist ein anspruchsvolles System, das den gesamten Qualitätsbereich einer Organisation abdecken kann.

Natürlich existieren nicht nur die zwei vorgestellten Methoden. Im Regelfall kann jedes Unternehmen seine eigene QM-Methode entwickeln.

Weitere Verfahren von QM-Systemen

Weitere bekannte Verfahren von QM-Systemen sind: **KAIZEN; ISHIKAWA; POKA YOKE.**

Kern einer jeden dieser Methoden und Systeme ist meist die Einbeziehung des gesamten Unternehmens (Führung, Mitarbeiter, Kunden, Lieferanten) und die Orientierung des Zielsystems an den Wünschen dieser Parteien.

4.3 Einbindung der Mitarbeiter im QM

Aufgrund der hohen Bedeutung, die das frühe und stetige Einbinden der Mitarbeiter in den Aufbau und die Anwendung eines QM-Systems hat, wird an dieser Stelle der **Qualitätszirkel** vorgestellt eine der üblichen Methoden der Einbindung.

eine der üblichen Methoden der Einbindung

Qualitätszirkel haben das Ziel die Mitarbeiter einzuladen, Verbesserungsvorschläge zu machen, um Probleme im Bereich der Effektivität / Qualität und der Arbeitssicherheit zu vermindern. Die Steigerung der Effektivität / Qualität steht hier im Vordergrund. Durch die Möglichkeit, persönliche Ideen einzubringen, ergibt sich eine Zunahme der Motivation. Ein Qualitätszirkel besteht aus einer Steuerungsgruppe, einem Koordinationsteam, dem Zirkelmoderator sowie den Zirkelmitarbeitern.

Zunahme der Motivation

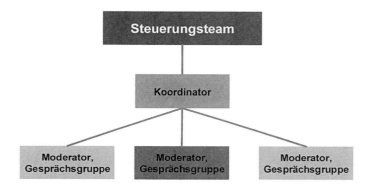

4.4 Funktion der Unternehmensleitung im QM

Die Funktion der Unternehmensleitung im QM wird z.B. innerhalb der DIN EN ISO 9000:2005 explizit erwähnt. Hauptaufgabe ist die Formulierung von nachvollziehbaren Qualitätszielen. Um diese Ziele zu erreichen, müssen alle Maßnahmen und Methoden in einer umfassenden Qualitätsplanung offen gelegt werden. Die Unternehmensleitung verpflichtet sich, das QM-System permanent zu bewerten und gewährleistet, dass ein System zur Weitergabe und Aktualisierung von Dokumenten aufgebaut wird. Die Einbeziehung der Unternehmensleitung im QM muss sicherstellen, dass das System wirkungsvoll umgesetzt wird. Diese Sicherstellung bezieht sich auch auf die Mitarbeiter, die sich mit dem System identifizieren müssen.

Formulierung von nachvollziehbaren Qualitätszielen

Die **Qualitätsziele** müssen von der Unternehmensleitung entschieden werden. Diese Entscheidungen müssen den Mitarbeitern bekannt gegeben werden, um sich auf zukünftige Anforderungen einstellen zu können.

Ein QM- System ist Chefsache!

5

Finanzen und Steuern

Inhalt:

- Wichtige kaufmännische Zahlungsformen
- Übersicht über die Finanzierungsarten
- Innenfinanzierung
- Außenfinanzierung
- Goldene Spielregeln der Außenfinanzierung
- Kredite
- Leasing als Sachmittelkredit-Form
- Factoring
- Forfaitierung
- Sicherung von Personalkrediten
- (Dingliche) Sicherung von Realkrediten
- Pfandrecht
- Investition
- Methoden der Investitionsplanung und –rechnung
- Zuständigkeit der Finanzbehörden
- Fallbeispiele zur Zuständigkeit der Finanzbehörden
- Der Steuerzahler
- Einkommensteuer
- Lohnsteuer
- Körperschaftsteuer
- Gewerbesteuer
- Umsatzsteuer

5.1 Wichtige kaufmännische Zahlungsformen

Gängige Zahlungsmittel

Möglichkeiten zur Zahlung

Zahlungen können in Form von gesetzlichen Zahlungsmitteln durch Bargeld erfolgen. Sie können aber auch unbar (Buchgeld) oder mit **Geldersatzmitteln** wie Wechsel oder Scheck vorgenommen werden. Geldersatzmittel heißen auch **Geldsurrogate**.

Unter Zahlungsformen versteht man unterschiedliche Zahlungsweisen

Unter Zahlungsformen versteht man unterschiedliche Zahlungsweisen wie z.B. Postanweisung, Zahlschein, Verrechnungsscheck usw. Je nachdem, ob der Schuldner mit Bargeld oder mit Buchgeld bezahlt und der Gläubiger (Zahlungsempfänger) Bargeld oder Buchgeld erhält, unterscheidet man folgende Zahlungsarten:

Zahlungsarten		
Bargeldzahlung (Bar)	**Halbbare Zahlung (bargeldsparend)**	**Bargeldlose Zahlung (unbar)**
Der Zahler zahlt mit Geldscheinen oder Münzen oder Postanweisung; Der Empfänger erhält Bargeld.	Der Zahler zahlt am Schalter der Bank/Post mit Zahlschein bar ein. Der Empfänger bekommt das Geld auf sein Konto gutgeschrieben.	Der Käufer überweist das Geld von seinem Konto mit einer Bank- oder Postüberweisung auf das Konto des Empfängers.
• Selbstzahlung • Zahlung durch Boten • Wertbrief • Postanweisung • Wechsel ohne Angabe der Zahlstelle (Bezogener löst bar ein, Vorleger erhält bares Geld)	*Konto des Empfänger wird benutzt:* • Zahlschein • Postnachnahme *Konto des Zahlers wird benutzt:* • Bankscheck • Postbarscheck • Kassenscheck	• Banküberweisung • Postüberweisung • Bank- oder Postverrechnungsscheck • Postnachnahme • Wechsel als Rimesse • Zahlbar gestelltes Akzept

5.1.1 Bargeldzahlung

Unmittelbare Bargeldzahlung

Die unmittelbare Barzahlung kommt heute vorwiegend im **Einzelhandel** und im **Dienstleistungsgewerbe** vor. Zahlungsbeleg ist der quittierte Kassenzettel. Im geschäftlichen Verkehr unter Gewerbetreibenden ist die Barzahlung zu **umständlich** und auch zu **unsicher**, da das Bargeld verloren gehen könnte.

Bargeldzahlung durch einen Boten

Ein Beauftragter einer Lieferfirma ist in diesem Falle befugt, den Rechnungsbetrag zu kassieren. Aus Gründen des Beweises ist es bei Übergabe von Bargeld durch den Zahler wichtig, dass diese durch eine **Quittung** bestätigt wird. Dies kann ein Kassenzettel, ein Kassenbon der Registrierkasse oder ein besonderer Quittungsvordruck sein. Auf Rechnungen wird bei Bezahlung ein **Quittungsvermerk** angebracht; siehe § 368 BGB.

Bestandteile einer Quittung

Eine Quittung sollte folgende **Bestandteile** enthalten:

▨ Name des Zahlers - Zahlungsgrund - Zahlungsbetrag

▨ Hinweis auf die Umsatzsteuer, falls keine weitere Rechnung gestellt wird

▨ Ort, Datum und Unterschrift des Zahlungsempfängers (Empfangsbestätigung)

Halbbare Zahlung; nur der Zahlungsempfänger hat ein Konto

Bei dieser Zahlungsform zahlt der Schuldner seine Verbindlichkeit, indem er den Betrag am Schalter der Bank oder der Post bar einzahlt und der Empfänger den Geldbetrag als **Gutschrift** auf seinem Konto erhält. Der Zahlungsvorgang läuft folgendermaßen ab:

Halbbare Zahlung durch Zahlschein

- Der Zahler füllt den Zahlschein aus und zahlt bei der Post/Bank bar ein.

- Der Zahler erhält eine Quittung als Einzahlungsbeleg.

- Das Original des Zahlscheins verbleibt bei der Bank.

Die Nachnahme dient der sicheren Zahlung bei Warensendungen: Nachnahmepakete liefert der Paketdienst nur gegen Barzahlung aus. Mit einem Zahlschein wird der Betrag dem **Postgirokonto des Lieferanten** gutgeschrieben.

Halbbare Zahlung durch Postnachnahme

Halbbare Zahlung; nur der Zahler hat ein Konto

Wenn der Zahlungsempfänger kein Konto hat, kann ihm der Zahler (Schuldner) einen Barscheck aushändigen. Dieser kann von dem auf dem Scheck angegebenen „bezogenen" Kreditinstitut bar ausgezahlt werden.

Zahlung durch Bankscheck oder Postscheck

5.1.2 Bargeldlose Zahlung

Voraussetzungen der bargeldlosen Zahlung sind, dass:

- beide Parteien, also Auftraggeber und Empfänger, über ein Konto verfügen

- zwischen den Geldinstituten eine Verrechnungsmöglichkeit besteht.

Das Wesentliche der bargeldlosen Zahlung besteht darin, dass überhaupt nicht mehr mit Bargeld, sondern ausschließlich mit **Buchgeld** durch Umbuchung eines Geldbetrages bezahlt wird.

Das Verfahren der bargeldlosen Zahlung

Vorteile der bargeldlosen Zahlung sind, dass diese für den Kunden

Vorteile der bargeldlosen Zahlung

- sicher ist, weil die typischen Risiken wie Diebstahl, Verlust oder Falschgeld ausgeschaltet sind,

- durch zeitsparende Verrechnungsmethoden schnell veranlasst wird und

- rationell und kosten sparend erfolgt.

Die Konten, die dem laufenden bargeldlosen Zahlungsverkehr dienen, heißen **Girokonten**. Erwähnt werden soll an dieser Stelle nur, dass eine Überziehung des Kontos üblicherweise mit sehr **hohen Kontokorrentzinsen** verbunden ist; es sollte allerdings auch nicht als "Sparkonto" missbraucht werden, da Guthaben nur sehr gering verzinst werden.

5.1.3 Banküberweisung

Bargeldlose Zahlungen sind heute selbstverständlich und Banküberweisungen sind hierzu die einfachste Möglichkeit: Barzahlung wird durch eine kontenmäßige Umbuchung ersetzt. Überweisungen sind zudem **bequem** und relativ **kostengünstig**. Der Zahlungsvorgang selbst ist **zeitsparend**.

Banküberweisung

Der Zahler füllt einen Überweisungsantrag der Bank aus und reicht ihn unterschrieben ein. Sowohl der Zahler wie auch der Empfänger sollten die **Belege** als Beweisunterlagen sorgfältig aufbewahren.

Sammelüberweisung

Der Zahler kann Überweisungsaufträge an mehrere Zahlungsempfänger zu einer Sammelüberweisung zusammenfassen: Sammelüberweisungen sind **kostengünstiger**, da die Bank nur eine Buchung vornehmen muss - und derjenige, der bezahlt, **spart Zeit**, weil er nur einen einzigen Überweisungsträger als Überweisungsauftrag ausstellen und unterschreiben muss.

Lastschriftverfahren als gängige Zahlungsform

Das Lastschriftverfahren ist vor allem bei Beträgen üblich, die **in wechselnder Höhe** anfallen. Beispiele: Gas, Wasser, Fernsprechgebühren.

Die Initiative bei diesem Verfahren geht hier vom Gläubiger aus, der die Lastschriftbelege ausfüllt und sie bei seiner Hausbank einreicht. Die Bank schreibt die Beträge dem Gläubiger gut und zieht sie gleichzeitig bei der Bank des Schuldners ein.

Voraussetzung für das Lastschriftverfahren

Voraussetzung für das Lastschriftverfahren ist:

1 die Zustimmung des Zahlungspflichtigen

2 eine Vereinbarung des Gläubigers mit seiner Bank

3 die Verwendung der einheitlichen Lastschriftvordrucke

Zustimmung des Zahlungspflichtigen

Die Zustimmung des Zahlungspflichtigen zum Lastschriftverfahren kann auf zwei Arten erfolgen:

- durch eine **Einzugsermächtigung**

- durch eine **Abbuchungsermächtigung**

Formen des Lastschriftsverfahrens

Einzugsermächtigung	Abbuchung
Der Zahlungspflichtige ermächtigt den Zahlungsempfänger zum Einzug von bestimmten Beträgen per Lastschrift. Der Kontoinhaber kann Belastungen seines Kontos Innerhalb von 6 Wochen widersprechen.	Der Zahlungspflichtige teilt seinem Kreditinstitut mit, dass Lastschriften eines bestimmten Zahlungsempfängers ohne vorherige Rücksprache abgebucht werden können. Der Schuldner unterrichtet gleichzeitig den betreffenden Gläubiger über die erteile Abbuchungsermächtigung.

Achtung! | Ein Widerruf getätigter Zahlungen ist nicht möglich!

Bedeutung des Lastschriftverfahrens

Die Lastschrift zählt mit zu den wichtigsten Formen des bargeldlosen Zahlungsverkehrs. Sie ist sowohl für den Gläubiger wie auch für den Schuldner von **Vorteil**:

- Der **Gläubiger** kann durch die Lastschrift die Zahlungseingänge selbst bestimmen und somit besser über die eingezogenen Geldmittel disponieren. Dadurch hat er weniger Finanzierungslücken, weniger Außenstände und weniger Zinsverluste. Gleichzeitig wird dadurch auch das Mahnwesen stark vereinfacht.

- Der **Schuldner** hat seinerseits mit seinen Zahlungsverpflichtungen keine Arbeit, weil andere über sein Konto verfügen. Aber auch darin besteht die Gefahr, dass Gelddispositionen erschwert werden und es zu ungewollter Inanspruchnahme von Krediten kommt.

Dauerauftrag als gängige Form der Banküberweisung

Ein Dauerauftrag ist die **bis auf Weiteres gültige** Anweisung des Schuldners an seine Bank, bestimmte Zahlungen auszuführen:

- selbstständig

- regelmäßig zu bestimmten Terminen

- in immer gleicher Höhe

- an gleichbleibende Empfänger

Eine Änderung bzw. ein Rückruf eines Dauerauftrags muss **fristgerecht** (nachfragen) vor dem Ausführungstermin bei der Bank vorliegen[1].

Postüberweisungen entsprechen den Banküberweisungen.

Postüberweisungen

5.2 Übersicht über die Finanzierungsarten

Unter Finanzierung versteht man jegliche Beschaffung von Kapital oder Sachgütern für unternehmerische Zwecke. Dabei gilt es eine möglichst **optimale Kapitalstruktur** zu erzielen. Hierfür sind Entscheidungen über die Herkunft des Kapitals (Außen- oder Innenfinanzierung) und über das Heranziehen eigener oder fremder Mittel (Eigen- oder Fremdfinanzierung) erforderlich. Wichtigste Finanzierungsanlässe sind die Erhaltung und Ausweitung des Anlage- und des Umlaufvermögens.

Beschaffung von Kapital oder Sachgütern für unternehmerische Zwecke

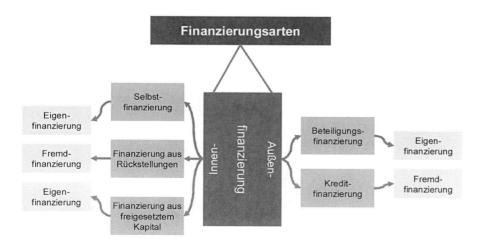

---

1   Im Online-Banking gibt es keine Fristen, die einzuhalten wären.

5.3 Innenfinanzierung

Bei der Innenfinanzierung werden die benötigten Finanzmittel von dem Unternehmen **selbst aufgebracht**. Die benötigten Mittel kommen "von innen heraus". Die Selbstfinanzierung zählt zu den wichtigsten Formen der Innenfinanzierung.

5.3.1 Selbstfinanzierung

Begriff

Die Selbstfinanzierung ist eine Eigenfinanzierung von Unternehmen durch nicht ausgeschüttete Gewinne (= **Gewinnthesaurierung**). Voraussetzung für die Gewinnthesaurierung ist ein erwirtschafteter **Überschuss**, der eine innerbetriebliche **Eigenkapitalaufbringung** ist. Da der einbehaltene Gewinn Eigenkapital ist, bezeichnet man diese Form der Selbstfinanzierung auch als **interne Eigenfinanzierung**.

Selbstfinanzierungsarten

Offene Selbstfinanzierung	Verdeckte Selbstfinanzierung
liegt vor, wenn die nicht ausgeschütteten Gewinne auf den Kapitalkonten der Einzelfirmen und Personengesellschaften stehen bleiben. Bei Kapitalgesellschaften werden sie auf besonderen **Rücklagekonten** ausgewiesen (z. B. bei der AG). Die Höhe der offenen Selbstfinanzierung wird wesentlich beeinflusst durch die Steuersätze der Körperschaftssteuer und der Gewerbesteuer.	Es werden stille Reserven gebildet, die zusätzliches Eigenkapital darstellen, das nicht in der Bilanz ausgewiesen wird. Stille Reserven entstehen durch **überhöhte Rückstellungen** oder durch Unterbewertung von Vermögensteilen aufgrund **überhöhter Abschreibungen**, d. h. die Schulden sind überbewertet und die Vermögensteile unterbewertet.

Verdeckte Selbstfinanzierung

Der Unternehmer wird im Rahmen der gesetzlichen Bewertungsspielräume seine Vermögenswerte möglichst niedrig bewerten (= **Niederstwertprinzip**) und seine Schulden möglichst hoch ansetzen (= **Höchstwertprinzip**). Die verdeckte Selbstfinanzierung wird vorgenommen, um den Gewinn möglichst niedrig auszuweisen; auf diese Art und Weise wird quasi eine **Steuerstundung** erreicht.

Die genaue Höhe der Selbstfinanzierung ist in der Regel aus der **Bilanz** selten zu erkennen. Erst wenn die stillen Rücklagen durch Verkauf von unterbewerteten Anlagegütern aufgelöst werden, wird der **versteckte Gewinn** offensichtlich. Dieser Gewinn müsste zu diesem Zeitpunkt allerdings versteuert werden.

Werden neue Vermögenswerte nicht immer wieder niedriger bewertet, so lösen sich die stillen Reserven selbst auf. Gleiches geschieht aber auch durch **Verluste**, die stille Reserven zusammenschmelzen lassen und buchmäßig nicht in Erscheinung treten.

Vorteile der Selbstfinanzierung

Die Selbstfinanzierung bringt einige wichtige Vorteile mit sich:

- bei Klein- und Mittelbetrieben ist sie **oft die einzige Möglichkeit** der Eigenkapitalbeschaffung

- die Kapitalbeschaffung ist **ohne zusätzliche Kosten oder besondere Formalitäten** möglich

- das Kapital steht **zeitlich unbegrenzt und zur beliebigen Verwendung** zur Verfügung

- die Liquidität und Rentabilität des Unternehmens wird **nicht belastet** (z.B. durch Zinsen oder Tilgungen)

- ein erhöhtes Eigenkapital verbessert die Kreditwürdigkeit und die Möglichkeiten zur Fremdfinanzierung

Gegenüberstellung der Vor- und Nachteile der Selbstfinanzierung

Vorteile Selbstfinanzierung	Nachteile Selbstfinanzierung
da es sich um Eigenkapital handelt, stehen dem Unternehmen die Mittel unbegrenzt zur Verfügung	Gefahr riskanter Investitionen, da keine Rechenschaftspflicht für die Mittelverwendung
kein Zinsaufwand	die verdeckte Selbstfinanzierung verschleiert den wirklichen Gewinn
keine Tilgung, daher erfolgt eine Verbesserung der Liquidität	die Auflösung verdeckter Rücklagen verschleiert den tatsächlichen Verlust
kein Einfluss von Gläubigern auf das Unternehmen	

5.3.2 Rückstellungen/Rücklagen

Rückstellungen dürfen nicht mit Rücklagen verwechselt werden: Rücklagen sind Eigenkapitalanteile - Rückstellungen sind Schulden; sie stehen in der Art zwar fest, aber noch nicht in ihrer Höhe und Fälligkeit zum Bilanzstichtag.

Exkurs: Rückstellungen und Rücklagen

Finanzierung durch Rückstellungen

Rückstellungen sind **Verbindlichkeiten**, die dem Unternehmen als **Fremdkapital** zinslos zur Verfügung stehen. Da dem Unternehmen keine Mittel von außen zufließen, wird diese Art der Finanzierung auch "**interne Fremdfinanzierung**" genannt.

Begriff

Aufgrund von gestiegenen Gewinnen rechnet Hersteller Ungerer mit einer Gewerbesteuernachzahlungsleistung von ungefähr 25.000,00 €. Er bildet eine Rückstellung von 25.000,00 €.

Beispiel
Rückstellung für Gewerbesteuer

Rückstellungen sind für das Jahr, in dem sie gebildet werden, ein **periodengerechter Aufwand**. Deshalb sind sie auch bereits in den Absatzpreisen einkalkuliert. Somit kann ihre Wirkung mit Abschreibungen verglichen werden: Sie mindern den steuerpflichtigen Gewinn und setzen zur Finanzierung vorübergehend Kapital frei.

Wirkung mit Abschreibungen vergleichbar

Finanzierung aus Abschreibungen als Form der Innenfinanzierung

Abschreibungen werden in die Verkaufspreise als **Kosten** einkalkuliert. In der Gewinn- und Verlustrechnung werden sie als **Aufwendungen** erfasst. Sie dienen grundsätzlich der **Reinvestition**, also der Ersatzbeschaffung für weiteres Anlagevermögen.

Finanzierung aus freigesetztem Kapital

Kapazitätserweiterungseffekt

Die Finanzierung aus Abschreibungen setzt **Kapital** frei. Wird dieses freigesetzte Kapital verwendet, um zusätzliche Anlagen zu beschaffen, so führt dies zu einer **Kapazitätserweiterung**.

In der Praxis erfolgt jedoch selten eine sofortige Reinvestition aus freigesetztem Kapital in vollem Umfange. Weitere Gründe, die zur Freisetzung von Kapital führen:

■ Beschleunigung des Warenumsatzes (Erhöhung der Umschlagshäufigkeit)

■ Verkürzung des Kundenziels (= der Inanspruchnahme von Zahlungsfristen durch Kunden)

■ Verlängerung des Liefererziels (= der Inanspruchnahme von Zahlungsfristen durch das eigene Unternehmen)

■ Verkauf von Anlage- und Umlaufvermögen

5.4 Außenfinanzierung

5.4.1 Beteiligungsfinanzierung

Begriff

Wenn dem Unternehmen "von außen" Eigenkapital durch Eigentümer oder Gesellschafter zur Verfügung gestellt wird, spricht man von **Beteiligungsfinanzierung**. Da die Mittel nicht innerhalb des Unternehmens erwirtschaftet wurden, liegt eine Außenfinanzierung vor.

Einzelunternehmen und Personengesellschaften

Einzelunternehmen und Personengesellschaften erhöhen ihr Eigenkapital, indem sie zum Beispiel **neue Gesellschafter** aufnehmen oder **zusätzliche Einlagen** tätigen. Bei der KG kann dies durch **Teilhafter** erfolgen, ohne dass dabei ihr Einfluss auf die Geschäftsleitung größer wird.

Kapitalgesellschaften (AG, GmbH)

Bei Kapitalgesellschaften (AG, GmbH) kann die Erhöhung des Grund- oder Stammkapitals im Rahmen der gesetzlichen Vorschriften **beschlossen** werden. Hierzu ist eine satzungsmäßige **Mehrheit in der Hauptversammlung** erforderlich.

■ In diesem Zusammenhang versteht man unter der **Emission von Aktien** die Herausgabe derselben, also den Verkauf an interessierte Anleger. Ein Unternehmen, das Aktien herausgibt, wird als **Emittent** bezeichnet. Im Fachjargon nennt man den erstmaligen Börsengang eines Unternehmens auch "Going Public", weil die Anteile des Unternehmens einer öffentlichen potenziellen **Anlegerschaft** zugänglich gemacht werden[1].

---

1 Auch erfolgt die Aktienemission nicht unbedingt durch das Unternehmen selbst, sondern kann auch durch eine Investmentbank erfolgen, die als Gegenleistung für die Beratung, Betreuung und Durchführung der Emission entweder einen festen Betrag oder einen festgelegten Anteil am Emissionserlös bekommt.

- „**Junge Aktie**" ist die Bezeichnung für Aktien, die im Rahmen der Kapitalerhöhung herausgegeben werden - alte Aktien hingegen sind alle bereits existierenden Aktien, egal ob sie sich im Umlauf befinden oder nicht. Bis zur vollen Dividendenberechtigung werden junge Aktien in der Regel getrennt von den alten Aktien notiert[1].

Vorteile der Beteiligungsfinanzierung	Nachteile der Beteiligungsfinanzierung
dem Unternehmen stehen die Mittel ohne zeitliche Begrenzung zur Verfügung	besonders bei Personengesellschaften und Einzelunternehmen ist die Finanzkraft des Inhabers begrenzt
kein Zinsaufwand, da vorübergehend auf eine Verzinsung des Eigenkapitals verzichtet werden kann	die Aufnahme weiterer Gesellschafter kann zu Problemen führen, wenn diese vermehrt Einfluss nehmen wollen
keine Tilgung und damit keine Liquiditätsbelastung	
kein Einfluss von externen Gläubigern auf das Unternehmen	
höhere Kreditfähigkeit	

5.4.2 Kreditfinanzierung

Kreditfinanzierung liegt vor, wenn die benötigten Finanzmittel durch **Gläubiger** zur Verfügung gestellt werden. Da das Unternehmen fremde Mittel in Form von Krediten aufnimmt, spricht man auch von **externer Fremdfinanzierung**. Die Kreditfinanzierung zählt zu der bedeutendsten Art der Kapitalbeschaffung. Jede Fremdfinanzierung hat unmittelbaren Einfluss auf die Liquidität und Rentabilität eines Unternehmens. Die **Liquidität** eines Unternehmens wird besonders durch die Dauer der Kreditaufnahme beeinflusst. Zudem belasten kurzfristige Kredite ein Unternehmen in der Regel stärker als langfristige.

Begriff

Die **Rentabilität** eines Unternehmens hängt einerseits von den Kosten des Fremdkapitals ab, andererseits von der Ertragssteigerung, die es bewirkt. Als allgemeine Regel gilt, dass eine Verschuldung nur Sinn macht, wenn die erzielte Ertragssteigerung mindestens die Kosten deckt oder besser noch übersteigt. Zu beachten ist,

Kosten des Fremdkapitals und Ertragssteigerung

- dass Zinsen als Kosten gelten - somit den **steuerpflichtigen Gewinn mindern**,

- dass Zinskosten zugleich fixe Kosten sind - und **auch bei schlechter Ertragslage anfallen**.

5.5 Goldene Spielregeln der Außenfinanzierung

Ein optimales Verhältnis von Eigen- und Fremdkapital ist nur schwer festzulegen und nur schwer zu bestimmen. Dennoch gibt es in der Praxis sozusagen goldene Spielregeln, an denen sich ein Unternehmer orientieren kann:

Orientierung für den Unternehmer

- Die goldene **Bilanzregel** verlangt die Deckung des Anlagevermögens durch das Eigenkapital.

---

1 ... weil eine Emission auch zur Kapitalerhöhung erfolgen kann.

■ Die goldene **Finanzierungsregel** besagt, dass die Kapitalbindungsfrist einer Investition die Kapitalentleihungsfrist nicht übersteigen sollte, d.h. die Zeit bis zum Rückfluss der Gegenwerte in Verkaufserlösen sollte kleiner sein als die Dauer der Kreditaufnahme (Fristenkongruenz).

Beide Regeln erscheinen auf den ersten Blick trivial und sind theoretisch auch sehr umstritten - sie verfolgen aber das Ziel, **einer Gefährdung der Liquidität vorzubeugen**. In der Praxis werden sie von Seiten der Kreditgeber zur Beurteilung der Kreditwürdigkeit von Kunden dennoch beachtet.

Eine Finanzierung ohne Eigenkapital gibt es sehr selten, meistens überhaupt nicht. Banken setzen für Investitionszwecke gewerblicher Unternehmen in der Regel einen **Eigenkapitalanteil von 10 bis 30%** voraus.

5.6 Kredite

Begriffsdefinition: Effektivzins

Vor der Vorstellung der einzelnen Kreditformen soll hier zunächst der zentrale Begriff des Effektivzinses definiert und im Zusammenhang eingeführt werden:

effektiver Jahreszins

Effektivzins ist die Bezeichnung für den effektiven Jahreszins: dieser stellt die als jährlicher Prozentsatz anzugebenden **Gesamtkosten eines Kredits** dar. Der Effektivzins weicht in der Regel von dem im Kreditvertrag enthaltenen **Nominalzins** ab. Man spricht man von einem **anfänglichen** effektiven Jahreszins, wenn sich bestimmte Darlehenskonditionen nicht auf die gesamte Darlehenslaufzeit beziehen.

Preisangabenverordnung

Die Preisangabenverordnung (PAngV) verpflichtet die Geldgeber zur Angabe eines Effektivzinses und schreibt die **Berechnungsmethode** sowie die in die Berechnung einzubeziehenden **Kostenbestandteile** vor. Einzubeziehen sind danach zumindest:

■ Agio (Aufgeld - Disagio (Abgeld)

■ Nominalzins

■ Bearbeitungsgebühren

■ Kreditvermittlungskosten

■ Prämien für Restschuldversicherungen

5.6.1 Einteilung der Kredite

Einteilung nach ihrer Verwendung

Die Einteilung der Kredite nach ihrer Verwendung führt zur Unterscheidung von Produktiv- und Konsumkrediten:

Produktivkredite

■ Produktivkredite dienen der **Gütererzeugung**. Sie sind Kredite, die zur Investition in Anlage- und Umlaufvermögen aufgenommen werden.

Konsumkredite

■ Konsumkredite dienen der **Förderung des Verbrauchs**; in der Regel handelt es sich um Nichtkaufleute, die einen Kredit aufnehmen, um ein Gut zu beschaffen (z.B. Kauf eines Autos).

Einteilung nach ihrer Laufzeit

Kurzfristige Kredite sind Kredite mit einer Laufzeit bis zu 12 Monaten. Dazu zählen der Diskont- und der Lombardkredit:

- Diskontkredite entstehen durch den **Ankauf von Wechselforderungen**. Der Besitzer des Wechsels löst ihn bei der Bank ein, die ihm den Wechselbetrag unter **Abzug eines Diskonts**, ausbezahlt. Der eigentliche Kreditbetrag ist der Barwert des Wechsels.

Wechseldiskontkredit

- Lombardkredit ist die Einräumung eines kurzfristigen Kredits gegen **Verpfändung von beweglichen Sachen oder Forderungen**.

Lombardkredit

Mittelfristige Kredite sind Kredite mit einer Laufzeit von 1 Jahr bis zu 4 Jahren.

Einteilung nach der Form

Das Darlehen wird in einer **bestimmten und vereinbarten Summe** gewährt und ausbezahlt. Es handelt sich um einen **befristeten** Kredit, da er im voraus festgelegt ist. Wissenswertes zu den wichtigsten Formen:

- Für die Rückzahlung der Darlehenssumme ist bei einem **Fälligkeitsdarlehen** ein bestimmter Termin vereinbart; in vertraglich vereinbarten Zeitabständen sind lediglich die Zinsen zu zahlen; Beispiel: Darlehen rückzahlbar am 31.12.2010, die Zinszahlung erfolgt jeweils vierteljährlich zum...

Fälligkeitsdarlehen

- Beim **Abzahlungsdarlehen** erfolgt die Tilgung in gleich bleibenden Raten zu jeweils vereinbarten Tilgungsterminen; die Schuld nimmt dabei in arithmetischer Folge ab; dadurch sinkt im Laufe der Zeit die Zinsbelastung.

Abzahlungsdarlehen

- Das **Annuitätendarlehen** basiert auf einer festen Annuität (Gesamtbelastung), d.h. die Summe aus Zins und Tilgung bleibt immer gleich; daher steigen im Laufe der Zeit die Tilgungsbeträge, während die Zinsbelastung abnimmt.

Annuitätendarlehen

- Ein **Kontokorrentkredit** wird auf laufenden Konten bereitgestellt und verrechnet. Seine Höhe ist bis zu einer gewissen "Kreditlinie" veränderlich. Die Bank vereinbart mit dem Kunden eine Höchstgrenze, die er ohne Zustimmung der Bank nicht überschreiten darf. Der typische Kontokorrentkredit ist der Form nach ein kurz- bis mittelfristiger Kredit. Er wird in der Regel dazu verwendet, um laufende Rechnungen oder plötzlich auftretende Zahlungsverpflichtungen pünktlich und unter Abzug von Skonto zu begleichen. Es gibt verschiedene Arten von Kontokorrentkrediten:

Kontokorrentkredit

139

Einteilung der Kredite nach dem Kreditgeber

Man unterscheidet im Hinblick auf den Kreditgeber Kundenkredite, Lieferantenkredite, Bankkredite, öffentliche Kredite und Privatkredite. Dazu im Einzelnen:

Kundenkredite

■ **Kundenkredite** liegen vor, wenn von Kunden Anzahlungen geleistet werden[1]. Der Käufer der Ware gewährt dem Lieferanten einen Kredit, indem er den Kaufpreis im Voraus bezahlt (= **Vorauszahlungskredit**). Der Vorauszahlungskredit bewirkt eine Verminderung des Risikos für den Lieferanten. Anzahlungen oder Vorauszahlungen kommen häufig bei **Erstaufträgen** vor oder wenn **Musterstücke** bestellt werden. Aber auch bei sehr teuren Gütern, die nach Kundenwünschen gefertigt werden, besteht der Lieferant oft auf einer Anzahlung.

Lieferantenkredite

■ **Lieferantenkredite** entstehen durch Einräumung von längeren Zahlungszielen. Der Lieferant liefert Waren "auf Ziel" und räumt eine Zahlungsfrist ein (= **Warenkredit**). Der Lieferantenkredit ist eine Form der kurzfristigen Fremdfinanzierung, weil für das Unternehmen das Zahlungsziel hinaus verschoben wird. Die Inanspruchnahme des Lieferantenkredites zählt zu den teuersten Krediten. Der Preis ist der Betrag des nicht ausgenutzten **Skontos**.

Das Skonto ist ein Preisnachlass für die rechtzeitige Zahlung einer Rechnung innerhalb einer vorgegebenen Frist. Wenn auf der Rechnung z.B. "rein netto" vermerkt ist, darf kein Skonto abgezogen werden. Bei Lieferantenkrediten handelt es sich um nicht ausgenutzte Skonti. In der Regel ist es finanziell sogar **günstiger**, **einen Bankkredit** aufzunehmen, um Skonto ausnutzen zu können; das nachfolgende Beispiel macht dies deutlich.

Exkurs zum kaufmännischen Rechnen: Die Skontoberechnung

Die Grundformel zur Skontoberechnung lautet:

$$p = \frac{360 \times \text{Skontosatz}}{\text{Zahlungsziel (Tage)} - \text{Skontoziel (Tage)}}$$

Beispiel
Skontoabzug

> Handwerkermeister Hartung erhält von einem Lieferanten eine Rechnung über 2.800,00 €. Die Zahlungsbedingungen lauten: Zahlbar innerhalb von 10 Tagen mit 2% Skonto oder in 30 Tagen rein netto. Hartung nimmt Skonto in Anspruch und zahlt nach 10 Tagen unter Abzug von 2% Skonto.
>
> Wie viel Prozent Verzinsung entspricht der Skontoabzug?
>
> $$p = \frac{360 \times 2}{30 - 10} = 36\%$$
>
> Der Skontoabzug entspricht einer Verzinsung von 36%.

---

1 Eine Vorauszahlung durch den Kunden wirkt wie eine Umkehrung des Lieferantenkredits (Siehe dort).

(Fortsetzung) Einteilung der Kredite nach dem Kreditgeber

■ **Bankkredite:** Darlehen und Kontokorrentkredite sowie Kleinkredite für Privatleute zählen zu den häufigsten Bankkrediten. Hinsichtlich der Konditionen sind die meisten Bankkredite sehr unterschiedlich und für Verbraucher schwer vergleichbar.

Bankkredite

■ **öffentliche Kredite:** Förderungswürdige Wirtschaftsbereiche können zinsgünstige Kredite aus öffentlichen Kassen beantragen. Es handelt sich hier teilweise um staatliche Subventionen, d.h. um Zuschüsse, die nicht zurückgezahlt werden müssen.

öffentliche Kredite

■ **Privatkredite** werden den Unternehmen unmittelbar, z.B. durch Einlagen stiller Gesellschafter, gewährt.

Privatkredite

Kredite nach der Leistung

Ein Kredit kann sowohl in Form von Geldmitteln wie auch in Form von Sachmitteln erfolgen. Besteht ein Kredit in der Vergabe von Geldkapital, spricht man von Geldmittelfinanzierung, im zweiten Fall von Sachmittelfinanzierung.

Sachmittelfinanzierung

Die bedeutendste Form der Sachmittelfinanzierung ist das Leasing (siehe dort).

5.6.2 Gegenüberstellung der Vor- und Nachteile der Kreditfinanzierung

Vorteile Kreditfinanzierung	Nachteile Kreditfinanzierung
die Rentabilität des Unternehmens kann erhöht werden, wenn die Verzinsung der Investitionen den Fremdkapitaleinsatz übersteigt	die Fremdmittel müssen verzinst werden
Risikoreiche Investitionen werden eher verhindert, da Zinsen und Tilgung zu exakter Kalkulation zwingen	die Mittel stehen dem Unternehmen begrenzt zur Verfügung
	mit zunehmender Fremdfinanzierung sinkt die Kreditfähigkeit

5.7 Leasing als Sachmittelkredit-Form

Das Konzept von Leasing

Beim Leasing werden die Nutzungsrechte an Maschinen, Fahrzeugen, EDV-Anlagen oder an sonstigen beweglichen Anlagegütern für eine bestimmte Zeit auf den Leasingnehmer übertragen.

Nutzungsrecht

5.7.1 Beweggründe/Argumente für Leasing

Da die geleasten Güter nicht nur genutzt, sondern auch zur Gewinnerzielung ("Fruchtziehung") eingesetzt werden, enthält der Leasing-Vertrag sowohl Elemente eines Miet- wie auch eines Pachtvertrages. **Beweggründe** zum Leasing:

Beweggründe zum Leasing

- Völlige Fremdfinanzierung

- Klare Kalkulationsgrundlage - Leasing-Beträge sind über die gesamte Mietzeit fest

- Kreditgrenzen werden nicht berührt

- Am Ende der Mietzeit besteht die Alternative zur Weiternutzung oder zum Austausch gegen eine neue Anlage

- Leasing ist bilanzneutral

5.7.2 Verschiedene Leasingformen

Es können weiter verschiedene Leasingformen unterschieden werden:

nach dem Leasing-Geber

- **Direktes Leasing**: Leasing-Geber (Vermieter) ist der Hersteller selbst.

- **Indirektes Leasing**: der Leasing-Geber ist eine zwischengeschaltete Leasing-Gesellschaft.

nach der Art der geleasten Gegenstände

- Ausrüstungsvermietung (**Equipment-Leasing**); Gegenstände, die der Ausrüstung des Unternehmens dienen, werden vermietet; z.B. Maschinen, IT-Anlagen

- Industrieanlagenvermietung (**Industrie-Leasing**); Hier werden ganze Industrieanlagenvermietet; z.B. Fabrikgebäude einschließlich Ausrüstung

- **Konsumgüter-Leasing**; Private Haushalte sind Leasing-Nehmer; z.B. für Autos, Fernsehgeräte etc.

nach den Leasing-Verträgen

- **Finance-Leasing**; Grundlage ist das langfristige Mieten von Investitionsgütern. Die Mietzeit richtet sich nach der voraussichtlichen Nutzungsdauer des gemieteten Gutes. Die Mietzeit ist fest vereinbart und kann während der Mietzeit nicht gekündigt werden; der Vorteil für den Vermieter ist, dass er mit festen Einnahmen rechnen kann; relativ niedrige Mietkosten.

- **Operate-Leasing**; Hier kann der Mieter unter Einhaltung einer vereinbarten Kündigungsfrist vom Leasing-Vertrag zurücktreten. Dementsprechend sind die Mietkosten relativ hoch. Vorteil für den Mieter ist die Anpassungsmöglichkeit an den neuesten technischen Stand.

- **Sale-and-lease-back**; Bei dieser Vertragsform werden bereits im Eigentum des künftigen Leasing-Nehmers stehende Investitionsgüter an die Leasing-Gesellschaft mit der Absicht veräußert, diese im Rahmen eines Leasing-Vertrages zu nutzen. Das Leasinggut selbst wechselt also nicht den Besitzer. Der Kaufpreis richtet sich nach den ursprünglichen Anschaffungskosten unter Berücksichtigung der AfA sowie nach dem aktuellen Verkehrswert und der Fungibilität[1] des Wirtschaftsgutes.

---

1 Drittverwendbarkeit der Leasing-Objekte; diese ist erforderlich, um die Wirtschaftsgüter im Falle von Leistungsstörungen, aber auch nach Ablauf der Vertragslaufzeit, verwerten zu können

5.7.3 Gegenüberstellung der Vor- und Nachteile von Leasing

Vorteile Leasing	Nachteile Leasing
Finanzierung ausschließlich mit Fremdkapital	teurer als Eigen- oder Fremdkapital
Verbesserung der Liquidität	Leasing-Nehmer muss zum Zeitpunkt der Kreditaufnahme bestimmte Bonitätsbedingungen erfüllen
die Mietzeit kann an die betrieblichen Bedürfnisse angepasst werden	laufende Mietzahlung unabhängig von der Liquiditätslage
Verbesserung der Kennzahlen bei einer Bilanzanalyse	Vertragliche Bindung auf mehrere Jahre
keine Aktivierung der Güter in der Bilanz, sondern Abzugsfähigkeit der Leasingraten als Betriebsausgaben; dadurch Minderung der Gewerbe-, Einkommen- bzw. Körperschaftsteuer	
Klare Kostengrundlagen für Auftragskalkulationen und Risikoeingrenzung durch Verwertung des Gutes nach Vertragsablauf durch den Vermieter	

5.8 Factoring

5.8.1 Rechtliche Grundlagen / Factoringvertrag

Factoring ist der regelmäßige **Verkauf von kurzfristigen Forderungen aus Lieferungen und Leistungen** vor Fälligkeit an eine Factoring-Gesellschaft. Beteiligte Personen an diesem Geschäft sind:

Factoring = kurzfristige Finanzierung von Forderungen

- der **Verkäufer** als Gläubiger einer Forderung (Klient/Anschlusskunde)

- der **Käufer** als Schuldner der Forderung

- die **Factoring-Gesellschaft** als das zwischengeschaltete Finanzierungsinstitut

Die Factoring-Gesellschaft überbrückt den Zeitraum zwischen Forderungserwerb und Fälligkeit der Forderung. Insofern ist das Factoring ein **Instrument der kurzfristigen Finanzierung**.

Für das Factoring gelten folgende Merkmale:

Eignungsmerkmale

- Angekauft werden nur Forderungen aus Lieferungen und Leistungen gegenüber gewerblichen Abnehmern, mit denen dauerhafte Geschäftsverbindungen bestehen.

- Die Klienten sollten im Bereich Produktion und/oder Handel tätig sein, sie sollten einen bestimmten Mindestumsatz aufweisen und sie sollten über einen möglichst festen Kundenkreis verfügen.

- Für das Factoring geeignet sind Forderungen, deren Zahlungsziel in der Regel 90 Tage nicht überschreitet und die im Durchschnitt mindestens 500,00 € betragen.

5.8.2 Funktionen des Factoring

Je nach Ausgestaltung des Vertrages übernimmt der Factor für seinen Klienten folgende Funktionen[1]:

Finanzierungsfunktion	Dienstleistungs-funktion	Delkrederefunktion
Factoring beinhaltet eine Vorfinanzierung der angekauften Forderungen mit ca. 80 - 90%. Dieser Betrag wird auf ein Sperrkonto des Klienten überwiesen (Bevorschussung) und dann freigegeben, wenn keine Beanstandungen seitens des Käufers aus dem zugrunde liegenden Kaufvertrag mehr zu erwarten sind, z.B. in Form von Mängelrügen oder Rücksendungen.	Der Factor übernimmt es, die Rechnungen zu erstellen, die Kundenkonten zu führen (Debitorenbuchhaltung), das Mahnwesen durchzuführen und ggf. das Forderungsinkasso zu besorgen. Die Dienstleistungsfunktion ist besonders für Klein- und Mittelbetriebe von Vorteil, da sie ihre Verwaltung klein halten können und sich nicht mit Rechtsstreitigkeiten belasten müssen.	Die Delkrederefunktion beinhaltet die Übernahme des Ausfallrisikos, d.h. der Factor verzichtet darauf, seinem Klienten die Forderungen zurückzubelasten, wenn dessen Kunden zahlungsunfähig werden. Um zu vermeiden, dass ein Klient seinem Factor nur "faule" Forderungen verkauft, muss er alle Forderungen zur Sicherung an den Faktor abtreten.

5.9 Forfaitierung

Forfaitierung = Verkauf von Auslandsforderungen

Die Forfaitierung ist der regresslose **Verkauf von mittel- bis langfristigen Forderungen**, die ein Exporteur gegenüber dem **ausländischen Importeur** aus einem Außenhandelsgeschäft hat. Der Begriff "Forfaitierung" kommt aus dem Französischen und leitet sich von dem Wort "à forfait" ab, was soviel heißt wie "in Bausch und Bogen". "Regresslos" bedeutet, dass der Käufer der Forderungen keine Ansprüche gegen den Verkäufer mehr geltend machen kann, nachdem das Geschäft abgeschlossen ist.

Forfaitierung nur bei Außenhandelsgeschäften

Geeignet für diese Geschäfte sind grundsätzlich alle Außenhandelsgeschäfte über Investitionsgüter oder andere langlebige Wirtschaftsgüter, die mit **Importeuren** in anderen Ländern abgeschlossen werden und auf **Wechselbasis** laufen.

Teilnehmer am Forfaitgeschäft

Teilnehmer an diesem Geschäft sind:

- der **Exporteur**, der Waren in das Ausland geliefert hat und dafür Forderungen hat, die in der Regel durch Wechsel abgesichert sind

- der **ausländische Importeur**[2], der Verpflichteter aus den Forderungen und damit aus den Wechseln ist

- die **Bank des Exporteurs**, die das Geschäft vermittelt und mit dem Forfaiteur kommuniziert

- die **Bank des Importeurs**, die für die durch Wechsel verbrieften Zahlungen eine Bankgarantie abgibt

- das **Finanzierungsinstitut** (Forfaiteur), das die Wechsel unter Abzug von Zinsen, Gebühren und Risikoabschlägen ankauft. Häufig handelt es sich bei diesen Instituten um Tochtergesellschaften von Schweizer Großbanken sowie anderer international tätiger Kreditinstitute, die ihren Sitz in Zürich oder an internationalen Bankplätzen, oder aber in Luxemburg mit Nähe zum Euro-Geldmarkt haben.

---

1 Übernimmt der Factor alle drei Funktionen, spricht man vom echten Factoring. Unechtes Factoring liegt hingegen vor, wenn der Factor die Delkrederefunktion nicht wahrnimmt.

2 ... der einen oder mehrere Wechsel als Bezogener unterschreibt

5.10 Sicherung von Personalkrediten

Kreditwürdigkeit und Kreditsicherheit sind eng miteinander verknüpft. Schließlich hängt die Sicherheit eines Kredites von der Kreditwürdigkeit des Schuldners ab. Dennoch ist mit der Vergabe von Krediten für den Gläubiger ein gewisses Risiko verbunden. Eine Lebenserfahrung besagt auf einfache Art: "Kredite sind dann am sichersten, wenn man keine Sicherheit braucht".

Man unterscheidet zwischen gesicherten (= **gedeckten**) und ungesicherten (= **ungedeckten**) Krediten. Ungesicherte Kredite werden auch als **Blankokredit** bezeichnet. Bei gesicherten Krediten haften neben dem Schuldner noch weitere Personen oder im Wert bestimmte Sachen oder Rechte, die der Kreditnehmer seiner Bank übereignet oder verpfändet.

Arten und Möglichkeiten der Kreditsicherung

Nachfolgendes Schaubild zeigt die Arten und Möglichkeiten der Kreditsicherung:

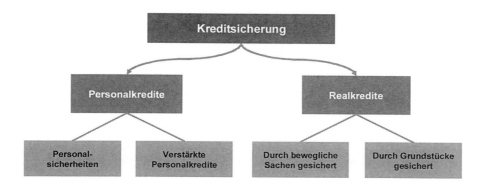

5.10.1 Der Blankokredit

Beim Personalkredit basiert die Sicherheit des Kredites auf der Zuverlässigkeit, dem Fleiß und der beruflichen Leistungsfähigkeit des **Kreditnehmers**. Es handelt sich hier um **Blankokredite**, weil sie ungesichert sind. In der Regel werden sie nur kurzfristig und in begrenzter Höhe gewährt. Kontokorrentkredite, Dispositionskredite, gelegentlich auch Darlehen sind typische Formen des Personalkredites.

Blankokredite sind ungesichert

5.10.2 Verstärkter Personalkredit/Bürgschaft

Neben dem Kreditnehmer haften hier noch weitere Personen für den Kredit. Eine **Risikoverringerung** tritt dadurch ein, dass die weiteren Personen die Voraussetzung der Zahlungsfähigkeit erfüllen.

Bürgschaftskredit §§ 765 ff. BGB, §§ 349 HGB

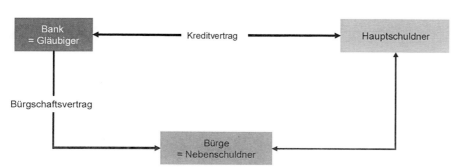

Beim Bürgschaftvertrag erfolgt die Absicherung eines Kredites dadurch, dass der Bürge die Verpflichtung übernimmt, für die **Erfüllung der Verbindlichkeiten** des Hauptschuldners einzustehen.

Schriftform, Vollkaufleute auch mündlich

Er wird zwischen dem Kreditinstitut und dem Bürgen abgeschlossen. Damit der Bürge nicht voreilige Zusicherungen abgibt, ist das **Bürgschaftsversprechen** an die **Schriftform** gebunden. Lediglich Vollkaufleute dürfen im Rahmen ihrer Handelsgeschäfte Bürgschaften auch mündlich abgeben. Aus Beweisgründen erfolgt dennoch eine Bürgschaftserklärung in der Regel schriftlich.

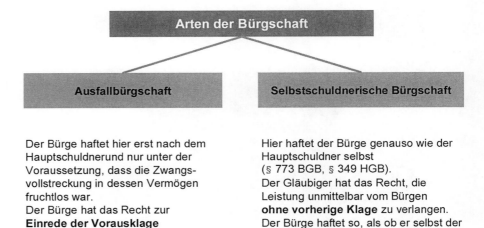

Arten der Bürgschaft	
Ausfallbürgschaft	**Selbstschuldnerische Bürgschaft**

Der Bürge haftet hier erst nach dem Hauptschuldnerund nur unter der Voraussetzung, dass die Zwangsvollstreckung in dessen Vermögen fruchtlos war.
Der Bürge hat das Recht zur **Einrede der Vorausklage** (§ 771 BGB)

Hier haftet der Bürge genauso wie der Hauptschuldner selbst (§ 773 BGB, § 349 HGB).
Der Gläubiger hat das Recht, die Leistung unmittelbar vom Bürgen **ohne vorherige Klage** zu verlangen.
Der Bürge haftet so, als ob er selbst der Schuldner wäre (=selbstschuldnerisch)

"Wer bürgt, wird gewürgt..."

Es ist anzuraten, eine Bürgschaftserklärung wirklich zu überdenken. Da Kreditinstitute ihre Kredite möglichst groß versuchen abzusichern, verlangen sie in der Regel die selbstschuldnerische Bürgschaft.

Bei Bürgschaftskrediten besteht die Möglichkeit zur **Vereinbarung von Höchstbeträgen**, die allerdings über der ursprünglichen Kreditsumme liegen, da neben der Hauptforderung auch Nebenforderungen wie z.B. Zinsen und Mahngebühren bestehen können. Es gilt auch zu beachten, dass durch Tod des Bürgen eine Bürgschaftserklärung nicht erlischt; es handelt sich um eine **Nachlassverbindlichkeit**.

5.10.3 Zessionskredit/Abtretung von Forderungen

Verfahren/Konzept

Ausstehende Forderungen per Abtretungsvertrag einziehen

Unter Zession versteht man eine **Abtretung von Forderungen**. Der Abtretungsvertrag räumt der Bank das Recht ein, ausstehende Forderungen von Kunden einzuziehen. Die Bank erwirbt mit der Zession die Forderungen und tritt selbst an die Stelle des Gläubigers. Die **Bank wird Eigentümerin der Forderungen** (§ 398 BGB).

Für den Zessionsvertrag besteht zwar **keine Formvorschrift**; er wird in der Regel jedoch schriftlich abgeschlossen.

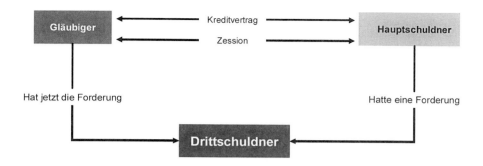

Formen des Zessionskredits

Die Forderungsabtretung wird dem Drittschuldner mitgeteilt. Er darf Zahlungen mit befreiender Wirkung dann nur noch an den Zessionar (= Kreditinstitut) leisten. Der Kreditnehmer wird versuchen, die offene Zession zu vermeiden.

Offene Zession

Bei der stillen Zession haben die Drittschuldner keine Kenntnis von der Forderungsabtretung. Kommt der Bankschuldner jedoch mit seinen Verpflichtungen in Verzug, teilt die Bank dem Drittschuldner die Zession mit; damit wird aus der stillen Zession eine offene Zession.

Stille Zession

Wenn der Kreditnehmer sämtliche gegenwärtigen und künftigen Forderungen abtritt, liegt eine Globalzession vor. Bei der Mantelzession erfolgt die Abtretung der Forderung erst mit Einreichen der Rechnungsdurchschrift an die Bank.

Global- und Mantelzession

5.10.4 Wechseldiskontkredit

Durch **Indossament** überträgt der Einreicher eines noch nicht fälligen Besitzwechsels (= Rimessen) dem Kreditinstitut die Rechte aus diesem. Die Bank zahlt dafür den Barwert für den akzeptierten und an sie indossierten Wechsel aus.

Dafür berechnet Sie einen **Diskont**, der ein Vorauszins für die Laufzeit des Kredits ist und im Voraus abgezogen wird. Wird der Wechsel nicht eingelöst, belastet die Bank dem Einreicher die Regress-Summe.

Da die Bank die Wechselsumme erst zu einem späteren Zeitpunkt (Verfalltag) bekommt und sie ihrem Kunden den Barwert sofort zur Verfügung stellt, ist das Diskontgeschäft ein Kreditgeschäft.

5.11 (Dingliche) Sicherung von Realkrediten

Im Falle von Realkrediten erhält der Gläubiger aus dem Vermögen des Schuldners eine zusätzliche Sicherung in Form von Sachen oder Vermögensrechten. Der Gläubiger erhält hier ein **unmittelbares Zugriffsrecht**.

5.11.1 Lombardkredit

Begriff/Konzept/Verfahren

bewegliche Sachen sichern Kredite (Faustpfandkredite)

Beim Lombardkredit verpfändet ein Kreditnehmer an einen Kreditgeber (zumeist eine Bank) **bewegliche Sachen** wie zum Beispiel Wertpapiere oder Waren zur Deckung eines kurzfristigen Kredites. Die Bank erhält das **Pfandrecht durch Einigung und Übergabe** (§§ 1204 BGB). Die Verpfändung von Wertpapieren kommt dabei häufiger vor als die von Waren.

Banken beleihen Pfandgegenstände **nicht zum vollen Wert**, um das Risiko des zwischenzeitlichen Wertverlustes möglichst einzugrenzen. Waren und Aktien werden in etwa zu 50%, festverzinsliche Wertpapiere bis zu 70% des Marktwertes beliehen.

Der Pfandgläubiger hat die Pflicht, die Gegenstände (Pfänder) **sorgfältig aufzubewahren**. Ist das Pfandrecht erloschen, muss das Pfand an den Verpfänder zurückgegeben werden (§1223 BGB).

das Pfand veräußern

Kommt der Schuldner mit seiner Verpflichtung aus dem Kreditvertrag in Verzug, kann der Kreditgeber das Pfand veräußern. Gemäß § 1234 ff. BGB bestehen zwar **Androhungs- und Wartefristen**, jedoch unterwirft sich der Kunde beim Lombardgeschäft mit einer Bank den allgemeinen Geschäftsbedingungen, die diese Fristen ausschließen.

Vor- und Nachteile

Vorteil des Lombardkredits

Vorteil: Der Kreditnehmer kann sich schnell einen Überbrückungskredit verschaffen, ohne die beliehenen Gegenstände verkaufen zu müssen.

Nachteil des Lombardkredites

Nachteil: Der Kreditnehmer verliert den Besitz des verpfändeten Gegenstandes und kann ihn somit nicht mehr wirtschaftlich nutzen.

5.11.2 Sicherungsübereignungskredit

Begriff/Konzept/Verfahren

Die Bank wird Eigentümerin und mittelbare Besitzerin

Die Bank lässt sich zur Sicherung eines Kredites den gekauften Gegenstand übereignen. Sie wird als Gläubigerin somit Eigentümerin und mittelbare Besitzerin (**Besitzkonstitut**). Der Schuldner (Kreditnehmer) bleibt unmittelbarer Besitzer. Er kann im Gegensatz zum Faustpfandkredit mit der Sache arbeiten, Zins und Tilgung erwirtschaften.

Das Eigentumsrecht, welches das Kreditinstitut als Gläubigerin erwirbt, ist nicht uneingeschränkt, weil es lediglich **treuhänderischen (fiduziarischen) Charakter** hat[1].

---

1 Es wird erst voll wirksam, wenn der Schuldner seiner Verbindlichkeit nicht nachkommt. Sobald der Kredit zurückbezahlt ist, geht das Eigentum an den Kreditnehmer zurück.

Die Sicherungsübereignung ist nach außen nicht erkennbar. Dies ist für den Gläubiger von Nachteil, denn er riskiert, dass die Sache bereits anderweitig übereignet wurde oder gar an einen gutgläubigen Dritten verkauft wurde.

Nachteil des Sicherungsübereignungskredits

Beispiele geeigneter Sicherungsübereignungsgegenstände

Für den Kreditnehmer hat die Sicherungsübereignung den Vorteil, dass er mit dem Gegenstand arbeiten kann, weil er unmittelbarer Besitzer bleibt. Daher eignen sich besonders **bewegliche Gegenstände** für den Sicherungsübereignungskredit wie zum Beispiel Maschinen, Kraftfahrzeuge, Transporteinrichtungen, Warenlager usw.

5.12 Pfandrecht

Wenn eine Forderung durch ein Pfandrecht dinglich gesichert wird, dann hat der Gläubiger das Recht, das Pfand zu verwerten, sobald seine Forderung ganz oder teilweise fällig ist.

Begriff

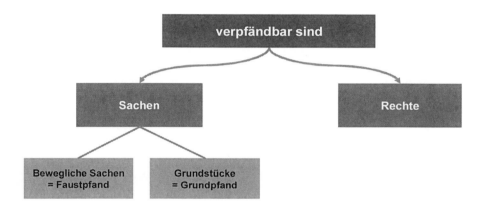

Grundkredite

Grundkredite sind Kredite, die durch Eintragung eines Grundpfandrechtes im Grundbuch gesichert sind.

Das Grundbuch ist ein Verzeichnis der Grundstücke eines Amtsgerichtsbezirks bzw. Gemeindebezirks. Es hat die Aufgabe, die Rechtsverhältnisse jedes Grundstücks erkennbar zu machen. Grundbücher werden zentral bei den **Grundbuchämtern** geführt. Sie sind **öffentlich**, d.h. jeder, der ein berechtigtes Interesse nachweist, darf Einsicht nehmen oder sich einen Auszug anfertigen lassen. Wie beim Handelsregister, genießt das Grundbuch öffentlichen Glauben und gilt demnach als richtig. Eintragungen und Löschungen im Grundbuch müssen beantragt werden. Eine im Grundbuch eingetragene Belastung eines Grundstücks gibt dem Gläubiger das Recht, auf **Zwangsvollstreckung** in das verpfändete Grundstück zu klagen, wenn der Kredit nicht fristgemäß zurückgezahlt wird.

Grundbuch

Grundpfandrechte können mit einem Rang eingetragen sein. Im Falle einer Zwangsvollstreckung muss zuerst die Forderung mit dem ersten Rang voll befriedigt werden, danach erst die nachfolgenden. Ist der Wert des Grundstücks geringer als die eingetragenen Belastungen, so können die Grundpfandrechte mit letztem Rang nur teilweise oder sogar überhaupt nicht befriedigt werden.

Rangstufen

Kredit gegen Eintragung einer Hypothek

Hypothek ist die **Verpfändung eines Grundstücks** zur Sicherung eines Kredites. Voraussetzung ist ein gültiges Schuldverhältnis, mit dem sie untrennbar verbunden ist.

Haftung

Für die Forderung einschließlich der Zinsen und Nebenkosten haften:

- der Schuldner mit seinem ganzen Vermögen (= persönliche Haftung)
- das Grundstück (= dingliche Haftung)
- die Bestandteile, das Zubehör, die Erzeugnisse und Erträge des Grundstücks.

Verkehrshypothek	Sicherungshypothek als Höchstbetragshypothek
Die im Verkehr übliche Hyopthek zur Sicherung von Tilgungs- und Annuitätenforderungen	Hypothek zur Sicherung von in der Höhe schwankenden Forderungen (Kontokorrentkredite)
Der Schuldner trägt die Beweislast, wenn er die Berechtigung einer Forderung gegen ihn bestreitet.	Der Gläubiger muss den Nachweis erbringen, dass seine Forderung besteht.

Kredit gegen Eintragung einer Grundschuld

Da die Eintragung einer Grundschuld im Gegensatz zur Hypothek keine persönliche Forderung voraussetzt, ist sie häufiger vorzufinden als die Hypothek - die Grundschuld ist deshalb **für den Gläubiger günstiger**. Allerdings kann die Grundschuld - im Gegensatz zur Hypothek - gegebenenfalls wieder aufleben. Auch muss der Gläubiger bei der Beleihung einer Grundschuld darauf achten, dass das Grundstück nicht zu hoch belastet ist, um im Falle der Zwangsvollstreckung seine Forderung ganz und gar abdecken zu können. Wenn eine Grundschuld im Grundbuch eingetragen ist, ist es nicht erforderlich, eine Forderung nachzuweisen.

Gegenüberstellung "Hypothek - Grundschuldeintrag"[1]

Hypothek	Grundschuld
Ein Pfandrecht an einem Grundstück, bei dem der Schuldner und das belastete Grundstück haften (Dingliche und persönliche Haftung)	Ein Pfandrecht an einem Grundstück, bei dem nur das Grundstück, nicht aber der Eigentümer haftet (Dingliche Haftung)
Voraussetzung für die Eintragung ist das Bestehen einer Forderung	Für die Eintragung ist das Bestehen einer Forderung nicht Voraussetzung
Eintragung einer Hypothek auf den Namen des Eigentümers nich möglich	Eintragung einer Hypothek auf den Namen des Eigentümers nich möglich

1 Hinweis zum Thema Grundschuld/dingliche Haftung: Die Praxis zeigt, dass sich Kreditinstitute die Übernahme der persönlichen Haftung durch eine Klausel in der Grundschuldbestellung zusichern lassen.

5.13 Investition

Investition ist die Anlage von Geld- oder Sachkapital in das Betriebsvermögen. Investitionen müssen von Unternehmen geplant werden. Diese Entscheidungen orientieren sich in der Regel an der künftigen Entwicklung des Absatzes, der Kosten und auch des Gewinns. Da diese Parameter mit gewissen Unsicherheiten verbunden sind, sind auch die **Investitionen starken Schwankungen unterworfen.**

Begriff "Investition"

Volkswirtschaftlich betrachtet spielen Investitionen eine bedeutende Rolle: Schließlich sind sie mitunter der entscheidende Faktor für Beschäftigung und damit zur Einkommensbildung. Daher ist es wichtig, dass ständig **genügend Anreize** für neue Investitionen vorhanden sind, um der Zielsetzung Vollbeschäftigung und Wachstum näher zukommen.

Investitionen als entscheidender Faktor für Beschäftigung

Wichtige Investitionsarten

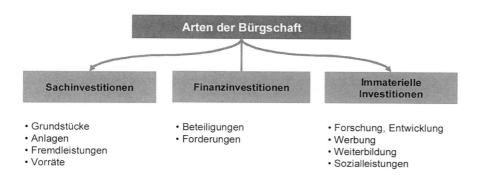

Die Bilanzgleichung

Der Zusammenhang zwischen Investition und Finanzierung ist anhand der **Bilanz** zu erkennen:

Bilanzgleichung

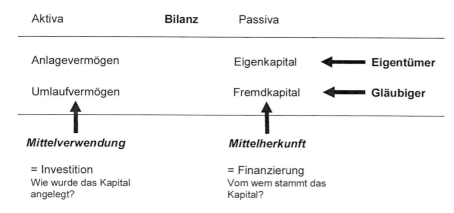

Die **Passivseite** der Bilanz gibt Auskunft über die **Kapitalbeschaffung,** die **Aktivseite** stellt die **Kapitalverwendung** dar. Hieraus ergibt sich die Bilanzgleichung.

5.14 Methoden der Investitionsplanung und –rechnung

Planungen sind die Grundlage für Entscheidungen

Entscheidungen für Investitionen sollten auf einem soliden Fundament stehen. Grundlage hierzu sind an erster Stelle die Planungen. Für die Investitionsplanung können zwei grundlegende Methoden sehr hilfreich sein:

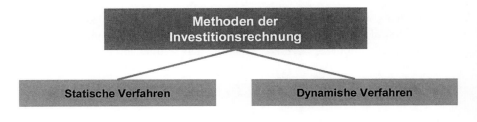

Methoden der Investitionsrechnung	
Statische Verfahren	**Dynamische Verfahren**
Sie Gründen sich auf die Kosten bzw. Erlöse von nur einer Periode, z.B. des ersten Jahres nach einer Investition.	Sie sind mehrperiodig und beurteilen Investitionsalternativen über die gesamte Nutzungsdauer hinweg.
• Kostenvergleichsrechnung • Rentabilitätsrechnung • Amortisationsrechnung	• Kapitalwertmethode • Methode des internen Zinssatzes • Annuitätenmethode

Fußnote zur Grafik[1]

Statische Verfahren

Im Rahmen der statischen Methoden wird stets nur **eine Periode** betrachtet. Deshalb ist der **Aufwand** für die Beschaffung der Daten relativ **gering** - die **Aussagequalität** ist aber **kritisch** zu sehen.

Dynamische Verfahren

Dynamische Verfahren berücksichtigen **mehrere Perioden**. Der **Aufwand** für die Beschaffung der Daten ist dementsprechend **hoch** - dafür ist die **Aussagequalität besser**. Die dynamischen Verfahren werden insofern der wirtschaftlichen Realität mehr gerecht, als dass sie den zeitlichen Anfall der Zahlungsströme mittels **Zinseszinsrechnung** einbeziehen. Die führt zu der Prämisse: Heute verfügbares Geld ist mehr wert als künftiges.

5.14.1 Statische Verfahren zur Investitionsplanung und –rechnung

Kostenvergleichsrechnung

Um **Rationalisierungsinvestitionen** beurteilen zu können, ist die Kostenvergleichsrechnung sehr hilfreich. Die Kosten der alten Anlage werden mit denjenigen der neuen verglichen. Die **Kostendifferenz** dient dabei als **Entscheidungskriterium**, ob eine Investition in Frage kommt oder nicht. Die Alternative mit den niedrigsten Kosten wird realisiert.

Gewinnvergleichsrechnung

Bei der Gewinnvergleichsrechnung werden neben den **Kosten** durch das Investitionsvorhaben auch die erwarteten **Erlöse** berücksichtigt.

---

1   Zur Durchführung der statischen Methoden werden für einzelne einzurechnende Kosten (kalkulatorische Abschreibungen, kalkulatorische Zinsen, Material-, Personalkosten usw.) im Allgemeinen Jahresdurchschnittswerte ermittelt, wobei die gesamte Investitionslaufzeit zugrunde gelegt wird. Vom ersten Jahr wird im Allgemeinen nur ausgegangen, wenn die Kostenentwicklung als völlig unwägbar angesehen wird. Dann allerdings sind alle - auch die dynamischen - Methoden nur bedingt sinnvoll in der Anwendung.

Als **Entscheidungskriterium** wird die **Gewinnveränderung** durch die Investition herangezogen. Bei diesem Verfahren wird eine Kostenvergleichsrechnung zugrunde gelegt und deren Ergebnis - sozusagen in einer angehängten Zeile - mit dem durchschnittlichen jährlichen Periodenerlös verrechnet. Dabei ermittelt man für die Alternativen "alte Anlage wird weiterbetrieben" und "Investition wird realisiert" Jahresdurchschnittswerte und stellt diese einander gegenüber. Rechnerisch ist dieser Fall der "Ersatzinvestition" eher ein Sonderfall; der übliche Fall ist, dass zur Realisation eines neuen Projekts mehrere Investitionsalternativen zur Verfügung stehen und mittels der Verfahren der Investitionsrechnung entschieden wird, welche davon verwirklicht werden soll. Eine Gewinnschätzung über einen längeren Zeitraum wäre wegen der ständigen Bewegungen im Markt zu ungenau und unsicher.

über Investitionsalternativen entscheiden

Die Rentabilitätsrechnung prüft das Verhältnis zwischen Gewinn (oder Kostenersparnis) und Kapital. Die Rentabilität ist die Verzinsung des in einem Unternehmen eingesetzten Kapitals. Dabei wird eine Investition nach dem Kriterium der höchsten **Verzinsung des Kapitaleinsatzes** beurteilt.

Rentabilitätsrechnung

Exkurs: Gesamtkapitalrentabilität

Im Zusammenhang mit Investitionen wird zwar die Rentabilität einer Investition und nicht die Gesamtkapitalrentabilität betrachtet - dennoch soll ein kleiner Exkurs in den Bereich der allgemeinen Unternehmenskennzahlen zum Gesamtverständnis beitragen:

Das Kapital ist für jedes Unternehmen lebensnotwendig. Es muss nicht nur erhalten bleiben, sondern möglichst vermehrt werden. Dieser Weg ist nur über die Rentabilität möglich. Bei der Ermittlung der **Gesamtkapitalrentabilität** wird das gesamte Kapital (aus der Bilanzsumme zu ersehen) eingesetzt.

Das Kapital muss vermehrt werden

Die absolute Höhe der Kostenersparnis oder des Gewinns wird bei diesen Methoden nicht berücksichtigt. Dazu dient die Kostenvergleichs- und Gewinnvergleichsrechnung.

Ermittlung der Rentabilität

$$\text{Rentabilität} = \frac{\text{jährlicher Gewinn x 100}}{\text{gebundenes Kapital}}$$

oder:

$$\text{Rentabilität} = \frac{\text{jährliche Kostenersparnis x 100}}{\text{gebundenes Kapital}}$$

Die investitionsbedingte Gebundenheit von Kapital in einem Unternehmen bezeichnet man als **Kapitalbindung**. Kapital ist dann gebunden, wenn es nicht sofort liquide zur Verfügung steht - wenn es zwar in der Unternehmensbilanz aufgelistet ist, jedoch nicht als Geldmittel disponiert werden kann.

gebundenes Kapital

Die Rentabilität, wenn sie für eine einzelne Investition bestimmt werden soll, wird berechnet, indem der Gewinn- oder die Kostenersparnis aus der Investition dem durch eben diese Investition gebundenen Kapital gegenübergestellt wird. Das gebundene Kapital wird dabei meist als durchschnittlich gebundenes Kapital aufgefasst: Man geht also nicht von dem vollen ursprünglichen Investitionsbetrag aus, sondern von dessen Hälfte, weil der Betrag ja im Laufe der Investitionszeit rückgewonnen wird.

Gegenüberstellung von Gewinn oder Kostenersparnis und gebundenem Kapital

Amortisationsrechnung

Aus dem Cashflow ist die
Selbstfinanzierungskraft eines Unternehmens zu erse-
hen

Die Amortisationsrechnung, auch als "Pay-off-Methode" bezeichnet, berücksichtigt bei einer Investition den **Zeitraum**, der erforderlich ist, bis das investierte Kapital in Form von Abschreibungen und Gewinnen (= Cashflow) wieder zurückge-
flossen ist. Der "Cashflow" ist somit eine **bedeutende Messgröße** und wird als
Bindeglied zwischen der Gewinn- und Finanzplanung betrachtet.

So kann ein Unternehmen zum Beispiel einen nur mäßigen Gewinn ausweisen,
aber dennoch in der vergangenen Rechnungsperiode erhebliche Mittel erwirtschaftet haben. Dazu zählen in erster Linie:

- die **Abschreibungen**

- eventuell neu gebildete **Rücklagen**

- langfristige **Rückstellungen** (z.B. Pensionsrückstellungen)

Man wählt grundsätzlich die Investitionsform, bei der die Kapitalrückflusszeit am
kürzesten ist - bedauerlicherweise auch, wenn andere Formen langfristig eine höhere Rendite brächten!

Exkurs: Cashflow

Kapitalbindung und Cash-
flow

Kapitalbindung ist auch ein Indikator dafür, ob ein Unternehmen **Cashflow-Pro-
bleme** bekommen könnte bzw. im positiven Sinne, inwieweit es in seine eigene
Infrastruktur investiert. Neben dem Umfang der Kapitalbindung ist auch die Zeitspanne, in der Kapital gebunden ist, von Bedeutung.

$$\text{Cashflow} = \text{Gewinn} + \text{Abschreibungen}$$

Hinweis zur Formel: Bei der Berechnung der statischen Amortisation gehen viele
Quellen nicht von "Gewinn plus Abschreibungen" im Nenner aus, sondern setzen
dort "Rückflüsse" ein, worunter aber nichts anderes verstanden wird.

Manipulationen weniger
möglich

Der Cashflow hat gegenüber dem Bilanzgewinn als Messgröße den Vorteil, dass **Manipulationen weniger möglich** sind und er deshalb auch in seiner Aussagekraft
zuverlässiger ist. Besonders Banken haben an dem Cashflow ein reges Interesse, da
sie damit ihren Kreditspielraum ermitteln.

$$\text{Kreditspielraum} = \frac{\text{Gesamtverschuldung}}{\text{Cashflow}}$$

Daraus lässt sich errechnen, in wie vielen Jahren sämtliche Schulden des Unternehmens aus dem Cashflow getilgt werden könnten. Je kürzer der Zeitraum, desto größer ist der Kreditspielraum des Unternehmens.

Die Kapitalrückflusszeit für diese Investition lässt sich wie folgt berechnen:

$$\text{Kapitalrückflusszeit} = \frac{\text{Investition}}{\text{Cashflow}}$$

Ein Unternehmen kauft eine Maschine für 600.000,00 €. Es wird eine Nutzungsdauer von 10 Jahren zugrunde gelegt; man geht von einem jährlichen Gewinn von 65.000,00 € aus.

$$\text{Kapitalrückflusszeit} = \frac{600.000,00}{65.000 + 60.000} = 4,8 \text{ Jahre}$$

5.14.2 Dynamische Verfahren zur Investitionsplanung und –rechnung

Nach der Kapitalwertmethode werden für die gesamte Nutzungsdauer die Einnahmen und Ausgaben ermittelt, die aufgrund der Investition entstanden sind, und diskontiert diese auf den Zeitpunkt Null. Als Differenz erhält man den Kapitalwert der Investition. Die Investition ist gewinnbringend, wenn der Kapitalwert positiv ist.

Kapitalwertmethode

Basis für die Methode des internen Zinssatzes oder -fußes ist die Kapitalwertmethode. Allerdings wird hier nicht der Kapitalwert ermittelt, sondern der Zinssatz, der einer untersuchten Investition „innewohnt" - also realisiert wird, wenn die Investition wie geplant durchgeführt wird. Der interne Zinssatz muss dabei höher sein als die Rendite von alternativen Investitionen.

Methode des internen Zinssatzes

Die Annuitätenmethode rechnet die sich jährlich ändernden Einnahmen und Ausgaben einer Investition in gleichwertige Annuitäten um. Die einzelnen mathematischen Berechnungen der Investitionen werden hier nicht weiter erläutert, da sie den Rahmen sprengen würden. Ziel ist es, lediglich einen Überblick über die Verfahren und Methoden der Investitionsplanung und -rechnung zu vermitteln.

Annuitätenmethode

Die folgende Abbildung zeigt noch eine **Beispielkonstellation** zur Verdeutlichung des Verlaufs der Abzinsung:

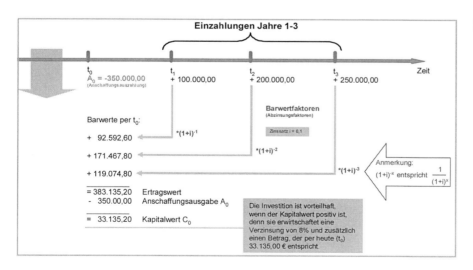

5.15 Öffentliche Abgaben

5.15.1 Steuern, Gebühren und Beiträge

§ 3 Steuern, steuerliche Nebenleistungen

In dem so genannten „Grundgesetz für Steuern", der **Abgabenordnung** (AO), ist der Steuerbegriff wie folgt definiert: „Steuern sind Geldleistungen, die nicht eine Gegenleistung für eine besondere Leistung darstellen und von einem öffentlich-rechtlichen Gemeinwesen zur Erzielung von Einnahmen allen auferlegt werden, bei denen der Tatbestand zutrifft, an den das Gesetz die Leistungspflicht knüpft; die Erzielung von Einnahmen kann Nebenzweck sein."

Steuern sind demnach Geldleistungen, die nicht eine Gegenleistung für eine besondere Leistung darstellen. Mit dieser Definition unterscheiden sich Steuern von Gebühren und Beiträgen.

Steuern dürfen **nur aufgrund von Gesetzen erhoben** werden. Das Recht, ein Gesetz zu erlassen, haben der Bund und die Länder. Steuern geben Bund, Ländern und Gemeinden die Möglichkeiten, sich die zur Erfüllung ihrer Aufgaben notwendigen Geldmittel auf gesetzmäßigem Wege zu beschaffen.

Steuern versus Gebühren

- **Gebühren** sind Geldleistungen für die Inanspruchnahme der öffentlichen Verwaltung in einem bestimmten Einzelfall, denen **eine konkrete Gegenleistung** gegenüber steht: Zum Beispiel von der Stadt erhobene Gebühren zur Müllabfuhr oder die Zuzahlung zum Personalausweis.

Steuern versus Beiträge

- **Beiträge** sind Geldleistungen für die **Inanspruchnahme der öffentlichen Verwaltung**, der eine Gegenleistung gegenüber steht, wobei die Beiträge unabhängig von der tatsächlichen Inanspruchnahme der Gegenleistung erhoben werden - die Kosten werden allerdings nicht allein getragen: Zum Beispiel von der Gemeinde erhobene Anliegergebühren für die Erneuerung der Straßenbeleuchtung oder der Kostenanteil zur Nutzung der Kläranlage.

5.15.2 Steuerliche Nebenleistungen

Werden Steuererklärungen nicht rechtzeitig eingereicht oder Steuern zu spät gezahlt, hat der Fiskus die Möglichkeit, dies zu „bestrafen". Zu den steuerlichen Nebenleistungen, die in der AO geregelt sind, zählen:

Verspätungszuschlag

- Der **Verspätungszuschlag** (§ 152 AO), der gegen denjenigen erhoben werden kann, der seiner Verpflichtung zur Abgabe einer Steuererklärung nicht oder nicht fristgerecht nachkommt. Von der Festsetzung eines Verspätungszuschlages kann abgesehen werden, wenn die Versäumnis entschuldbar erscheint. Der Verspätungszuschlag darf 10% der festgesetzten Steuer oder des festgesetzten Messbetrages nicht übersteigen und höchstens 25.000,00 € betragen.

Zwangsgeld

- Ein **Zwangsgeld** (§ 329 AO), das gegen denjenigen festgesetzt werden kann, der trotz wiederholter Aufforderung der Verpflichtung zur Abgabe der Steuererklärung nicht nachkommt. Das einzelne Zwangsgeld darf 25.000,00 € nicht übersteigen. Ist ein gegen eine natürliche Person festgesetztes Zwangsgeld uneinbringlich, so kann das Amtsgericht auf Antrag der Finanzbehörde nach Anhörung des Pflichtigen Ersatzzwangshaft anordnen. Jedoch muss bei der Androhung von Zwangsgeld hierauf hingewiesen worden sein.

■ **Säumniszuschläge** (§ 240 AO), die erhoben werden können, wenn eine Steuer nicht fristgerecht bezahlt wird. Ist die Steuer nicht bis zum Ablauf des Fälligkeitstages entrichtet worden, so kann für jeden angefangenen Monat der Säumnis ein Säumniszuschlag in Höhe von 1% des abgerundeten rückständigen Steuerbetrages (abzurunden auf den nächsten durch 50 teilbaren Betrag) erhoben werden. Sofern die Steuer auf das Konto der Finanzbehörde eingezahlt / überwiesen wird, wird ein Säumniszuschlag bei einer Säumnis bis zu drei Tagen nicht erhoben.

Säumniszuschlag

■ **Zinsen** (§ 233 ff. AO), die auf Steuernachforderungen und auf Steuererstattungen berechnet werden. Der Zinslauf beginnt in der Regel 15 Monate nach Ablauf des Kalenderjahres, in dem die Steuer entstanden ist. Neben der Verzinsung von Steuernachforderungen und –erstattungen werden Zinsen berechnet für z.B. Stundungen, auf hinterzogene Steuern und auf Steuern für die Aussetzung der Vollziehung beantragt wurde.

Zinsen

■ **Kosten** (u.a. § 337 AO), wie zum Beispiel Vollstreckungskosten und Pfändungsgebühren, die an den Steuerpflichtigen weiterberechnet werden.

Kosten

5.15.3 Steuerliche Vorschriften

Zu den steuerlichen Vorschriften zählen Gesetze, Durchführungsverordnungen, Richtlinien und Entscheidungen der Steuergerichte:

■ **Gesetze** sind Rechtsnormen, an die Bürger, Verwaltung und Gerichte gebunden sind; sie werden aufgrund eines förmlichen Gesetzgebungsverfahrens erlassen.

Gesetze

■ Bei den steuerrechtlichen **Durchführungsverordnungen** handelt es sich um Rechtsverordnungen, die Steuergesetze ergänzen und stellenweise erläutern. Rechtsverordnungen sind Rechtsnormen, die eine Verbindlichkeit von Gesetzen haben, allerdings nicht in einem förmlichen Gesetzgebungsverfahren zustande kommen.

Durchführungsverordnungen

■ **Richtlinien** sind steuerliche Verwaltungsanordnungen, so genannte behördeninterne Vorschriften. Sie binden die Verwaltung, jedoch nicht die Bürger und die Gerichte.

Richtlinien

■ **Entscheidungen der Steuergerichte** sind nur für die Beteiligten bindend.

Entscheidungen der Steuergerichte

5.16 Zuständigkeit der Finanzbehörden

5.16.1 Sachliche Zuständigkeit

Der Gesetzgeber erhebt eine Vielzahl von unterschiedlichen Steuern. Begünstigte der Steuern sind zum einen der Bund, die Länder und die Gemeinden. Die Verwaltung wurde auf Bundes- und Landesebene verteilt:

Begünstigte sind Bund, Länder und Gemeinden

	Bundesbehörden	Landesbehörden
Oberste Behörde	Bundesminister der Finanzen	Landesfinanzminister
Mittelbehörde	Oberfinanzdirektion	Oberfinanzdirektion
Örtliche Behörde	Hauptzollamt	Finanzamt

Aufgabe der Hauptzollämter ist die Verwaltung der Zölle und Verbrauchsteuern, während die Finanzämter die Besitz- und Verkehrssteuern verwalten.

Zölle und Verbrauchsteuern

Zu den Zöllen und Verbrauchsteuern zählen u.a.:

- Zölle für Ein- und Ausfuhr; Einfuhrumsatzsteuer

- Verbrauchsteuern für z.B. Branntwein, Bier, Schaumwein, Mineralöl, Strom, Tabak, Kaffee

Besitz- und Verkehrsteuern

Zu den Besitz- und Verkehrsteuern zählen u.a.:

- Besitzsteuern vom Einkommen wie Einkommensteuer, Körperschaftsteuer, Gewerbesteuer sowie auf Grundlage der Einkommen- und Körperschaftsteuer der Solidaritätszuschlag und ggf. die Kirchensteuer

- Besitzsteuern vom Vermögen wie z.B. Erbschaftsteuer und Grundsteuer

- Verkehrssteuern wie Umsatzsteuer, Grunderwerbsteuer, Kraftfahrzeugsteuer, Versicherungssteuer, Rennwett- und Lotteriesteuer

Die sachliche Zuständigkeit grenzt den Aufgabenbereich einer Finanzbehörde unter inhaltlichen Gesichtspunkten ab. Die Finanzbehörden dürfen nur innerhalb des Aufgabenbereiches tätig werden, für den sie **zuständig** sind[1].

5.16.2 Örtliche Zuständigkeit

Es ist erforderlich, den Aufgabenbereich der Finanzbehörden unter räumlichen Gesichtspunkten abzugrenzen. Jeder Behörde ist daher ein so genannter **Amtsbezirk** zugewiesen, innerhalb dessen diese tätig werden darf. Die örtliche Zuständigkeit der Finanzbehörden ist vor allem in den §§ 17 bis 29 AO geregelt.

Wohnsitzfinanzamt

Für die Besteuerung natürlicher Personen nach dem Einkommen (= Einkommensteuer) ist das Finanzamt zuständig, in dessen **Bezirk** der Steuerpflichtige seinen Wohnsitz oder in Ermangelung eines solchen seinen gewöhnlichen Aufenthalt hat.

Einen Wohnsitz hat jemand dort, wo er eine Wohnung unter Umständen innehat, die darauf schließen lassen, dass er die Wohnung beibehalten und benutzen wird (§ 8 AO). Die An- und Abmeldung bei der Ordnungsbehörde kann im Allgemeinen als Indiz dafür angesehen werden, dass der Steuerpflichtige seinen Wohnsitz unter der von ihm angegebenen Adresse begründet bzw. aufgegeben hat.

---

1 Die Verwaltung der Einkommensteuer fällt z.B. nicht in den Aufgabenbereich der Hauptzollämter, sondern in den der Finanzämter. Die Hauptzollämter dürfen deshalb keine Einkommensteuerbescheide erlassen.

Einen gewöhnlichen Aufenthalt hat jemand dort, wo er sich unter Umständen aufhält, die erkennen lassen, dass er an diesem Ort oder in diesem Gebiet nicht nur vorübergehend verweilt (§9 AO). Als gewöhnlicher Aufenthalt ist stets und von Beginn an ein zeitlich zusammenhängender **Aufenthalt von mehr als sechs Monaten** Dauer anzusehen; kurzfristige Unterbrechungen bleiben unberührt. Kein gewöhnlicher Aufenthalt liegt vor bei Aufenthalten, die ausschließlich zu Besuchs-, Erholungs-, Kur- oder ähnlichen privaten Zwecken dienen und nicht länger als ein Jahr dauern.

gewöhnlicher Aufenthalt

Hinweise/Beispiele zur örtlichen Zuständigkeit:

Ein italienischer Gastarbeiter reist nach Deutschland ein; er hat einen Arbeitsvertrag für die Dauer von zwölf Monaten. Er arbeitet in Mainz, hat aber keine eigene Wohnung, sondern wohnt während dieser Zeit bei einem befreundeten Ehepaar in Wiesbaden.

Örtlich zuständig für das **Abführen von Umsatzsteuer von Privatpersonen** ist das Wohnsitzfinanzamt: Für die Besteuerung des Gastarbeiter-Einkommens ist das Finanzamt Wiesbaden zuständig.

Beispiel
Wohnsitzfinanzamt

Der Privatmann Theo Lasser hat seinen Wohnsitz in Stuttgart. Er erwirbt einen neuen PKW von dem niederländischen Autohändler in Amsterdam.

Für die Umsatzsteuer, mit Ausnahme der Einfuhrumsatzsteuer, ist das Finanzamt zuständig, von dessen Bezirk aus der **Unternehmer** ganz oder vorwiegend sein Unternehmen betreibt. Das gleiche gilt für die Festsetzung und ggf. Zerlegung des Gewerbesteuermessbetrages: Für die Umsatzbesteuerung des im Beispiel gegebenen innergemeinschaftlichen Erwerbs ist deshalb das Finanzamt Stuttgart zuständig.

Beispiel
Betriebsfinanzamt

5.17 Fallbeispiele zur Zuständigkeit der Finanzbehörden

Unternehmer Stefan Fink wohnt in Esslingen und betreibt eine Buchhandlung in Stuttgart.

Bei Kapitalgesellschaften (z.B. GmbH, AG), Personenvereinigungen (z.B. Vereine) und Vermögensmassen (z.B. Stiftungen) ist das Finanzamt örtlich zuständig, in dessen Bezirk sich die **Geschäftsleitung** befindet. Die Geschäftsleitung ist der Mittelpunkt der geschäftlichen Oberleitung (§ 10 AO): Fink reicht daher seine Einkommensteuererklärung beim Finanzamt Esslingen und seine Umsatzsteuer- und Gewerbesteuererklärung beim Finanzamt Stuttgart ein.

Beispiel
Geschäftsleitungsfinanzamt

Die Bit & Byte GmbH hat ihre Geschäftsräume in Offenbach. Claudia Meise, Gesellschafter-Geschäftsführerin der Bit & Byte GmbH wohnt in Frankfurt.

Für die Festsetzung des **Grundsteuermessbetrages** ist das Lagefinanzamt zuständig. Die Grundsteuer selbst, wie auch die Gewerbesteuer, wird auf Grundlage des Messbescheides von der Gemeinde / Stadt erhoben: Für die Körperschaftsteuer und die Feststellung des Gewerbesteuermessbetrages ist daher im vorliegenden Fall das Finanzamt in Offenbach zuständig.

Das Lagefinanzamt ist auch zuständig für die **Feststellung von Einheitswerten von Grundstücken**: Unternehmer Stefan Fink, der in Esslingen wohnt und in Stuttgart eine Buchhandlung betreibt, besitzt in Freiburg ein Grundstück, welches er vermietet hat. Der Grundsteuermessbescheid für das Grundstück wird entsprechend vom Finanzamt Freiburg erstellt.

5.18 Der Steuerzahler

5.18.1 Steuerpflichtiger

Die Abgabenordnung regelt die Steuerpflicht

Die Abgabenordnung (§ 33 Abs.1 AO) regelt die Steuerpflicht insofern, dass sie Bestimmungen enthält, wer:

- eine Steuer schuldet, für eine Steuer haftet, eine Steuer für Rechnung eines Dritten einzubehalten und abzuführen hat, eine Steuererklärung abzugeben hat, Sicherheiten zu leisten hat oder Bücher und Aufzeichnungen führen muss

Der Steuerpflichtige hat im Rahmen seiner **Mitwirkungspflicht** seine steuerlichen Verhältnisse gegenüber der Finanzbehörde vollständig offen zu legen. Die Abgabenordnung regelt zum Schutz des Steuerpflichtigen, wer das **Steuergeheimnis** wahren muss (§ 30 AO) und unter welchen Voraussetzungen die Offenbarung oder Verwertung geschützter Daten zulässig ist (§§ 31, 31a, 31b AO).

5.18.2 Steuerschuldner und Steuerträger

Als Steuerschuldner bezeichnet man die Personen, die eine Steuer selbst oder für einen Dritten bezahlen. Steuerträger ist die Person, die eine Steuer zu finanzieren hat. Zu unterscheiden sind die Verhältnisse bei Besitz- und Verkehrssteuern:

Steuer direkt vom Steuerschuldner abgeführt

- Bei den **Besitzsteuern** wird die Steuer direkt vom Steuerschuldner abgeführt, der hier gleichzeitig Steuerträger ist. Als Beispiel wären hier die Einkommen- und Körperschaftsteuer zu nennen.

Teils vom Steuerschuldner selbst oder von Dritten abgeführt

- Bei den **Verkehrsteuern** ist es unterschiedlich. Teils werden die Steuern vom Steuerschuldner selbst (Kraftfahrzeugsteuer) oder wie bei den Verbrauchsteuern von einem Dritten (Umsatzsteuer), den man als Steuerträger bezeichnet, abgeführt.

Wer für die einzelnen Steuerarten die Steuer schuldet, ist in den **Einzelgesetzen** (z.B. EStG, UStG, KStG) geregelt. Ausgehend davon, wer die Steuer wirtschaftlich zu tragen hat, unterscheidet man:

■ **Direkte Steuern** werden direkt vom Steuerpflichtigen oder über Dritte bezahlt. Der Fiskus besteuert die Leistungsfähigkeit des Steuerpflichtigen direkt, also dort, wo die Leistung entsteht und zum ersten Mal entlohnt wird: beim Einkommen oder Gewinn. Zu den wichtigsten direkten Steuern gehören daher die Einkommensteuer und die Körperschaftsteuer, bei denen der Steuerschuldner die Steuer direkt an den Fiskus abführt.

Direkte Steuern

■ **Indirekte Steuern** werden nicht von den belasteten Personen, sondern von Dritten bezahlt. Der Fiskus besteuert die Leistungsfähigkeit indirekt dort, wo sie sich in Ausgaben (Umsätzen) zeigt. Zu den indirekten Steuern gehören zum Beispiel die Umsatzsteuer, die Tabak- und Mineralölsteuer; die Steuer wird hier über den Preis der Ware oder einer Dienstleistung erhoben.

Indirekte Steuern

5.19 Der Steuerbescheid

5.19.1 Steuerfestsetzung

In der Abgabenordnung wird unter anderem die Steuerfestsetzung geregelt: „Die Steuern werden, soweit nichts anderes vorgeschrieben ist, von der Finanzbehörde durch Steuerbescheid festgesetzt."

§ 155 Steuerfestsetzung

Ein schriftlicher Steuerbescheid beinhaltet die festgesetzte Steuer nach **Steuerart**, **Zeitraum** und **Betrag** und benennt den **Steuerschuldner**. Fehlen Angaben in einem Steuerbescheid oder fehlt die Belehrung, ist der Steuerbescheid nichtig. Jedem Steuerbescheid muss eine **Belehrung** beigefügt sein, die darüber informiert, welcher Rechtsbehelf zulässig ist, binnen welcher Frist und bei welcher Behörde dieser eingelegt werden kann. Fehlt die Rechtsbehelftsbelehrung, verlängert sich die Einspruchsfrist von einem Monat auf ein Jahr ab Bekanntgabe.

Der Steuerbescheid wird in der Regel seitens des Finanzamtes **per Post** zugestellt. Bei der Übermittlung im **Inland** gilt ein Steuerbescheid am dritten Tag und bei Übermittlung ins **Ausland** einen Monat nach Aufgabe bei der Post als bekannt gegeben, außer wenn er nicht oder zu einem späteren Zeitpunkt zugegangen ist; im Zweifel hat die Behörde den Zugang des Verwaltungsakts und den Zeitpunkt des Zugangs nachzuweisen (§ 122 AO). Für den Fall, dass das Fristende auf einen Sonntag, gesetzlichen Feiertag oder Sonnabend fällt, endet die Frist mit dem Ablauf des nächstfolgenden Werktags. Diese Fristenregelung ist bedeutend für die Berechnung der Rechtsbehelfsfrist.

5.19.2 Rechtsbehelf

Gegen einen vom Finanzamt erlassenen Steuerbescheid kann innerhalb eines Monats nach Bekanntgabe **Einspruch** eingelegt werden (§ 355 AO). Auch hier gilt: Für den Fall, dass das Fristende auf einen Sonntag, gesetzlichen Feiertag oder Sonnabend fällt, endet die Frist mit dem Ablauf des nächstfolgenden Werktags. Ein Einspruch ist schriftlich einzureichen oder zur Niederschrift zu erklären.

Es kann Einspruch eingelegt werden

Die Einspruchsfrist ist eine gesetzliche Frist, die **nicht verlängert** werden kann. Ausnahme: Wenn der Steuerpflichtige (Einspruchsführer) ohne Verschulden verhindert war, die Einspruchfrist einzuhalten, so kann ihm auf Antrag die **Wiedereinsetzung in den vorherigen Stand** gewährt werden.

Einspruchsfrist

Einspruchsentscheidung

Über den Einspruch **entscheidet** die Finanzbehörde, die den Verwaltungsakt erlassen hat, entweder durch Abhilfe (es ergeht ein neuer Steuerbescheid) oder durch **Einspruchsentscheidung** (§ 367 AO). Die Finanzbehörde, die über den Einspruch entscheidet, ist verpflichtet, die Sache in vollem Umfang erneut zu prüfen. Der Verwaltungsakt kann **auch zum Nachteil des Einspruchsführers** geändert werden, wenn dieser auf die Möglichkeit einer **verbösernden Entscheidung** unter Angabe von Gründen hingewiesen wird und ihm Gelegenheit gegeben worden ist, sich hierzu zu äußern. Der Einspruchsführer kann die **Verböserung durch Rücknahme des Einspruchs verhindern** (§ 362 AO).

Klageoption

Ist der Steuerpflichtige mit der Einspruchsentscheidung der Finanzbehörde nicht einverstanden, so kann er beim zuständigen Finanzgericht Klage erheben.

5.20 Einkommensteuer

Wichtige Begriffe

Die Einkommensteuer wird von so genannten „natürlichen" Personen geschuldet. Bemessungsgrundlage für die Berechnung der Einkommensteuer ist das „zu versteuernde Einkommen".

Steuerliche Vorschriften sind im Einkommensteuergesetz (EStG), in der Einkommensteuerdurchführungsverordnung (EStDV) und in den Einkommensteuerrichtlinien (EStR) geregelt.

Bei der Einkommensteuer gibt es keinen „festen" Steuersatz. Die Einkommensteuer ist eine **progressive Steuer**; dies bedeutet, dass sie mit dem Einkommen steigt. Nach dem Grundfreibetrag von 7.664,00 € (Grundtabelle, maßgebend für Ledige) / 15.329,00 € (Splittingtabelle / maßgebend für verheiratete Personen, die eine Zusammenveranlagung wählen) beträgt der Eingangssteuersatz 15% und der Höchststeuersatz 42% (Tarif 2005). Neben der Einkommensteuer wird der **Solidaritätszuschlag** und ggf. die **Kirchensteuer** erhoben. Der Solidaritätszuschlag beträgt 5,5% und die Kirchensteuer je nach Bundesland zwischen 8 – 9% von der Einkommensteuer.

Einkommensteuerpflichtig sind u.a. natürliche Personen, die ihren Wohnsitz oder ihren gewöhnlichen Aufenthalt im Inland haben; sie sind unbeschränkt einkommensteuerpflichtig. Die Steuerpflicht beginnt mit Vollendung der Geburt und endet mit dem Tod. Der Einkommensteuerpflicht unterliegen sämtliche Einkünfte aus dem In- und Ausland.

5.20.1 Einkunftsarten

Die verschiedenen Einkunftsarten sind in zwei Gruppen geordnet - Gewinn- und Überschusseinkünfte:

Gewinneinkünfte

- Einkünfte aus Land- und Forstwirtschaft
- Einkünfte aus Gewerbebetrieb
- Einkünfte aus selbstständiger Tätigkeit

Überschusseinkünfte

- Einkünfte aus nichtselbstständiger Tätigkeit
- Einkünfte aus Kapitalvermögen
- Einkünfte aus Vermietung und Verpachtung
- Sonstige Einkünfte

Unterscheidung der einzelnen Einkunftsarten

Innerhalb der Gruppen unterscheiden sich die einzelnen Einkunftsarten wie folgt:

Einkünfte aus Land- und Forstwirtschaft (§ 13 EStG) sind:

Einkünfte aus Land- und Forstwirtschaft

▪ alle Einkünfte aus dem **Betrieb von Landwirtschaft** (Getreideanbau, Gartenbau wie Obstbau-, Gemüseanbau, Baumschulen), Forstwirtschaft (Holzgewinnung und –verarbeitung), Weinbau und aus allen Betrieben, die Pflanzen und Pflanzenteile mit Hilfe der Naturkräfte gewinnen

▪ Einkünfte aus **Tierzucht und Tierhaltung, Binnenfischerei, Fischzucht, Imkerei und Saatzucht.**

Einkünfte aus Gewerbebetrieb (§ 15 EStG) sind alle Einkünfte, die mit dem Gewerbebetrieb im Zusammenhang stehen. Eine gewerbliche Tätigkeit liegt vor, wenn folgende Merkmale erfüllt sind:

Einkünfte aus Gewerbebetrieb

▪ **Selbstständigkeit:** Das Handeln auf eigene Rechnung

▪ **Nachhaltigkeit:** Eine Tätigkeit mit Wiederholungsabsicht

▪ **Gewinnerzielungsabsicht:** Das Streben nach Gewinn

▪ **Beteiligung am wirtschaftlichen Verkehr:** Die Leistungen müssen der Allgemeinheit gegen Entgelt angeboten werden. Allgemeinheit bedeutet: einer unbestimmten Anzahl von Personen.

Zu den Hauptarten der Einkünfte aus Gewerbebetrieb zählen

Hauptarten der Einkünfte aus Gewerbebetrieb

▪ **Gewinne aus gewerblichen Einzelunternehmen:** z.B. Handwerksbetriebe, Einzelhandels-, Großhandels- und Industriebetriebe sowie aus der Tätigkeit des Handelvertreters und Handelsmaklers.

▪ **Gewinne der Gesellschafter aus Personengesellschaften:** z.B. Gewinnanteile der Gesellschafter einer OHG, KG einer atypisch stillen Gesellschaft sowie die Vergütungen, die der Gesellschafter von der Gesellschaft für seine Tätigkeit erhält, die Überlassung von Darlehen und Wirtschaftsgütern.

Einkünfte aus selbstständiger Tätigkeit (§ 18 EStG) sind die Einkünfte aus der freiberuflichen Tätigkeit. Dazu gehören z.B.:

Einkünfte aus selbstständiger Tätigkeit

▪ selbstständig ausgeübte wissenschaftliche, künstlerische, schriftstellerische, unterrichtende oder erzieherische Tätigkeit

▪ die selbstständige Berufstätigkeit der Ärzte, Zahnärzte, Tierärzte, Rechtsanwälte, Notare, Patentanwälte, Vermessungsingenieure, Ingenieure, Architekten, Handelschemiker, Wirtschaftsprüfer, Steuerberater, beratenden Volks- und Betriebswirte, vereidigten Buchprüfer (so genannte Katalogberufe)

▪ Selbstständige Tätigkeit der Katalogberufen ähnlichen Berufe wie z.B. Heilpraktiker, Dentisten, Krankengymnasten, Journalisten, Bildberichterstatter, Dolmetscher, Übersetzer, Lotsen, EDV-Berater

▪ Einkünfte aus sonstiger selbstständiger Arbeit, z.B. Vergütungen für die Vollstreckung von Testamenten, für Vermögensverwaltung und für die Tätigkeit als Aufsichtsratsmitglied

**Einkünfte aus nichtselbst-
ständiger Tätigkeit**

Einkünfte aus nichtselbstständiger Tätigkeit (§ 19 EStG) sind alle Einnahmen in Geld oder Geldeswert, die dem Arbeitnehmer aus einem gegenwärtigen oder früheren Dienstverhältnis zufließen. Es ist gleichgültig, ob es sich um einmalige oder laufende Bezüge handelt, ob ein Rechtsanspruch darauf besteht und unter welcher Bezeichnung / Form sie gewährt werden:

- **Arbeitslohn aus einem gegenwärtigen Dienstverhältnis**: Gehälter, Löhne, Gratifikationen, Tantiemen und andere Bezüge und Vorteile für eine Beschäftigung im öffentlichen oder privaten Dienst

- **Arbeitslohn aus einem früheren Dienstverhältnis**: Wartegelder, Ruhegelder, Witwen- und Waisengelder und andere Bezüge und Vorteile aus früheren Dienstleistungen

Einkünfte aus Kapitalvermögen

Einkünfte aus Kapitalvermögen (§ 20 EStG) sind die „Früchte" des eingesetzten Kapitals, die während der Dauer der Kapitalanlage entstanden sind. Das Kapital selbst bleibt unberührt - wie auch eventuelle Gewinne aus der Veräußerung. Fallen Einkünfte aus Kapitalvermögen im Rahmen einer Gewinneinkunftsart an (Land- und Forstwirtschaft, Gewerbebetrieb, selbstständige Tätigkeit), so sind diese Einkünfte diesen Einkunftsarten zuzurechnen. Dies gilt auch im Zusammenhang mit den Einkünften aus Vermietung und Verpachtung. Zu den Einkünften aus Kapitalvermögen zählen:

- **Gewinnanteile aus Beteiligungen** an bestimmten juristischen Personen (z.B. Dividenden)

- **Einnahmen aus der Beteiligung** als stiller Gesellschafter

- **Erträge aus sonstigen Kapitalforderungen** (z.B. Zinsen)

**Einkünfte aus Vermietung
und Verpachtung**

Einkünfte aus Vermietung und Verpachtung (§ 21 EStG) sind Einkünfte, die aus einer Nutzungsüberlassung erzielt werden, wie z.B.:

- Einkünfte aus Vermietung und Verpachtung von **unbeweglichem Vermögen**, insbesondere von Grundstücken, Gebäuden, Gebäudeteilen, Schiffen, die in ein Schiffsregister eingetragen sind, und Rechten, die den Vorschriften des bürgerlichen Rechts über Grundstücke unterliegen (z.B. Erbbaurecht, Mineralgewinnungsrecht)

- Einkünfte aus Vermietung und Verpachtung von **Sachinbegriffen**, insbesondere von beweglichem Betriebsvermögen

- Einkünfte aus **zeitlich begrenzter Überlassung von Rechten**, insbesondere von schriftstellerischen, künstlerischen und gewerblichen Urheberrechten, von gewerblichen Erfahrungen und von Gerechtigkeiten und Gefällen

- Einkünfte aus der **Veräußerung von Miet- und Pachtzinsforderungen**

Sonstige Einkünfte

Sonstige Einkünfte (§ 22 EStG) sind gemäß Einkommensteuerrecht nur die in § 22 genannten Einkünfte. Es handelt sich hierbei u.a. um:

- Einkünfte aus **wiederkehrenden Bezügen** (Renten aus gesetzlichen Rentenversicherungen, aus privaten Lebensversicherungen und selbstständigen Pensionskassen)

- Einkünfte aus **Unterhaltsleistungen**

- Einkünfte aus **privaten Veräußerungsgeschäften** (Grundstücke, sofern diese innerhalb von 10 Jahren und andere Wirtschaftsgüter, sofern diese innerhalb von einem Jahres veräußert werden (§ 23 EStG))

- Einkünfte aus **Leistungen**, soweit sie nicht zu anderen Einkunftsarten gehören (z.B. Einkünfte aus gelegentlichen Vermittlungen und aus der Vermietung einzelner beweglicher Gegenstände)

- Leistungen aus **Altersvorsorgeverträgen**

Weitere Berechnungsgrundgrößen zur Einkunftsermittlung

Den Altersentlastungsbetrag erhalten Steuerpflichtige, die vor Beginn des Veranlagungszeitraums (Kalenderjahr) das 64. Lebensjahr vollendet haben. Er ist bis zu einem Höchstbetrag im Kalenderjahr ein nach einem Vomhundertsatz ermittelter Betrag des Arbeitslohns und der positiven Summe der Einkünfte, die nicht solche aus nichtselbstständiger Arbeit sind.

Altersentlastungsbetrag

Vorsorgebezüge und Leibrenten bleiben bei der Bemessung außer Acht. In 2005 betrug der Altersentlastungsbetrag 40%, höchstens 1.900,00 €, in 2006 reduzierte er sich auf 38,4% und höchstens 1.824,00 €, in 2007 beträgt er 36,8%, höchstens 1.748,00 €. Der Altersentlastungsbetrag verringert sich kontinuierlich, bis er im Jahr 2040 auf 0% ausgelaufen ist.

Entwicklung von Vorsorgebezügen und Leibrenten

Alleinerziehende mit mindestens einem zum Haushalt gehörenden Kind, für das ein Kinderfreibetrag / Kindergeld gewährt wird, erhalten einen Entlastungsbetrag in Höhe von 1.308,00 €. Voraussetzung ist, dass sie nicht mit einer anderen (weiteren) volljährigen Person eine Hausgemeinschaft bilden, es sei denn, es handelt sich um ein Kind, für das ein Kinderfreibetrag / Kindergeld gewährt wird.

Entlastungsbetrag für Alleinerziehende

Die Einkünfte aus der Land- und Forstwirtschaft werden bei der Ermittlung des Gesamtbetrages der Einkünfte nur berücksichtigt, sofern sie den Betrag von 670,00 € übersteigen - vorausgesetzt, die Summe der Einkünfte übersteigt nicht 30.700,00 €. Im Falle einer Zusammenveranlagung von Ehegatten verdoppeln sich die beiden Beträge.

Abzug für Land- und Forstwirte

Können Verluste durch einen Verlustausgleich nach § 2 Abs. 3 EStG nicht ausgeglichen werden, stehen sie für einen Verlustabzug nach § 10d EStG zur Verfügung. Verlustausgleich bedeutet die Verrechnung des Verlustes mit positiven Einkünften innerhalb des Veranlagungszeitraumes, Verlustabzug die Verlustverrechnung zwischen verschiedenen Veranlagungszeiträumen. Der Verlustabzug wird untergliedert in einen Verlustrücktrag und einen Verlustvortrag.

Verlustabzug

Unbeschränkt abzugsfähige Sonderausgaben

Sonderausgaben sind Aufwendungen, die weder Betriebsausgaben noch Werbungskosten sind. Das Einkommensteuerrecht unterscheidet zwischen den unbeschränkten und den beschränkten Sonderausgaben. Zu den unbeschränkten Sonderausgaben zählen vom Steuerpflichtigen gezahlte Renten und dauernde Lasten und die gezahlte Kirchensteuer. Steuerberatungskosten zählten bis einschließlich 2005 ebenfalls zu den unbeschränkt abzugsfähigen Sonderausgaben. Seitdem sind diese nur noch als Betriebsausgaben oder Werbungskosten bei den einzelnen Einkünften direkt abzugsfähig.

Beschränkt abzugsfähige Sonderausgaben

Die beschränkt **abzugsfähigen** Sonderausgaben gliedern sich in zwei Gruppen:

- in Sonderausgaben, die **bis zu einer bestimmten Höhe** abzugsfähig sind und

- in die Gruppe der **Vorsorgeaufwendungen**.

bis zu einer bestimmten Höhe abzugsfähig

Zu den beschränkt abzugsfähigen Sonderausgaben, die bis zu einer bestimmten Höhe abzugsfähig sind, zählen

- **Unterhaltszahlungen** (sofern der Empfänger diese versteuert), beschränkt auf 13.805,00 €

- Aufwendungen für die eigene **Berufsausbildung**, begrenzt auf 4.000,00 €

- **Schulgeldzahlungen** für das Kind, für das ein Kinderfreibetrag / Kindergeld gewährt wird, beschränkt auf 30%

- **Spenden** zur Förderung steuerbegünstigter Zwecke und Mitgliedsbeiträge

Vorsorgeaufwendungen

Zu den Vorsorgeaufwendungen, die ebenfalls nur in bestimmter Höhe abzugsfähig sind, zählen Renten-, Lebens-, Kranken-, Pflege-, Arbeitslosen-, Unfall- und Haftpflichtversicherungsbeiträge.

Außergewöhnliche Belastungen

Bei den außergewöhnlichen Belastungen lässt der Gesetzgeber zu, bestimmte Aufwendungen der privaten Lebensführung bei der Ermittlung der Einkommensteuer in Abzug zu bringen. Die abzugsfähigen Aufwendungen müssen den Steuerpflichtigen **wirtschaftlich belasten** und das Ereignis muss für ihn außergewöhnlich sein. Das Ereignis und die Beseitigung seiner Folgen müssen **zwangsläufig** sein. Unter solche Aufwendungen fallen Pflegeaufwendungen, Krankheitskosten, Kur- und Bestattungskosten. Diese außergewöhnlichen Belastungen sind um die zumutbare Eigenbelastung, die sich in einem bestimmten Prozentsatz von dem Gesamtbetrag der Einkünfte berechnet, zu kürzen.

Weiterhin sind als außergewöhnliche Belastung Unterhaltszahlung an bedürftige Personen abzugsfähig. Für volljährige Kinder, die in der Berufsausbildung sind, für die ein Kinderfreibetrag / Kindergeld gewährt wird und die auswärts untergebracht sind, erhält der Steuerpflichtige einen **Ausbildungsfreibetrag**. Ebenfalls unter den Begriff der außergewöhnlichen Belastung fallen die Pauschbeträge für behinderte Menschen, Hinterbliebene und Pflegepersonen.

Freibeträge für Kinder

Der Kinderfreibetrag wird bei der Einkommensteuer nur dann berücksichtigt, wenn dessen einkommensteuerlich Auswirkung größer als das im laufenden Kalenderjahr gezahlte Kindergeld ist. Es erfolgt seitens des Finanzamtes die so genannte Günstigerprüfung. Ist die steuerliche Auswirkung günstiger, wird das bereits ausgezahlte Kindergeld zur Berechnung der festzusetzenden Einkommensteuer hinzugerechnet. Der Kinderfreibetrag beträgt derzeit 1.824,00 € bei der Einzelveranlagung / 3.648,00 € bei Zusammenveranlagung. Das Kindergeld beträgt für das erste, zweite und dritte Kind je 154,00 € und für das vierte und jedes weitere Kind je 179,00 €.

5.20.2 Ermittlung des zu versteuernden Einkommens (§ 2 EStG)

Das zu versteuernde Einkommen berechnet sich wie folgt:

```
=   Summe der Einkünfte
-   Altersentlastungsbetrag
-   Entlastungsbetrag für Alleinerziehende
-   Abzug für Land- und Forstwirte

=   Gesamtbetrag der Einkünfte
-   Verlustabzug nach § 10d EStG
-   Sonderausgaben
-   Außergewöhnliche Belastungen

=   Einkommen
```

Bei den Einkünften der Einkunftsarten 1-3 unterliegt der **Gewinn** der Einkommensteuer. Der Gewinn wird durch Betriebsvermögensvergleich, durch Überschussrechnung nach § 4 Abs. 3 EStG oder nach Durchschnittssätzen ermittelt:

```
Betriebseinnahmen abzüglich Betriebsausgaben = Gewinn oder Verlust
```

Bei den Einkünften der Einkunftsarten 4-7 unterliegt der **Überschuss** der Einkommensteuer. Der Überschuss wird durch die Gegenüberstellung der Einnahmen und Werbungskosten berechnet:

```
Einnahmen abzüglich Werbungskosten = Überschuss oder Verlust
```

Betriebseinnahmen / Einnahmen

Bei den Einkunftsarten 1-3, den so genannten Gewinneinkünfte, sind die Betriebseinnahmen im EStG nicht besonders definiert. Zu den Betriebseinnahmen gehören nicht nur Geldeinnahmen sondern **auch geldwerte Einnahmen**. Beispiel: Die Steuerberaterin Sigrid Steuer erhält für eine Beratung von ihrem Mandanten, dem Heizöllieferanten Werner Warm 250,00 € in bar und 2.000 l Heizöl. Die 250,00 € und der Geldwert des Heizöls sind Betriebseinnahmen, da sie im Rahmen der Einkünfte aus selbstständiger Tätigkeit zufließen.

Bei den Einkunftsarten 4-7, den so genannten Überschusseinkünfte, sind die Betriebseinnahmen im § 8 EStG definiert: „Einnahmen sind alle Güter, die in Geld oder Geldeswert bestehen und dem Steuerpflichtigen im Rahmen einer der Einkunftsarten (Einkünfte aus nichtselbstständiger Tätigkeit, aus Kapitalvermögen, aus Vermietung und Verpachtung und Sonstige Einkünfte) zufließen.". Beispiel: Der Arbeitgeber überlässt seinem Angestellten einen Firmenwagen auch zur privaten Nutzung. Dieser geldwerte Vorteil stellt beim Angestellten eine Einnahme aus nichtselbstständiger Tätigkeit dar.

von der Einkommensteuer befreite Einnahmen

Nicht alle Einnahmen sind steuerpflichtig. § 3 EStG definiert eine Reihe von Einnahmen, die von der Einkommensteuer befreit sind. Hierzu gehören z.B.:

- Leistungen aus einer Krankenversicherung, aus einer Pflegeversicherung und aus der gesetzlichen Unfallversicherung

- Mutterschaftsgeld

- Arbeitslosengeld, Kurzarbeiter- und Saison-Kurzarbeitergeld (lt. Gesetz zur Förderung der ganzjährigen Beschäftigung vom April 2006)

- Aufwandsentschädigungen für nebenberufliche Tätigkeiten als Übungsleiter, Ausbilder, Erzieher oder eine vergleichbare nebenberufliche Tätigkeit zur Förderung gemeinnütziger, mildtätiger und kirchlicher Zwecke, soweit sie 1.848,00 € im Jahr (Freibetrag) nicht übersteigen

Bei den steuerbefreiten Einnahmen ist zu berücksichtigen, dass einige einerseits steuerfrei behandelt werden, andererseits auf diese jedoch ein besonderer Steuersatz anzuwenden ist (Progressionsvorbehalt). Dies ist der Fall bei z.B. Krankengeld, Mutterschaftsgeld, Arbeitslosen-, Kurzarbeiter- und Saison-Kurzarbeitergeld.

Betriebsausgaben / Werbungskosten

Kategorien von Ausgaben

Bei den „Ausgaben" sind einkommensteuerrechtlich zwei Kategorien zur unterscheiden:

- **Betriebsausgaben**, die in Zusammenhang mit den Gewinneinkünften 1-3 entstehen

- **Werbungskosten**, die in Zusammenhang mit den Überschusseinkünften 4-7 entstehen.

Aufwendungen, die in wirtschaftlichem Zusammenhang mit den Einnahmen stehen

Bei den **Betriebsausgaben** wie auch bei den **Werbungskosten** handelt es sich um Aufwendungen, die in wirtschaftlichem Zusammenhang mit den Einnahmen stehen. Bei den Betriebsausgaben handelt es sich um Aufwendungen, die durch den Betrieb veranlasst sind (§ 4 Abs. 4 EStG) und bei den Werbungskosten erfolgt der Aufwand zur Erwerbung, Sicherung und Erhaltung der Einnahmen (§ 9 Abs. 1 EStG).

Aufwendungen für die Lebensführung

Aufwendungen für die Lebensführung dürfen bei der Ermittlung der Einkünfte nicht abgezogen werden (§ 12 EStG); hierunter fallen z.B. Aufwendungen für Ernährung, Kleidung, Wohnung und Geldstrafen.

Eingeschränkte Abzugsfähigkeit

Bei der Ermittlung der Einkünfte dürfen nicht alle Betriebsausgaben gewinnmindernd berücksichtigt werden. Das Einkommensteuerrecht (§ 4 Abs. 5 EStG) **schränkt bei einigen Aufwendungen die Abzugsfähigkeit ein.** So sind z.B. Bewirtungskosten nur zu 70% - die in ihnen enthaltene Vorsteuer jedoch zu 100% - abzugsfähig und Geschenke an Geschäftsfreunde nur, wenn die Grenze von 35,00 € je Empfänger / Jahr nicht überschritten wird.

Auch bei den Verpflegungsmehraufwendungen dürfen die Aufwendungen bestimmte Grenzen (6,00 € / 12,00 € / 24,00 €) nicht übersteigen.

5.21 Lohnsteuer

Die Einkommensteuer wird bei bestimmten Einkünften durch Steuerabzug erhoben. Dies ist der Fall bei den **Einkünften aus nichtselbstständiger Arbeit**. Der Arbeitgeber ist dabei verpflichtet, seinem Arbeitnehmer von dem Arbeitslohn die Lohnsteuer, sowie die darauf entfallende Kirchensteuer und den Solidaritätszuschlag abzuziehen und an das Finanzamt zu überweisen.

Erhebung der Einkommensteuer durch Steuerabzug

Der Arbeitgeber haftet für den korrekten Steuerabzug.

Die Höhe der einzubehaltenden Lohnsteuer, des Solidaritätszuschlages und der Kirchensteuer richtet sich nach der auf der Lohnsteuerkarte eingetragenen Steuerklasse, der eingetragenen Kinder und der Kirchenzugehörigkeit.

Lohnsteuerkarte und Steuerklasse

Unter bestimmten Voraussetzungen ist es möglich, sich auf der Steuerkarte einen Freibetrag eintragen zu lassen. Dieser Freibetrag wird bei der monatlichen Steuerberechnung berücksichtigt.

Freibetrag

5.22 Körperschaftsteuer

Die Körperschaftsteuer wird von so genannten „juristischen Personen" (z.B. Kapitalgesellschaften wie GmbH und AG, Personenvereinigungen wie Vereine) erhoben. Steuerliche Vorschriften sind im Körperschaftsteuergesetz (KStG), in der Körperschaftsteuerdurchführungsverordnung (KStDV) und in den Körperschaftsteuerrichtlinien (KStR) geregelt; die Vorschriften des Einkommensteuergesetzes gelten parallel.

Körperschaftsteuer ist die Einkommensteuer juristischer Personen

Steuergegenstand ist das steuerpflichtige Einkommen, welches ermittelt wird durch den **Betriebsvermögensvergleich** auf Basis des Einkommensteuerrechts und unter Berücksichtigung der besonderen Vorschriften des Körperschaftsteuerrechts, wie zum Beispiel die **Beachtung von verdeckten Gewinnausschüttungen** (z.B. zu hohe Gehälter des Geschäftsführers).

Der Körperschaftsteuersatz beträgt derzeit 25% zuzüglich 5,5% Solidaritätszuschlag auf die Körperschaftsteuer. Die Bundesregierung will aber den Körperschaftsteuersatz von 25 auf **19 Prozent senken**, um den Standort Deutschland für Unternehmen attraktiver zu machen. Wie es in ihrem Gesetzentwurf zur Verbesserung der steuerlichen Standortbedingungen heißt, würden damit Erträge wieder stärker der deutschen Besteuerung unterworfen, weil sich eine Gewinnverschiebung ins Ausland nicht mehr lohnen würde.

Körperschaftsteuersatz

5.23 Gewerbesteuer

Die Gewerbesteuer zählt wie die Einkommen- und Körperschaftsteuer ebenfalls zu den Ertragsteuern. Steuerliche Vorschriften sind im Gewerbesteuergesetz (GewStG), in der Gewerbesteuerdurchführungsverordnung (GewStDV) und in den Gewerbesteuerrichtlinien (GewStR) geregelt.

Die Gewerbesteuer ist auch eine Ertragsteuer

Steuerschuldner der Gewerbesteuer sind die Gewerbetreibenden. Steuerpflichtige, die Einkünfte aus selbstständiger Tätigkeit erzielen, fallen nicht unter das Gewerbesteuergesetz. Die Gewerbesteuer kann im Rahmen der steuerlichen Gewinnermittlung als Betriebsausgabe abgezogen werden.

Gewerbesteuermessbetrag

Basis für die Berechnung der Gewerbesteuer ist der Gewerbeertrag. Der Gewerbeertrag errechnet sich aus dem Steuerbilanzgewinn unter Berücksichtigung etwaiger Hinzurechnungen und Kürzungen nach dem GewStG. Auf Grundlage des Gewerbeertrages wird der Steuermessbetrag mit 5% ermittelt.

Einzel- und Personengesellschaften wird, gegenüber Kapitalgesellschaften, bei Ermittlung des Steuermessbetrages ein Freibetrag in Höhe von 24.500,00 € gewährt, außerdem gelten für Gewerbeerträge bis 72.500,00 € ermäßigte Steuermesszahlen.

Gewerbesteuersatzes und Gewerbesteuerschuld

Der Gewerbesteuermessbetrag wird auf Grundlage der vom Steuerpflichtigen abgegebenen Gewerbesteuererklärung vom Finanzamt berechnet und in Form eines Gewerbesteuermessbescheides bekannt gegeben. Die Stadt / Gemeinde berechnet auf Grundlage des Gewerbesteuermessbescheides unter Anwendung des von der Stadt / Gemeinde festgelegten Gewerbesteuersatzes die Gewerbesteuerschuld und gibt diese mit einem Gewerbesteuerbescheid bekannt.

5.24 Umsatzsteuer

der Endverbraucher allein trägt die Steuer

Die Umsatzsteuer zählt zu den **Verkehrsteuern** (wie Grunderwerbsteuer, Kraftfahrzeugsteuer), doch in ihrer Wirkung ist sie eine Verbrauchsteuer (wie Kaffee-, Tabak- und Mineralölsteuer), da der Endverbraucher allein die Steuer auf die durchgeführten Lieferungen und Leistungen trägt. Steuerliche Vorschriften sind im Umsatzsteuergesetz (UStG), in der Umsatzsteuerdurchführungsverordnung (UStDV) und in den Umsatzsteuerrichtlinien (UStR) geregelt.

Das Umsatzsteuergesetz umfasst zwei Steuersätze: den allgemeinen Steuersatz mit 19% und den ermäßigten Steuersatz mit 7%.

Unternehmerschaft und Erzielung von Einnahmen

Unternehmer nach dem UStG ist, wer eine gewerbliche oder berufliche Tätigkeit selbstständig ausübt. Gewerblich oder beruflich ist jede **nachhaltige Tätigkeit** zur Erzielung von Einnahmen, auch wenn die Gewinnabsicht fehlt. Jeder Unternehmer hat zunächst zu prüfen, ob die durchgeführte Tätigkeit einen im Sinne des Umsatzsteuergesetzes steuerbaren Umsatz darstellt.

5.24.1 Definition: Steuerbarer Umsatz

Ein steuerbarer Umsatz liegt vor, wenn

- ein Unternehmer im Inland eine Lieferung oder sonstige Leistung gegen Entgelt im Rahmen seines Unternehmens ausführt

- Gegenstände ins Inland eingeführt werden (Einfuhr aus Ländern, die nicht zur EU gehören)

- ein innergemeinschaftlicher Erwerb im Inland gegen Entgelt vorliegt (Einfuhr aus Ländern, die zur EU gehören)

Befreiung von der Umsatzsteuer

Liegt ein steuerbarer Umsatz vor, so heißt dies allerdings noch nicht, dass vom Unternehmer Umsatzsteuer abzuführen ist. Das Umsatzsteuergesetz nennt eine Reihe von Umsätzen, die **zwar steuerbar, aber nicht steuerpflichtig** sind. Von der Umsatzsteuer befreit sind zum Beispiel:

- Nr. 1a: die Ausfuhrlieferungen i.S. des § 6 UStG

- Nr. 1b: die innergemeinschaftlichen Lieferungen i.S. des § 6a UStG

- Nr. 8a: die Gewährung und Vermittlung von Krediten

- Nr. 11: die Umsätze aus der Tätigkeit als Bausparkassenvertreter, Versicherungs-vertreter und Versicherungsmakler

- Nr. 12a: die Vermietung und die Verpachtung von Grundstücken.
  Nicht befreit sind die Vermietung von Wohn- und Schlafräumen, die ein Unter-nehmer zur kurzfristigen Beherbergung von Fremden bereithält...

- Nr. 14 1: die Umsätze aus der Tätigkeit als Arzt, Zahnarzt, Heilpraktiker, Physio-therapeut (Krankengymnast), Hebamme oder aus einer ähnlichen heilberufli-chen Tätigkeit und aus der Tätigkeit als klinischer Chemiker. Steuerfrei sind auch die sonstigen Leistungen von Gemeinschaften, deren Mitglieder Angehörige der in Satz 1 bezeichneten Berufe sind, gegenüber ihren Mitgliedern, soweit diese Leistungen unmittelbar zur Ausführung der nach Satz 1 steuerfreien Umsätze verwendet werden...

Greift eine der Steuerbefreiungsvorschriften, so hat der Unternehmer dies auf seiner **Rechnung** zu vermerken.

5.24.2 Formen und Verfahren der Besteuerung

Besteuerung von Kleinunternehmern

Selbst wenn ein Unternehmer Umsätze im Sinne des § 1 UStG tätigt und keine Steuerbefreiung nach § 4 UStG greift, kann es doch sein, dass der Unternehmer keine Umsatzsteuer an das Finanzamt abführen muss.

Gemäß § 19 UStG wird die Umsatzsteuer für Umsätze im Sinne des § 1 Abs. 1 Nr. 1 UStG nicht erhoben, wenn der **Nullbesteuerungsumsatz** im vorangegangenen Ka-lenderjahr 17.500,00 € nicht überstiegen hat und im laufenden Kalenderjahr 50.000,00 € voraussichtlich nicht übersteigen wird. Sofern das Vorjahr wegen **Be-triebseröffnung** keine 12 Monate umfasst, ist der vereinnahmte Umsatz auf 12 Mo-nate hoch zu rechnen. *Nullbesteuerungsumsatz und Prognose*

Auf die Kleinunternehmerregelung nach § 19 UStG kann auch verzichtet werden (Option nach § 9 UStG).

Besteuerungsverfahren

Das Umsatzsteuergesetz unterscheidet zwischen zwei Besteuerungsverfahren:

- Die **Regelbesteuerungsart** ist die Sollbesteuerung. Hier entsteht die Umsatzsteu-erschuld mit Ablauf des Voranmeldungszeitraums, in dem die Lieferung oder sonstige Leistung ausgeführt worden ist. Wurde die Lieferung oder sonstige Lei-stung noch nicht ausgeführt aber auf diese bereits eine Zahlung vereinnahmt, so ist der Geldeingang mit Ablauf des Voranmeldungszeitraumes zu besteuern. *Regelbesteuerungsart ist die Sollbesteuerung*

- Auf Antrag kann der Unternehmer die geschuldete Umsatzsteuer nach der **Istbe-steuerung** abführen. Bei der Istbesteuerung entsteht die Umsatzsteuerschuld mit Ablauf des Voranmeldungszeitraums, in dem die Zahlung eingegangen ist. Hier ist der Zeitpunkt der Lieferung oder sonstigen Leistung nicht maßgebend. Ein Antrag auf Istbesteuerung ist möglich, wenn der Gesamtumsatz im Vorjahr nicht mehr als 250.000,00 € betragen hat. *Antrag auf Istbesteuerung*

Vorsteuerabzug

Tätigt ein Unternehmer steuerpflichtige Umsätze, so kann er die an andere Unternehmen bezahlte Umsatzsteuer als **Vorsteuer** gegenüber dem Finanzamt in Abzug bringen. Hier sind allerdings bestimmte Vorschriften (**Rechnungsformalitäten**) zu berücksichtigen. Das Umsatzsteuergesetz gibt unter anderem vor, wer wann, wie und in welcher Form eine Rechnung zu erstellen hat.

Bestandteile einer ordnungsgemäßen Rechnung

Bezogen auf den Vorsteuerabzug muss eine Rechnung beinhalten:

- den vollständigen Namen und die vollständige Anschrift des leistenden Unternehmers und des Leistungsempfängers

- die dem leistenden Unternehmer vom Finanzamt erteilte Steuernummer oder die ihm vom Bundeszentralamt für Steuern erteilte Umsatzsteuer-Identifikationsnummer

- das Ausstellungsdatum

- eine fortlaufende Nummer mit einer oder mehreren Zahlenreihen, die zur Identifizierung der Rechnung vom Rechnungsaussteller einmalig vergeben wird (Rechnungsnummer)

- die Menge und die Art (handelsübliche Bezeichnung) der gelieferten Gegenstände oder den Umfang und die Art der sonstigen Leistung

- den Zeitpunkt der Lieferung oder sonstigen Leistung oder der Vereinnahmung des Entgelts oder eines Teils des Entgelts in den Fällen des Absatzes 5 Satz 1, sofern dieser Zeitpunkt feststeht und nicht mit dem Ausstellungsdatum der Rechnung identisch ist

- das nach Steuersätzen und einzelnen Steuerbefreiungen aufgeschlüsselte Entgelt für die Lieferung oder sonstige Leistung (§ 10) sowie jede im Voraus vereinbarte Minderung des Entgelts, sofern sie nicht bereits im Entgelt berücksichtigt ist

- den anzuwendenden Steuersatz sowie den auf das Entgelt entfallenden Steuerbetrag oder im Fall einer Steuerbefreiung einen Hinweis darauf, dass für die Lieferung oder sonstige Leistung eine Steuerbefreiung gilt

- in den Fällen des § 14b Abs. 1 Satz 5 einen Hinweis auf die Aufbewahrungspflicht des Leistungsempfängers

Vereinfachungsregeln

Bei Rechnungen, deren Rechnungsbetrag 150,00 € nicht übersteigt, gelten Vereinfachungsregeln. Zwecks Vorsteuerabzug genügen folgende Angaben:

- vollständiger Name und vollständige Anschrift des leistenden Unternehmers

- das Ausstellungsdatum

- die Menge und die Art der gelieferten Gegenstände oder der Umfang und die Art der sonstigen Leistung

- das Entgelt und der darauf entfallende Steuerbetrag für die Lieferung oder sonstige Leistung in einer Summe sowie der anzuwendende Steuersatz oder im Fall einer Steuerbefreiung der Hinweis darauf, dass für die Lieferung oder sonstige Leistung eine Steuerbefreiung gilt

Umsatzsteuervoranmeldung (UVA)

Die Umsatzteuer ist eine „Selbstanzeigesteuer". Dies bedeutet, dass der Unternehmer seine Umsätze, die darauf entfallende **Umsatzsteuer sowie die abzugsfähige Steuer dem Finanzamt regelmäßig melden** muss. Die Meldung erfolgt durch Abgabe der Umsatzsteuervoranmeldungen (UVA).

Regelmäßige Meldung an das Finanzamt

Eine Umsatzsteuervoranmeldung ist monatlich abzugeben, wenn die Vorjahreszahlung (geschuldete Umsatzteuer abzüglich abzugsfähige Vorsteuer) über 6.136,00 € ablegen hat. Hat die Vorjahreszahllast die Grenze von 6.136,00 € nicht überschritten, so wird die UVA vierteljährlich abgegeben. Sofern die Vorjahreszahllast die Grenze von 512,00 € nicht überschritten hat, kann auf die Abgabe von Umsatzsteuervoranmeldungen verzichtet werden. Dann genügt die Abgabe der Umsatzsteuer-Jahreserklärung, die auch von den Unternehmern abzugeben ist, die monatlich / vierteljährlich bereits eine Umsatzsteuervoranmeldung abgegeben haben.

Die Umsatzsteuervoranmeldung wird bis zum 10. des Folgemonats elektronisch an das Finanzamt übertragen, hierzu wurde die Software ELSTER entwickelt. Die Zahlung hat ebenfalls bis zum 10. des Folgemonats zu erfolgen. Der Steuerpflichtige hat die Möglichkeit eine Dauerfristverlängerung zur Abgabe der UVA zu beantragen; dann verlängert sich die Abgabefrist und die Zahlungsfrist um einen Monat. Bei der monatlichen Abgabe der UVA hat der Unternehmer hierzu eine Sonderzahlung in Höhe von 1/11 der Vorjahreszahllast zu bezahlen, die er mit der UVA für den Monat Dezember wieder zurückerhält.

6

Marketing

- Notwendigkeit und Bedeutung des Marketings
- Ziele effektiven Marketings
- Push- und Pull-Strategien
- Neo-Marketing
- Der Markt
- Marktobjekte
- Marktsubjekte
- Marktforschung, Grundlagen
- Methoden der Marktforschung
- Marktforschung in Zielgruppen
- Werbung
- Verkaufsförderung
- Marktsegmentierung
- Public Relations (PR)
- Das 4P-Portfolio
- Schrittfolge zur Konzeption eines Marketing-Mix
- Erfolgskontrolle und Markterfolg
- Marketing-Mix-Beispiel "Kosmetik-Großhandel"

6.1 Notwendigkeit und Bedeutung des Marketing

6.1.1 Zum Begriff "Marketing"

Begriff

Marketing wird in der Betriebswirtschaftslehre als **marktorientiertes Entscheidungsverhalten im Unternehmen** definiert. Dies bedeutet, dass sich das Unternehmen um die Kunden bemüht, seine unternehmerischen Aktivitäten auf die Kundenwünsche und Bedürfnisse abstellt.

Da der Wettbewerbsdruck auf die Unternehmen mit zunehmender Sättigung des Absatzmarktes immer schärfer geworden ist, ist der Absatz der Güter problematischer geworden. Ebenso schwierig ist es geworden, einen bereits einmal erarbeiteten Marktanteil auch zu halten.

Der **Verkäufermarkt** (Kunden werben um die Lieferanten) ist längst zum **Käufermarkt** (Anbieter kämpfen um Käufer) geworden. Deshalb muss die Unternehmensleitung sich ständig über Wünsche und Verhaltensweisen der Kunden und über Maßnahmen der Konkurrenten informieren.

Zweck des Marketing

Der Zweck des Marketing kann in Kürze zusammengefasst werden:

- die dauerhafte Befriedigung der Kundenbedürfnisse, zum Beispiel die Zufriedenheit mit der Qualität eines Autos (umweltfreundliches Auto etc.)

- die Erfüllung der gesteckten Unternehmensziele, zum Beispiel die Gewinnsteigerung um jährlich 2%

6.1.2 Historische Entwicklung des Marketing

So, wie sich die Märkte von Verkäufer- zu Käufermärkten entwickelt haben, lässt sich auch die Entwicklung der Marketingziele beobachten. Diese geschichtliche Betrachtung macht noch einmal den **Unterschied zwischen Absatz und Marketing** deutlich:

bis 1930 Pre-Marketing

- Die **Produktion** bestimmt, was, wo, wie und zu welchem Preis verkauft wird. Neuerfindungen werden vom Markt sofort aufgenommen (Auto, Telefon, Kühlschrank...).

1930 - 1950 Angebotsmarketing

- Es gibt viel **Nachfrage** nach neuen, verlockenden Produkten. Das Problem ist die Auswahl eines adäquaten Absatzweges, um die vorhandene Nachfrage zu befriedigen. Die Produktion steigt, Produkte sind fast unbegrenzt absetzbar.

1950 - 1980 Nachfragemarketing

- Produktionsüberschüsse und **Marktsättigung** zeichnen diese Phase aus. Es müssen Strategien entwickelt werden, um die Produkte abzusetzen, Werbung wird zum allgegenwärtigen Bestandteil des Alltags; die "geheimen Verführer" sind aktiv.

■ Die Grenzen des Wachstums werden erkannt, Verantwortung wird wahrgenommen, Produkte und Werbung verändern sich. Neue Ansätze sind Sozio-Marketing und Öko-Marketing. Es entwickelt sich ein **Wertewandel**.

Allgemein kann gesagt werden, dass die Entwicklung von der Bedarfsdeckung über die Bedarfsweckung bis zur Infragestellung von Bedürfnissen verlief.

6.2 Ziele effektiven Marketings

Marketing-Ziele müssen so gesetzt werden, dass es möglich ist, ihre Erreichung bzw. Nichterreichung zu **messen**. Voraussetzung hierfür ist, dass diese vom Inhalt her, zeitlich betrachtet und von der zu erfassenden Käufergruppe genau quantifiziert sind (quantifizieren= in messbare Werte umsetzen, die in Zahlen ausgedrückt werden können). Mit Hilfe der Marktforschung stehen dem Unternehmen hierzu einige Formen und Verfahren der Informationsgewinnung für die Zielformulierung und die Messung des Grades der Zielerreichung zur Verfügung. Aufgabe des Marketingmanagers ist es, die Entscheidung darüber zu treffen, welches einzelne Marketingziel oder welche verschiedenen Marketingziele gleichzeitig angestrebt werden. Die Marketingzielsetzung hängt sehr eng mit den Unternehmensgesamtzielen zusammen wie z.B. Wachstum und Gewinnmaximierung.

Es sind aber auch andere Zielsetzungen denkbar wie:

■ **Bedarfsdeckung**: Sie kommt dann als Zielsetzung in Frage, wenn der Markt nur wenig erschlossen ist; für den Großhandel bedeutet Bedarfsdeckung auch die Anpassung des Sortiments an veränderte Käuferwünsche.

■ **Umsatz- und Marktanteilssteigerung**: diese Zielsetzung bedeutet Umsatzsteigerung, Erzwingung eines Marktzugangs, Festigung und Steigerung des Marktanteils sowie die bessere Ausnutzung der gegebenen Märkte mit vorhandenen Waren und Sortimenten.

■ **Deckungsbeiträge**: Das Erzielen steigender Deckungsbeiträge bei einzelnen Artikeln, ganzen Sortimenten oder bei bestimmten Kundengruppen zählt mit zu den wichtigsten Marketingzielen. Diese Zielsetzung steht untrennbar mit den Unternehmenszielen im Einklang.

■ **Diversifikation**: Unter Diversifikation versteht man das Ausweiten des Leistungsprogramms eines Unternehmens auf neue Bereiche. Diversifikation dient der Wachstumssicherung und der Risikostreuung.

6.3 Push- und Pull-Strategien

Durch Marketingmaßnahmen, insbesondere Werbung, wird bei den Verbrauchern das Bedürfnis nach der Ware geweckt. Der Verbraucher gewinnt die Überzeugung, dass er die Ware braucht, und zieht sie damit auf den Markt. Die Ware gelangt an den POP (**Point of Purchase**), an den Punkt, wo der Verbraucher die Ware einkauft. Der Kunde wird durch Massenwerbung auf den Gegenstand aufmerksam. Er verlangt ihn im Einzelhandel. Der wiederum fordert ihn vom Großhandel, der ihn seinerseits beim Hersteller ordert... der Kunde "zieht die Ware auf den Markt".

Push-Strategie

Die Push-Strategie, bei der ein Hersteller "die Ware in den Markt drückt", funktioniert meist über den Handel: Der Hersteller macht es dem Händler (bzw. dem Großhändler und dieser dem Einzelhändler) durch Zurverfügungstellung von z.B. Aktionsdisplays, Propagandisten nebst Probierstand, Werbematerial, Incentives und Sonderkonditionen "schmackhaft", die Ware besonders "prominent" zu präsentieren. Der Kunde begegnet der Ware am POS/POP[1].

6.4 Neo-Marketing

Vermarktung auch immaterieller Güter

Marketing hat sich in seinen Anfängen nur mit der Vermarktung von Waren beschäftigt. Bald wurde erkannt, dass auch immaterielle Güter vermarktet werden können und müssen. Marketing wird auch für so genannte **Non-profit-Ziele** eingesetzt. Die Vorreiter des gezielten Einsatzes von Marketing-Instrumenten für immaterielle Leistungen waren z.B. politische Parteien mit ihren Wahlkämpfen, oder Kirchen in ihrem Bemühen, rückläufigen Besucherzahlen entgegenzuwirken.

Marketing bestimmt die ganze Unternehmenspolitik

Da Marketing als Unternehmenssteuerung nicht nur den Absatz von Waren und Leistungen steuert, sondern vielmehr die ganze Unternehmenspolitik bestimmt, spricht der Marketingpraktiker, Prof. Kasimir M. **Magyar**, von einer Inszenierung in drei simultanen Akten moralischen Anstands:

- "Think simple" gegenüber **Kunden**
- "Think human" gegenüber **Mitarbeitern**
- "Think global" gegenüber **Umwelt und Gesellschaft**

Die 9 Grundtugenden des Neomarketers

Magyar leitet hieraus die 9 Grundtugenden des Neomarketers ab:

1 **Marktorientierung**: Nähe zu Nachfragern, zu Mitbewerbern, zu Meinungsführern, - Trendfeeling -

2 **Unternehmensorientierung**: Ausrichtung an gegebenen u. zukünftig vorstellbaren Faktoren des Unternehmenspotenzials

3 **Managementorientierung**: Marketing als Steuerungsmittel des Managements

4 **Verhaltensorientierung**: Ausrichtung des eigenen Verhaltens am Verhalten der anderen Marktteilnehmer

5 **Kreativitätsorientierung**: Neues erfinden (kreativ sein)

6 **Innovationsorientierung**: Neues tun (innovativ sein)

7 **Synergieorientierung**: Zielbewusste Suche nach Kombinationsmöglichkeiten verschiedener Angebote oder verschiedener Bedürfnisse

8 **Heuristikorientierung**: Rückgriff auf Erprobtes und Bewährtes - Modelle, Denkhilfen, Faustregeln, Rezepte

9 **Teamorientierung**: Verknüpfung von Können, Wissenskumulierung, Dialog

---

1 Wenn mit "Point of Sale (POS)" nicht das Zahlungssystem "bargeldlose Zahlung am POS-Terminal" gemeint ist, sondern der Ort, an dem der Kunde mit der Ware unmittelbar konfrontiert wird und sie erwerben kann, wird nicht zwischen "Point of Sale" (Bezahlort) und "Point of Purchase" (POP; Verkaufsort) unterschieden.

6.5 Der Markt

Marketing ist eine unternehmerische Denkweise, die den Kunden mit seinen Wünschen und Anforderungen in den Mittelpunkt aller Aktivitäten stellt. Marketing ist die Summe aller Maßnahmen und Überlegungen, die das Aufeinandertreffen von Angebot und Nachfrage auf einem Markt betreffen.

Marketing organisiert das Aufeinandertreffen von Angebot und Nachfrage

Märkte existieren nicht nur als Warenmarkt für den Warenaustausch. Märkte im Sinne eines realen oder gedachten **Tauschplatzes** gibt es für jede Art von Leistungen:

Marktarten

- Arbeitsmarkt, Wohnungsmarkt, Informationsmarkt

- Bildungsmarkt, Heiratsmarkt etc.

Marktformen

Auf einem **Verkäufermarkt** wird das Angebot ohne weiteres abgenommen, da ein Bedarf für die Ware/Leistung vorhanden ist. Die Marktmacht des Verkäufers ist größer als die des Käufers, der Verkäufer bestimmt also die Modalitäten des Tausches. Auf einem **Käufermarkt** ist die Marktmacht des Käufers größer, da das Angebot größer ist als der Bedarf. Der Käufer bestimmt die Tauschmodalitäten.

Käufermärkte & Verkäufermärkte

Klassische Märkte waren zeitlich oder räumlich begrenzt. Durch die **Mobilität** der Abnehmer und insbesondere durch moderne **Kommunikationsmedien** wurden diese Grenzen weitgehend aufgehoben - man spricht heute von globalen Märkten.

Globale Märkte

Um auf globalen Märkten eine Marktübersicht zu bewahren, werden die Märkte in **Teilmärkte** aufgegliedert, die Spezialisierung der Waren/Leistungen teilt große Märkte in Teilmärkte oder **Marktsegmente**.

6.6 Marketing, eine Definition

Marketing ist eine Geisteshaltung, die den Kunden mit seinen Wünschen und Anforderungen in den Mittelpunkt aller Aktivitäten stellt.

Das Marketing hat eine Vielzahl von Instrumenten zur Verfügung, die **taktisch und strategisch** auf dem Markt eingesetzt werden. Diese Instrumente sollen an anderer Stelle noch genau beschrieben werden. Der Einsatz der Marketinginstrumente entscheidet: Ein perfekter Auftritt gelingt also nur mit perfektem Marketing.

Marketinginstrumente

Die Existenz des Gesamtunternehmens ist davon abhängig, dass die Waren/Leistungen Abnehmer finden. Kein Unternehmen existiert zum reinen Selbstzweck - es definiert sich immer aus der Herstellung oder Verbreitung von Waren oder Leistungen. Diese einfache Logik führt dazu, dass Marketingüberlegungen die gesamte Unternehmensführung bestimmen sollen.

Primat des Marketing

Alle unternehmerischen Prozesse sollen vom Marketing gesteuert werden:

- die **Produktion**: es soll produziert werden, was der Kunde kaufen will

- das **Produkt**: das Unternehmen ist stolz auf die hohe Qualität der eigenen Erzeugnisse, auf das vorhandene Know-how

- der **Verkauf**: die Bedürfnisse des Käufers stehen im Mittelpunkt. Das Unternehmen tut alles, um zu verkaufen

Gegenüberstellung von Marketing und Absatz

Oftmals werden die Begriffe Absatz und Marketing wie deutsch/englische Synonyme verwendet. Allerdings hat sich der Begriff **Marketing** als der umfassendere durchgesetzt. **Absatz** betrachtet - ähnlich wie der Vertrieb - die reine Tätigkeit der Verteilung von Waren/Leistungen. Absatz ist ein Teilbereich eines Unternehmens, ähnlich wie Produktion oder Verwaltung. Da hier von einer Unternehmensphilosophie - der Marktorientierung - die Rede sein soll, sprechen wir von Marketing.

6.7 Marktobjekte

Real- und Nominalgüter

Marktobjekte sind die Gegenstände, die im Rahmen der Marktprozesse getauscht werden. Solche Tauschgegenstände sind immer Wirtschaftsgüter, die in einem umfassenden Sinne als Mittel zur Bedürfnisbefriedigung interpretiert werden. Diese werden gelegentlich unterschieden in Realgüter- und Nominalgüter:

- Unter **Realgütern** versteht man materielle und immaterielle Güter. Bei den materiellen Gütern kann es sich um bewegliche und unbewegliche Güter handeln. Bewegliche Güter sind z.B. Rohstoffe, Hilfsstoffe oder Betriebsmittel, bei unbeweglichen Sachen handelt es sich z.B. um Grundstücke. Immaterielle Güter sind Arbeits- und Dienstleistungen sowie Rechte.

- Unter **Nominalgütern** werden das Geld selbst und Ansprüche auf Geld, wie z.B. Forderungen gegenüber anderen, verstanden.

Güter sind Tauschobjekte

Güter sind Mittel zur Bedürfnisbefriedigung; sie kommen, möglicherweise **auch in Kombination**, als Tauschobjekt in Frage. Dabei gilt:

- Aus der Sicht der **Konsumenten** sollen die Güter zunächst zur Befriedigung ihrer Bedürfnisse dienen. Dieser Bedürfnisbefriedigung sind allerdings Grenzen gesetzt, denn die potenziellen Nachfrager müssen über die notwendigen Finanzmittel verfügen, die sich aus den Einkommens-, Vermögens- und Kreditmöglichkeiten ergeben. Damit ist die Wahl der Konsumenten von vornherein eingeschränkt. Außerdem sind nicht alle Konsumenten über die Existenz und Eigenschaften von Produkten informiert.

- Auch für die Seite der **Anbieter** stellen die Marktobjekte ein finanzielles Problem dar. Denn die Anbieter müssen über die Mittel verfügen, um bestimmte Produkte produzieren und vermarkten zu können.

Konkurrenz

Eine weitere Einschränkung ergibt sich für die Anbieter durch die Konkurrenzverhältnisse. **In der Regel treten die Anbieter nicht als Monopolisten auf.** Demzufolge müssen sie bei ihren wirtschaftlichen Aktivitäten neben der Nachfragesituation auch die eigene Kostenstruktur und die Konkurrenzsituation berücksichtigen.

rechtliche Regelungen

Die Aktionsmöglichkeiten werden bei den Marktobjekten auch durch rechtliche Regelungen eingeschränkt. Unter Umständen wird die Produktion erschwert oder verhindert, weil **gesetzliche Vorschriften** zu beachten sind.

Distributionsvermittler

Von Bedeutung sind für die Anbieter schließlich die im Markt tätigen Distributionsmittler, d.h. die Handelsmittler und die Handelsbetriebe:

- **Handelsmittler** (Handelsvertreter, Kommissionäre, Handelsmakler, Versteigerer)

- **Handelsbetriebe** (Großhandelsbetriebe, Einzelhandelsbetriebe)

6.8 Marktsubjekte

Marktteilnehmer sind

- Produzenten, Käufer und Absatzmittler.

Da die beiden erstgenannten Teilnehmer (Produzenten und Käufer) bekannt sind, soll an dieser Stelle der Absatzmittler erläutert werden:

Unter Absatzmittler werden alle Handelsbetriebe zusammengefasst, die Waren kaufen und verkaufen, ohne dass die Waren in einer nennenswerten und wirtschaftlich bedeutsamen Form verändert werden. Zu der Gruppe der Absatzmittler zählen deshalb die **Einzel- und Großhandelsbetriebe**.

Absatzmittler

Im Gegensatz dazu versteht man unter Absatzhelfern diejenigen, die den Produzenten und Absatzmittlern **bei der Vermarktung der Güter und Dienstleistungen behilflich** sind. Dazu zählen die Handelsvertreter, Makler, Kommissionäre, Kreditinstitute, Spediteure, Lagerhalter, Werbeagenturen etc.

Absatzhelfer

Zu der Gruppe der sonstigen Marktteilnehmer zählen jene Personen, die den Prozess der **Kaufentscheidung** von privaten Konsumenten, aber auch von öffentlichen Institutionen **beeinflussen** können. Beispiele: Betriebsberater, Architekten, Meinungsforscher, Journalisten, Ärzte, Unternehmensberater etc. Insbesondere für die privaten Konsumenten sind in diesem Zusammenhang die so genannten **Opinion Leader (Meinungsführer)** von Bedeutung, denn diese Personen sind diejenigen, die auf die Kaufentscheidung anderer Personen oder Personengruppen einen großen Einfluss nehmen.

sonstige Marktteilnehmer

6.8.1 Kaufverhalten der Marktsubjekte

Die Abnehmer von Produkten (Käufer[1]) stellen für die Unternehmung die wichtigste Gruppe der Marktsubjekte dar. Diese können auftreten:

Auftreten der Marktsubjekte

- als Privatpersonen
- als industrielle Abnehmer (Unternehmungen)
- als öffentliche Organisationen und Institutionen wie Bund, Länder und Gemeinden
- als Absatzmittler in der Form von Groß- und Einzelhandelsbetrieben

Kaufverhalten privater Konsumenten

Das Kaufverhalten privater Konsumenten ist in der Vergangenheit aus unterschiedlichen Blickwinkeln beleuchtet worden. Die Fülle der Untersuchungen, die sich mit dem Konsumentenverhalten auseinandergesetzt haben, hat drei wesentliche Erklärungsansätze ergeben: **Ökonomisch, psychologisch und soziologisch**.

Die ökonomischen Theorien zur Erklärung des Konsumentenverhaltens versuchen die Frage zu beantworten, für welche Güter sich die Konsumenten entscheiden, wenn sie bei gegebenen finanziellen Mitteln das Nutzenmaximum erreichen wollen. Mit Hilfe eines komplizierten rechnerischen oder zeichnerischen Verfahrens

Die ökonomischen Theorien

---

1 Die Käuferarten unterscheiden sich wesentlich in ihrem Verhalten auf dem Markt, insbesondere in ihrem Verhalten bei Kaufentscheidungen.

kommt man mit diesem Erklärungsansatz in einem ersten Schritt zu dem Ergebnis, dass die privaten Haushalte ihr Kaufverhalten abhängig machen von den jeweils gültigen Güterpreisen. D.h., steigt der Preis, sinkt die Nachfrage - und umgekehrt.

Kritik an diesem Erklärungsansatz

Hauptansatzpunkt für Kritik an diesem Erklärungsansatz war die Beschränkung auf wirtschaftliche Tatbestände wie Güterpreise, Einkommen etc. Damit wurden gleichzeitig die psychologischen und soziologischen Gesichtspunkte, die bei Kaufentscheidungen eine Rolle spielen, nicht mit einbezogen. Trotz einer Ausweitung der ökonomischen Erklärungsansätze blieben diese nach wie vor unbefriedigend; die psychologischen und soziologischen Erklärungsansätze wurden weiter verfolgt:

- Man wurde sich dessen bewusst, dass die **Rationalität** des Handelns nicht die Regel, sondern eher die **Ausnahme** ist.

- Es wurde offenkundig, dass das Verhalten von Menschen wesentlich durch **Reize** bestimmt wird.

Psychologische Erklärungsansätze

Es existieren vier Kategorien psychologischer Erklärungsansätze des Verbraucherverhaltens:

- **Risikotheorien**: Kaufentscheidungen werden von den Risiken, die mit dem Kauf verbunden sind, abhängig gemacht.

- **Theorie der kognitiven Dissonanz**: Die kognitive Dissonanz kommt zustande durch ein Ungleichgewicht zwischen Handlung, Erwartung und Erfahrung

- **Lerntheorien**: Erfahrungen, die in Lernprozessen gewonnen wurden, beeinflussen das Kaufverhalten

- **Einstellungstheorien**: Die persönliche Einschätzung eines Produktes beeinflusst das Kaufverhalten

Risikotheorie

Eine der bekanntesten Theorien ist die Risikotheorie. Ausgangspunkt ist dabei die Feststellung, dass Auswirkungen von Entscheidungen, z.B. beim Kauf von Gütern, nicht mit Sicherheit abschätzbar sind. Diese Unsicherheit ist auf soziale und psychische Risiken sowie Preis- und Zeitrisiken zurückzuführen. Im Einzelnen:

- **Soziale Risiken** können z.B. entstehen, wenn die Kaufentscheidung eines Konsumenten von seinem Bekanntenkreis nicht akzeptiert wird und der Bekanntenkreis den Käufer wegen seiner Entscheidung kritisiert.

- **Psychische Risiken** liegen vor, wenn der Käufer nicht abschätzen kann, ob die beabsichtigte Bedürfnisbefriedigung durch den Kauf eines Gutes tatsächlich eintritt. Insbesondere bei sehr teuren Gütern entsteht genau dieses Problem, denn ein Kauf, der sich als falsch erwiesen hat, kann später nur mit Schwierigkeiten oder gar nicht rückgängig gemacht werden. So ist z.B. der Kauf einer Eigentumswohnung immer mit Risiken verbunden, die vorher nicht abschätzbar sind.

- **Preis- und Zeitrisiken** entstehen immer dann, wenn die Kaufentscheidung den jeweiligen Käufer für eine längere Zeit festlegt, wie es z.B. beim Kauf eines Hauses oder einer Eigentumswohnung der Fall sein kann. In diesen Fällen ist der Käufer längere Zeit an dieses Gut gebunden oder kann sich nur unter Schwierigkeiten von diesem Gut wieder trennen.

Risiken verringern

Die hier nur skizzenhaft angeführten Risiken verunsichern den Konsumenten; er versucht deshalb, diese Risiken zu verringern. Dazu bedient er sich bestimmter Verhaltensweisen wie dem ständigen Kauf von Markenartikeln, einer intensiveren Informationssuche o. a. Mit einem solchen Verhalten wird deutlich, dass der Konsument seine Kaufentscheidungen nicht mehr nach überprüfbaren Gesichtspunkten trifft.

Kollektive Kaufentscheidungen

Kollektive Kaufentscheidungen sind z.B. solche, die in einer **Familie** getroffen werden. Entscheidend geprägt wird eine solche Kaufentscheidung durch die jeweils gegebene Familienstruktur. Hier kommt es besonders auf die **Rollenverteilung** zwischen den Ehepartnern an. In den meisten Fällen werden die wesentlichen Kaufentscheidungen gemeinsam getroffen. Von Bedeutung ist aber auch der Einfluss, den die **Kinder** nehmen. Es sind Situationen denkbar, in denen diese mit den Entscheidungen der Eltern nicht einverstanden sind und versuchen, die Kaufentscheidungen in ihrem Sinne zu beeinflussen.

Kaufentscheidung die in einer Familie getroffen werden

Kaufentscheidungen von Organisationen

Kaufentscheidungen von Organisationen wie z.B. Unternehmungen unterscheiden sich von den kollektiven Kaufentscheidungen durch die größere **Zahl der beteiligten Personen**. Aufgrund dieser größeren Zahl von Entscheidungsträgern ist die Kaufentscheidung in den meisten Fallen sehr **stark formalisiert**.

Formalisierung

Diese Formalisierung drückt sich insbesondere durch eine bestimmte Zuständigkeitsverteilung innerhalb einer Unternehmung aus oder dadurch, dass bestimmte **Verfahrensregeln** eingehalten werden müssen. So ist es z.B. denkbar, dass bei der Vorbereitung einer Kaufentscheidung eine Reihe von Entscheidungsträgern nacheinander ihre Beurteilung zu einem geplanten Kauf abgeben müssen.

Zuständigkeitsverteilung

Dabei können durchaus unterschiedliche Beurteilungen abgegeben werden. Unter Umständen können negative Beurteilungen, die von nachgeordneten Entscheidungsträgern oder Sachbearbeitern abgegeben werden, Kaufentscheidungen beeinflussen, weil ihnen hohe **Sachkompetenz** zugebilligt wird.

Neben diesem Aspekt der Formalisierung unterscheiden sich die Kaufentscheidungen von Unternehmungen auch durch einen größeren Zeitbedarf von denen der privaten Haushalte. Je größer die Mitarbeiterzahl der Unternehmungen ist, um so langwieriger kann ein solcher Kaufentscheidungsprozess sein.

Zeitbedarf

Außerdem muss berücksichtigt werden, dass alle im Rahmen eines kollektiven Kaufentscheidungsprozesses beteiligten Personen auch als individuelle Konsumenten Erfahrungen besitzen, individuell Kaufentscheidungen treffen und diese individuelle Note auch bei Kaufentscheidungen von Organisationen oder Kollektiven mit einfließen lassen.

individuelle Konsumentenerfahrungen

6.9 Marktforschung, Grundlagen

Verfahren der Marktforschung

Die Marktforschung bildet die Grundlage für die Marketing-Konzeption; durch sie wird den Risiken des Marktes begegnet. Ein großer Teil der Risiken besteht für ein Unternehmen auf der Seite des Absatzmarktes z.B. durch:

Risiken, die Marktforschung begründen

- **Konjunkturveränderung**: Verschlechterung der Einkommen

- **Modewandlungen, Änderungen der Gewohnheiten**: Falsche Einschätzung der Kundenwünsche

- **Strukturwandlung**: Absatzprobleme für PKWs der Mittelklasse

- **Konkurrenzrisiken**: Gleichartige Produkte durch neue Lieferer

- **Zahlungsausfälle**: Insolvenz eines Großkunden

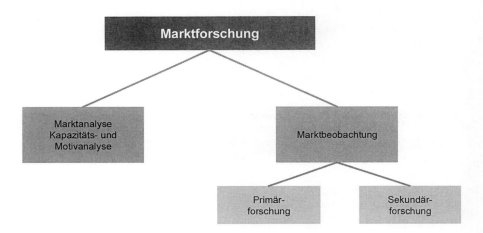

Beispiel eines Fragenkatalogs als Grundlage der Marktforschung

Fragenkatalog (Quelle: kfw-mittelstandsbank; siehe URL)

Folgende Fragen begleiten Sie bei der Erarbeitung Ihres Marketing- und Vertriebskonzeptes:

- Was will ich langfristig (3-10 Jahre) erreichen und wie wird sich in dieser Zeit der Markt entwickeln? (**strategische Planung**)

- Wo liegen meine persönlichen und unternehmerischen Stärken und Schwächen, Chancen und Risiken? (**Situationsanalyse**)

- Was sind meine gegenwärtigen und zukünftigen Erfolgsfaktoren? (strategische **Schlüsselfaktoren** und Geschäftsfelder)

- Wie setze ich meine strategischen Zielsetzungen in operationale Ziele und Maßnahmen um? (**operative Planung**)

- Wie kann ich den Ablauf der einzelnen Maßnahmen zeitlich und nach Kapazität optimal planen und kontrollieren? (**dispositive Planung**)

- Welchen "Raum" gebe ich dem Marketing zeitlich, organisatorisch und finanziell? (**Marketingorganisation; Zeitmanagement; Finanzierung**)

- Wie bekomme ich Informationen über die Konkurrenz, die potenziellen Kunden und über Lieferanten? (**Marktforschung**)

- Welche Werkzeuge muss ich einsetzen, damit sich mein Produkt am Markt erfolgreich entwickelt? (**Marketingpolitische Instrumentarien**)

- Wann muss ich mein Produkt verändern oder ein neues Produkt auf den Markt bringen? (**Produktpolitik**)

- Wie gestalte ich meine Preise? (**Preispolitik**)

- Wie informiere ich den Markt bzw. die (potenziellen) Kunden über meine Produkte und mein Unternehmen? (**Kommunikationspolitik**)

- Wie vertreibe ich meine Produkte am besten? (**Distributionspolitik**)

Link

Quelle:
http://www.kfw-mittelstandsbank.de/DE_Home/Gruenderzentrum/Planungsphase/Marketing

Formen der Marktforschung

Folgende Formen der Marktforschung können unterschieden werden:

- Die **Marktanalyse**. die einmalig oder fallweise durchgeführt wird. Sie dient dem Vergleich von Strukturgrößen des Marktes, z.B. Verbrauchergewohnheiten, Konkurrenzverhalten

Drei Formen

- Die **Marktbeobachtung**, die laufend durchgeführt wird. Sie lässt Entwicklungen und Veränderungen erkennen.

- Die **Sekundärforschung**, von der man spricht, wenn auf vorhandene Datenbestände zurückgegriffen wird.

6.10 Methoden der Marktforschung

Marktanalyse

Die Marktanalyse untersucht die **Struktur von Teilmärkten**. Ziel der Untersuchung ist es, die Aufnahmefähigkeit dieser Märkte für bestimmte Erzeugnisse zu ergründen und das Verhalten der Käufer zu untersuchen (Motivanalyse). Marktanalysen sind **einmalige Marktuntersuchungen**, die durch laufende Marktbeobachtungen ergänzt werden sollten.

Untersuchung der Struktur von Teilmärkten

Die Kapazitätsanalyse ermittelt Informationen wie z.B.:

Kapazitätsanalyse

- Zahl der Personen, die als Käufer in Frage kommen

- Einkommens- und Vermögensverhältnisse

- Wohn- und Siedlungsdichte

- Verkehrsverhältnisse des untersuchten Marktgebietes

- Zahl der Betriebe und Verwaltungen, die Bedarf für bestimmte Produkte haben könnten

- ob es sich um einen ersten Bedarf oder um einen Erneuerungs- oder Nachholbedarf handelt

- welche Unternehmen den Markt bereits beliefern und welchen Vertriebsweg diese haben

- Informationen über Produkte, Preise und Werbung der Konkurrenten

Im Rahmen der Marktanalyse spielt die Motivanalyse eine ebenso wichtige Rolle wie die Kapazitätsanalyse. Sie zeigt dem Unternehmen, wie Personen, Unternehmen und andere Organisationen, die als Käufer in Frage kommen, **auf absatzpolitische Bemühungen reagieren** werden. Für ein Unternehmen ist es wichtig, Informationen darüber zu sammeln, wie sich Käufer beim Kauf verhalten, ob das Verhältnis zwischen Preis und Qualität, Zahlungs- und Lieferbedingungen beim Käufer als angemessen empfunden werden.

Motivanalyse

Marktbeobachtung

fortlaufende Überwachung
der Strukturveränderungen
eines Teilmarktes

Unter der Marktbeobachtung versteht man die fortlaufende Überwachung der Strukturveränderungen eines Teilmarktes. Derartige Veränderungen gehen einher mit Saisonschwankungen, Konjunkturveränderungen und branchenmäßigen, regionalen Trendentwicklungen. Sie erfasst vor allem **Bedarfsschwankungen**, die durch Mode, Geschmacksänderungen, aber auch durch Änderungen des Einkommens und des Lebensstandards hervorgerufen werden. Die Ergebnisse der Marktbeobachtung werden von Zeit zu Zeit durch Marktanalysen ergänzt.

6.11 Marktforschung, Erhebung der Daten

6.11.1 Sekundär- und Primärforschung

Primär- und Sekundärforschung

Je nach Art und Weise der für die Marktforschung erforderlichen Datenerhebung unterscheidet man zwischen der Primär- und der Sekundärforschung, wobei letztere hier zuerst vorgestellt werden soll:

Sekundärforschung = "desk-research" = Schreibtisch-Forschung

Die Sekundärforschung wertet außer- und innerbetriebliches Quellenmaterial aus, welches ursprünglich einmal für andere Zwecke gedacht war, sich aber in zweiter Linie (sekundär) auch für eine beabsichtigte Marktuntersuchung auswerten lässt. Es soll weiter unterschieden werden in außer- und innerbetriebliches Informationsmaterial.

Außerbetriebliches Sekundärmaterial

Außerbetriebliches Sekundärmaterial umfasst:

- Marktberichte statistischer Ämter

- Ermittlungen privater Marktforschungsinstitute, regionale Kaufkraftanalysen

- Berichte von Fachverbänden und Handelskammern

- Fachzeitschriften, Zeitungsberichte und Zeitungsinserate

- Staatliche Veröffentlichungen z.B. der Statistischen Landesämter, Fachbücher

- Konjunkturindikatoren wie z.B. Entwicklung der Einkommen, des Geldwertes, des Bruttosozialproduktes, des Außenhandels

- Kataloge und Preislisten der Konkurrenz

Innerbetriebliches Sekundärmaterial

Innerbetriebliches Sekundärmaterial hingegen wird aus der Buchhaltung, der internen Betriebsstatistik, der Korrespondenz und aus Erfahrungsberichten des Außendienstes bzw. Verkaufspersonal gewonnen.

Primärforschung

Primärforschung ="field-research" = Feldforschung

Die Primärforschung wird eingesetzt, wenn die Informationen aus dem sekundären Material unbefriedigend sind. Primärforschung versucht, das Verhalten, die Meinung und die Kaufmotive des Kunden zu erfahren. In der Regel erhält das Unternehmen diese Informationen durch mündliche oder schriftliche Befragungen von

Lieferanten, Kunden, Verbrauchern, Konkurrenten und anderen Personenkreisen. Die Durchführung von Primärerhebungen erfolgt entweder von betrieblichen Forschungsstellen oder im Auftrag des Betriebs durch Marktforschungsinstitute.

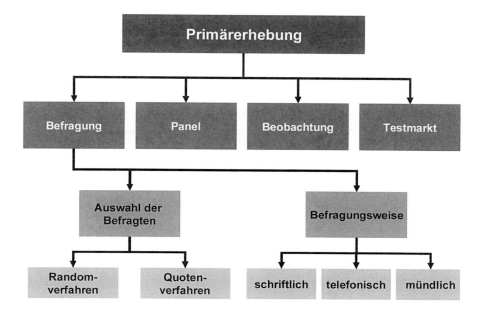

6.11.2 Schriftliche Befragung

Die am häufigsten angewandte Marktforschungsmethode ist die Befragung - in der Regel als schriftliche Befragung mittels eines standardisierten Fragebogens oder als interaktive Internet Applikation auf zum Beispiel der Homepage des fragenden Unternehmens. Bei der Entwicklung einer Fragensequenz sind neun Schritte zu beachten:

Fragebogen oder interaktive Internet Applikation

▪ Genau überlegen, welche Daten erhoben werden sollen.

▪ Schon bei der Fragestellung daran denken, wie die Antworten ausgewertet werden sollen. Offene Fragen bringen zwar viel Information, sind aber schwieriger auszuwerten als Fragen, zu denen eine vorgegebene Antwort angekreuzt wird.

▪ Zu Beginn Fragen stellen, die Vertrauen wecken und eine angenehme Befragungssituation schaffen ("Eisbrecherfragen").

▪ Klare Wortwahl, einfache Sprache, kurze Sätze, keine generellen Fragen, keine Suggestivfragen.

▪ Kontrollfragen einbauen, die den Wahrheitsgehalt überprüfen.

▪ Bearbeitungszeit des Fragebogens möglichst kurz halten.

▪ Fragen zur Person des Befragten erst zum Schluss; prüfen, ob und wie Anonymität gewährt werden kann.

▪ Fragebogen mehrmals und an verschiedenen Personen testen.

▪ Modalitäten der Befragung (durch Selbst-Ausfüllen oder mittels eines Befragers) klären und vereinheitlichen.

Schriftliche Befragung und Auswertung

Die Befragung ermöglicht zwei Arten, die Befragenden auszuwählen:

- Beim **Randomverfahren** wird das Auswahlverfahren dem Zufall überlassen. Beispiel: man entscheidet sich, vor einem Kaufhaus jeden 200. Besucher zu befragen.

- Beim **Quotenverfahren** wird der zu befragende Personenkreis nach mathematisch-statistischen Verfahren ermittelt. Auf diese Art und Weise erhält man einen repräsentativen Querschnitt einer Bevölkerungsgruppe, für die das betreffende Produkt in Frage kommt.

- Sind die Befragenden ausgewählt, erfolgt die eigentliche Befragung; schriftlich werden die Teilnehmer anhand sorgfältig ausgearbeiteter Fragebögen befragt; die mündliche oder telefonische Befragung erfolgt durch geschulte Interviewer.

Panel

Beim Panel wird im Gegensatz zur Normalbefragung befragt:

- ein gleich bleibender, repräsentativer Kreis von Personen

- in regelmäßigen Abständen

- über einen längeren Zeitraum hinweg

- zu den gleichen Themen oder den gleichen Produkten

Beobachtung

Bei der Beobachtung wird versucht, aus dem beobachteten Verhalten von Kunden **Rückschlüsse auf Trends** zu ziehen. Beispiele für Verhaltensbeobachtungen können sein:

- interessiert

- wenig interessiert

- nicht interessiert

Testmarkt

Der Testmarkt kommt als Mittel der Datenerhebung dann in Frage, wenn es sich um die **Einführung eines neuen Produktes** handelt. Zum Vorgehen:

- Man wählt einen räumlich begrenzten **Teilmarkt** aus, der repräsentativ für den Gesamtmarkt zugrunde gelegt wird, und beobachtet dort die Umsatzentwicklung des neuen Produktes.

- Die Testzeit muss begrenzt sein, da bekanntlich am Anfang **Probekäufe** aus Neugier vorgenommen werden, die wenig Rückschlüsse auf das **Dauerverhalten** der Kunden zulassen.

Die Marktprognose baut auf den Ergebnissen der Markterkundung und der Marktforschung auf und versucht, die künftige Marktentwicklung einzuschätzen.

6.11.3 Experimente

Experimente in der Marktforschung dienen dazu, durch gezielte und kontrollierte Veränderung von Einzelheiten die Auswirkung dieser Veränderungen auf andere Größen aufzuzeigen. Dabei gilt:

- **Feldexperimente** werden unter Alltagsbedingungen durchgeführt

- **Laborexperimente** werden unter speziellen Bedingungen durchgeführt

Typische Feldexperimente sind Testmärkte für Produkt-Neuentwicklungen; Laborexperimente umfassen z.B. die Beobachtung von unterbewussten Wirkungen verschiedener Farben oder Formen von Verpackungen.

6.11.4 Übersicht/Gegenüberstellung:

	Beobachtung	Interview	Panel	Experiment
Merkmale	Feststellen von Verhaltensweisen durch Beschauen der Tatbestände	Erfragen von Meinungen, Einstellungen, Motiven, Tatbeständen und Verhaltensweisen	Wiederholte Befragung eines repräsentativen Personenkreises zum gleichen Erhebungsgegenstand über längere Zeiträume	Erprobung einer neuen Maßnahme vor ihrer Einführung
Formen	Selbstbeobachtung im eigenen Betrieb Fremdbeobachtung im fremden Betrieb	mündliche Befragung: -Standardinterview -Strukturinterview -Freies Interview	-Haushalts-, Einzelhandels-, Großhandelspanel	Feldexperiment bei normalen Marktbedingungen auf einem Testmarkt Laborexperiment bei künstlichen Bedingungen außerhalb des Marktes
Befragtenauslese	keine Auslese; Beobachtung der zufällig vorhandenen Personen	Stichprobenauswahl: -Zufallsauswahl -Quotenauswahl	Stichprobenauswahl: -Zufallsauswahl -Quotenauswahl	Auswahl nach marktgegebenen oder simulierten Bedingungen
Forschungsbereiche	Schaufensterwirkung auf Passanten, Aufmerksamkeit der Kunden im Laden	Käuferverhalten, Kaufgewohnheiten, Meinungen, Wünsche, Motivationen	Wirkung von Wettbewerbsaktivitäten, Effizienz der Absatzorganisation, Preisentwicklung, Umschlagskennzahlen	Test von Produktmodellen, Verpackungsentwürfen, Werbemitteln, Preisgestaltung
Vorteile	häufig objektiver als Befragung	Möglichkeit der Erforschung von nicht beobachtbaren Tatbeständen	Aussagen über Marktaktivitäten im Zeitablauf	Erprobung unter realistischen Bedingungen
Nachteile	Beobachter kann nur wenige Beobachtungsfälle im Auge behalten, viele Tatbestände sind nicht beobachtbar (Motive)	falsche Ergebnisse durch suggestive Beeinflussung; notwendig sind exakte Fragen und Kontrollfragen	Hohe Verweigerungs- und Austrittsquote erfordern Austausch der Panelmitglieder; Mitarbeit muss vergütet werden	oft großer Zeit- und Kostenaufwand; begrenzter Anwendungsbereich

6.12 Marktforschung in Zielgruppen

Wie bereits ausgeführt, sind Märkte durch Mobilität und Kommunikationsmittel so groß und unübersichtlich geworden, dass eine Gliederung in Teilmärkte (Segmente) notwendig wird. Ein Marktsegment ergibt sich entweder

Gliederung in Marktsegmente/Teilgruppen/ Zielgruppen

■ aus der Spezialisierung des **Produktes** - nur ein gewisser Teil der Verbraucher hat einen Bedarf für das Produkt - oder

■ aus der Spezialisierung der **anzusprechenden Verbrauchergruppe** - ein gewisser Teil der Verbraucher soll angesprochen werden. Solche Verbrauchergruppen heißen Zielgruppen.

Kriterien

Die üblichen Kriterien zur Abgrenzung von Zielgruppen sind:

Kategorie	Kriterien
demographisch	Alter, Geschlecht
geographisch	Wohnort, Verbrauchsort
soziographisch	Beruf, Ausbildung
psychographisch	fortschrittlich, konservativ, usw.

6.13 Werbung

Werbung versus Marketing

Werbung wirkt in der Öffentlichkeit, ist aber teuer

Häufig werden die Begriffe Werbung und Marketing gleichgesetzt. Dieser Abschnitt will hingegen deutlich machen, dass darin ein grundsätzlicher Fehler liegt: Die Werbung ist nur eines von vielen Instrumenten, das für eine Marketingstrategie eingesetzt werden kann. Da die **Werbung** aber das Instrument ist, das am meisten an die **Öffentlichkeit** tritt, ist es mit besonderer Sorgfalt einzusetzen.

Im Gegensatz zu manchen der bisher vorgestellten Instrumente ist Werbung allerdings auch mit einem sehr hohen **Kostenaufwand** verbunden, so dass es sinnvoll ist, dafür Spezialisten einzusetzen, die aus einem verfügbaren **Budget** ein Maximum an Wirkung erzielen.

6.13.1 Grundsätze der Werbepolitik

Begriff

Unter Werbung versteht man alle Maßnahmen mit dem Ziel, bestimmte Botschaften für Auge, Ohr, Geschmacks- oder Tastsinn an Personen heranzutragen, um auf ein Erzeugnis und/ oder eine Dienstleistung aufmerksam zu machen und Kaufwünsche zu erzeugen.

Die Werbepolitik ordnet sich, wie die Produkt-, Preis- und Vertriebspolitik (siehe jeweils dort), in die Gesamtsystematik der Mittel der Absatzpolitik ein:

Grundsätze der Werbung

Nach den "Internationalen Verhaltensregeln für die Werbepraxis", die für die deutsche Werbewirtschaft verbindlich sind, gelten die Grundsätze, dass jede Werbemaßnahme **mit den guten Sitten vereinbar, redlich und wahr** sein soll. Werbeaussagen sollen vom Grundsatz sozialer Verantwortung geprägt sein und den anerkannten Grundsätzen des lauteren Wettbewerbs entsprechen.

▪ Wahrheit: Die Werbung soll Vertrauen zum Werbenden, zu seinen Waren und seinen Leistungen schaffen. Wahrheit

▪ Soziale Verantwortung: Der Gemeinschaft gegenüber und gegenüber dem Verbraucher soll sich die Wirtschaft bei ihren Werbemaßnahmen der sozialen Verantwortung bewusst sein. Daher darf die Werbung in Bild und Text nichts enthalten, was geeignet wäre, den Verbraucher irrezuführen. So sollen Werbeaussagen, die sich an Kinder und Jugendliche wenden, nichts enthalten, was unter Ausnutzung ihrer Leichtgläubigkeit und mangelnden Erfahrung geeignet wäre, ihnen geistigen, moralischen oder physischen Schaden zuzufügen. Soziale Verantwortung

▪ Klarheit: Die Werbung soll in ihrer Aussage deutlich, leicht verständlich und einprägsam sein. Klarheit

Zu den eher ethisch-moralischen Grundsätzen der Werbung treten noch zwei weitere Prämissen, die mehr auf das Unternehmen selbst ausgerichtet sind:

▪ Die Wirksamkeit der Werbung ist abhängig von der **Kombination** der geeigneten Werbemittel, ihrer Originalität und Treffsicherheit, ihrem Erinnerungswert und ihrer steten **Wiederholung**. Wirksamkeit

▪ Die Werbeaufwendungen haben in einem angemessenen Verhältnis zum möglichen Erfolg zu stehen. Der Werbeetat wird aufgestellt aufgrund des **Werbeplanes**, der dem Werbeziel untergeordnet ist und dieses festlegt. Aufgrund der Umsatzentwicklung lassen sich dann Rückschlüsse auf den Werbeerfolg ziehen (Werbeerfolgskontrolle). Die Wirtschaftlichkeit der Werbung ergibt sich aus dem Umsatzzuwachs im Verhältnis zum gesamten Aufwand. Wirtschaftlichkeit

6.13.2 Werbepolitik

Aufgaben der Werbung

Entsprechend der Aufgabenstellung für den Absatzmarkt unterscheidet sich die:

▪ Einführungswerbung, um **neue Produkte** oder Dienstleistungen auf den Markt einzuführen Einführungswerbung

▪ Erhaltungswerbung, um Konkurrenzeinflüsse auf dem Markt abzuschirmen und den **bisherigen Absatz zu sichern**. Hierzu gehört auch die Erinnerungswerbung, denn: "Wer nicht wirbt, der stirbt" Erhaltungswerbung

▪ Stabilisierungswerbung, die erforderlich ist, wenn die Stellung am Absatzmarkt durch verstärkte **Konkurrenzmaßnahmen gefährdet** erscheint. Sie verfolgt die Aufgabe, die Marktstellung und den Absatz zu festigen Stabilisierungswerbung

Expansionswerbung

■ Expansionswerbung, um durch verstärkte Werbung **neue Märkte** zu erschließen und den Absatz auszuweiten

Arten der Werbung

Die Wirtschaftswerbung unterscheidet die Absatzwerbung und die Meinungsbildung, soweit sie **absatzfördernde Wirkungen** herbeiführt:

Absatzwerbung

■ Absatzwerbung verfolgt das Ziel, die Erzeugnisse, Waren und Dienstleistungen bekannt und begehrenswert zu machen. Mit der Absatzwerbung wird die tatsächliche und mögliche **Zielgruppe angesprochen** und somit der unmittelbare Absatz gefördert.

Meinungsbildung

■ Meinungsbildung (= **Public Relation**) verfolgt das Ziel, das Unternehmen als Ganzes öffentlich bekannt zu machen und um Interesse, Ansehen und Vertrauen für dieses zu werben (Aufbau eines Image). Public Relation kann erfolgen über Publikationen (z.B. Firmenzeitschriften, Geschäftsberichte usw.), Betriebsbesichtigungen, Pressearbeit (z.B. Presse, Funk, Fernsehen) etc.

AIDA-Schema

die verschlüsselte Werbebotschaft

■ Das AIDA-Schema geht davon aus, dass die verschlüsselte **Werbebotschaft** bei den Werbesubjekten verschiedene Stufen durchläuft:.

■ **A**-Attention, Aufmerksamkeit wird erregt,

■ **I**-Interest, Interesse wird geweckt,

■ **D**-Desire, es entsteht der Wunsch zu kaufen,

■ **A**-Action, es kommt zur Kaufhandlung

Unlauterer Wettbewerb - Unerlaubte Werbung

Auswüchse möglichst unterbinden

Um mehr Gewinn zu erzielen, will jeder Produzent seinen Absatz möglichst steigern. **Gewerbefreiheit** und der **freie Wettbewerb** erlauben ihm dies in unserer Wirtschaftsordnung. Die Werbepolitik ist jedoch nicht frei von Auswüchsen im Kampf um Marktanteile. Um diese Auswüchse möglichst zu unterbinden, sind eine Reihe von gesetzlichen Grundlagen erlassen worden wie z.B.:

■ der Patentschutz, Gebrauchs- und Geschmacksmusterschutz

■ der Markenschutz

■ das Gesetz gegen unlauteren Wettbewerb (UWG)

Sittenwidrigkeit, Unterlassung, Schadensersatz

Die Generalklausel des Gesetzes gegen unlauteren Wettbewerb lautet, dass derjenige, der im wirtschaftlichen Konkurrenzkampf **gegen die guten Sitten** verstößt, auf Schadensersatz oder Unterlassung verklagt werden kann. Sittenwidrig sind insbesondere alle Handlungen, die dem Geschäftsgebaren eines ordentlichen Kaufmanns widersprechen, z.B. unwahre Behauptungen über die Konkurrenz.

Weiterhin verbietet der Gesetzgeber unter anderem als unlauteren Wettbewerb:

- **Unzulässiges Werben** mit Lockangeboten oder Zugaben

- **Irreführende Angaben** über geschäftliche Verhältnisse, insbesondere über die Beschaffenheit, den Ursprung, die Herstellungsart oder die Preisbemessung der Waren oder Leistungen

- **Behauptungen** über Konkurrenten und deren Leistungen, die geeignet sind, den Betrieb oder den Kredit des Konkurrenten zu schädigen

- Unbefugte Verwendung von Namen, Firma oder besondere Bezeichnung eines Unternehmens oder einer Druckschrift, um **Verwechslungen** hervorzurufen

- **Widerrechtliche Verwendung** von Warenzeichen eines anderen auf Waren, deren Verpackung oder Umhüllung, oder auf Geschäftspapieren oder dergleichen

Unerlaubte Werbung ist zum Beispiel auch:

- **Vergleichende Werbung**

- **Superlativwerbung** (ist nur erlaubt, wenn die Behauptung nachprüfbar stimmt.) Beispiel: "Die Teppichgalerie ist das größte Orientteppichhaus Europas".

6.14 Werbeplanung

Die nachfolgend aufgelisteten Schlüsselfragen unterstützen die Ideenfindung im Zusammenhang mit der Werbeplanung:

- Welche Werbeträger erreichen meine Zielgruppe?

- Welche Werbeträger entsprechen dem Image meines Produktes?

- Welcher Produktnutzen ist mein Hauptargument?

- Wie viele Kontakte stellt die Werbemaßnahme her?

- Wie häufig muss das Produkt beworben werden?

- Wann muss das Produkt beworben werden?

- Welche Werbeaussage trifft mein Produkt am besten?

- Entspricht die Werbeaussage den Forderungen nach Wahrheit und Klarheit?

- Rechtfertigt der Mehrerlös nach einer Medienwerbung die Kosten dafür?

Werbemedien im Vergleich

Eine Zusammenstellung einiger Werbemedien zeigt deren Vor- und Nachteile auf:

Medium	Vorteile	Nachteile
Zeitung	aktuell, flexibel, lokale Marktabdeckung, hohe Glaubwürdigkeit, gute Annahme	kurzlebig, schlechtes Druckbild, ein Exemplar wird nur von 1-2 Personen gelesen, meist sehr oberflächlich
Zeitschriften	selektiv, hohe Glaubwürdigkeit, Prestige, gutes Druckbild, langlebig, mehrere Personen als Leser	lange Voranmeldezeit, evtl. kleine Auflage, keine Auswahl, wo Anzeige platziert wird
Radio	hohe geografische und demografische Streuung, niedriger Preis	nicht visuell, geringe Aufmerksamkeit der Empfänger, flüchtiger Kontakt
Direct Mail	sehr selektiv, flexibel, persönliche Ansprache, messbare Wirkung	relativ hohe Kosten, oft geringe Glaubwürdigkeit
Plakate	flexibel, hohe Wiederholungswerte, niedrige Kosten	keine Selektivität, begrenzte Gestaltungsmöglichkeiten

6.15 Verkaufsförderung

Abgrenzung Verkaufsförderung - Werbung

Im Gegensatz zur Werbung, deren Maßnahmen den potenziellen Interessenten an beliebigen Orten - zuhause vor dem Fernseher, auf dem Weg zur Arbeit usw. - erreichen, bringen verkaufsfördernde Maßnahmen den Kunden unmittelbar mit der Ware in Kontakt. Meist geschieht dies am Point of Sale/Purchase, denkbar sind aber auch Aktionen an anderen Orten - auf der Straße, im Kino usw. -, die Gelegenheit zur Inaugenscheinnahme und zum "Probieren" bieten. Neben Endverbrauchern können auch Händler und ihre Mitarbeiter Zielgruppe verkaufsfördernder Aktionen sein. Verkaufsförderung gliedert sich in zwei Bereiche:

Sales Promotion

■ Sales Promotion - Spezielle Aktionen, um kurzfristig den Verkauf anzukurbeln. Sie wiederholen sich nicht oder nur selten, sie sollen zusätzliche Anreize auslösen. Es handelt sich um **Einzelaktivitäten**.

Merchandising

■ Merchandising - Produktpflege am Verkaufspunkt (z.B. Auffüllen des Vorrates), Platzierung im Regal, Preisauszeichnung, Verfalldatenüberwachung, Nachbestellung. Dies ist eine **Daueraktivität**.

Da infolge einer **Reizüberflutung** die Wirksamkeit von Werbung nachlässt, wird gerade beim Merchandising durch besondere Aktionen - die wiederum Sales Promotion sein können - verstärkt Aufmerksamkeit erregt.

Synergien nutzen

Dabei ist darauf zu achten, dass einerseits ein konkreter und für die Zielgruppe nachvollziehbarer **Zusammenhang** zwischen dem Produkt und der Aktion besteht, andererseits ist es sinnvoll, **Synergieeffekte** zu nutzen. Es werden dadurch mehrere Zielgruppen gleichzeitig angesprochen und das Interesse der jeweils neuen Zielgruppe auf das Produkt gerichtet. Beispiele: Kunstgalerie in der Schalterhalle der Bank, Modenschau im Möbelhaus, Volkstanzgruppe im Reisebüro, Kammermusik im Nobelrestaurant...

Die Verkaufsförderung umfasst gezielte Maßnahmen, durch die ein Unternehmen den Absatz seiner Leistungen im eigenen Betrieb oder in Kundenbetrieben unterstützt und anregt. Die Zielgruppen der Verkaufsförderung sind:

Zielgruppen

- die eigene **Vertriebsorganisation** (staff promotion)

- der **Handel** (dealer promotion) und die Absatzmittler (merchandising), z.B. Handelsvertreter

- die **Endabnehmer** (consumer promotion)

Für jede Zielgruppe können hierbei eine ganze Reihe von Maßnahmen geplant werden. Ein Beispiel:

Maßnahmen

Zielgruppe	Verkaufsförderungsmaßnahmen
eigene Vertriebs-organisation	Verkäuferausbildung, Verkäufertraining, Verkaufsprämien, Verkaufswettbewerbe, Informationsmaterial, Ideenwettewerbe, Tonbildschau, Produktmuster usw.
Absatzmittler und Handel	Händlerpreisausschreiben, Tagungen, Beratung und Schulung des Händlerpersonals, Schaufensteraktionen, Einführungsmuster, Prospekte, direkt an Verbraucher gerichtete Werbung des Herstellers (Sprungwerbung) usw.
Endverbraucher	Preisausschreiben, Einführungspreise, Kundenzeitschrift, Werksbesichtigungen, kostenlose Proben, Vorführungen in Einzelhandelsgeschäften, Tauschaktionen (alt für neu) usw.

Planung von Verkaufsförderungsmaßnahmen erfordert Entscheidungen:

Planungsentscheidungen

- **Zieldefinition**: Was soll mit den Maßnahmen erreicht werden?
  Beispiel: Einführung eines neuen PC

- **Zielgruppen**: Wer soll angesprochen werden?
  Beispiel: Eigene Vertriebsorganisation

- **Zeitdauer**: Über welchen Zeitraum soll die vorgesehene Maßnahme durchgeführt werden? Beispiel: 3 Monate

- **Zielgebiet**: Wo soll die Maßnahme durchgeführt werden? Beispiel: Regional

- **Maßnahme**: Was soll gemacht werden?

- **Etat**: Welche Mittel stehen zur Verfügung?

- **Organisation und Durchführung**: Wie soll im Einzelnen vorgegangen werden?

6.16 Marktsegmentierung

6.16.1 Kriterien der Marktsegmentierung

Wenn ein Unternehmen seinen Absatzmarkt in einzelne unterschiedliche Teilmärkte (Segmente) zerlegt, um für jeden Teilmarkt die geeigneten absatzpolitischen Instrumente festzulegen, spricht man von Marktsegmentierung.

Begriff

Folgende Kriterien spielen bei der Marktsegmentierung ein Rolle:

- Geschlecht
- Alter
- Familienstand
- Einkommen
- Beruf, Ausbildung
- Religion
- sozialer Status
- Haushaltsgröße

- Rationalverhalten
- Gewohnheitsverhalten
- Impulsverhalten
- umweltabhängiges Verhalten

6.16.2 Beispiel zur Marktsegmentierung:

	die Empfindsamen	die Sozialen	die Ängstlichen	die Unabhängigen
wichtigste Nutzenerwartung	Geschmack, Art der Produktauf-machung	weiße, strahlende Zähne	Vorbeugen gegen Zahnverfall	günstiger Preis
demografische Merkmale	Kinder	Teenager, junge Leute	große Familien	Männer
besondere Verhaltensweisen	bevorzugen Zahn-pasta mit Frucht-geschmack	Raucher	Häufigverwender	Häufigverwender
bevorzugte Marken	Bikini, Gipi, Coci	Blend-Weiß, Super-Weiß	Mediparont, Paromed	Sonderangebote
Persönlichkeits-merkmale	stark mit sich selbst beschäftigt	sehr aufgeschlos-sen und kontakt-freudig	übertrieben ängst-lich, auf sich selbst bezogen veranlagt	unabhängig, selbstbewusst
Einstellung zur Le-bensführung	genussorientiert, sinnenbezogen	aktiv	konservativ	wertorientiert

6.17 Public Relations (PR)

6.17.1 Pressearbeit erfolgreich gestalten

Vertrauen durch Information

Public Relations oder Öffentlichkeitsarbeit bedeutet: Publizieren der Ziele und Leis-tungen eines Unternehmens. Es ist das Bestreben um öffentliches Vertrauen. Die öffentliche Meinung soll zugunsten des eigenen Unternehmens positiv beeinflusst werden. Hauptmittel ist dabei die Information, die auf verschiedenste Art und Weise an die "Öffentlichkeit" vermittelt wird.

Als **"Opinion-Leader"** hat die Presse starken Einfluss auf die Meinungsbildung in der Öffentlichkeit. Die Beziehung zur Presse sollte daher bewusst gepflegt werden. Presse-Mitteilungen müssen jedoch eine "Nachricht" enthalten, die reine Selbstdarstellung einzelner Unternehmen ist nicht die Aufgabe der Presse. Auch Aktionen der Verkaufsförderung können bei genügend Attraktivität und Originalität zur "Nachricht" werden.

Ansonsten lassen sich eine Vielzahl von Maßnahmen einsetzen: Interviews, Presseinformationen, Pressekonferenzen, Berichte über die Generalversammlung etc.

Maßnahmen

Andere Multiplikatoren nutzen!

Die Präsentation ist Ausdruck der **Corporate Identity** und lässt Rückschlüsse zu auf die Zuverlässigkeit, Vertrauenswürdigkeit, Aktualität des Anbieters. Um Öffentlichkeitsarbeit zielgerichtet zu betreiben, ist klar festzulegen, wer oder was als **Multiplikatoren** in Frage kommen. Außer Pressearbeit kann es dann sinnvoll sein, Personen und Institutionen des öffentlichen Lebens besonders zu informieren und in goodwill-Aktionen einzubeziehen. Vereine, Lehrer, Kirchen, Politiker, Ärzte usw. sind bedeutende Multiplikatoren.

zielgerichtete Öffentlichkeitsarbeit

6.17.2 Außenwirkung

Bei Ladengeschäften ist es ganz offensichtlich, welche bedeutende Rolle die Präsentation der Produkte hat. Es ist ein ganzer Gewerbezweig für "Ladenbau" entstanden. Aber auch die Präsentation von nicht-materiellen Produkten ist ein wichtiges Marketing-Instrument. Selbst Unternehmen, die kein Ladengeschäft betreiben, müssen auf ihre Wirkung nach außen achten und diese pflegen. In Zusammenhang mit der Außenwirkung sind unter Anderem folgende Wirkungsfaktoren zu beachten:

- Gestaltung der Büro- bzw. Geschäftsräume
- äußere Form und Aufmachung von Angeboten
- Telefon-Knigge
- Erscheinungsbild der Firmen-Repräsentanten
- Schriftverkehr

6.18 Das 4P-Portfolio

Eine Marketingstrategie soll folgende Bausteine enthalten:

Bausteine einer Strategie

- eine klare Zielsetzung (Aufgabenstellung)
- positive Rahmenbedingungen (Synergieeffekte)
- negative Rahmenbedingungen ("Probleme")
- ein Mix zu allen "vier Ps" (product, price, place, promotion)

In den vorangegangenen vier Kapiteln wurden jeweils vier Marketing-Instrumente vorgestellt. Daraus ergibt sich ein "**Orchester**" von 16 Instrumenten!

Produktpolitik **product** Produktentwicklung Produktvariation Sortiment Diversifizierung	Preis- und Servicepolitik **price** Preiserhöhung Preissenkung Konditionen Service
Distributionspolitik **place** Betriebsgröße Standort Innerbetr. Organisation Absatzwege	Kommunikationspolitik **promotion** Werbung Verkaufsförderung Public Relations Präsentation

Zusammenspiel

Doch erst das Zusammenspiel aller Instrumente (Marketing-Mix) macht den Erfolg einer Marketing-Konzeption oder einer Marketing-Strategie aus. **Das Ganze ist mehr als die Summe seiner Teile!**

Marketing-Mix

Marketing-Mix ist die ausgewählte Kombination der absatzpolitischen Instrumente, die auf die einzelnen Marktsegmente und Produkte des Unternehmens ausgerichtet wird.

6.19 Schrittfolge zur Konzeption eines Marketing-Mix

Eine Marketing-Konzeption entsteht in acht Schritten:

Diagnose/Problemanalyse: Wo stehen wir?

1. Schritt: Situation erkennen

- produktbezogen

- unternehmensbezogen

- kundenbezogen
- konkurrenzbezogen
- lieferantenbezogen
- umweltbezogen

Prognose/Zukunftschancen: Wohin geht die Entwicklung?

- Marktentwicklung
- Absatzentwicklung
- Trends im Kundenverhalten
- Trends im Konkurrentenverhalten
- Trends in der Umwelt

2. Schritt: relevante Marketing-Faktoren prognostizieren

Zielgruppen/Abgrenzung: Für wen arbeiten wir?

- demografische Beschreibung
- psychografische Beschreibung
- Potenzial
- Veränderungen

3. Schritt: Marktsegmente definieren

Zielplanung/Messbarkeit und Prioritäten: Was wollen wir?

- Zielinhalt
- Zielausmaß
- zeitliches Raster
- räumlich/örtliches Raster

4. Schritt: Ziele setzen

Strategieplanung/Entwicklung und Auswahl: Welchen Weg wählen wir?

- Betätigungsfeld
- Konkurrenz
- Grundsatzentscheidungen des Marketing-Mix

5. Schritt: Strategien entwickeln

Taktische Entscheidungen: Welche Maßnahmen ergreifen wir?

- product-mix
- price-mix
- place-mix
- promotion-mix

6. Schritt: Maßnahmen planen

Durchführung/praktische Umsetzung: Wer macht wann was?

- Aufbauorganisation
- Ablauforganisation
- Mitarbeiterorganisation

7. Schritt: organisatorische Voraussetzungen schaffen

Erfolgskontrolle: Haben wir unser Ziel erreicht?

8. Schritt: Maßnahmen überprüfen

■ Soll-Ist-Vergleich

■ Abweichungen analysieren

■ Maßnahmen korrigieren

6.20 Erfolgskontrolle und Markterfolg

überprüfen, ob die geplanten
Ziele erreicht worden sind

Markt und Umwelt verändern sich ständig. Es ist deshalb notwendig, zu überprüfen, ob die geplanten Ziele erreicht worden sind. Falls Abweichungen festgestellt
werden, so sind diese Anlass zur Analyse der Abweichungen und zur Korrektur der
Maßnahmen.

6.20.1 Hilfskonstruktionen zur Erfolgskontrolle

Hilfskonstruktionen, um
Marketingerfolg messbar zu
machen

Der Erfolg des Marketings ist schwierig zu messen. Marktorientierte Unternehmen
werden am Markterfolg gemessen, der Erfolg des Marketing ist daher bestimmend
für den Unternehmenserfolg. Man bedient sich unterschiedlicher Hilfskonstruktionen, um den Erfolg von Marketing-Maßnahmen messbar zu machen - sie alle sto-
ßen jedoch immer dann an ihre Grenzen, wenn die Frage auftaucht: Wie wäre die
Entwicklung gewesen, wenn die Maßnahme nicht ergriffen worden wäre?

aussagefähige Kundenstatistik

Der Aufbau einer aussagefähigen Kundenstatistik hat sich bewährt, da mit dieser
Aussagen gemacht werden können, die sich auf einzelne Maßnahmen beziehen.
Beispiele:

Maßnahme	Erfolgskontrolle
Inserate im Amtsblatt einer bisher nicht umworbenen Gemeinde	Der Erfolg lässt sich ablesen an den Wohnorten neuer Kunden
Spezielle Maßnahmen, die eine junge Zielgruppe ansprechen sollen	Der Erfolg lässt sich ablesen am Durchschnittsalter der Kunden

6.20.2 Die besondere Rolle von Kontaktadressen

Kontaktadressen

Um zusätzliche Kontaktadressen für Interessenten zu gewinnen, haben sich Maßnahmen bewährt, bei denen Adressen angegeben werden müssen. Diese sind so zu
gestalten, dass sie für den Interessenten möglichst komfortabel sind, da er sich die
Mühe machen muss, etwas auszufüllen und abzusenden:

■ Anforderungen für Informationsmaterial

■ Coupons

■ Rück-Umschläge

■ Preisausschreiben

6.21 Marketing-Mix-Beispiel "Kosmetik-Großhandel"

Beispiel für eine Kosmetik-Großhandlung, die für zwei Rasierwasser-Sorten folgenden Marketing-Mix aufgestellt hat:

	Rasierwasser "Standard" für Marktsegment "Männer unter 30 Jahre"	Rasierwasser "Prestige" für Marktsegment "Männer über 30 Jahre"
Absatzplanung	monatlich 300 Einheiten	monatlich 170 Einheiten
Absatzorganisation	Direktbelieferung der Einzelhändler	Direktbelieferung der Einzelhändler, zusätzlich Einsatz von Reisenden und Vertretern
Vertriebswege	direkt, Abholung	direkt durch Abholung und Reisende, auch Zustellung, indirekt durch Vertreter
Absatzhelfer	keine	Handelsvertreter, Reisende
Produktgestaltung	herber Duft, stark, farblos	dezenter, aber anhaltender Duft, mild, leicht getönt
Versandeinheiten	Kartons á 50 Flaschen	Kartons á 50 Flaschen
Packungsgestaltung und -inhalt	eckige Flasche in einfachem Karton 50 ccm und 100 ccm	runde Flasche in aufwändiger Aufmachung 25 ccm und 50 ccm
Preispolitik	mäßiger Preis	gehobener Preis
Konditionen	keine Rabatte	Rabattstaffel und Jahresbonus
Sortimentspolitik	weitere fünf Rasierwasser der mittleren Klasse von anderen Herstellern	weitere zwei Rasierwasser der gehobenen Klasse von einem anderen Hersteller
Kundenselektion	alle Einzelhändler im Absatzbereich	Einzelhändler mit Planumsatz über 500 Euro/Monat
Absatzförderung	Display-Material beim Einzelhändler	erstklassige Warenplatzierung beim Einzelhändler
Werbung und Public Relations	keine Medienwerbung, sondern Werbung beim Einzelhändler; Idee: Sportlichkeit, Jugend	Anzeigen in Zeitschriften, Spots in Rundfunk und Fernsehen, Idee: Lebensfreude, Wohlstand

Personal und Arbeitsrecht

Inhalt:

- Einführung in die Personalwirtschaft
- Personalplanung
- Personalauswahl und Mitbestimmung
- Personalauswahl im Rahmen von Bewerbungen
- Aufgaben und Inhalte des Arbeitsrechts
- Zusammenwirken der Sozialpartner
- Sozialpartnerschaft und Tarifvertrag
- Auskunftspflichten im Vorfeld des Abschlusses eines Arbeitsvertrages
- Zulässigkeit von Fragen im Vorfeld...
- Sonstige Maßgaben für den Arbeitgeber im Vorfeld
- Mitwirkung des Betriebsrates bei der Einstellung
- Der Arbeitsvertrag und sein Zustandekommen
- Fehlerhafte Arbeitsverhältnisse
- Die wichtigsten arbeitsvertraglichen Pflichten
- Definition Arbeitnehmer - Arbeitgeber
- Arten von Arbeitsverträgen
- Personalakte und Arbeitspapiere
- Lohnabrechnung und Steuerabzugsbeträge
- Sozialversicherung, Übersicht und Beitragssätze
- Krankenversicherung
- Geringfügig entlohnte Beschäftigte
- Kurzfristig Beschäftigte
- Beschäftigung von Studenten und Schülern
- Auszubildende

7.1 Einführung in die Personalwirtschaft

Das gesamte Unternehmens-geschehen ist geprägt durch personalwirtschaftliche Aufgaben

In allen Aufgabenbereichen des Unternehmens sind Menschen tätig - das gesamte Unternehmensgeschehen ist geprägt durch personalwirtschaftliche Aufgaben. Es sind die technisch-organisatorischen Neuerungen, die stets hinzukommen und die zunehmend schneller die Arbeitsbedingungen verändern. Durch die **wachsenden Anforderungen an das physisch-psychische Leistungsvermögen** der Mitarbeiter werden die Aufgabenstellungen und Problemkreise der Personalwirtschaft immer vielschichtiger. Die Mitarbeiter erwarten mehr Flexibilität in ihrem Arbeitsverhältnis wie z.B. bei der Arbeitszeitgestaltung, neue Technologien erfordern veränderte Arbeitsbedingungen und die Mitwirkungs- und Mitbestimmungsrechte greifen zunehmend in Arbeitssituationen ein.

7.1.1 Mitarbeiter als wichtigster produktiver Faktor

der Mensch ist der wichtigste und teuerste Produktionsfaktor

Der wichtigste und teuerste Produktionsfaktor in den meisten Unternehmen ist der Mensch. Deshalb sollte es das höchste Ziel sein, auch von durchschnittlich begabten Mitarbeitern zufrieden stellende Leistungen zu erhalten. Der langfristige Erfolg, das Wachstum und die Wettbewerbsfähigkeit hängt mehr von der **Qualifikation und der Motivation seiner Mitarbeiter** ab als von irgendeinem anderen Faktor.

Daher ist ein Führungsstil wichtig, der die Eigeninitiative und Leistungsmotivation der Mitarbeiter weckt. Die ständigen Veränderungen des Unternehmens im sozialen wie im gesellschaftlichen Umfeld sind dabei mit zu berücksichtigen. Da Mitarbeiter - auch langfristig betrachtet - sehr teuer sind, ist ihr optimaler Einsatz erforderlich. **Wirtschaftliche Ziele im Personalbereich** haben den Einsatz menschlicher Arbeit und dessen Kombination mit anderen betrieblichen Produktionsfaktoren nach dem ökonomischen Prinzip zum Inhalt.

Personalwirtschaft

Mit der Verwendung des Begriffs "Personalwirtschaft[1]" wird dieser Zusammenhang deutlich: **Personal wird unter wirtschaftlichen Bedingungen eingesetzt.**

Die Personalwirtschaft gestaltet zum großen Teil bewusst die Arbeitswelt des Mitarbeiters und nimmt sicherlich unbewusst auf den Mitarbeiter Einfluss. Als bewusste Maßnahmen sind zum Beispiel die Gestaltung der **Arbeitsbedingungen**, die betriebliche **Bildung**, die **Gruppenzugehörigkeit**, der **Führungsstil** und die **Kommunikation** zu nennen. Damit leistet das Personalwesen einen wesentlichen Beitrag zur Bewältigung der Arbeits- und Lebenssituation der Mitarbeiter im Unternehmen.

Einfluss der Personalwirtschaft auf das Unternehmen:

---

1 Gleichermaßen wird auch der Begriff "Personalwesen" anstelle von Personalwirtschaft verwendet - was daraufhin deutet, dass außer dem Wirtschaftlichkeitsstreben **auch noch andere Ansätze für personalwirtschaftliche Aktivitäten** zugrunde gelegt werden

7.1.2 Die Rolle der Personalwirtschaft in der betrieblichen Praxis

Folgendes Schaubild zeigt die Kooperationsbereiche der Personalwirtschaft in ihrem sozialen und gesellschaftlichen Umfeld:

Aufgaben der Personalwirtschaft in der unternehmerischen Praxis

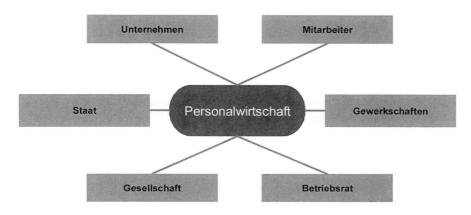

In der Personalwirtschaft tätigen Mitarbeitern wird durch die vielschichtigen Aufgaben ein **hohes Maß an Fachwissen und Integrationsfähigkeit** abverlangt. Zur Hauptaufgabe des Personalwesens in der betrieblichen Praxis gehört, das erforderliche Personal zur Verfügung zu stellen, einzusetzen und zu erhalten:

Hauptaufgabe des Personalwesens

■ mengenmäßig

■ in fachlicher, menschlicher und gesundheitlicher Eignung

■ termingerecht

■ am rechten Ort und unter Beachtung der unternehmerischen Zielsetzungen

Die Aufgabenerfüllung der Personalwirtschaft sollte einerseits mit den unternehmerischen Zielsetzungen harmonieren, andererseits aber auch den Erwartungen und Interessen der Mitarbeiter gerecht werden. Hierbei kann es zu **Zielkonflikten** kommen. Das Personalwesen hat hier die schwierige Aufgabe des Interessensausgleichs zu übernehmen.

Aufgabe des Interessenausgleichs

Partner Betriebsrat

Weitere Spannungsfaktoren ergeben sich durch die Beteiligung und Mitarbeit des Betriebsrates im Unternehmen, obgleich der **Betriebsrat ein wesentlicher Partner** bei der Erfüllung der Personalaufgaben im täglichen Betriebsablauf ist. Er nimmt unter anderem die wichtigen Aufgaben der **Erfüllungs-, Mitwirkungs- und Mitbestimmungsrechte für die Mitarbeiter** wahr.

Faktoren der Bedeutung der Personalwirtschaft

Die Bedeutung der Personalwirtschaft in einem Unternehmen hängt von verschiedenen Faktoren ab:

- Größe des Unternehmens
- Struktur des Unternehmens
- Erwartungen der Unternehmensleitung
- Erwartungen der Mitarbeiter im Unternehmen
- Rechtlicher Gesamtrahmen der Gesellschafts- und Wirtschaftsordnung
- Örtliche Konkurrenzsituation

7.1.3 Aufgabenbereiche des betrieblichen Personalwesens

Gewichtung der verschiedenen Aufgaben des Personalwesens

Das Erscheinungsbild des Unternehmens gestalten

Es liegt im Aufgabenbereich eines Personalleiters, das Erscheinungsbild des Unternehmens gegenüber der Öffentlichkeit, den Kunden und den Mitarbeitern aktiv mit zu gestalten. Dabei gilt es, **Mitarbeiter** auch so zu **motivieren**, dass sie sich mit den Zielen des Unternehmens identifizieren.

Aufgabengewichtung aus der Sicht von Personalleitern

Der Erfahrung nach gewichten viele Personalleiter deutscher Unternehmen die **Aufgaben im Personalwesen** wie folgt:

- Weiterbildung
- Personalauswahl
- Zusammenarbeit mit dem Betriebsrat
- Personalbetreuung
- Aktivierung und Motivierung der Mitarbeiter
- Personalplanung
- Personalbeschaffung
- Personalinformationssysteme
- Lohn- und Gehaltspolitik
- Personalbeurteilung

Anforderungen an den Personalleiter

Deshalb sollte der **Personalleiter:**

- unternehmerisch und strategisch denken können
- das Unternehmen kennen
- die Personalarbeit kundennah und -freundlich organisieren
- Public relation betreiben - die Unternehmensphilosophie nach außen tragen
- im Personalwesen Veränderungen, z.B. Gestaltung von Arbeitsabläufen, vorbildhaft durchsetzen

Da das Personalwesen ein sehr **komplexes Aufgabenfeld** darstellt, bietet sich eine funktionale Aufteilung der Aufgaben an:

Funktionale Gliederung des Personalwesens

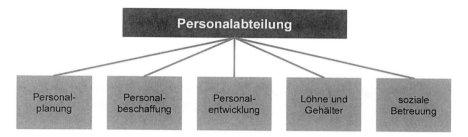

Bei der funktionalen Organisation der Personalabteilung handelt es sich um eine **Gliederung nach Aufgabenbereichen**, die das gesamte Unternehmen umfassen und die zentral wahrgenommen werden. Die Personalwirtschaft berührt grundsätzlich alle Unternehmensbereiche und befasst sich mit den im Unternehmen tätigen Menschen. Dabei ist es wichtig, dass die einzelnen Funktionen nicht als losgelöste Elemente betrachtet werden: Untereinander bestehen **wechselseitige Beziehungen** sowohl zum System des Unternehmens als aber auch zum übergeordneten System der Volkswirtschaft.

7.2 Personalplanung

Personalplanung ist ein wesentlicher Teil der Unternehmensplanung. Sie bezieht sich sowohl auf die Planung personalwirtschaftlicher **Ziele** als auch auf die Planung personalwirtschaftlicher **Maßnahmen** zur Zielerreichung.

Grundsätzlich sollen mit systematischen Planungen **Fehlentscheidungen vermindert** werden. Gerade im Personalbereich sind Fehlentscheidungen leicht möglich und haben sowohl auf ökonomische wie auch auf soziale Ziele des Unternehmens **schwerwiegende Auswirkungen**. In der Praxis ist die Personalplanung mit relativ großen **Unsicherheiten durch saisonale und konjunkturelle Schwankungen der Beschäftigung** behaftet, die durch strukturelle Veränderungen gegeben sind. Gerade konjunkturelle Veränderungen sind nur schwer vorauszusagen und haben gravierenden Einfluss auf die unternehmerischen Zielsetzungen.

Ziel ist die Verminderung von Fehlentscheidungen

Daher bedeutet Personalplanung die vorausschauende und systematische Konzeption künftiger personeller Maßnahmen. Die Personalplanung sollte ferner **zukunftsgerichtet**, **systematisch** und **kostenorientiert** sein.

Bedeutung und Eigenschaften der Personalplanung

Zielsetzung

Zielsetzung der Personalplanung ist, sicherzustellen, dass künftig dem Unternehmen die erforderlichen Mitarbeiter in der benötigten **Qualität** und **Quantität** zum richtigen **Zeitpunkt** am richtigen **Ort** unter Berücksichtigung der zu erwartenden **Kosten** zur Verfügung stehen. Üblicherweise wird die Personalplanung nach den zugrunde gelegten zeitlichen **Planungshorizonten** unterteilt in:

Zeitraum der Personalplanung

- kurzfristige Personalplanung bis zu 1 Jahr

- mittelfristige Personalplanung bis zu 5 Jahren

- langfristige Personalplanung bis zu 20 Jahren

Dabei liegt es auf der Hand, dass mit einer zunehmenden Fristigkeit die Genauigkeit der Planungen (in der Regel) tendenziell abnehmen wird.

Teilbereiche

Folgende Teilbereiche der Personalplanung können anhand von Schlüsselfragen unterschieden werden:

Bedarfsplanung

■ **Prognose des Personalbedarfs:** Wie viele Mitarbeiter werden wann und wo in welcher Qualifikation benötigt?

Beschaffungs- und Abbauplanung

■ **Personalbedarfplanung:** Wie können die erforderlichen Mitarbeiter in der erforderlichen Qualifikation gewonnen werden, bzw. überzählige Mitarbeiter abgebaut werden?

Einsatzplanung

■ **Zuordnung von Stellen und Arbeitskräften:** Wie können die Mitarbeiter im Hinblick auf ihre Fähigkeiten und auf die Anforderungen des Arbeitsplatzes eingesetzt werden?

Entwicklungsplanung

■ **Personalförderung:** Wie können die Mitarbeiter auf qualifiziertere Aufgaben gezielt vorbereitet werden? Wie können ihre Fähigkeiten sich verändernden Anforderungen angepasst werden?

Kostenplanung

■ **Kontrolle der Personalkosten:** Welche Kosten ergeben sich aus den geplanten personellen Maßnahmen? Welche Möglichkeiten der Kostensteuerung gibt es?

7.3 Personalbedarfsplanung

7.3.1 Grundlegendes

Funktion der Personalbedarfsplanung

Die Personalbedarfsplanung enthält die Informationen über notwendige Beschaffungs- und Freisetzungsvorgänge, erforderliche Entwicklungsmaßnahmen sowie die Kosten, die aus dem künftig geplanten Bedarf resultieren.

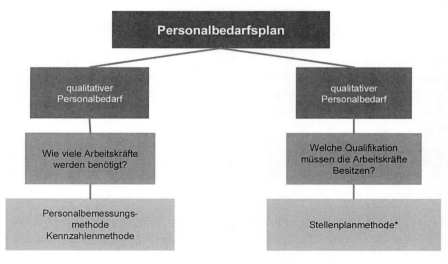

*Siehe weiter unten

Die Personalbedarfsplanung soll festlegen, welche Mitarbeiter zu welcher Zeit, an welchem Ort, in welcher Anzahl und in welcher Qualifikation benötigt werden.

Einflüsse auf den Personalbedarf:

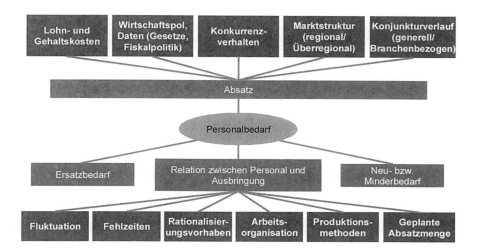

7.3.2 Vorgehensweise zur Ermittlung des Personalbedarfs

Unabhängig davon, welches Instrument zur Bedarfsplanung eingesetzt wird, erfolgt die Berechnung des Personalbedarfs in drei Schritten wie folgt:

Berechnung des Personalbedarfs in drei Schritten

1. Schritt: Festlegung des Brutto-Personalbedarfs

Dieser erste Schritt dient der Ermittlung des gesamten künftigen Arbeitszeitbedarfs, der für die geplanten Absatzmengen erforderlich ist:

Ermittlung des gesamten künftigen Arbeitszeitbedarfs

> Brutto-Personalbedarf = Einsatzbedarf + Reservebedarf

Der **Einsatzbedarf** stellt den Personalbedarf dar, der für das Abarbeiten der Aufgaben erforderlich ist; er muss um den Reservebedarf ergänzt werden, um die betrieblichen Abläufe aufrecht zu erhalten;

Einsatzbedarf

Der **Reservebedarf** ist der Personalbedarf, der durch Abwesenheit von Mitarbeitern entsteht. Gründe dafür können Arbeitsunfähigkeit durch Krankheit, Unfall, Kuren und Heilverfahren, bezahlter oder unbezahlter Urlaub, Einarbeitungszeiten usw. sein

Reservebedarf

Die **Abwesenheitsrate** kann im Laufe des Jahres in einem Unternehmen stark schwanken. Deshalb ist es sinnvoll, zur Bemessung des Reservebedarfs eine Fehlzeitenstatistik getrennt nach Abteilungen und Art der Abwesenheit zu führen. Aus dieser Statistik lassen sich dann Erfahrungswerte für die Planung berechnen.

2. Schritt: Ermittlung des künftigen Personalbestandes

Diese erfolgt durch Abschätzen der Entwicklung des Personalbestandes. Ausgangspunkt ist der derzeitige Personalbestand:

Abschätzen der Entwicklung des Personalbestandes

> Prognose des Personalbestandes = derzeitiger Personalbestand
> + Neueinstellungen
> - Abgänge

Hinzugerechnet werden müssen Zugänge durch Neueinstellungen oder Rückkehrer von der Bundeswehr; abgezogen werden die Abgänge durch Kündigungen, Altersruhestand, Wehrdienst, Mutterschutz u. ä.

3. Schritt: Ermittlung des Netto-Personalbedarfs

Abgleich des künftigen Bruttopersonalbedarfs mit dem künftigen Bestand

Nun erfolgt der Abgleich des künftigen Bruttopersonalbedarfs mit dem künftigen Bestand:

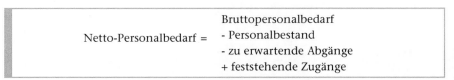

$$
\text{Netto-Personalbedarf} = \begin{array}{l} \text{Bruttopersonalbedarf} \\ \text{- Personalbestand} \\ \text{- zu erwartende Abgänge} \\ \text{+ feststehende Zugänge} \end{array}
$$

Die Gegenüberstellung des Brutto-Personalbestandes (= **Soll-Personalbestand**) und des Netto-Personalbestandes (= **Ist-Personalbestand**) zu einem bestimmten Zeitpunkt ergibt entweder eine personelle Deckung, Über- oder Unterdeckung. Im Falle einer zeitlich auftretenden quantitativen oder qualitativen Überdeckung sind **Anpassungsmaßnahmen** erforderlich, die in der Regel durch Personalfreistellung (= Entlassungen) erfolgen. Der Personalfreistellungsbedarf ermittelt sich wie folgt:

$$
\text{Personalfreistellung} = \text{Brutto-Personalbedarf} - \text{künftiger Personalbedarf}
$$

Es empfiehlt sich zweckmäßiger Weise, zunächst den gegenwärtigen Bedarf zu bestimmen, um dann darauf aufbauend den zukünftigen Personalbedarf zu ermitteln.

7.3.3 Planungsblatt "Personalbedarf"

Abteilung/Betrieb:	Ausgangsdaten	Planungszeitraum Planjahr/Quartal					
Mitarbeitergrupe:		I	II	III	IV	2. Jahr	3. Jahr
Planstellen zum Beginn des Planungszeitraums							
./. besetze Planstellen zum Beginn des Planungszeitraums (vorhandene Mitarbeiter)							
./. bereits zu späterem Zeitpunkt feststehende Zugänge (Einstellungen, Rückkehrer Bundeswehr...)							
= akuter Bedarf bzw. Überschuss							
+ zu ersettzebde Fluktuation (statistische + vorliegende Kündigung)							
= Ersatzbedarf							
+ Neubedarf (neu zu schaffende Planstellen)							
./. Minderbedarf (entfallende Planstellen)							
= Netto-Personalbedarf							

7.3.4 Methoden der quantitativen Personalbedarfsermittlung

Die **Personalbemessungsmethode** findet sich **hauptsächlich in produzierenden Bereichen der Industrie.** Die Voraussetzungen für diese Methoden sind hier deshalb günstig, weil die Fertigungsplanung bereits wesentliche Daten liefert. Die personelle Kapazität kann durch Vorgabezeiten relativ leicht ermittelt werden.

Als Hilfsmittel bieten sich REFA-Verfahren an, die Arbeitsabläufe in einzelne Arbeitsvorgänge zerlegen. Für jeden Arbeitsvorgang wird die erforderliche Zeit gemessen. Unter Berücksichtigung von Erholungs- und Störzeiten für einen Produktionsvorgang wird die notwendige Gesamtarbeitszeit ermittelt.

Die Grundformel zur Ermittlung des Bruttopersonalbedarfs heißt:

$$\text{Anzahl der benötigten} = \frac{\text{Arbeitsmenge x Zeitbedarf pro Stück oder Mengeneinheit}}{\text{übliche Arbeitszeit pro Tag je Mitarbeiter}}$$

Auch die **Kennzahlenmethode** kann zur Personalbemessung hauptsächlich dort angewendet werden, wo gleichartige Arbeitsvorfälle in unterschiedlichen Mengen anfallen. Hierbei werden mit Hilfe von Kennzahlen bestimmte betriebswirtschaftliche Größen wie zum Beispiel Absatz, Produktionsmethoden, Arbeitsorganisation zueinander ins Verhältnis gesetzt.

Während der überwiegende Teil an Personal aus einem direkten Mengenverhältnis der Arbeitsvorfälle resultiert, gibt es Arbeitsplätze, für die unabhängig vom Arbeitsanfall ein **fixer Personalbedarf** erforderlich ist. Man geht dabei von der Voraussetzung aus, dass der Arbeitsplatz bis auf die üblichen Pausen besetzt sein muss. Beispiele hierfür sind Überwachungstätigkeiten, Registratur usw.

Aufgrund einer Aufgabenanalyse wird eine **Stellenbildung** vorgenommen, die dann den Personalbedarf sowohl quantitativ als auch qualitativ festlegt. Der Personalbedarf spiegelt sich damit in den so genannten Stellenplänen wieder, die ihrerseits wiederum durch Stellenbeschreibungen ergänzt werden. Stellenbeschreibungen beinhalten **Aufgaben, Kompetenzen, Verantwortungsbereiche** und die **Anforderungen** an den jeweiligen Stelleninhaber

Muster eines Stellenplanes
mit Stellenbesetzungsplan

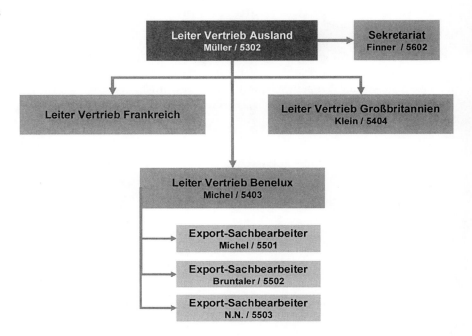

Muster einer
Stellenbeschreibung

Stellenbeschreibung			
Stellenbezeichnung: Export- Sachbearbeiter Benelux Länder		**Hierarchie:**	
Bereich:	**Hauptabteilung:**	**Abteilung:**	**Gruppe:**

Der Stelleninhaber ist unterstellt
dem Leiter Vertrieb Benelux-Länder

Der Stelleninhaber ist überstellt
Disziplinarisch und fachlich

- -

Der Stelleninhaber wird vertreten von
Export-Sachbearbeiter Frankreich

Der Stelleninhaber vertritt
Export-Sachbearbeiter Frankreich

Ziele der Stelle
Der Stelleninhaber hat dafür zu sorgen, dass die Auftragsbearbeitung
reibungslos verläuft. Darüber hinaus trägt er durch Marktuntersuchungen dazu bei,
die Stellung des Unternehmens auf dem betreffenden Teilmarkt weiter
auszubauen.

•Vom Stelleninhaber wahrzunehmende Aufgaben
Bearbeitung der eingehenden Aufträge entsprechend den hierzu ergangenen
Arbeitsanweisungen
- Kontaktpflege zu ausländischen Kunden, Klärung von Rückfragen
- Bearbeitung von Reklamationen bis zur Entscheidungsreife
- Untersuchungen über Marktposition und Vertriebsergebnisse der Mitbewerber
  im entsprechende Marktsegment
- Erarbeitung des Jahresberichts der Abteilung über Vertriebsergebnisse
  und Marktprognosen

Anforderungen
Mittlere Reife und kaufmännische Ausbildung
Mehrjährige Erfahrung im Exportgeschäft

7.4 Personalbeschaffungsplanung

Der Personalbeschaffung geht die Personalbedarfsermittlung voraus. Danach begibt sich der Personalverantwortliche auf die Personalbeschaffungsmärkte:

Nach der Personalbedarfsermittlung wird der Personalbeschaffungsmarkt betreten

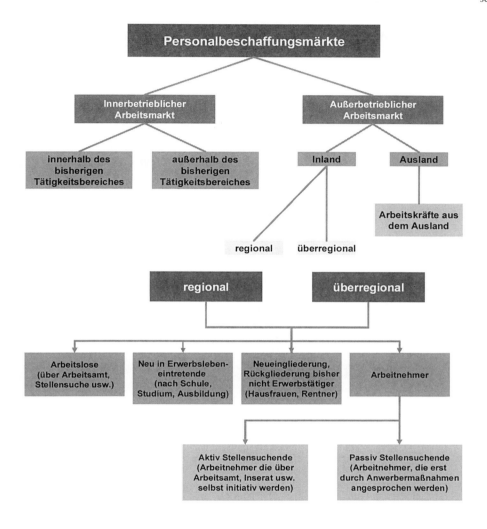

7.4.1 Interner- und externer Arbeitsmarkt

Informationsquellen des **externen** Arbeitsmarktes sind:

Externe Informationsquellen

- Informationen der Arbeitsagenturen

- Mitteilungen der Industrie- und Handelskammern

- Mitteilungen von Arbeitgeberverbänden

- Veröffentlichungen der Bundesagentur für Arbeit

- Presseveröffentlichungen

- Erfahrungsaustausch von Personalleitern im regionalen Bereich

ergänzt durch Arbeitsmarktuntersuchungen wie zum Beispiel durch:

- gezielte Auswertungen von Stellengesuchen in Zeitungen

- Analyse von Bewerbungen externer Interessenten

Interne Informationsquellen

Informationsquellen des **internen** Arbeitsmarktes sind:

- Mitarbeiterbeurteilungen

- Personalstatistiken und Personalkarteien, um vorhandene, aber bisher nicht genutzte Fähigkeiten der Mitarbeiter zu erkennen

- Stellenbeschreibungen, um zu besetzende Arbeitsplätze im Hinblick auf ihre Anforderungen zu untersuchen

Vor- und Nachteile der internen und externen Stellenausschreibung für Mitarbeiter und Unternehmen

	Innerbetriebliche Personalbeschaffung	**außerbetriebliche Personalbeschaffung**
Vorteile	Der Mitarbeiter hat Aufstiegschancen, was zu größerer Arbeitszufriedenheit führen und damit einen Anreiz darstellen kann. Der Mitarbeiter hat einen größeren Spielraum in der Verfolgung seiner beruflichen Zielvorstellungen. Das Interesse des Unternehmens an der Entwicklung seiner Mitarbeiter ist größer, was zu einer positiven Einstellung seitens der Mitarbeiter führen kann.	Von außen können neue Impulse in das Unternehmen getragen werden.
	Das Unternehmen hat mit der Ausschöpfung des internen Personalangebots ein geringeres Risiko als wenn es Mitarbeiter auf dem externen Personalbeschaffungsmarkt sucht, da die Fähigkeiten der Mitarbeiter bekannt sind. Fehlbesetzungen können hierdurch verringert werden.	Oft größere Auswahlmöglichkeiten auf dem externen Beschaffungsmarkt.
	Da die Mitarbeiter mit den betrieblichen Strukturen und Verhältnissen vertraut sind, sind die Eingliederungsschwierigkeiten geringer. Der Betrieb kann Kosten einsparen, insbesondere durch reduzierte Fehlbesetzungen und geringere Eingliederungs- und Einarbeitungszeiten.	
Nachteile	Betriebsblindheit kann gefördert werden.	Eventuelle Ablehnung und Eingliederungsschwierigkeiten im Betrieb.
	Unzufriedenheit bzw. Enttäuschung wegen Nichtberücksichtigung.	Allgemein höhere Beschaffungskosten.
	Eifersüchteleien und Rivalitäten bei Nichtberücksichtigung.	Neue Mitarbeiter müssen eingeführt werden, da keine Kenntnisse über den Betrieb vorhanden sind.
		Leistungsvermögen der neuen Mitarbeiter ist unbekannt, daher erhöhtes Risiko.

7.4.2 Interne und externe Personalbeschaffung

Grundlegendes

Für die **interne** Personalbeschaffung bieten sich folgende Möglichkeiten an:

- interne Stellenausschreibung

- Personalentwicklung und Personalbildung

Bei jedem freien Arbeitsplatz ist zunächst zu prüfen, ob geeignete Mitarbeiter aus dem eigenen Unternehmen gefunden werden können. Der **Betriebsrat** kann nach § 93 BetrVG verlangen, dass Arbeitsplätze, die besetzt werden sollen, allgemein oder für bestimmte Tätigkeiten vor ihrer Besetzung innerhalb des Betriebes ausgeschrieben werden. Grundgedanke dieser Vorschrift ist die Sicherung der **Chancengleichheit auf dem innerbetrieblichen Arbeitsmarkt**. Der Arbeitnehmer soll dadurch die Möglichkeit erhalten, sich zunächst in seinem eigenen Betrieb um einen günstigeren Arbeitsplatz bewerben zu können. Allerdings ist zu beachten, dass ein betrieblicher Bewerber aufgrund der Bestimmungen nicht als vorrangig zu berücksichtigen ist.

Können die freien Stellen in einem Unternehmen nicht aus den eigenen Reihen besetzt werden, konzentriert sich die Suche nach geeigneten Mitarbeitern auf den **externen** Arbeitsmarkt. Hier bieten sich vielerlei Möglichkeiten an. Einige werden im Folgenden beschrieben.

Einschaltung eines Personalberaters

Es gibt einige gewichtige Gründe für die Zusammenarbeit mit Personalberatern:

- Unzureichende Qualifikation der eigenen Personalabteilung des auftraggebenden Unternehmens

- Personalberater sind unabhängig und können objektiver urteilen

- Zeitersparnis, weil bereits eine Vorauswahl der Bewerber getroffen wird

- Die Qualität und Quantität der Bewerbungen sind in der Regel bei Personalberatern größer

Personalberatungsunternehmen unterstützen Unternehmen bei der Suche und Auswahl von **Führungskräften** und besonders qualifizierten **Fachkräften**. Sie bieten in der Regel mindestens folgende Dienstleistungen an:

- Analyse der zu besetzenden Stelle im Hinblick auf die Aufgabenstellung und Anforderung des Arbeitsplatzes

- Formulierung der Stellenanzeigen, in denen das Unternehmen, für welches die Mitarbeiter gesucht werden, nicht genannt wird

- Auswahl der geeigneten Medien und graphische Gestaltung der Anzeige

- Auswertung der eingegangenen Bewerbungsunterlagen

- Mitwirkung bei der Vorstellung der Bewerber beim Auftraggeber

Vermittlung durch die Arbeitsverwaltung

Auszug aus einem Bericht in der FAZ vom 13.12.2006

„Die Bundesagentur für Arbeit (BA) will ihre Zusammenarbeit mit privaten Personaldienstleistern umbauen. Die Behörde plant aus diesem Grund sechs Modellprojekte, an denen insgesamt 12 000 Empfänger des Arbeitslosengeldes I teilnehmen können. Als Kandidaten kommen Personen mit „**mittleren bis schweren Vermittlungshemmnissen**" in Frage. Die Teilnehmer in Köln, Nürnberg, Bochum, Dresden, Magdeburg und Erfurt sollen komplett von einem externen Träger betreut werden.

Gelingt nach maximal 12 Monaten die Integration in den Arbeitsmarkt, erhält der Träger zuzüglich seiner **Grundpauschale** noch eine **Erfolgsprämie**. Die Kosten können noch nicht beziffert werden, sagte ein BA-Sprecher, da die Ausschreibung erst anlaufe. Die Mittel fließen aus dem **Eingliederungstitel für Arbeitsmarktpolitik**, welcher mehr als 3 Milliarden Euro umfasst.

Die BA hat bereits in der Vergangenheit mit privaten Arbeitsvermittlern zusammengearbeitet und kauft bereits sämtliche Dienstleistungen wie **Profiling, Trainings- und Weiterbildungsmaßnahmen** auf dem freien Markt ein. Die Mechanismen erwiesen sich jedoch vielfach als zu starr, heißt es. Wurde ein Arbeitsloser in eine falsche Maßnahme zugeteilt, war ein kurzfristiger Wechsel nicht möglich. In den Modellprojekten werden die Träger nun weitestgehend selbstständig über den Einsatz der Mittel haben. In Großbritannien verfährt die staatliche Arbeitsvermittlung bereits erfolgreich nach diesem Modell."

Schalten von Stellenanzeigen

Erfolgsfaktoren

Der **Erfolg** einer Stellenanzeige hängt von verschiedenen Faktoren ab wie z. B.:

- von der Größe
- von der textlichen Gestaltung
- vom Zeitpunkt der Veröffentlichung etc.

Inhalte

Eine seriöse Stellenanzeige sollte folgende **Inhalte** haben:

- Beschreibung des Unternehmens (Branche, Größe, Position im Marktsegment, räumliche Lage usw.)
- Beschreibung der zu besetzenden Position sowie die Bezeichnung der Stelle (Aufgabenstellung, Möglichkeiten der Entwicklung, Verantwortungsbereich)
- Voraussetzungen für die Position (Ausbildung, berufliche Erfahrungen usw.)
- Angaben über die gewünschten Bewerbungsunterlagen und die Art der Bewerbung (schriftlich, telefonisch)

Schul- und Hochschulkontakte

Bedeutung zunehmend

In den letzten Jahren haben Hochschulkontakte zunehmend an Bedeutung gewonnen, um potenziell neue Mitarbeiter anzusprechen. Hierfür bieten sich abseits der üblichen Wege vielfältige Maßnahmen an wie zum Beispiel:

- Bereitstellen von Praktikantenstellen
- Zusammenarbeit bei Diplomarbeiten
- Firmenpräsentationen
- Bewerbertage oder "Tag der offen Tür"
- Fachvorträge usw.

7.5 Personalauswahl und Mitbestimmung

An den Einsatz der Instrumente für die Personalbeschaffung schließt sich die Personalauswahl unter den Bewerbern an. Im Mittelpunkt der Bewerberauswahl steht der Abgleich der Eignung eines Bewerbers mit den Anforderungen der Stelle.

Abgleich der Eignung eines Bewerbers mit den Anforderungen der Stelle

Die allgemeine Aufgabe der Personalauswahl besteht in der Feststellung des Eignungspotenzials von Bewerbern mit dem Ziel, diejenigen Bewerber auszusuchen, die den Anforderungen der zu besetzenden Stellen **bestmöglich** entsprechen.

Gemäß Betriebsverfassungsgesetz (§ 95 Abs. 1 und 2) bedürfen Richtlinien über die personelle Auswahl bei Einstellungen, Versetzungen, Umgruppierungen und Kündigungen der Zustimmung des Betriebsrates (Mitbestimmungsrecht):

Mitbestimmungsrechte des Betriebsrates bei der Personalauswahl

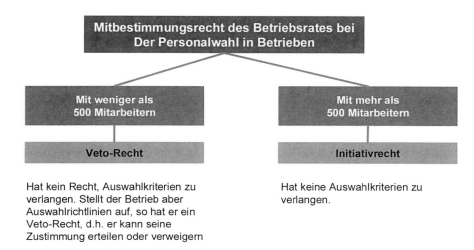

In Betrieben mit mehr als 500 Mitarbeitern kann der Betriebsrat die Aufstellung von Auswahlrichtlinien verlangen. Der Sinn und Zweck der Regelung ist es, den Auswahlprozess transparenter zu machen und ihn auf eine einheitlichere Basis für das Unternehmen zu stellen.

In Betrieben mit mehr als 500 Mitarbeitern

In kleineren Betrieben kann der Betriebsrat die Aufstellung von Auswahlrichtlinien nicht verlangen. Erstellt ein kleineres Unternehmen jedoch solche Auswahlrichtlinien, so hat er in diesem Falle ein **Veto-Recht**[1].

In kleineren Betrieben

7.6 Personalauswahl im Rahmen von Bewerbungen

Kern der Personalauswahl ist eine Eignungsbeurteilung, die unter Wirtschaftlichkeitsaspekten erfolgt. Die Auswahl des Personals erfolgt in drei Phasen:

■ **Vorauswahl** anhand der Bewerbungsunterlagen

drei Phasen

■ **Feststellung** der Bewerberqualifikation im Vorstellungsgespräch

■ **Entscheidung** für einen Bewerber zur Stellenbesetzung

---

1 Dagegen besitzt der Betriebsrat in Großbetrieben ein **Initiativrecht**, das heißt, er kann die Aufstellung von Auswahlrichtlinien verlangen.

Feststellung des Eignungspotenzials bei Bewerbern des externen Arbeitsmarktes

Um herauszufinden, welcher Bewerber sich letztendlich für die zu besetzende Stelle am besten eignet, kann man verschiedene Verfahren anwenden, die im Folgenden dargestellt und beschrieben werden.

7.6.1 Analyse vorgelegter Bewerbungsunterlagen

Die Bewerbungsunterlagen geben Aufschluss über den **Werdegang** eines Bewerbers. Eine vollständige Bewerbungsmappe beinhaltet in der Regel Bewerbungsanschreiben, Lebenslauf, Zeugnisse, Referenzen, evtl. Personalfragebogen. Die Analyse der Bewerbungsunterlagen ist meistens auf die **Biographie** des Bewerbers ausgerichtet. Sie dient dabei lediglich einer Vorauswahl[1].

Der Lebenslauf gibt eine Gesamtdarstellung der persönlichen und beruflichen Entwicklung des Bewerbers. Das Unternehmen kann den Lebenslauf unter folgenden zwei Gesichtspunkten auswerten:

- **Zeitfolgeanalyse:** Der Lebenslauf wird hier auf Arbeitsplatzwechsel und Zeitlücken untersucht. Sinn und Zweck der Zeitfolgeanalyse ist es, Informationen über Zielstrebigkeit, Stetigkeit und Einordnungsfähigkeit des Bewerbers zu erhalten.

- **Tätigkeitsanalyse:** Hier wird vor allem die Frage des positionellen Aufstiegs oder Abstiegs untersucht, des Berufswechsels und des Wechsels des Arbeitsgebietes. Die Tätigkeitsanalyse gibt in der Regel Auskunft über die mögliche fachliche Qualifikation des Bewerbers[2].

Die Ergebnisse der Lebenslaufanalyse sind als **Teilinformationen** im Rahmen der Gesamtbeurteilung zu betrachten. Sie werfen weitere Fragen und Themen für ein etwaiges Vorstellungsgespräch auf, welches erst eine endgültige Bewertung des Lebenslaufes zulässt.

Analyse der Zeugnisse

Die Bewertung der Schul- und Arbeitszeugnisse bildet einen weiteren Schwerpunkt bei der Feststellung des Eignungsgrades des Bewerbers. Dabei muss einschränkend erwähnt werden, dass Zeugnisse **nie objektive Informationen** geben können. Da man aber keine anderen Unterlagen außer den Wertungen hat, muss vielmehr versucht werden, aus diesen die richtigen Schlüsse zu ziehen.

Beispiel
Zulassung zum Eignungsauswahlverfahren

Beispielhaft soll hier die Bewerbung für die Laufbahnen des Polizeivollzugsdienstes des Freistaates Thüringens vorgestellt werden. Es geht um die Zulassung zum Eignungsauswahlverfahren: „Zum Eignungsauswahlverfahren wird zugelassen, wer die allgemeinen Voraussetzungen entsprechend der Thüringer Laufbahnverordnung für den Polizeivollzugsdienst (ThürLbVOPol) vom 04.06.1998, zuletzt geändert durch Verordnung vom 10.05.2002, GVBl. Nr. 9 vom 20.08.2002, S. 295 ff., erfüllt. Zusätzlich durch den Bewerber zu erfüllende Vorauswahlkriterien garantieren nicht in jedem Fall die Zulassung zum Eignungsauswahlverfahren. Nach Sichtung der Bewerbungsunterlagen werden die besten Bewerber für ein Eignungsauswahlverfahren vorgesehen.

Aus den Noten der Fächer Deutsch, Mathematik, Sport und einer Fremdsprache wird der Durchschnitt gebildet. Für Bewerber mit Realschulabschluss oder Qualifiziertem Hauptschulabschluss sowie Fachhochschulreife oder allgemeiner Hochschulreife ist dieser Notendurchschnitt auf 3,0 oder besser festgelegt. Im Fach Deutsch darf die Leistung nicht schlechter als Note 3 sein. Ausschlaggebend ist das letzte Zeugnis zur Erlangung eines der o.a. Schulabschlüsse."

---

1 Als wichtigstes Selektionsinstrument dient nach wie vor immer noch das Vorstellungs- und Einstellungsgespräch, da es die Motivationslage des Bewerbers ergänzt durch Informationen hinsichtlich der Gesprächs- und Kontaktfähigkeit.

2 Oft sind daraus Rückschlüsse auf charakterliche Merkmale des Bewerbers möglich. So kann ein kontinuierlicher Aufstieg für Ehrgeiz und persönliche Aktivität stehen. Ein stetiger Abstieg kann zwar auch als negativ beurteilt werden, aber er könnte auch konjunkturell bedingt sein.

7

Gleichzeitig erklärt sich auch, warum Klassenerste und Schulversager Sonderfälle darstellen: Der Klassenerste zeigt sich später manchmal als Versager im Beruf, weil er aufgrund seiner gänzlichen **Anpassung** nicht genügend **Durchsetzungsfähigkeit** besitzt. Der Schulversager als schwer Anpassungsfähiger dagegen besitzt oft geistige **Eigenständigkeit** und charakterliche **Eigenwilligkeit**[1].

Klassenerste und Schulversager

Arbeitszeugnisse bestehen in der Regel aus zwei Teilen:

Arbeitszeugnisse

- **Dienstbeschreibung**, die Angaben über die Art und Dauer des Dienstverhältnisses enthalten muss

- **Beurteilung** von Führung und Leistung, die der Mitarbeiter auf Verlangen erhält

Erhält der Mitarbeiter nur ein Arbeitszeugnis mit einer Dienstbeschreibung, so hat er ein so genanntes "**einfaches** Zeugnis". Enthält das Zeugnis zusätzlich noch Angaben über Führung und Leistung, handelt es sich um ein "**qualifiziertes** Zeugnis".

Über das Lichtbild erhält der Beurteiler vom Bewerber einen optischen persönlicheren Eindruck - es kann durchaus Sympathie bzw. Antipathie vermitteln. Aus der Art der Kleidung und der Eigendarstellung können gewisse Rückschlüsse auf das Persönlichkeitsbild des Bewerbers gezogen werden[2].

Das Lichtbild

7.6.2 Bewerberauswahl mit Fragebögen

Es sind vor allem Großbetriebe, die Personalfragebögen einsetzen. Sie erhalten dadurch **in einheitlicher Form** alle persönlichen Daten der Bewerber in komprimierter Form. Der Personalfragebogen, der im Rahmen der Einstellung vom Bewerber auszufüllen ist, bedarf gemäß § 94 Abs. 1 BetrVG der Zustimmung durch den Betriebsrat[3].

Vor allem Großbetriebe setzen Personalfragebögen ein

Biographische Fragebögen werden den Personalfragebögen zugeordnet. Sie stellen einen **standardisierten Fragenkatalog zu einzelnen Lebensabschnitten** dar. Die Fragen bestehen zum Teil aus einer Erhebung **objektiver** Daten wie Alter, Prüfungsnoten usw. und zum Teil aus der Erhebung **subjektiver** Daten wie Interessensgebiete, Lieblingsfächer usw.

Biographische Fragebögen

Einige typische Gesprächsthemen sind:

typische Fragestellungen

- **Ihre Vorstellungen:** Nennen Sie bitte die verschiedenen Erwartungen, die Sie an ein (Beispiel) Trainee-Programm haben.

- **Ihre Bewerbungsgründe:** Weshalb bewerben Sie sich bei uns? Geben Sie bitte die Gründe an.

- **Ihre größte Herausforderung:** Beschreiben Sie bitte eine Aufgabe/Situation, die Sie in Ihrer bisherigen beruflichen Laufbahn/Ihrem Studium als besonders herausfordernd empfunden haben.

---

1 Gerade dies sind Grundvoraussetzungen für schöpferische Leistungen. Aus diesen Gründen sind Schulzeugnisse bei der Personalauswahl höchst problematisch. Sie können lediglich als ein Baustein zur Beurteilung des Bewerbers hinzugezogen werden.

2 Seit Inkrafttreten des Allgemeinen Gleichbehandlungsgesetz (AGG) – umgangssprachlich auch Antidiskriminierungsgesetz genannt - kann das Verlangen eines Lichtbildes durchaus problematisch sein.

3 Das **Mitbestimmungsrecht** soll dabei sicherstellen, dass der Arbeitgeber nicht zu weit in den persönlichen Bereich des Bewerbers eindringt. Der Arbeitgeber soll sich mit seinem Fragenkatalog hauptsächlich auf die Fragen beschränken, die sich auf den Arbeitsplatz beziehen.

- **Ihre bereichsübergreifende Arbeit:** Beschreiben Sie eine Aufgabe/Situation, in der Sie über ihr eigenes Arbeits- oder Studiengebiet hinausgegangen sind (z.B. Zusammenarbeit mit anderen Bereichen, Projekte, Schulungen, Uni, Beruf oder privat, usw.).

- **Ihr Erlebnis mit dem größten Lerneffekt:** Beschreiben Sie bitte ein Erlebnis, aus dem Sie besonders viel gelernt haben.

- **Wichtig für Ihre Zukunft:** Nennen Sie uns bitte die Punkte, die Ihnen für Ihre berufliche Zukunft besonders wichtig sind... usw.

Graphologische Gutachten

Auch heute gibt es noch einige Unternehmen, die bei einer Bewerbung einen handgeschriebenen Lebenslauf fordern, um ein graphologisches Gutachten anfertigen zu lassen - andere Betriebe lehnen dies völlig ab. Über die Aussagekraft von graphologischen Gutachten besteht unter Personalfachleuten keine Einigkeit. Sie leisten zur Beurteilung eines Bewerbers auch nur einen **sehr geringen Informationsbeitrag.** Die Einholung eines graphologischen Gutachtens ist nur mit Zustimmung des Bewerbers zulässig

7.6.3 Das Vorstellungsgespräch

Ziele und Aufgaben

Der entscheidende und abschließende Vorgang der Bewerberanalyse ist das persönliche Vorstellungsgespräch. Es gilt in der Praxis als **das wichtigste Instrument** zur Personalauswahl.

- Es sollen möglichst vollständige Informationen über das Eignungspotenzial des **Bewerbers** gewonnen werden. Dabei sind die Wesensart, die Interessen, Wünsche, Fähigkeiten und Fachkenntnisse des Bewerbers von Interesse, um entscheiden zu können, ob er dem **Anforderungsprofil** des zu besetzenden Arbeitsplatzes entspricht.

- Der Bewerber soll möglichst umfassend über das **Unternehmen** und über den in Frage kommenden Arbeitsplatz und die Arbeitsbedingungen informiert werden. Schließlich soll sich der Bewerber bei seiner **Entscheidung** über den Arbeitsplatz kein falsches Bild vom Unternehmen machen.

Vorbereitung des Vorstellungsgesprächs von betrieblicher Seite

Um die gewünschten Informationen vom Bewerber zu erhalten, ist es wichtig, für eine entspannte Gesprächsatmosphäre zu sorgen. Dabei spielt auch die **Technik der Gesprächsführung** eine wesentliche Rolle.

Das Interview ist von Seiten des Unternehmens anhand der vorliegenden **Bewerbungsunterlagen** gut vorzubereiten. Lebenslauf und beruflicher Werdegang des Bewerbers sollten hierbei im Mittelpunkt des Gesprächs stehen. Neben fehlenden Angaben aus den eingereichten Bewerbungsunterlagen kommt es im Interview darauf an, etwas über das **Bewerbungsmotiv**, die Hintergründe und die Zusammenhänge der bisherigen Entwicklung zu erfahren[1].

Beachtung der Frageform

Die Art und Weise der Fragen legt zugleich auch die Art der Antworten fest:

- **Offene** Fragen beginnen in der Regel mit einem "W" (z.B. was, warum, wer, welche, weshalb usw.) und eignen sich besonders deshalb, weil der Bewerber mit einem Satz oder einem Sachverhalt antworten muss. Beispiel: Warum hat Sie die angebotene Stelle angesprochen?[2]

---

1 Der erfahrene und geübte Interviewer wird dabei eine Gesprächstechnik anwenden, die sich zwischen dem freien und einem teilweise standardisierten Interview bewegt. Standardisierte und strukturierte Interviews, in denen nach einem bestimmten Frageschema vorgegangen wird, ermöglichen eine größere Genauigkeit der Bewertung beim Vergleich mehrerer Bewerber.

- Fragen, auf die der Bewerber nur mit einem "Ja" bzw. "Nein" antworten kann, sollten möglichst vermieden werden. Man nennt diese Art der Frageform eine "**geschlossene** Frage". Beispiel: Entspricht die angebotene Aufgabe Ihren Erwartungen?

Typische Fehler, die seitens des Interviewers im Bewerbergespräch auftreten:

Vermeiden typischer Gesprächsfehler

- der Bewerber kommt zu wenig zu Wort

- der Befrager lässt zu viele eigene Stellungnahmen einfließen

- es werden zu viele Suggestivfragen gestellt

Um die Urteilsgenauigkeit zu erhöhen, ist es oft zweckmäßig, wenn **mehrere Personen nacheinander** den Bewerber befragen. In der Praxis können das sein:

die Urteilsgenauigkeit erhöhen

- der Personalleiter

- der Leiter des Bereichs, in dem die Stelle zu besetzen ist

- der spätere unmittelbare Vorgesetzte des Bewerbers

Die **Entscheidung** über eine Einstellung eines Bewerbers wird meistens von der Personalabteilung in Zusammenarbeit mit der jeweiligen Fachabteilung gefällt, für die der Bewerber eingestellt wird.

Mögliche Beurteilungsfehler können darin liegen, dass der Interviewer nicht richtig zuhört und sich zu sehr von seinem ersten Eindruck leiten lässt. Unter Umständen unterliegt er Vorurteilen[1]. Daher ist es offensichtlich, dass der Wert eines guten Bewerbergespräches sehr stark auch von der Qualifikation der Beurteilenden abhängt.

Vermeidung möglicher Beurteilungsfehler

7.7 Arbeitsrecht, Grundbegriffe

Das Arbeitsrecht hat sich, vergleicht man es mit dem öffentlichen Recht und dem Privatrecht, erst sehr viel später entwickelt. Es ist nicht in einem einheitlichen Gesetz niedergelegt, sondern in einer **Vielzahl** von Gesetzen und Rechtsverordnungen. Hinzu kommt, dass viele arbeitsrechtliche Regelungen kraft **Gewohnheits- oder Richterrecht** gelten. Alles in allem ist das Arbeitsrecht relativ unübersichtlich und schwierig. In Großbetrieben stehen deshalb für die Lösung von arbeitsrechtlichen Problemen zumeist **Volljuristen** zur Verfügung. In Kleinbetrieben oder in unserem täglichen Alltag werden diese Aufgaben oft von Nicht-Juristen gelöst[2].

das Arbeitsrecht ist relativ unübersichtlich und schwierig

Unter dem Arbeitsrecht versteht man die Gesamtheit aller Rechtsregeln, die sich mit der **unselbstständigen Arbeit** und insbesondere den Rechtsverhältnissen der an ihr Beteiligten befassen. Es regelt vor allem:

Arbeitsrecht

---

2   Auch motivierende Fragen bieten sich gut als Gesprächstechnik in einem Bewerbergespräch an. Beispiel: Was halten Sie als Fachmann von unserer Marketing-Konzeption? Welche Vertriebswege könnten Sie sich für unser neues Produkt vorstellen?

1   So kann es zum Beispiel sein, dass der Interviewer ganz bestimmte Erwartungen in den Bewerber setzt und nun versucht, diese durch ganz gezielte Fragestellungen bestätigt zu bekommen. Man spricht hier von der so genannten "self-fulfilling-prophecy", der sich selbst erfüllenden Prophezeiung.

2   Der folgende Abschnitt soll hierzu Hilfestellung geben, indem die wichtigsten arbeitsrechtlichen Probleme im Zusammenhang mit Arbeitsvertragsgestaltung, Personalverwaltung, Beendigung eines Arbeitsverhältnisses bis hin zur Bewerbung verständlich dargestellt werden. Ein wesentliches Ziel ist dabei, das Arbeitsrecht in diesem Teil so transparent wie möglich zu gestalten.

- das auf privat-rechtlicher Grundlage beruhende Verhältnis zwischen dem Arbeitgeber (AG) und dem Arbeitnehmer (AN)

- das Verhältnis zwischen den in einem Betrieb zusammenarbeitenden AN

- die Einflussnahme des Staates (Arbeitsschutz, Arbeitsgerichtsbarkeit)

- die Rechtsstellung und die Rechtsbeziehungen der Gewerkschaften und Arbeitgeberverbände sowie die ihrer Mitglieder

Arbeitgeber

Arbeitgeber sind alle natürlichen oder juristischen Personen des Privatrechts (AG, GmbH etc.), die andere natürliche Personen im Arbeitsverhältnis beschäftigen. Die Arbeit muss dabei wie folgt geleistet werden:

- weisungsgebunden nach Ort, Zeit und Inhalt der Arbeit, d.h. in persönlicher Abhängigkeit, eingegliedert in einem Betrieb und entgeltlich.

Arbeitnehmer

Arbeitnehmer ist daher, wer aufgrund eines privatrechtlichen Vertrags (Arbeitsvertrag) im Dienste eines anderen zur Leistung weisungsgebundener, fremdbestimmter Arbeit in persönlicher Abhängigkeit verpflichtet ist.

§ 622 BGB zieht die vormaligen Begriffe „Arbeiter" und „Angestellte" zu „Arbeitnehmern" zusammen. Einst unterschiedliche Kündigungsfristen sind aufgehoben, bei Betriebsratswahlen wird nicht mehr danach unterschieden, auch ist die Zuordnung zu unterschiedlichen Trägern der Sozialversicherung aufgehoben.

7.8 Aufgaben und Inhalte des Arbeitsrechts

Die geschichtliche Vergangenheit hat gezeigt, dass die **Vertragsfreiheit** von Arbeitgeber und Arbeitnehmer sowie die erforderliche **Fürsorgepflicht** des Arbeitgebers gegenüber dem Arbeitnehmer den sozialen und gesundheitlichen Erfordernissen nicht gerecht wurde. Die Reaktion darauf ist das Arbeitnehmerschutzrecht.

Traditionelle Aufgabe des Arbeitsrechts

Die traditionelle Aufgabe des Arbeitsrechts ist der **Schutz** des Arbeitnehmers vor **Beeinträchtigungen** seiner Persönlichkeit, vor wirtschaftlichen **Nachteilen** und vor gesundheitlichen **Gefahren**, die Leistung der Arbeit in der Betriebs- und Arbeitsorganisation mit sich bringt. Darüber hinaus haben die meisten Vorschriften des Arbeitsrechts auch die Aufgabe, das Arbeitsleben zu ordnen. Dabei müssen sie so ausgestaltet sein, dass neben ihrem Hauptanliegen, der Sicherung des Arbeitnehmerschutzes, genügend Freiraum bleibt für **Anpassungen an betriebliche Notwendigkeiten**. Dies gilt besonders für die Bestimmungen der Tarifverträge und der Betriebsvereinbarungen.

Betriebsvereinbarungen

Betriebsvereinbarungen sind, wie bereits oben gesagt, **Absprachen zwischen Arbeitgeber und Betriebsrat** - es gibt sie nur im Arbeitsrecht. Nach Feststellungen des Bundesverfassungsgerichtes haben die Gewerkschaften und die Arbeitgeberverbände als Tarifvertragsparteien zu einer sinnvollen Ordnung des Arbeitslebens beizutragen[1]. Betriebsvereinbarungen werden schriftlich niedergelegt und von beiden Seiten unterzeichnet. Sie dürfen den Arbeitnehmer nicht schlechter stellen als die im Gesetz oder in Tarifverträgen getroffenen Regelungen.

---

1 Eine Betriebsordnung kann als Betriebsvereinbarung die Ordnung im Betrieb regeln; aber nicht jede Betriebsvereinbarung ist eine Betriebsordnung.

Fallbeispiel

Beispiel
Fürsorgepflicht und Zurückbehaltungsrecht

Zwei Arbeitnehmer im Teilewerk Huber, Hinz und Gerling, streiten sich darüber, welche Folgen eintreten würden, wenn ihr Arbeitgeber Huber notwendige Schutzvorrichtungen an Maschinen nicht anbringen würde. Hinz meint, da müsse man halt hoffen, dass die Gewerbeaufsicht eingreife. Gerling dagegen behauptet, wenn der Arbeitgeber seine Pflicht vernachlässige, könne man auch seine Arbeit zurückhalten.

Wie ist die Rechtslage?

Das Arbeitsrecht enthält sowohl Bestandteile des privaten wie auch des öffentlichen Rechts; es hat keine einheitliche Rechtsnatur. Arbeitgeber Huber ist nach dem Gerätesicherheitsgesetz, der Arbeitsstättenverordnung und nach dem Arbeitssicherheitsgesetz verpflichtet, notwendige Schutzvorrichtungen an Maschinen o. dgl. anzubringen. Es handelt sich hier um eine öffentlich-rechtliche Verpflichtung, deren Einhaltung von der Gewerbeaufsichtsbehörde und der Berufsgenossenschaft erzwungen werden kann. Zudem hat Teilefabrikant Huber allein schon aus der Fürsorgepflicht gegenüber seinen Arbeitnehmern diese Schutzvorrichtungen anzubringen, so geregelt in § 618 BGB.

Die Fürsorgepflicht ist privatrechtlicher Natur. Verletzt der AG diese, so hat der AN privatrechtliche Ansprüche. Der AN kann zum Beispiel auf deren Erfüllung bestehen und seine Arbeitsleistung zurückhalten (= Zurückbehaltungsrecht nach § 273 BGB) oder er kann bei eingetretenem Schaden Schadensersatz verlangen (§§ 823 ff. BGB). Hinz 48

hat also mit seiner Behauptung recht, dass er in diesem Falle seine Arbeit zurückbehalten könne.

7.9 Zusammenwirken der Sozialpartner

Allgemeines

Zum Wohle der Arbeitnehmer und des Betriebes ist eine vertrauensvolle Zusammenarbeit zwischen Arbeitgeber und Betriebsrat erforderlich. Dies sieht auch das Gesetz vor und strebt durch das Zusammenwirken von Arbeitgeberverbänden und Gewerkschaften, den so genannten Sozialpartnern, eine sozialpartnerschaftliche Harmonie an, die durch die Friedenspflicht beider Seiten untermauert wird[1].

Gesetzliche Grundlagen

Mitwirkung und Mitbestimmung der Arbeitnehmer im Betrieb basieren auf:

- dem Betriebsverfassungsgesetz von 2001 (BetrVG)
- dem Mitbestimmungsgesetz von 1976 (MitbestG)
- dem Montanmitbestimmungsgesetz von 1951(Montan-MitbestG)
- dem Sprecherausschussgesetz von 1988 für leitende Angestellte (SprAUG)

---

[1] Es zählt zu einer der wichtigen Aufgaben unserer Wirtschaftsordnung den Konflikt zwischen Arbeit und Kapital zu reduzieren, mehr Gerechtigkeit zu verwirklichen und soziale Spannungen zu vermindern.

7.9.1 Rechtlicher Rahmen von Arbeitgeber-Arbeitnehmer-Beziehungen

Schaffung eines Handlungskontexts

Ausgangspunkt der rechtlichen Regelung der Arbeitgeber-Arbeitnehmer-Beziehungen ist die Schaffung eines Handlungskontextes, bei dem das Rationalitätsprinzip im Vordergrund steht, welches aber durch soziale Schutzgesetze, Mitwirkungs- und Mitbestimmungsrechte (Partizipationsrechte) eingegrenzt wird.

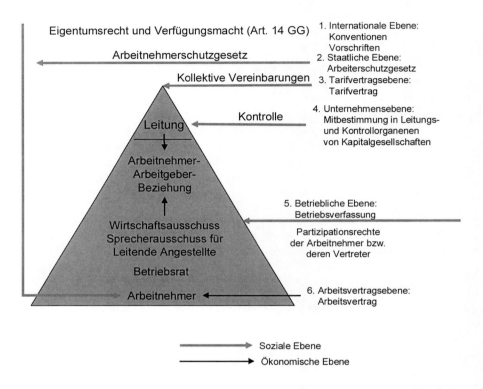

Human-Resource Management-Ansatz

Zwischen Arbeitgeber und Arbeitnehmern besteht ein natürliches Spannungsfeld, da Arbeitskosten betriebswirtschaftlich gesehen den Kapitalertrag des Unternehmens mindern. Über die Handhabung von **Konflikten zwischen Arbeit und Kapital** hat sich inzwischen eine bestimmte Sichtweise entwickelt, die das Ziel verfolgt, Personal und Arbeit bei allen unternehmerischen Entscheidungen zu integrieren[1].

7.9.2 Der Betriebsrat

Allgemeine Aufgaben des Betriebsrates, § 80 BetrVG

Der **Betriebsrat** ist das von den Arbeitnehmern gewählte betriebliche Organ. In personellen Angelegenheiten, z.B. bei Einstellungen und Kündigungen, hat er ein Mitwirkungs- und Mitbestimmungsrecht. § 80 BetrVG bestimmt die allgemeinen Aufgaben des Betriebsrats[2]. Der **Arbeitgeber** hat die Pflicht, den Betriebsrat zur Erfüllung dieser Aufgaben rechtzeitig und umfassend zu unterrichten. Auf Verlangen hat er ihm jederzeit die für seine Aufgabenerfüllung erforderlichen Unterlagen zur Verfügung zu stellen.

---

1   Man spricht hier vom "Human-Resource-Management-Ansatz". Charakteristisch für diesen Ansatz ist, dass Menschen als Wettbewerbsfaktoren betrachtet werden, die zusammen mit den übrigen Faktoren des Unternehmens geführt, motiviert und entwickelt werden müssen, um so direkt zum Erreichen der Unternehmensziele beizutragen.

Formale Prozesse zur Wahl des Betriebsrates

Das BetrVG von 2001 sieht vor, dass in Betrieben mit in der Regel 5 ständigen wahlberechtigten Arbeitnehmern Betriebsräte gebildet werden, und zwar wie folgt:

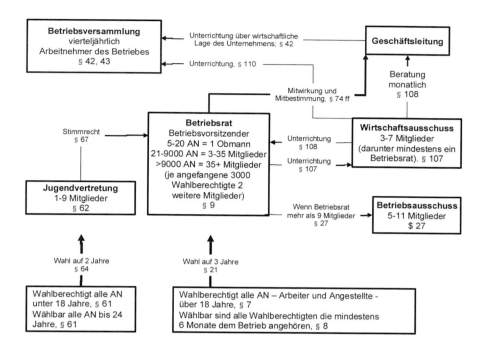

(alle §§ beziehen such auf BetrVerfG)

Mitwirkungs- und Mitbestimmungsrechte des Betriebsrates

Die Mitbestimmung ist die **stärkste Form der Beteiligung** des Betriebsrats im Unternehmen. Eine Maßnahme, die der Mitbestimmung des Betriebsrats unterliegt, kann in der Regel nur mit Zustimmung des Betriebsrats durchgeführt werden. Verweigert der Betriebsrat seine Zustimmung, muss die Maßnahme zunächst unterbleiben bzw. muss durch gerichtliche Entscheidung im so genannten Zustimmungsersetzungsverfahren ersetzt werden. Bei **Meinungsverschiedenheiten** entscheidet das **Amtsgericht** oder eine Einigungsstelle verbindlich. Das Mitbestimmungsrecht findet keine Anwendung, wenn eine gesetzliche oder tarifliche Regelung besteht.

Mitbestimmung

Die Mitwirkung ist die **schwächere Form der Beteiligung** des Betriebsrats:

Mitwirkung

---

2 Er beantragt Maßnahmen, die dem Unternehmen und seinen Beschäftigten dienen. Er wacht darüber, dass die geltenden Gesetze, Verordnungen, Unfallverhütungsvorschriften, Tarifverträge und Betriebsvereinbarungen durchgeführt werden (§ 80 Abs.1 Ziffer 1 BetrVG). Anregungen von Arbeitnehmern und der Jugendvertretung hat er entgegenzunehmen und falls berechtigt erscheinend, durch Verhandlungen mit dem Arbeitgeber auf eine Erledigung hinzuwirken. Die Arbeitnehmer hat er über den Stand und das Ergebnis der Verhandlungen zu unterrichten. Er sorgt für die Eingliederung schwerbehinderter Menschen und sonstiger schutzbedürftiger Personengruppen. Er hat die Wahl der Jugendvertretung vorzubereiten und durchzuführen und mit dieser eng zusammenzuarbeiten. Er fördert die Beschäftigung älterer Arbeitnehmer. Er hat die Eingliederung ausländischer Arbeitnehmer im Betrieb und das Verständnis zwischen ihnen und ihren deutschen Arbeitskollegen zu fördern.

Rechte & Pflichten	bezogen auf:
Mitbestimmung	- Betriebsordnung - Urlaubsgrundsätze - Lohngestaltung - Beurteilungsgrundsätze - Sozialeinrichtungen
Zustimmung	- Einstellung - Ein-/Umgruppierung - Versetzung
Initiativrecht	- innerbetriebliche Stellenausschreibungen
Beratungspflicht	- Personalplanung - Berufsbildung - Arbeitsumgebung - Betriebsänderungen
Einsicht in Unterlagen	- Personalplanung - Bewerbungsunterlagen
Information	- Arbeitsschutz - Unfallschutz

7.10 Sozialpartnerschaft und Tarifvertrag

7.10.1 Die tarifvertraglichen Sozialpartner

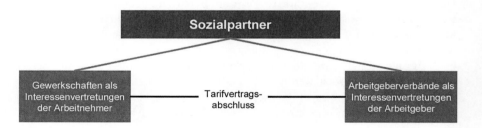

sozialer Interessensausgleich

Aufgabe der Interessenvertretungen von Arbeitgeber und Arbeitnehmer ist es, auf einen sozialen Interessensausgleich hinzuarbeiten. Daher werden Gewerkschaften und Arbeitgeberverbände auch als **Sozialpartner** bezeichnet. Artikel 9 des Grundgesetzes verbrieft das Recht der Gründung von Gewerkschaften und Arbeitgeberverbänden.

Arbeitgeberverbände als tarifvertragliche Sozialpartner

Bundesvereinigung der deutschen Arbeitgeberverbände

Die Arbeitgeberverbände als tarifvertragliche Sozialpartner sind für die Tarif- und Sozialpolitik der Arbeitgeber zuständig und in der Spitzenorganisation der Bundesvereinigung der deutschen Arbeitgeberverbände zusammengeschlossen (BDA). Über das Tarifvertragssystem hinaus bilden sich auf Arbeitgeberseite weitere **Gruppen** aus, z.B.:

- **Fachverbände:** Sie dienen speziellen Branchen- und Fachinteressen. Der wichtigste Verband ist der Bundesverband der Deutschen Industrie (BDI), in dem eine ganze Reihe von Fachspitzenverbänden vereinigt sind.

- **Industrie- und Handelskammern** (IHK): IHK sind überfachliche regionale Zusammenschlüsse der gesamten gewerblichen Wirtschaft. Sie stellen Körperschaften des öffentlichen Rechts dar mit Selbstverwaltungsrechten und Zwangsmitgliedschaften. Ihre Aufgabe ist die Wahrnehmung und Förderung des Gesamtinteresses der Gewerbetreibenden in ihrem Bezirk. Die Spitzenorganisation ist der Deutsche Industrie- und Handelskammer (DIHK).

Gewerkschaften als tarifvertragliche Sozialpartner

Die Gewerkschaften als tarifvertragliche Sozialpartner vertreten die Interessen der Arbeitnehmer. Stärkster Verband ist **ver.di**, der sich im Jahr 2001 aus dem Deutsche Gewerkschaftsbund (DGB) und der Deutschen Angestelltengewerkschaft (DAG) gebildet hat. Daneben ist noch der **Deutsche Beamtenbund** (DBB) von größerer Bedeutung. Nachfolgend sind einige der zentralen Ziele der Gewerkschaften genannt:

Gewerkschaften vertreten die Interessen der Arbeitnehmer

- **Gerechtere Einkommensverteilung:** Erhöhung der Lohnquote, d.h. Erhöhung des prozentualen Anteils der Arbeitnehmereinkommen am Gesamteinkommen

- **Soziale Komponente bei Lohnerhöhungen:** Verringerung der Lohnunterschiede zwischen den einzelnen Arbeitnehmergruppen durch Anhebung oder Wegfall der unteren Lohngruppen

- **Humanisierung der Arbeitswelt:** Verbesserung der Arbeitsbedingungen

- **Bildungsurlaub:** Verbesserung des Ausbildungsstands der Arbeitnehmer

- **Sicherung der Arbeitsplätze und Rationalisierungsschutz:** Ausgleich negativer Folgen des technischen Fortschritts auf die Arbeitnehmer

- **Beseitigung der Arbeitslosigkeit:** Vollbeschäftigung

7.10.2 Tarifvertragsgesetz

Grundlage für den Abschluss von Tarifverträgen ist das Tarifvertragsgesetz. Es regelt die Rechte und Pflichten der Tarifvertragsparteien und enthält Rechtsnormen, die Inhalt, Abschluss und Beendigung von Arbeitsverhältnissen und :betriebliche und betriebsverfassungsrechtliche Fragen ordnen können (§ 1 Tarifvertragsgesetz TVG).

Das Tarifvertragsgesetz regelt die Rechte und Pflichten der Tarifvertragsparteien

Im Einvernehmen mit einem aus je drei Vertretern der Spitzenorganisationen der Arbeitgeber und Arbeitnehmer bestehenden Ausschuss kann der Bundesminister für Arbeit und Soziales auf Antrag einer Tarifvertragspartei **einen Tarifvertrag für allgemeinverbindlich erklären.** Mit dieser Allgemeinverbindlichkeitserklärung gelten dann die Bestimmungen des Tarifvertrages auch für die nicht tarifgebundenen Arbeitnehmer und Arbeitgeber.

Allgemeinverbindlichkeitserklärung von Tarifverträgen

Aber auch ohne eine Allgemeinverbindlichkeitserklärung werden die nichtorganisierten Arbeitnehmer nach den Rechtsnormen der Tarifverträge behandelt, weil dies dem **Grundsatz der Gleichbehandlung** entspricht.

7.10.3 Tarifautonomie und -bindung

Tarifautonomie

Das **Recht der Sozialpartner** als Tarifvertragsparteien, für ihre Interessengruppen Arbeitsbedingungen (z.B. Arbeitsentgelt, Urlaubszeit, Arbeitszeit usw.) selbstständig und ohne staatliche Einmischung auszuhandeln und abzuschließen, bezeichnet man als Tarifautonomie.

Tarifbindung

Gem. § 3 TVG sind die Mitglieder der Tarifvertragsparteien an die Vereinbarungen des Tarifvertrages gebunden. Damit gelten die Inhalte des Tarifvertrages für die Beteiligten insofern **unmittelbar und zwingend** (§ 4 Abs.1 TVG); sie sind unabdingbar (z.B. Tarifvergütung, Urlaubstage). Günstigere Arbeitsbedingungen als sie der Tarifvertrag vorsieht, können zwischen dem AG und dem AN jederzeit ausgehandelt und festgeschrieben werden (z.B. übertarifliche Löhne).

Unterscheidung nach	Bezeichnung des Tarifvertrages
räumlichen Gesichtspunkten, d.h. nach der Größe des Tarifgebietes	1. Werkstarife 2. Ortstarife 3. Bezirkstarife 4. Landestarife 5. Bundestarife
den Tarifpartnern	1. Haustarife, Firmentarife; Tarifpartner sind hier ein Arbeitgeber und eine Gewerkschaft 2. Verbandstarife (ist der Regelfall); Tarifpartner sind ein Arbeitgeberverband und eine Gewerkschaft 3. Branchentarife; Tarifabschlüsse für einen bestimmten Wirtschaftszweig
dem Inhalt	1. Manteltarife (Rahmentarife) 2. Lohn- und Gehaltstarife

7.10.4 Arten und Geltungsbereiche von Tarifverträgen

Manteltarifverträge (= Rahmentarifvertrag)

Manteltarifverträge enthalten **grundsätzliche Bestimmungen** über Arbeitsbedingungen, die sich über einen längeren Zeitraum nicht ändern. Die Arbeitsbedingungen können sich zum Beispiel beziehen auf:

- Kündigungsfristen und Urlaubsregelungen

- Streik und Arbeitszeitvereinbarungen

- Nacht- und Mehrarbeit; Arbeit an Sonn- und Feiertagen

- Lohnfortzahlung bei Krankheit

- menschengerechte Gestaltung der Arbeit und des Arbeitsplatzes usw.

Lohn- und Gehaltstarifverträge

Sie enthalten Vereinbarungen über die Entgelte und werden in der Regel für ein bis zwei Jahre vereinbart. Arbeitnehmer werden darin in bestimmte Entgeltgruppen eingeteilt. Die Festlegung der Entgeltgruppen sowie deren Tätigkeitsmerkmale sind im Rahmentarif oder im Gehaltstarifvertrag enthalten.

Jeder Entgeltgruppe wird ein bestimmter Lohnsatz bzw. ein bestimmtes Gehalt zugeordnet. Lohntarife gehen oft von dem so genannten Ecklohn aus. Dabei handelt es sich in der Regel um einen Lohnsatz eines 21-jährigen gelernten Facharbeiters (100%), von dem die Abschläge für jüngere Facharbeiter bzw. die Zuschläge für die übrigen Lohngruppen und Ortsklassen berechnet werden.

7.11 Auskunftspflichten im Vorfeld des Abschlusses eines Arbeitsvertrages

Sobald der Arbeitgeber (AG) und ein Bewerber durch das Vorstellungsgespräch konkrete Vertragsverhandlungen aufnehmen, entsteht hier ein so genanntes **Vertrauensverhältnis**. Hierdurch werden den Beteiligten gewisse Mitteilungs- und Sorgfaltspflichten auferlegt.

Vertrauensverhältnis begründet Mitteilungs- und Sorgfaltspflichten

Das vertragsähnliche Vertrauensverhältnis zwischen AG und Bewerber besteht unabhängig davon, ob es in der Folge **tatsächlich zum Abschluss eines** Arbeitsvertrages kommt oder nicht. Es ist auch unerheblich, ob der Unternehmer selbst oder ein zuständiger Mitarbeiter wie z.B. Personalchef die Verhandlungen mit dem Bewerber führt. Dieser wird rechtlich als so genannter **Erfüllungsgehilfe gem. § 278 BGB** bezeichnet. Durch das vertragsähnliche Vertrauensverhältnis ergeben sich generell für beide Seiten **Offenbarungspflichten** bzw. **Informationsrechte** hinsichtlich solcher Tatsachen, die für das Zustandekommen des Arbeitsvertrages von Bedeutung sind.

Auskunftspflichten auf der Arbeitgeberseite

Der AG muss dem Bewerber diejenigen Umstände mitteilen, die für den Bewerber im Hinblick auf den Abschluss des Arbeitsvertrages erkennbar von Bedeutung sind. Dazu gehört z.B. die Information über das **Anforderungsprofil** der Stelle und das betriebliche Umfeld, ferner besondere Anforderungen des Arbeitsplatzes an den Bewerber wie z.B. außergewöhnliche gesundheitliche Belastungen. Dagegen braucht der AG den künftigen AN nicht über solche Umstände zu unterrichten, die sich aus der Sachlage von selbst ergeben. Der AG hat auch gewisse **Aufklärungspflichten**, wenn er erkennt, dass der Bewerber besondere Wünsche und Erwartungen hat. Er darf keine falschen Vorstellungen über den Arbeitsplatz oder über die sozialen Leistungen des Unternehmens wecken[1].

Allgemeine Arbeitspflichten des Arbeitgebers

Seine wirtschaftliche Situation braucht der AG dem Bewerber grundsätzlich nicht zu schildern. Besteht aber die Gefahr, dass die notwendigen Gehälter demnächst nicht mehr bezahlt werden können oder sollten organisatorische Änderungen geplant sein, die evtl. den Arbeitsplatz wegfallen lassen könnten, für den der Bewerber eingestellt werden soll, so ist der **AG nach Treu und Glauben zur Information des Bewerbers verpflichtet** (Urteil, des Bundesarbeitsgerichts vom 24.9.1974 und Urteil des Bundesgerichtshofs vom 2.12.76).

Darstellung der wirtschaftlichen Situation des Unternehmens

Diese hat der AG sorgfältig zu behandeln und aufzubewahren. Er hat sie dem Bewerber unverzüglich wieder auszuhändigen, sobald feststeht, dass ein Arbeitsvertrag nicht zustande kommt. Einen Personalfragebogen, den ein nicht eingestellter Bewerber auf Verlangen des AGs ausgefüllt hat und der auch Angaben über die Privatsphäre enthält, muss der AG auf Verlangen des Bewerbers vernichten. Über den Inhalt der Bewerbungsunterlagen hat der AG Stillschweigen zu bewahren.

Korrekte Behandlung vorgelegter Bewerbungsunterlagen

Auskunftspflichten auf der Bewerberseite

Durch das vertragsähnliche Vertrauensverhältnis hat der Bewerber gegenüber dem AG eine gewisse Mitteilungspflicht (**Offenbarungspflicht**), während der AG gegenüber diesem gewisse **Informationsrechte** hat bezüglich einer Reihe von persönli-

es besteht ein vertragsähnliches Vertrauensverhältnis

---

1 Sagt er eine bestimmte Position zu und hält sich danach nicht an seine Zusage, haftet er dem Bewerber für alle Vermögensverluste, die diesem dann aufgrund dieser nicht eingehaltenen Zusage entstanden sind.

chen Eigenschaften des Bewerbers. Die Auskunftspflichten des Bewerbers beziehen sich nur auf solche Fakten, die in einem sachlichen Zusammenhang mit der zu besetzenden Stelle stehen. Sie müssen von ausschlaggebender Bedeutung sein

Grenzen der persönlichen Auskunftspflicht

Ihre Grenze ist dort angesiedelt, wo die **Intimsphäre** des Bewerbers verletzt wird. Dies bezieht sich sowohl auf den Inhalt als auch auf die Form der Informationsgewinnung. Aus einer nicht wahrheitsgemäßen Beantwortung unzulässiger Fragen kann einem Bewerber daher kein Nachteil entstehen.

Fragerecht des Arbeitgebers

Es dürfen nur Fragen in angemessener, sachlicher Form gestellt werden, die mit der zu leistenden Arbeit im Zusammenhang stehen und an denen der Arbeitgeber ein berechtigtes, billigenswertes und schutzwürdiges Interesse hat (Urteil des Bundesarbeitsgerichts - BAG- vom 11.11.1993). Für Fragen, die nicht in einem Einstellungsgespräch, sondern in einem **Einstellungsfragebogen** gestellt werden, gilt das Gleiche.

7.12 Zulässigkeit von Fragen im Vorfeld...

Berufliche Fähigkeiten

Fragen nach dem **beruflichen Werdegang** und nach den fachlichen Fähigkeiten, Kenntnissen und Erfahrungen sind vom AN wahrheitsgemäß zu beantworten. Gleiches gilt für Fragen nach **Zeugnisnoten** oder **Prüfungen**. Dem AG ist hier ein sachlich gerechtfertigtes Interesse zuzubilligen und vorrangige Rechte des ANs werden hierdurch nicht gefährdet.

Gründe der Beendigung des vorigen Arbeitsverhältnisses

Fragen nach Gründen für die Beendigung des vorigen Arbeitsverhältnisses sowie die nach dem Bestehen eines vereinbarten Wettbewerbsverbotes sind **zulässig**.

Bisheriger Verdienst

Die Frage nach dem bisherigen Verdienst **muss wahrheitsgemäß beantwortet** werden. Das Ziel, ein höheres Entgelt als bisher auszuhandeln, rechtfertigt es nicht, dass der AN wahrheitswidrig eine falsche Höhe seiner bisherigen Bezüge angibt. Die Fragestellung wäre dann unzulässig, wenn die bei dem bisherigen AG bezogene Vergütung für die erstrebte Stelle keine Aussagekraft hätte (Urteil des BAG v. 19.5.1983).

Pfändungen

Der **AG hat ein Recht**, nach derzeitigen Lohn- und Gehaltspfändungen zu fragen, weil sie mit beträchtlicher Verwaltungsarbeit und haftungsrechtlichen Risiken verbunden sind.

Vorstrafen.

Die Frage nach Vorstrafen ist **nur zulässig, wenn sie eine Beziehung** zu der zu besetzenden Stelle hat. Nach Vorstrafen aufgrund von Verkehrsdelikten darf der AG nur fragen, wenn der Bewerber als Kraftfahrer eingestellt werden soll; Fragen nach Vermögensdelikten darf er nur stellen, wenn die zu besetzende Stelle die Gefahr der Wiederholung eines solchen Deliktes mit sich bringt. Beispiel: Der AG darf einen Buchhalter danach fragen, ob er wegen Eigentumsdelikten vorbestraft ist. Von sich aus braucht der AN grundsätzlich nicht darauf hinzuweisen. Strafen, die wegen ihrer **Geringfügigkeit** nicht im Strafregister eingetragen sind, oder solche, die im Strafregister getilgt sind, müssen nicht mitgeteilt werden. Der Bewerber darf sich in diesem Falle als unbestraft bezeichnen und braucht den der Verurteilung zugrunde liegenden Sachverhalt nicht zu offenbaren.

Nach der Religions- und Parteizugehörigkeit darf grundsätzlich nicht gefragt werden, dies auch aufgrund des Allgemeinen Gleichbehandlungsgesetzes (AGG). Ausnahmen gelten für kirchliche Einrichtungen und Partei-Zeitungsverlage.

Nach den Vermögensverhältnissen darf der AG grundsätzlich nicht fragen. Bei leitenden oder AN für eine besondere Vertrauensposition ist diese Frage zulässig.

Die Frage nach einer eventuellen Schwangerschaft ist grundsätzlich unzulässig nach § 1 AGG.

Einerseits ist der AG vor allem wegen etwaiger Ausfälle der Arbeitskraft bei Krankheit und wegen der Lohnfortzahlung im Krankheitsfalle stark am Gesundheitszustand des ANs interessiert. Andererseits wird durch derartiges Fragen die **Persönlichkeitssphäre des AN besonders stark berührt**. Daher sind Fragen nach früheren Erkrankungen nur insoweit zulässig, wie an ihrer Beantwortung für die Arbeit ein berechtigtes Interesse besteht, z.B. wenn es für die Einsatzfähigkeit am Arbeitsplatz erforderlich ist

Der AG darf vor Einstellung nach einer etwaigen Gewerkschaftszugehörigkeit **nicht** fragen - auch diese Frage ist **unzulässig** nach § 1 AGG. Die Frage war auch bereits nach Art. 9 des Grundgesetzes rechtswidrig. Darüber hinaus ist jede unterschiedliche Behandlung von AN wegen ihrer gewerkschaftlichen Betätigung auch bereits nach dem Betriebsverfassungsgesetz unzulässig (§ 75 BetrVG).

Reaktion auf die Befragung durch den Arbeitgeber

Bei unzulässigen Fragen hat der AN das Recht, die Beantwortung zu verweigern. Dieses Recht ist allerdings im Alltag **nicht praktikabel**, weil die Weigerung bereits den Verlust der Chance auf Einstellung bedeutet. Die einzige Möglichkeit für den AN, der unzulässigen Frage ohne Verlust der Chance auf Einstellung auszuweichen, ist häufig, die Frage unrichtig zu beantworten.

Eine vom AG unzulässigerweise gestellte Frage darf vom AN unrichtig beantwortet werden. Der AG ist in diesem Falle später weder zur Kündigung noch zur Anfechtung des Arbeitsvertrags wegen arglistiger Täuschung berechtigt. Er selbst handelte rechtswidrig, als er die unzulässige Frage stellte, und zwang damit den AN zu seinem Verhalten. Es widerspräche Treu und Glauben, wenn der AG jetzt daraus ein Recht herleiten wollte.

Zulässige Fragen muss der AN wahrheitsgemäß beantworten. Er hat hier die so genannte **Mitteilungspflicht**.

Bei unrichtiger Beantwortung kann der AG, wenn er davon Kenntnis erlangt, außerordentlich nach § 626 BGB kündigen oder den Arbeitsvertrag nach §§ 123 BGB wegen arglistiger Täuschung anfechten und gegebenenfalls Schadensersatz von dem AN verlangen! Die **Anfechtung** setzt voraus:

- die Frage des AG muss zulässig gewesen sein

- der AN hat die Frage objektiv falsch beantwortet, sei es auch nur durch unvollständige Angaben

- der AN war sich der Unrichtigkeit bewusst

- es war für den AN zumindest erkennbar, dass die von ihm verschwiegene oder falsch angegebene Tatsache für die Entscheidung des AG von ausschlaggebender Bedeutung sein konnte

Marginalien (rechte Spalte):

Religions- und Parteizugehörigkeit

Vermögensverhältnisse

Schwangerschaft

Gesundheitszustand

Gewerkschaftszugehörigkeit

Folgen unrichtiger Beantwortung bei unzulässigen Fragen

Folgen unrichtiger Beantwortung bei zulässigen Fragen

die verschwiegene Tatsache war ursächlich für die Einstellung

Beispiel
Anfechtung eines Arbeits-
vertrages

Jens Milo, der bisher als Taxifahrer tätig war, bewirbt sich Großhändler Frank Wilder als LKW-Fahrer. Bei der Einstellung gibt er auf Wilders Frage nach seinem früheren Gehalt 3.500,00 € an, obgleich er nur 2.500,00 € verdient hatte.

Wilder hatte sich erkundigt, erfährt den wahren Sachverhalt und ficht den Arbeitsvertrag an. Hat die Anfechtung Erfolg?

Zunächst einmal stellt sich die Frage, ob die Anfechtung überhaupt zulässig ist: Sie käme gemäß § 123 Abs. 1 BGB in diesem Falle in Betracht, setzt jedoch die Gegebenheit von Täuschung, Arglist und Kausalität voraus. Und Milo hat tatsächlich durch die unrichtige Angabe des Gehaltes getäuscht: eine falsche Antwort auf eine zulässig gestellte Frage stellt eine arglistige Täuschung i.S. des § 123 Abs. 1 BGB dar.

Wenn das bisherige Gehalt dem neuen AG Wilder Aufschluss über die erforderliche Qualifikation von Milo geben kann, so ist es zulässig, die Frage nach dem bisherigen Gehalt zu stellen. Allerdings ist dies aber auch nur der Fall, wenn der bisherige und der nun vorgesehene Arbeitsplatz vergleichbare Kenntnisse und Fähigkeiten erfordern oder wenn der Bewerber eine erfolgsabhängige Vergütung bezogen hat und daraus auf besondere Eigenschaften wie z.B. erhöhte Einsatzbereitschaft geschlossen werden kann. In diesem Fall liegen aber die Voraussetzungen nicht vor. Milo war zuvor als Taxifahrer beschäftigt - das dort bezogene Gehalt kann Wilder keine Aufschlüsse über die Eignung des Milo für die Tätigkeit als LKW-Fahrer im Großhandel geben.

Die Frage war damit unzulässig. Entsprechend brauchte Milo sie nicht zu beantworten bzw. durfte sie sogar falsch beantworten! Großhändler Wilder darf also nicht den Vertrag gemäß § 123 I BGB anfechten.

7.13 Sonstige Maßgaben für den Arbeitgeber im Vorfeld

Einholen von Auskünften

Der AG **darf grundsätzlich** über den Bewerber Auskünfte einholen. Nachfragen beim derzeitigen AG des Bewerbers sind allerdings nur zulässig, wenn der Bewerber sie nicht untersagt hat und wenn der AG damit rechnen konnte, dass der Bewerber damit einverstanden sei. Verletzt der AG diese Sorgfaltspflichten, haftet er dem Bewerber auf **Schadensersatz**. In der Praxis ist es aber nahezu unmöglich, hierfür den Nachweis zu erbringen.

Ersatz der Vorstellungskosten

Fordert ein Arbeitgeber einen Bewerber zur Vorstellung auf, so hat der Bewerber gemäß §§ 662 u. 670 BGB **Anspruch auf Ersatz der Auslagen** (Fahrt, Übernachtungskosten, Verdienstausfall, Verpflegung). Dies gilt auch dann, wenn kein Arbeitsvertrag zustande kommt. Stellt sich der Bewerber **unaufgefordert** vor, so hat er in der Regel keinen Anspruch auf Kostenersatz. Es besteht ebenso kein Anspruch, wenn der AG in der Aufforderung zur Vorstellung die Übernahme der Kosten ausgeschlossen hat.

7.14 Mitwirkung des Betriebsrates bei der Einstellung

In Betrieben mit **mehr als 20 AN** hat der AG den Betriebsrat (BR) vor jeder Einstellung zu unterrichten, ihm die erforderlichen **Bewerbungsunterlagen** vorzulegen, Auskunft über die Person der Beteiligten zu geben und die **Zustimmung** des Betriebsrats zur Einstellung einzuholen (§ 99 BetrVG).

Wenn der AG diese Verpflichtungen ordnungsgemäß erfüllt hat, darf er den AN einstellen, sofern der BR seine Zustimmung erteilt hat oder nach Ablauf der Frist von einer Woche keine Verweigerung der Zustimmung erklärt wurde. In diesem Fall gilt die Zustimmung als erteilt (§ 99 Abs. 3 Satz 2 BetrVG).

Zustimmung

Der BR kann die Zustimmung bei Vorliegen der **Gründe**, die in § 99 Abs. 2 aufgeführt sind, verweigern. Die wesentlichsten davon sind:

Verweigerung der Zustimmung

- ▪ Die Einstellung verstößt gegen ein Gesetz, eine Verordnung, eine Unfallverhütungsvorschrift oder gegen eine Bestimmung in einem Tarifvertrag oder in einer Betriebsvereinbarung, oder gegen eine gerichtliche Entscheidung oder eine behördliche Anordnung.

- ▪ Es besteht die durch Tatsachen begründete Besorgnis, dass infolge der Einstellung im Betrieb bereits beschäftigte AN gekündigt werden oder sonstige Nachteile erleiden, ohne das dies aus betrieblichen Gründen gerechtfertigt ist.

- ▪ Eine nach § 93 BetrVG erforderliche innerbetriebliche Ausschreibung ist unterblieben.

- ▪ Es besteht die durch Tatsachen begründete Besorgnis, dass der in Aussicht genommene Bewerber den Betriebsfrieden durch gesetzwidriges Verhalten oder durch grobe Verletzung der in § 75 Abs. 1 BetrVG enthaltenen Grundsätze insbesondere durch rassistische oder fremdenfeindliche Betätigung stören wird.

Wenn der BR seine Verweigerung auf einen dieser Gründe stützt, so müssen die konkreten Tatsachen **schriftlich** dargelegt werden. Erfolgt dies nicht **fristgerecht binnen einer Woche**, so ist die Verweigerung unwirksam. Kraft Gesetzes gilt dann, wie bereits oben gesagt, die Zustimmung zur Einstellung als erteilt (§ 99 Abs. 3 Satz 2 BetrVG).

Im Falle der Verweigerung kann der Arbeitgeber beim Arbeitsgericht beantragen, die Zustimmung ersetzen zu lassen (§ 99 Abs. 3 BetrVG).

7.15 Der Arbeitsvertrag und sein Zustandekommen

Der Arbeitsvertrag ist eine besondere Form des Dienstvertrages (§§ 611 ff. BGB). Das wesentliche Unterscheidungsmerkmal zum Dienstvertrag ist die **persönliche Abhängigkeit des AN**. Hierunter versteht man nach herrschender Meinung, dass der AN nach Ort, Zeit und Inhalt der Arbeit weisungsabhängig vom Arbeitgeber und in dessen Betrieb eingegliedert ist. Im Gegensatz dazu enthält der **Dienstvertrag** diese Abhängigkeitsmerkmale nicht. Der Dienstnehmer kann selbst entscheiden, wo und wann er die Dienstleistung erfüllt. Dienstverträge liegen zum Beispiel vor, wenn Selbstständige (Ärzte, Rechtsanwälte, Steuerberater usw.) Dienstleistungen erbringen.

das wesentliche Unterscheidungsmerkmal zum Dienstvertrag

Ein Arbeitsverhältnis kommt durch Abschluss eines Arbeitsvertrages zwischen Arbeitgeber und Arbeitnehmer zustande, das heißt durch zwei **übereinstimmende Willenserklärungen der Vertragsparteien**, daher handelt es sich bei einem Vertrag auch um ein zweiseitiges Rechtsgeschäft. Davon unterscheidet sich ein **einseitiges empfangsbedürftiges Rechtsgeschäft**, z.B. eine Kündigung, das nur von einer Seite ausgesprochen werden und zugehen muss, um wirksam zu sein.

Voraussetzung: Rechts- und Geschäftsfähigkeit

Voraussetzung für die Wirksamkeit des Arbeitsvertrags ist, dass Arbeitgeber und Arbeitnehmer **geschäftsfähig** sind (§§ 104 ff. BGB). Das bedeutet die Fähigkeit, Rechtsgeschäfte selbstständig vollwirksam vornehmen zu können. **Minderjährige** sind nach § 106 BGB nur beschränkt geschäftsfähig. Arbeitsverträge mit beschränkt geschäftsfähigen Personen bedürfen der Zustimmung des gesetzlichen Vertreters. Diese kann als Einwilligung (vorherige Zustimmung nach § 107 BGB) oder als Genehmigung (nachträgliche Zustimmung § 108 Abs.1 BGB) des gesetzlichen Vertreters erteilt werden; in der Regel sind dies beide Elternteile. Auch **einseitige Rechtsgeschäfte**, wie z.B. eine Kündigung, von beschränkt Geschäftsfähigen sind ohne vorherige Zustimmung des gesetzlichen Vertreters gemäß § 111 BGB unwirksam.

Erweiterung der Geschäftsfähigkeit

Für das Arbeitsverhältnis wichtig ist die Erweiterung der Geschäftsfähigkeit gemäß § 113 BGB. Danach kann der gesetzliche Vertreter den Minderjährigen ermächtigen, ein Arbeitsverhältnis einzugehen. Dadurch wird der **Minderjährige** für die mit dem Arbeitsvertrag zusammenhängenden Rechtsgeschäfte unbeschränkt geschäftsfähig. Er kann damit dann zum Beispiel selbstständig einen Arbeitsvertrag abschließen oder auch ein Arbeitsverhältnis selbstständig kündigen.

7.15.1 Einige Links auf Muster-Arbeitsverträge

- http://www.arbeitsrecht-infoline.de/musterarbeitsvertrag.htm
- http://www.frankfurt-main.ihk.de/recht/mustervertrag/arbeitsvertrag_standard/

7.16 Fehlerhafte Arbeitsverhältnisse

Rechtsmängel

Ein Arbeitsverhältnis kann wegen Rechtsmängeln fehlerhaft sein. Dies wäre zum Beispiel im Falle der Anstellung eines Minderjährigen ohne Zustimmung der gesetzlichen Vertreter so. Gleiches gilt, wenn ein Vertrag geschlossen wird ohne Beachtung der im Tarifvertrag vorgeschriebenen Schriftform.

7.16.1 Nichtigkeit oder Anfechtbarkeit

Die Folge derartiger fehlerhafter Arbeitsverhältnisse ist die Nichtigkeit oder Anfechtbarkeit des Arbeitsvertrages nach den Vorschriften des BGB. Grundsätzlich entstehen aufgrund eines von vornherein nichtigen oder aufgrund der Anfechtung nichtigen Arbeitsvertrages **keine vertraglichen Rechte oder Pflichten**. Maßgeblich ist hier allerdings, ob der Arbeitnehmer bereits eine Arbeitsleistung erbracht hat oder ob er die Tätigkeit noch nicht aufgenommen hat. Im letzteren Falle sind keine vertraglichen Rechte und Pflichten entstanden[1].

---

1 Hat der Arbeitnehmer aber bereits eine Leistung erbracht, hat er also gearbeitet, muss er für diese auch so vergütet werden, als ob der Vertrag wirksam gewesen wäre; man spricht hier von einem faktischen Arbeitsverhältnis.

Ein faktisches Arbeitsverhältnis liegt vor, wenn ein Arbeitnehmer ohne wirksamen Arbeitsvertrag Arbeit leistet. Die Durchführung des rechtlich nichtigen Arbeitsvertrages schafft einen wirtschaftlichen und sozialen Status, dem das Arbeitsrecht gerecht werden muss. Es wäre ungerecht, wenn die tatsächlich erbrachte Leistung nicht vergütet würde. Ein derart faktisches Arbeitsverhältnis wird für die vergangene Zeit seiner tatsächlichen Durchführung wie ein rechtlich wirksames Arbeitsverhältnis behandelt.

Das faktische Arbeitsverhältnis

Aus diesem erwachsen den Beteiligten "quasi-vertragliche Ansprüche" auf Vergütung, Urlaub usw., die in ihrer Wirkung den Vertragsansprüchen grundsätzlich gleichstehen. Die rechtliche Nichtigkeit des Arbeitsvertrages hat allerdings zur Folge, dass das Arbeitsverhältnis von jedem Beteiligten **jederzeit mit sofortiger Wirkung beendet** werden kann. Es bedarf hierzu **keiner Kündigung**. Dementsprechend sind auch die Vorschriften über die Kündigung und die Kündigungsfristen sowie den Kündigungsschutz nicht anwendbar.

"quasi-vertragliche Ansprüche" stehen den Vertragsansprüchen gleich

Die Anfechtbarkeit des Arbeitsvertrages kann insbesondere wegen **Irrtums** einer Vertragspartei nach § 119 BGB oder wegen **arglistiger Täuschung** gemäß § 123 BGB gegeben sein. Die Folge ist, dass der Arbeitsvertrag für die **Zukunft** aufgelöst wird, ohne dass es einer Kündigung bedarf. Für die **Vergangenheit**, also für die Zeit vom Vertragsschluss bis zur Anfechtung, besteht ein faktisches Arbeitsverhältnis. Für die bereits erbrachte Leistung besteht **Vergütungspflicht**.

Anfechtbarkeit des Arbeitsvertrages

Fehler in der Begründung des Arbeitsverhältnisses machen den Arbeitsvertrag nichtig (z.B. Formmangel des Arbeitsvertrages gem. § 125 BGB, mangelnde Geschäftsfähigkeit des AN gem. § 104 BGB). Das heißt, die Vertragsparteien sind ohne weitere Erklärungen vertraglich nicht mehr gebunden. Auch hier besteht für die **Vergangenheit** ein faktisches Arbeitsverhältnis.

Die Nichtigkeit des Arbeitsvertrages

Fehler im Inhalt des Arbeitsvertrages führen nicht zur Nichtigkeit des ganzen Arbeitsvertrages (z.B. gesetzeswidrige Einzelbestimmungen im Arbeitsvertrag). Der Arbeitsvertrag bleibt als solcher bestehen und die **nichtige Einzelabrede** wird durch die gültige Regelung ersetzt. Beispiel: Die Vereinbarung eines untertariflichen Lohnes wird durch den Anspruch auf tariflichen Lohn ersetzt.

7.16.2 Leistungsstörungen und Haftung wegen Pflichtverletzungen im Arbeitsverhältnis

Nach den allgemeinen Regeln des BGB über Leistungsstörungen, die mit gewissen Besonderheiten auch im Arbeitsrecht gelten, kann man unterscheiden:

- **Unmöglichkeit** der Leistung (Nichterfüllung),

- Schuldner- oder Gläubiger**verzug**,

- **Schlechtleistung**.

Sie liegt vor, wenn die Arbeit nicht erbracht werden kann (§ 275 BGB), und zwar weder von einem bestimmten AN noch von irgendeinem AN. Wird dem AN die Arbeitsleistung unmöglich, so wird er von der Pflicht zur Arbeitsleistung frei. Hat weder der AG noch der AN die Unmöglichkeit verschuldet, so verliert der AN grundsätzlich den Anspruch auf Vergütung - es sei denn, dass folgende Ausnahmen beim AN gegeben sind:

Unmöglichkeit der Leistung

Ausnahmen

- der AN ist für eine gewisse, nicht zu lange Zeit, z.B. durch einen Unfall, durch Arztbesuche usw. ohne sein Verschulden verhindert, die Arbeitsleistung zu erbringen

- der AN ist krank und dadurch arbeitsunfähig, hier greift das Entgeltfortzahlungsgesetz

- der AN kann aus betrieblichen Gründen (z.B. Stromausfall) die Arbeit nicht erbringen. Hier fällt der Grund in die Risikosphäre des Arbeitgebers; dieser ist weiterhin zur Vergütung verpflichtet § 615 BGB

Schuldnerverzug

Wenn der AN seine Arbeitsleistung schuldhaft nicht rechtzeitig erbringt, so liegt nach den Regeln des BGB ein so genannter Schuldnerverzug vor (§§ 284 ff. BGB). Anstelle des Schuldnerverzugs geht man von einer "Teilunmöglichkeit" aus, da der AN die Arbeitsleistung in einer bestimmten Zeit zu erbringen hatte und diese nicht nachholen kann. Der AG kann in diesem Falle auf Erfüllung der Arbeitsleistung klagen oder kündigen. Für die nicht geleistete Arbeit braucht er **keine Vergütung** zu zahlen.

Annahmeverzug des AG

Der AG gerät in Annahmeverzug, wenn er die vom AN ordnungsgemäß angebotene Arbeitsleistung nicht annimmt. Beispiel: Unrechtmäßige Aussperrung. Der AN wird in diesem Falle von seiner Arbeitsleistung **frei** und braucht diese **nicht nachzuholen**. Sein Vergütungsanspruch gegenüber dem Arbeitgeber bleibt grundsätzlich erhalten (§ 615 BGB).

Schlechtleistung

Erbringt der AN seine **Arbeitsleistung mangelhaft**, so liegt eine Schlechtleistung vor. Hierzu zählen z.B. sehr langsames oder flüchtiges Arbeiten durch den AN, Beschädigen der anvertrauten Werkzeuge und Maschinen durch unsachgemäßen Gebrauch usw. Für den geschädigten AG können sich daraus folgende **Ansprüche** ergeben:

- das Recht zur Lohnminderung

- das Recht zur außerordentlichen Kündigung

- das Recht auf Schadensersatz

Das Recht auf Schadensersatz kann ausgeschlossen oder gemindert sein, je nach Verschuldensgrad beim AN. Er haftet nur für Vorsatz oder grobe Fahrlässigkeit voll, bei mittlerer Fahrlässigkeit anteilig und bei leichter Fahrlässigkeit nicht („**dreistufiges Haftungsmodell**" - maßgebliche Rechtsprechung des Bundesarbeitsgerichts).

7.17 Die wichtigsten arbeitsvertraglichen Pflichten

7.17.1 Die Pflichten des Arbeitnehmers

Arbeitspflicht

Hauptpflicht des Arbeitnehmers ist die persönliche Arbeitsleistung. Daraus resultiert auch zugleich die Pflicht des Arbeitnehmers, den Weisungen des Arbeitgebers Folge zu leisten, die dem Direktionsrecht des Arbeitgebers entspricht.

Gemäß § 611 BGB wird der AN zur Leistung der versprochenen Arbeit verpflichtet. Der Inhalt der Arbeitspflicht, insbesondere die Art der zu leistenden Arbeit bestimmt sich in erster Linie nach den Vereinbarungen der Parteien im Arbeitsvertrag.

Die Arbeitspflicht des AN kann durch die Vielfalt der Arbeiten, die in einem Betrieb anfallen, meist im Arbeitsvertrag nicht abschließend festgelegt werden.

Aufgrund dieses Direktionsrechts kann der AG die **Modalitäten der Arbeitspflicht** festlegen; er kann so z.B. den Arbeitsplatz sowie die Art und Weise und die Zeit bzw. den Ort der Arbeit bestimmen. Dazu gehört z.B. konkret:

Direktionsrecht

- die Zuweisung des Arbeitsplatzes

- die Übertragung von Sonderaufgaben

- die Festlegung des Urlaubszeitpunktes

- Anordnungen hinsichtlich der inneren Ordnung des Betriebes wie z.B. Rauchen, Essenszeiten usw.

- die Versetzung des AN an einen anderen Arbeitsplatz - bei gleichem Lohn

Das Direktionsrecht des AG ist an Beschränkungen gebunden. Der AG muss bei Ausübung des Direktionsrechts

Beschränkungen des Direktionsrechts

- sich an dem Inhalt der Arbeitspflicht des AN, wie er sich aus dem Arbeitsvertrag ergibt, orientieren; und

- die gesetzlichen und tarifvertraglichen Bestimmungen beachten. Aus den Beschränkungen des Direktionsrechts ergibt sich, dass der AG dem AN nur Arbeiten übertragen kann, die sich innerhalb des vereinbarten Berufsbildes halten.

Beispiel
Arbeitspflicht oder Ablehnung?

Sepp Gruber ist seit kurzer Zeit bei der Spedition Schulz als Buchhalter beschäftigt. An einem Tag, an dem mal wieder alles drunter und drüber geht, fordert Spediteur Schulz Herrn Gruber auf, seine Büroarbeit kurz einzustellen und beim Entladen eines LKW zu helfen.

Ist Gruber dazu verpflichtet?

Er muss beim Entladen des LKWs helfen, wenn dies zu seiner Arbeitspflicht gehört und damit der AG einen Anspruch auf Erfüllung hat. Die Arbeitspflicht richtet sich nach dem Inhalt des Arbeitsvertrages, soweit nicht zwingende gesetzliche oder tarifliche Bestimmungen vorgehen. Sepp Gruber ist in diesem Beispiel als Buchhalter eingestellt; hiermit ist zugleich der Inhalt seiner Arbeitspflicht im Wesentlichen festgelegt. AG Schulz kann durch sein Weisungsrecht Einzelumstände der Arbeit festlegen, allerdings nur im Rahmen des vereinbarten Inhalts der Arbeitspflicht. Das Weisungsrecht geht nicht weiter als der vereinbarte Inhalt der Arbeitspflicht. Ladearbeiten waren zwischen Gruber und Schulz weder ausdrücklich vereinbart noch ergibt sich diese Verpflichtung aus dem Berufsbild des Buchhalters. Zur Arbeitspflicht gehören allerdings auch Nebenarbeiten: Hierbei handelt es sich um Arbeiten, die nicht unmittelbar im Zusammenhang mit der vereinbarten Arbeit stehen. Zu solchen Arbeiten ist der AN jedoch nur verpflichtet, wenn ihre Übernahme der Verkehrssitte entspricht. Und Ladearbeiten gehören für den Buchhalter auch im Speditionsgewerbe nicht zur Verkehrssitte. Da es sich in diesem Beispiel also nicht um eine Notfallarbeit gehandelt hat, konnte Buchhalter Gruber, ohne den Arbeitsvertrag zu verletzen, diese Arbeit ablehnen.

Treuepflicht

Zusammenfassung besonderer Nebenpflichten

Neben der Arbeitspflicht ergeben sich aus dem Arbeitsvertrag besondere **Nebenpflichten**. Sie werden unter dem Begriff der Treuepflicht zusammengefasst. Sie besteht aus einem Bündel von Einzelpflichten des AN. Es handelt sich hierbei **teils um Handlungs-, teils um Unterlassungspflichten**. Die Treuepflicht beinhaltet, dass der AN rechtlich verpflichtet ist, die Interessen des AG in zumutbarem Rahmen wahrzunehmen und vermeidbaren Schaden vom AG abzuwenden. Die Pflicht ist umso stärker ausgeprägt, je höher der AN in der **Betriebshierarchie** steht. Hierzu zählt im Einzelnen:

Pflicht zur Interessenwahrung

Der AN hat die Interessen des AG im zumutbaren Rahmen zu wahren. Er muss über seine normale Arbeitspflicht hinaus in Notfällen einspringen.

Anzeige- und Mitteilungspflichten

Der AN muss z.B. Betriebs- und Maschinenstörungen, etwa durch Materialfehler, dem AG unaufgefordert melden, um drohenden Schaden abzuwenden.

Unterlassungspflichten

Der AN hat Handlungen zu unterlassen, die zu einer **Schädigung** des AG führen können. Zum Beispiel darf der AN Strafanzeigen gegen seinen AG nur erstatten, wenn sich die Tat gegen ihn richtete oder wenn er ohne die Anzeige selbst in Verdacht geriete oder wenn es sich um eine schwere Straftat handelt. Das gleiche gilt für andere **behördliche Verfahren** (z.B. Finanzbehörden, Gewerbeaufsicht). Kreditgefährdende Äußerungen sind selbst dann eine Verletzung der Treuepflicht, wenn sie nachweislich wahr sind.

Pflicht, Weisungen zu befolgen

nicht bei gesetzeswidrigen oder unzumutbaren Handlungen

Der AN hat die Pflicht, dienstliche Anweisungen des AG zu befolgen. Diese Pflicht besteht nicht bei gesetzeswidrigen oder unzumutbaren Handlungen. Die **Verletzung** dieser Pflicht berechtigt den AG zur **Kündigung**, bei eingetretenem Schaden zu Schadensersatz. Im Rahmen dieser Pflicht sind z.B. Rauchverbote von Bedeutung.

Unbestechlichkeit

Schmiergelder darf der AN nicht annehmen. Es ist ihm untersagt, im geschäftlichen Verkehr Geschenke oder andere Vorteile zu fordern. **Unbedenklich** sind Trinkgelder oder Geschenke zu Festtagen, die sich im Rahmen des Üblichen halten.

Rechtsfolgen für den AN durch die Annahme von Schmiergeldern

Der AG kann:

- dem AN außerordentlich aus wichtigem Grund kündigen oder die ordentliche Kündigung aussprechen
- Schadensersatz verlangen
- die Herausgabe des Schmiergeldes verlangen

Verstöße gegen das Schmiergeldverbot sind - über die zivilrechtlichen Ansprüche des AG hinaus - auch noch mit Strafe belegt.

Verschwiegenheit

Ergänzung zur Treuepflicht

Der AN muss über seine Kenntnisse der geschäftlichen wie der persönlichen Verhältnisse seines AG schweigen. Diese Pflicht ist eine **Ergänzung zur Treuepflicht**, hat jedoch eigenständige Bedeutung erlangt.

Zu den **Geschäfts- oder Betriebsgeheimnissen** zählen alle Tatsachen, deren Geheimhaltung für den AG wichtig sind, so z.B.: Kundenkarteien, Kalkulationsunterlagen, Preislisten, Warenbezugsquellen, Absatzgebiete, Vertriebswege, Fertigungsverfahren usw.

Wettbewerbsunterlassung

Unterlassung von Wettbewerb bedeutet, dass der AN während der Dauer des Arbeitsverhältnisses ohne Einwilligung des AG kein eigenes Handelsgewerbe betreiben und keine in Wettbewerb zu seinem AG stehenden Geschäfte auf eigene oder fremde Rechnung einrichten darf.

ohne Einwilligung des AG kein eigenes Handelsgewerbe

7.17.2 Die arbeitsvertraglichen Pflichten des Arbeitgebers

Lohn/Gehaltzahlungspflicht

Bei dieser Pflicht (§ 611 BGB) handelt es sich um die **Hauptpflicht des Arbeitgebers** der die Hauptpflicht des Arbeitnehmers zur Arbeitsleistung gegenübersteht

Rechtsgrundlage der Lohn/ Gehaltzahlungspflicht

Für die Bestimmung der Höhe des Lohns sind Tarifvertrag, Arbeitsvertrag oder Gleichbehandlungsgrundsatz und darüber hinaus auch Betriebsvereinbarungen von Bedeutung. Wenn die Lohn/Gehaltshöhe nicht vereinbart wurde, so ist die übliche Vergütung zu zahlen (§ 612 BGB). Die **übliche Vergütung** kann dem Tariflohn entsprechen, wenn auch andere AN ohne Rücksicht auf Tarifgebundenheit nach Tarif bezahlt werden.

Fürsorgepflicht

Neben der Hauptpflicht bestehen für beide Parteien Nebenpflichten. Die wichtigste Nebenpflicht des Arbeitgebers ist die Fürsorgepflicht. Sie beinhaltet, dass der AG verpflichtet ist, seine Recht aus dem Arbeitsverhältnis so auszuüben und die im Zusammenhang mit dem Arbeitsverhältnis stehenden Interessen des Arbeitnehmers so zu wahren, wie es **nach Treu und Glauben** für ihn möglich ist. Die **Verpflichtung zur Rücksichtnahme** findet sich auch in § 241 Abs. 2 BGB.

es bestehen für beide Parteien Nebenpflichten

Ergänzt wird die Fürsorgepflicht durch ein Bündel von weiteren Nebenpflichten wie z.B. die **Informationspflichten** des AG, d.h. er hat den AN über die für ihn wichtigen Bestimmungen von Tarifverträgen oder über betriebliche Vergünstigungen zu informieren. Weitere Nebenpflichten sind **Mitteilungspflichten**, **Aufklärungspflichten**, **Schutzpflichten**, z.B. die Pflicht zur Rücksichtnahme bei Ausübung des Direktionsrechts (z.B. bei der Festlegung von Urlaubsterminen oder Überstundenarbeit). Gesetzlich geregelt ist insbesondere die **Fürsorgepflicht für Leben und Gesundheit** des AN (§ 618 BGB).

Nebenpflichten

Die Berufsgenossenschaften haben die gesetzliche Aufgabe, Arbeitsunfälle und Berufskrankheiten zu **verhüten und nach deren Eintritt die Wiederherstellung der Leistungsfähigkeit herzustellen und in Geld zu entschädigen**. Sie sind Träger der gesetzlichen Unfallversicherung. Jeder AG ist kraft Gesetzes Mitglied bei der für ihn zuständigen Berufsgenossenschaft und **beitragspflichtig**. Die Berufsgenossenschaften sind branchenmäßig und regional gegliedert. Die von ihnen erlassenen **Unfallverhütungsvorschriften** sind für die AG **bindend** und haben bei Nichtbeachtung Ordnungsstrafen zur Folge.

Unfallverhütung/Berufsgenossenschaften

Arbeitsunfall

Arbeitsunfälle sind Unfälle, die ein AN **bei einer Arbeitstätigkeit** erleidet. Dazu rechnen nur die während der Dauer der Arbeitsleistung eingetretenen Unfälle sowie **Wegeunfälle.** Als Arbeitsunfälle gelten auch Berufskrankheiten. Bei einem durch einen Arbeitsunfall entstandenen Personenschaden des AN haftet der AG nur, wenn er ihn vorsätzlich herbeigeführt hat. In anderen Fällen haftet die Berufsgenossenschaft dem AN oder seinen Hinterbliebenen, gleichgültig ob der Schaden durch den AG oder einen Betriebsangehörigen und ob er schuldlos, fahrlässig oder grob fahrlässig herbeigeführt wurde. Die Berufsgenossenschaft hat allerdings als Trägerin der Unfallversicherung ein **Rückgriffsrecht** gegen den Schädiger, wenn dieser den Arbeitsunfall grob fahrlässig oder vorsätzlich verursacht hat.

Gleichbehandlungspflicht

Verbot willkürlicher, d.h. sachlich unbegründeter Schlechterstellung einzelner AN

Inhalt des Gleichbehandlungsgrundsatzes ist das Verbot willkürlicher, d.h. sachlich unbegründeter Schlechterstellung einzelner AN. **"Gleiches muss gleich, Ungleiches muss ungleich behandelt werden".** Beispiele: Sachliche Unterschiede sind vorhanden zwischen gekündigten oder ausgeschiedenen AN und anderen, zwischen langjährig Beschäftigten und neu eingetretenen AN. Mit einem einzelnen AN ausgehandelte besondere Vertragsbedingungen begründen keinen Anspruch anderer AN auf Gleichbehandlung. Die **einzelvertragliche Vereinbarung ist ein sachlicher Grund für eine Ungleichbehandlung,** weil AN mit unterschiedlichen Verträgen ungleich sind. Ein Beispiel: Ungleichheit besteht auch zwischen AN, die tarifgebunden sind und solchen die es nicht sind, so dass letztere keinen Anspruch auf den höheren Tariflohn aufgrund des Gleichbehandlungsgrundsatzes haben.

Rechtsfolgen der Verletzung

Der AN kann die Erfüllung einer vorenthaltenen Leistung des AG (z.B. Zahlung einer Gratifikation), die Unterlassung diskriminierender Handlungen (z.B. ungleiche Torkontrollen) oder Schadensersatz verlangen, soweit ihm ein Schaden entstanden ist.

Urlaubsgewährungspflicht

Die Urlaubsgewährungspflicht gebietet es dem AG, unter **Fortzahlung des Lohnes/ Gehalts,** dem AN bezahlte Freizeit zur Erholung zu gewähren. Die Regelungen dazu finden sich im Bundesurlaubsgesetz (BUrlG):

Voraussetzungen des Urlaubsanspruches

■ Es muss sich um Arbeitnehmer, oder um zur Berufsausbildung Beschäftigte handeln, oder um arbeitnehmerähnliche Personen (§ 2 BUrlG).

■ Die Wartezeit von 6 Monaten muss erfüllt sein. Der volle Urlaubsanspruch entsteht erst danach.

Bestimmung des Urlaubszeitpunktes

Die Festlegung des Urlaubs unterliegt grundsätzlich dem Direktionsrecht des AG. Er hat allerdings die Wünsche des AN zu berücksichtigen (§ 7 Abs. 1), es sei denn, dass dringende betriebliche Belange oder Urlaubswünsche anderer AN, die unter sozialen Gesichtspunkten den Vorrang verdienen (z.B. Ferienzeit der Kinder), entgegenstehen.

Grenzen

Urlaub darf vom AN nicht **eigenmächtig** genommen werden, sonst liegt eine beharrliche Arbeitsverweigerung vor, die den AG zur fristlosen Kündigung berechtigen kann. Der AG ist auch berechtigt, für alle AN einheitlich Betriebsurlaub zu bestimmen, wobei auch hier auf die Interessen der AN Rücksicht zu nehmen ist. Der Urlaub muss **im laufenden Kalenderjahr** gewährt und genommen werden, sonst verfällt er grundsätzlich. Eine Übertragung auf das nächste Jahr ist nur zulässig und führt nicht zum Erlöschen des Anspruchs, wenn dringende betriebliche Gründe oder dringende in der Person des AN liegende Gründe dies gebieten. Im Falle der **Übertragung** muss der Urlaub bis zum 31.03. des folgenden Jahres gewährt und genommen werden.(§ 7 Abs. 3 BUrlG)

Der gesetzliche Urlaub beträgt jährlich **mindestens 24 Werktage**. Durch Tarifvertrag kann eine längere, aber keine kürzere Dauer vereinbart werden. Zuviel gewährte Urlaubstage, auch wenn sie bewusst für das nächste Jahr vorgezogen werden, können im nächsten Jahr nicht angerechnet werden, so dass dem AN auch für dieses Jahr der volle Urlaubsanspruch verbleibt.

Urlaubsdauer

Urlaub dient der Erholung des AN. Daran hat auch der AG ein Interesse. Deshalb darf der AN während des Urlaubs keine Erwerbstätigkeit ausüben, die dem Urlaubszweck widerspricht.

Pflichten des AN im Urlaub

7.18 Definition Arbeitnehmer - Arbeitgeber

7.18.1 Wer ist Arbeitnehmer?

Arbeitnehmer ist, wer sich vertraglich gegenüber einem Anderen gegen Arbeitsentgelt zur Leistung von Diensten verpflichtet hat. Dies können z.B. Angestellte, Arbeiter, Beamte, Auszubildende, fest engagierte Schauspieler usw. sein. Entscheidend für das Vorhandensein eines Dienstverhältnisses ist die **persönliche Abhängigkeit** des Beschäftigten vom Arbeitgeber, d.h. der Arbeitnehmer unterliegt den Weisungen des Arbeitgebers, ist fest in die Arbeitsorganisation des Betriebes eingebunden und trägt kein eigenes unternehmerisches Risiko.

Dienstverhältnis

Der Beurteilung der **Weisungsgebundenheit** kommt bei der Feststellung, ob es sich um einen Arbeitnehmer oder einen Selbstständigen handelt, eine besondere Bedeutung zu. Daraus leiten sich auch Abweichungen zwischen den sozialversicherungsrechtlichen und steuerrechtlichen Regelungen ab. Dies führt z.B. dazu, dass ein **Gesellschafter-Geschäftsführer** einer GmbH aus steuerrechtlicher Sicht Arbeitnehmer ist, aber aus sozialversicherungsrechtlicher Sicht unter Berücksichtigung bestimmter Kriterien wie ein Unternehmer behandelt wird.

Einen weiteren Problemfall bildet die so genannte **Scheinselbstständigkeit**. Als scheinselbstständig werden Personen eingestuft, die ein Gewerbe angemeldet haben, jedoch aufgrund ihrer Abhängigkeit von nur einem Auftraggeber im sozialversicherungsrechtlichen Sinn in einem **arbeitnehmerähnlichen** Beschäftigungsverhältnis stehen. Der Arbeitgeber sollte bei der Beschäftigung von z.B. Subunternehmen den Status der Selbstständigkeit prüfen, da er hier das Risiko von Beitragsnachzahlungen trägt. In Zweifelsfällen empfiehlt sich die Statusklärung bei der Deutschen Rentenversicherung gemäß § 7a SGB IV zu beantragen.

Scheinselbstständigkeit

Existenzgründer im Rahmen einer "Ich-AG" sind von der Scheinselbstständigkeit ausgeschlossen. Sie sind allerdings wie arbeitnehmerähnliche Personen einzustufen und somit rentenversicherungspflichtig.

7.18.2 Wer ist Arbeitgeber?

Wer Arbeitnehmer beschäf-
tigt ist Arbeitgeber

Als Arbeitgeber ist jeder anzusehen, der einen anderen als Arbeitnehmer beschäftigt. Arbeitgeber können Unternehmen aller Rechtsformen (AG, GmbH usw.) sein, aber auch Freiberufler, Gewerbetreibende und die öffentliche Hand (Bund, Länder und Gemeinden). Auch ein Privathaushalt kann Arbeitgeber sein, wenn er regelmäßig z.B. eine Putzfrau beschäftigt. Entscheidend dabei ist, dass der Arbeitgeber **Gläubiger von Arbeitsleistung** und **Schuldner von Arbeitsentgelt** ist.

7.19 Wichtige Rechtsgrundlagen für Arbeitnehmer

Steuergesetze

Der Arbeitgeber behält im Rahmen der Lohn- und Gehaltsabrechnung vom Arbeitnehmer **Steuerbeträge** ein (Lohnsteuer, Kirchensteuer und Solidaritätszuschlag). Die gesetzlichen Vorschriften hierzu sind im Einkommensteuergesetz (EStG) geregelt. Ergänzend dazu gibt es die Einkommen- und Lohnsteuer-Richtlinien (EStR; LStR) sowie die Einkommens- und Lohnsteuer-Durchführungsverordnungen (EStDV; LStDV). Ein gesondertes „Lohnsteuergesetz" gibt es nicht, da die Lohnsteuer keine eigenständige Steuer ist, sondern eine besondere Erhebungsform der Einkommensteuer darstellt.

Sozialversicherungsrecht

Neben den Steuern werden auch die **Sozialversicherungsbeiträge** vom Arbeitgeber einbehalten und abgeführt. Die Besonderheit dabei ist, dass der Arbeitgeber zusätzlich einen eigenen Anteil an den Sozialversicherungsbeiträgen zahlt. Die gesetzlichen Regelungen dazu sind in den Sozialgesetzbüchern (SGB) zu finden.

Arbeitsgesetze

In einer Reihe von Arbeitsgesetzen sind das Berufsleben und die Rechte und Pflichten von Arbeitnehmer und Arbeitgeber geregelt. Sie dienen vor allem dazu, Beschäftigte vor gesundheitlichen Gefahren, sozialen Belastungen oder der Willkür des Arbeitgebers zu schützen und Mitbestimmungsmöglichkeiten einzuräumen. Indem beispielsweise Arbeitszeiten, Teilzeitarbeit oder Urlaubsansprüche geregelt werden, haben diese Gesetze unmittelbaren Einfluss auf die Lohn- und Gehaltsabrechnung.

Altersteilzeitgesetz

Gleitender Übergang in die
Rente

Durch **Altersteilzeitarbeit** soll älteren Arbeitnehmern ab Vollendung des 55. Lebensjahres bis 31.12.2009 ein gleitender Übergang vom Erwerbsleben in die Altersrente ermöglicht und sollen zudem neue Arbeitsplätze geschaffen werden.

Arbeitsschutzgesetz

Sicheres und gesundes Arbeiten

Dieses Gesetz dient dazu, durch Maßnahmen des Arbeitsschutzes die **Sicherheit** und den **Gesundheitsschutz** der Beschäftigten bei der Arbeit zu sichern und zu verbessern.

Arbeitsstättenverordnung

Vorschriften zur Sicherheit, Arbeitsmedizin und Hygiene

Die Arbeitsstättenverordnung verpflichtet den Arbeitgeber, die betrieblichen Arbeitsstätten nach bestimmten arbeitsmedizinischen, hygienischen, sicherheitstechnischen und arbeitswissenschaftlichen Richtlinien einzurichten und zu betreiben.

Arbeitszeitgesetz

Das Arbeitszeitgesetz regelt u.a. die zulässige tägliche Arbeitszeit, zu gewährende arbeitsfreie Zeiten, Ruhepausen, Zeitausgleich, Nacht- und Schichtarbeit sowie Sonn- und Feiertagsbeschäftigung.

Arbeitszeiten und Pausen

Betriebsverfassungsgesetz

Das Betriebsverfassungsgesetz regelt das Verhältnis zwischen Arbeitnehmer und Arbeitgeber. Insbesondere legt es die Wahl und die Aufgaben einer **Arbeitnehmervertretung** (Betriebsrat) fest, durch die Mitarbeiter ihr Mitwirkungsrecht wahrnehmen können. In Betrieben mit mindestens 5 ständigen wahlberechtigten Mitarbeitern können Betriebsräte auf vier Jahre gewählt werden.

Arbeitnehmervertretung und Betriebsrat

Wahlordnung zum Betriebsverfassungsgesetz

In der ergänzenden Wahlordnung zum Betriebsverfassungsgesetz ist festgelegt, wie ein Betriebsrat zu wählen ist. Die Vorschriften beziehen sich auf den Wahlvorstand, die Bildung von Wähler- und Vorschlagslisten, Wahlausschreibung, Wahlverfahren usw.

Wahl von Betriebsräten

Bildschirmarbeitsplatzverordnung

Der Einsatz von Bildschirmen ist nicht nur durch den Einsatz von **Personalcomputern** in der Verwaltung und Logistik aus den Unternehmen nicht mehr wegzudenken - auch in der Produktion oder in Werkstätten wird sich heute zunehmend der elektronischen Datenverarbeitung bedient.

Arbeiten an Bildschirmen

Die Bildschirmarbeitsplatzverordnung regelt, wie ein Bildschirmarbeitsplatz eingerichtet und die Arbeit gestaltet sein muss, um Gesundheitsgefährdungen auszuschließen bzw. zu minimieren.

Bundesurlaubsgesetz

Die Regelungen des Bundesurlaubsgesetzes, die den Urlaubsanspruch, die Urlaubsdauer und das Urlaubsentgelt betreffen, sind für die Lohn- und Gehaltsabrechnung von besonderer Bedeutung.

Urlaubsansprüche und Entgeltfortzahlung

Entgeltfortzahlungsgesetz

Durch das Entgeltfortzahlungsgesetz wird die Fortzahlung des Arbeitsentgeltes im **Krankheitsfall** und an **Feiertagen** geregelt.

Lohnfortzahlung bei Krankheit und Feiertagen

Gesetz über europäische Betriebsräte

Dieses Gesetz verpflichtet europaweit tätige Unternehmen oder Unternehmensgruppen zur Bildung eines **europäischen Betriebsrates** oder alternativ zur Einrichtung eines dezentralen Verfahrens zur Unterrichtung und Anhörung von Arbeitnehmern. Die Rechte eines europäischen Betriebsrates beschränken sich allerdings auf Mitwirkung - eine echte Mitbestimmung ist nicht möglich.

Arbeitnehmervertretung in europaweit tätigen Unternehmen

Auch das Recht auf Unterrichtung und Anhörung bezieht sich nicht auf alle Details der wirtschaftlichen Angelegenheiten, sondern lediglich auf die allgemeine Entwicklung und die Perspektiven des Unternehmens sowie auf besondere arbeitnehmerrelevante Ereignisse wie z.B. Betriebsverlegungen und -stilllegungen, Massenentlassungen u.a.

Kündigungsschutzgesetz

Kündigung durch den Arbeitgeber

Hier werden u.a. der allgemeine Kündigungsschutz, Einspruchs- und Klagefristen sowie die Höhe von Abfindungen geregelt.

Ladenschlussgesetz

Arbeitszeiten für Verkaufspersonal

Das Ladenschlussgesetz soll die Arbeitszeiten der im Einzelhandel tätigen Arbeitnehmer regeln. Es legt dabei die zulässigen maximalen **Öffnungszeiten** von Verkaufsstellen fest, die Waren zum Verkauf an jedermann anbieten. Dabei ist es unerheblich, ob das Geschäft Arbeitnehmer beschäftigt oder nicht.

Mutterschutzgesetz

Schutz von Schwangeren und jungen Müttern

Das Mutterschutzgesetz trifft Regelungen zum Schutz von **schwangeren Arbeitnehmerinnen** und von **Müttern** nach der Entbindung. Es legt u.a. Beschäftigungsverbote, einen besonderen Kündigungsschutz und die Entgeltfortzahlung während der Ausfallzeiten fest.

Jugendarbeitsschutzgesetz

Schutz von minderjährigen Arbeitnehmern

Das Gesetz enthält eine Vielzahl von Schutzbestimmungen speziell für Beschäftigte und Auszubildende, die das **18. Lebensjahr** noch nicht vollendet haben.

Schwerbehindertengesetz

Eingliederung von Schwerbehinderten

Mit diesem Gesetz soll die Eingliederung von Schwerbehinderten in Arbeit und Beruf ermöglicht werden. Es enthält u.a. Regelungen zum Arbeitsentgelt, Kündigungsschutz und Zusatzurlaub.

Tarifvertragsgesetz

Rechte und Pflichten der Tarifvertragsparteien

Der Tarifvertrag regelt die Rechte und Pflichten der Tarifvertragsparteien und enthält Rechtsnormen, die den Inhalt, den Abschluss und die Beendigung von Arbeitsverhältnissen sowie betriebliche und betriebsverfassungsrechtliche Fragen ordnen. Im Mittelpunkt der Tarifverhandlungen zwischen Arbeitgebervertretern und Gewerkschaften stehen dabei immer wieder die Höhe des Arbeitsentgeltes, die Arbeitszeit, der Kündigungsschutz und der Urlaubsanspruch.

Teilzeit- und Befristungsgesetz

Befristete Arbeitsverhältnisse und Teilzeitbeschäftigung

Ziel des Gesetzes ist, Teilzeitarbeit zu fördern, die Voraussetzungen für befristete Arbeitsverträge festzulegen und die Diskriminierung von teilzeitbeschäftigten und befristet beschäftigten Arbeitnehmern zu verhindern.

7.20 Arten von Arbeitsverträgen

Arbeitsverträge sind **Dienstverträge** im Sinne des § 611 ff. BGB und begründen das Arbeitsverhältnis zwischen Arbeitgeber und Arbeitnehmer.

Arbeitsverhältnis zwischen Arbeitgeber und Arbeitnehmer

Als „Dienst" ist hier die Arbeitsleistung des Beschäftigten, als „Vergütung" das Arbeitsentgelt zu sehen. Arbeitsverträge werden durch die zwingenden Bestimmungen der §§ 611 ff. BGB in ihrer Vertragsfreiheit eingeschränkt (z.B. Verbot der geschlechtsbezogenen Benachteiligung, Maßregelungsverbot, Pflicht zu Schutzmaßnahmen).

Die nicht zwingenden Bestimmungen können abgeändert werden.

7.20.1 Arten von Verträgen

Tarifvertrag

Tarifverträge sind so genannte **Kollektivverträge**, deren Bedingungen für eine bestimmte Gruppe von Arbeitnehmern und Arbeitgebern gelten. Sie werden zwischen Gewerkschaften und Arbeitgeberverbänden oder einzelnen Arbeitgebern abgeschlossen und gelten in der Regel für ein bestimmtes Tarifgebiet und eine Branche.

Tarifverträge sind Kollektivverträge

Betriebsvereinbarung

Betriebsvereinbarungen zählen ebenso zu den kollektiven Arbeitsverträgen wie Tarifverträge. Sie werden zwischen dem Arbeitgeber und dem Betriebsrat abgeschlossen und haben somit **nur für diesen Betrieb Gültigkeit**. Durch Betriebsvereinbarungen können in nicht tarifgebundenen Betrieben entsprechende Regelungen getroffen oder aber bestehende Tarifverträge ergänzt werden. Die Arbeitnehmerbedingungen gültiger Tarifverträge dürfen durch zusätzliche Betriebsvereinbarungen jedoch nicht verschlechtert werden (Günstigkeitsprinzip).

Betriebsvereinbarungen sind Kollektivverträge

Einzelarbeitsvertrag

Der Einzelarbeitsvertrag ist ein **Individualvertrag** zwischen einem Arbeitgeber und einem einzelnen Arbeitnehmer. Für Einzelarbeitsverträge gilt grundsätzlich Vertragsfreiheit, allerdings dürfen geltende gesetzliche, tarifliche oder betriebliche Regelungen aus Sicht des Arbeitnehmers nicht verschlechtert werden.

Individueller Einzelvertrag

Vor allem in Betrieben, in denen weder ein Tarifvertrag noch eine Betriebsvereinbarung gilt, kommt dem Einzelarbeitsvertrag besondere Bedeutung zu, da in ihm dann alle Regelungen, die das Beschäftigungsverhältnis betreffen, festgehalten werden.

7.20.2 Zusammenspiel der Vertragsarten nach dem Günstigkeitsprinzip

Die **Mindestbedingungen** für die Gestaltung eines Arbeitsverhältnisses bilden die gesetzlichen Regelungen. Diese dürfen weder durch Tarifverträge noch durch Betriebsvereinbarungen oder Einzelarbeitsverträge unterlaufen werden. Ein tarifgebundenes Unternehmen darf die tariflichen Arbeitnehmerbedingungen nicht durch Betriebsvereinbarungen verschlechtern, es sei denn, es besteht eine gesetzliche Öffnungsklausel. Gleiches gilt für Einzelarbeitsverträge.

Günstigkeitsprinzip

Sozialplan

Milderung wirtschaftlicher
Nachteile

Bei Massenentlassungen oder Betriebsstilllegungen kommen oftmals Sozialpläne zur Anwendung, die wirtschaftliche Nachteile der betroffenen Arbeitnehmer mildern sollen. Darin werden z.B. die Dauer der Betriebszugehörigkeit oder die familiären und sozialen Verhältnisse der einzelnen Arbeitnehmer berücksichtigt, Abfindungen festgelegt oder die Bedingungen der Übernahme in einen anderen Betrieb geregelt. Sozialpläne werden meist zwischen dem Arbeitgeber und dem Betriebsrat ausgehandelt.

7.21 Personalakte und Arbeitspapiere

7.21.1 Personalakte

kein Arbeitgeber sollte auf das Anlegen von Personalakten verzichten

Der Arbeitgeber sollte in eigenem Interesse für jeden Arbeitnehmer eine **Personalakte** anlegen. Darin werden alle Urkunden, Belege und Schriftwechsel gesammelt, die das Arbeitsverhältnis betreffen.

Es gibt keine gesetzliche Vorschrift, in der festgelegt ist, ob und wie Personalakten zu führen sind. Der Arbeitgeber ist gegenüber dem Arbeitnehmer auch nicht zur Führung einer Personalakte verpflichtet. Dennoch sollte kein Arbeitgeber auf das Anlegen von Personalakten verzichten. Vollständige, aktuelle und sorgfältig geführte Personalakten sind ein **unerlässliches Hilfsmittel für die Personalabteilung**. Sie erleichtern die Personalverwaltung, -planung und -führung und erleichtern es dem Unternehmen, seinen steuer- und sozialversicherungsrechtlichen Pflichten nachzukommen.

7.21.2 Arbeitspapiere

Dokumente des Arbeitsverhältnisses

Jeder Arbeitgeber hat im Zusammenhang mit der Beschäftigung von Arbeitnehmern bestimmte Verpflichtungen. Dazu gehören u.a. die Berechnung der **Arbeitsentgelte**, das Abführen der **Steuerabzugsbeträge** an das Finanzamt, das Abführen der **Sozialversicherungsbeiträge** an die Krankenkassen sowie die An- und Abmeldung von Arbeitnehmern[1]. Dazu gehören:

- Arbeitsbescheinigung als Entscheidungsgrundlage für die Arbeitsagentur

- Arbeitserlaubnis für ausländische Arbeitnehmer

- Entgeltbescheinigung / Meldung zur Sozialversicherung für die Meldungen an die Krankenkasse

- Gesundheitsbescheinigung: Gesundheitliche Eignung Jugendlicher

- Gesundheitszeugnis für Arbeitnehmer, die mit Lebensmitteln arbeiten (Belehrung durch den Arbeitgeber)

- Lohnnachweiskarte: Für Beschäftigte auf dem Bau

- Lohnsteuerkarte (§§ 39, 39a, 39b EStG) als Grundlage für den Lohnsteuerabzug

---

1 Damit der Arbeitgeber diesen Pflichten ordnungsgemäß nachkommen kann, benötigt er vom Arbeitnehmer die entsprechenden **Arbeitspapiere**. Umgekehrt hat der Arbeitgeber nach Beendigung eines Arbeitsverhältnisses dem Arbeitnehmer die vollständigen Arbeitspapiere auszuhändigen.

- Mitgliedsbescheinigung der Krankenkasse, ausgestellt von der Krankenkasse

- Sozialversicherungsausweis (§§ 95 ff. SGB IV): Grundlage der Sozialversicherung

- Unterlagen über Vermögensbildung und betriebliche Altersversorgung

- Urlaubsbescheinigung zur Übertragung von Urlaubsansprüchen

- Arbeitszeugnisse

7.22 Lohnabrechnung

7.22.1 Gesamt-Brutto

Als **Gesamt-Brutto** werden alle Bezüge bezeichnet, die einem Arbeitnehmer als Vergütung seiner geleisteten Arbeit vom Arbeitgeber zufließen. Dazu gehören sowohl **laufende Bezüge** (z.B. Lohn oder Gehalt), als auch **Einmalzahlungen** (z.B. Weihnachtsgeld) und **Sachbezüge** (geldwerte Vorteile). Das Gesamt-Brutto ist arbeitsvertraglich für einen bestimmten Lohnabrechnungszeitraum (z.B. Monat oder Jahr) festgelegt.

Formen des Gesamt-Brutto

laufende Bezüge	Einmalzahlungen	Sachbezüge
▪ Lohn oder Gehalt ▪ Überstundenvergütungen ▪ Zuschläge ▪ laufende Prämien ▪ Entgeltfortzahlung im Krankheitsfall ▪ Urlaubsentgelt ▪ Zuschuss zur Vermögensbildung ▪ Zuschuss zur Altersversorgung	▪ Weihnachtsgeld ▪ Urlaubsgeld ▪ Tantiemen ▪ Jubiläumszulagen ▪ Heirats- und Geburtszulagen	▪ freie oder verbilligte Mahlzeiten ▪ freie oder verbilligte Unterkunft ▪ private Nutzung von Firmenwagen ▪ Rabatte und Gutscheine

7.22.2 Nettoverdienst

Vom steuer- und sozialversicherungspflichtigen Gesamt-Brutto sind durch den Arbeitgeber die **gesetzlichen Abzugsbeträge** einzubehalten und an die zuständigen Stellen abzuführen.

Zu den **Steuerabzugsbeträgen** gehören die Lohnsteuer, der Solidaritätszuschlag und ggf. die Kirchensteuer. Sie werden an das Finanzamt abgeführt.

Steuern

Als **Sozialabgaben** sind die Arbeitnehmerbeiträge zur Kranken-, Pflege-, Renten- und Arbeitslosenversicherung vom Bruttoentgelt abzuziehen und zusammen mit den Arbeitgeberanteilen an die Krankenkasse des Arbeitnehmers zu entrichten. Für

Sozialversicherungsbeiträge

privat krankenversicherte Arbeitnehmer sind die Beiträge zur Renten- und Arbeitslosenversicherung an die zuletzt zuständige gesetzliche Krankenkasse zu überweisen.

Nettoverdienst

Nach Abzug der Steuerbeträge und der Sozialversicherungsbeiträge vom Gesamt-Brutto ergibt sich der **Nettoverdienst**.

> Gesamt-Brutto
> - Steuerabzugsbeträge
> - Arbeitnehmeranteil der Pflichtsozialversicherungsbeiträge
> ....
> = Nettoverdienst

7.22.3 Auszahlungsbetrag

Abzüge und Zulagen zum Netto

Nicht immer ist der **Nettoverdienst** auch der tatsächlich auszuzahlende Betrag. Zuwendungen des Arbeitgebers, die kein steuer- und sozialversicherungspflichtiges Gesamt-Brutto darstellen, werden hinzugerechnet, dagegen werden beispielsweise die vom Arbeitnehmer getragenen Beiträge zu vermögenswirksamen Leistungen abgezogen. Bei einer Berechnung des **Auszahlungsbetrages** könnte z.B. folgende Abzüge und Hinzurechnungsbeträge zu berücksichtigen sein.

> Nettoverdienst
> + Steuerfreie Lohnarten (z.B. Kindergartenzuschuss)
> + Zuschuss zur Kranken- und Pflegeversicherung für freiwillig
>   und privat versicherte Arbeitnehmer
> - geldwerte Vorteile
> - Beiträge zur Vermögensbildung
> - Beiträge zur Altersvorsorge (wie Direktversicherung)
> - eventuelle Vorschüsse
> ....
> = Auszahlungsbetrag

Gehaltsabrechnung

Jeder Arbeitnehmer erhält zum Ende des Lohnabrechnungszeitraumes eine **Gehaltsabrechnung**. Die Gehaltsabrechnung beinhaltet neben den Personalstammdaten das Gesamt-Brutto, eventuelle Zuschüsse, die Steuerabzugsbeträge, die Sozialversicherungsbeiträge bis hin zum auszuzahlenden Betrag.

7.22.4 Vermögenswirksame Leistungen 5. VermBG

Vermögenswirksame Leistungen sind **Geldleistungen**, die der Arbeitgeber für den Arbeitnehmer anlegt. Dabei behält der Arbeitgeber einen vereinbarten Betrag vom Arbeitslohn des Beschäftigten ein und verwendet diesen als vermögenswirksamen Beitrag (z.B. für einen entsprechenden Bausparvertrag).

Zuschüsse vom Arbeitgeber und vom Staat

Der Arbeitgeber kann den regelmäßigen **Sparbetrag** durch eigene Zuschüsse erhöhen. In vielen Tarifverträgen sind solche Arbeitgeberzuschüsse zu den vermögenswirksamen Leistungen festgelegt. Die Zuschüsse sind als **steuer- und sozialversicherungspflichtiges Arbeitsentgelt** zu behandeln und beim Lohnsteuerabzug entsprechend zu berücksichtigen. Der Staat fördert diese Form der Vermögensbildung für Wertpapier- und Vermögensbeteiligungssparverträge, Wertpapier- oder

Beteiligungskaufverträge bis zu einem Anlagebetrag von 400,00 € pro Jahr und für Bausparverträge, Kontensparverträge und Kapitallebensversicherungsverträge zusätzlich bis zu einem Anlagebetrag von 470,00 € pro Jahr im Rahmen von Arbeitnehmersparzulagen.

Auf Grund der geringen und seit Jahren nicht mehr angepassten Einkunftsgrenzen hat die staatliche Förderung nur noch geringe Bedeutung. Dennoch schließen viele Arbeitnehmer entsprechende Verträge ab, da dies Voraussetzung ist, um in den Genuss der häufig tarifvertraglich vereinbarten Arbeitgeberzuschüsse zu gelangen.

7.23 Steuerabzugsbeträge § 38 EStG

Arbeitnehmer kommen ihrer Einkommensteuerpflicht nach, indem der Arbeitgeber die → **Lohnsteuer** als besondere Form der Einkommensteuer vom Bruttoarbeitlohn des → **Arbeitnehmers** einbehält und an das Finanzamt abführt. Nach § 42d Abs. 1 EStG haftet der Arbeitgeber für die Einbehaltung und Abführung der Lohnsteuer. Neben der Lohnsteuer hat der Arbeitgeber noch den **Solidaritätszuschlag** und ggf. die **Kirchensteuer** einzubehalten und abzuführen.

Der Arbeitgeber muss also für jeden Arbeitnehmer die Höhe der **Steuerabzugsbeträge** ermitteln, um den korrekten Betrag abführen zu können. Dazu reicht nicht allein die Höhe des Arbeitsentgeltes als Berechnungsgrundlage. Vor allem die Lohnsteuerklasse, aber auch andere persönliche Daten des Beschäftigten entnimmt der Arbeitgeber der **Lohnsteuerkarte** des Arbeitnehmers.

Steuerabzug durch den Arbeitgeber

7.23.1 Lohnsteuerklassen § 38b EStG

In Deutschland werden Arbeitnehmer in Abhängigkeit ihrer persönlichen Verhältnisse unterschiedlich besteuert. Dadurch sollen z.B. Familien finanziell begünstigt werden. Arbeitnehmer werden einer von sechs **Lohnsteuerklassen** zugeordnet (§ 38b EStG). Die vom Arbeitgeber einzubehaltende Lohnsteuer richtet sich nach der auf der Lohnsteuerkarte eingetragenen **Lohnsteuerklasse**. Die jeweilige Lohnsteuerklasse beeinflusst also die monatliche Steuerbelastung des Arbeitnehmers und wirkt sich somit auf seinen **Nettoverdienst** aus. Da die Lohnsteuer aber nur eine Erhebungsform der Einkommensteuer ist, muss der Arbeitnehmer letztlich seine Einkünfte aus nichtselbstständiger Arbeit in seiner **Einkommensteuererklärung** angeben. Bei der Einkommensteuererklärung spielt es keine Rolle mehr, welcher Steuerklasse der Arbeitnehmer angehört. Hier gibt es für Ledige die so genannte **Grundtabelle** und für Verheiratete die so genannte **Splittingtabelle**.

7.23.2 Lohnsteuertabellen §§ 38a, 39b EStG

Im Mittelalter gab es den so genannten Kirchenzehnten. Die Steuerschuld war damals sehr einfach und für alle gleich zu ermitteln: Ein Zehntel der Bemessungsgrundlage waren als Steuern abzuführen.

Basierend auf dem **Solidarprinzip** der sozialen Marktwirtschaft gestaltet sich die heutige Einkommenssteuer dagegen **progressiv**. Das heißt, höhere Einkommen werden proportional stärker belastet als kleinere Einkommen. Dies hat zur Folge, dass sich bei unterschiedlich hohen Bemessungsgrundlagen die Berechnungsfor-

Progressiver Steuersatz

meln für die Steuerschuld ändern. Während ein geringes Einkommen beispielsweise mit 15% besteuert wird, werden auf ein höheres Einkommen 30% Einkommensteuer erhoben.

Verlagsprodukte

Um den → Arbeitgebern die korrekte Abführung der Lohnsteuer zu ermöglichen veröffentlichte das Bundesfinanzministerium früher die **Lohnsteuertabellen**, in denen die stufenhafte Progression der Besteuerung abgelesen werden konnte. Heute stellt das Finanzministerium nur noch die Programmablaufpläne zur Erstellung der aktuellen Lohnsteuer-Berechnungssoftware zur Verfügung. Einschlägige Verlage veröffentlichen aber weiterhin aktuelle Lohnsteuertabellen, die sie anhand des gültigen Programmablaufplanes erstellt haben. Die Lohnsteuertabellen werden für die Abrechnungszeiträume **Tag**, **Woche**, **Monat** und **Jahr** herausgegeben. Am gebräuchlichsten ist die Monatslohnsteuertabelle, da sie für Arbeitnehmer angewendet wird, die regelmäßiges monatliches Arbeitsentgelt erhalten.

7.23.3 Kirchensteuer und Solidaritätszuschlag §§ 3 ff. SolZG

Zuschlagssteuern

Die Kirchensteuer (auch Lohnkirchensteuer genannt) und der Solidaritätszuschlag sind so genannte **Annexsteuern** (Zuschlagssteuern), deren Bemessungsgrundlage nicht der Bruttoarbeitslohn selbst darstellt, sondern der abzuführende **Lohnsteuerbetrag**, wobei die Kinderfreibeträge berücksichtigt werden.

Solidaritätszuschlag

Der **Solidaritätszuschlag** wird seit dem 1. Januar 1995 als Zuschlag zur Lohn- bzw. Einkommenssteuer und zur Körperschaftssteuer erhoben, um die Vollendung der deutschen Einheit zu finanzieren. Er beträgt 5,5% von der zu entrichtenden Lohn-, Einkommens- und Körperschaftssteuer.

Kirchensteuer

Die **Kirchensteuer** ist als Zuschlagssteuer auf die Lohn- bzw. Einkommenssteuer zu erheben, sofern der Steuerpflichtige Mitglied einer **Religionsgemeinschaft** ist, die zur Erhebung von Kirchensteuer berechtigt ist. Für steuerpflichtige Arbeitnehmer behält der Arbeitgeber die Kirchensteuer im Rahmen des Lohnsteuerabzuges ein und führt sie an das Finanzamt ab[1].

---

1 Bei konfessionsverschiedenen Ehegatten wird die Kirchensteuer hälftig auf die Religionsgemeinschaften aufgeteilt. Der Steuersatz ist in den einzelnen Bundesländern unterschiedlich. Für die evangelische und die römisch-katholische Kirche beträgt der Steuersatz z.Z. 9% der Lohn- bzw. Einkommensteuer (in Bayern und Baden-Württemberg 8%). Bei der Pauschalierung der Lohnsteuer sind Besonderheiten zur Höhe der Kirchensteuer zu berücksichtigen. Ob der Arbeitnehmer kirchensteuerpflichtig ist, entnimmt der Arbeitgeber der Lohnsteuerkarte.

7.24 Sozialversicherung, Übersicht

Zur Basis der sozialen Marktwirtschaft gehört das **gesetzliche Sozialversicherungswesen**, das sich aus fünf Versicherungszweigen zusammensetzt:

Versicherungszweig	Träger	Absicherung	Beitragszahler
Arbeitslosenversicherung	Bundesagentur für Arbeit	Arbeitslosigkeit (unter bestimmten Voraussetzungen)	AN und AG je zur Hälfte (Ausnahme Azubis siehe Krankenversicherung)
Krankenversicherung	Allgemeine Ortskrankenkassen, Ersatzkassen, Innungskrankenkassen, Betriebskrankenkassen und Knappschaft u.a.	allgemeine ärztliche und zahnärztliche Versorgung	AN und AG je zur Hälfte (Bei Auszubildenden mit bis zu 325,00 € monatl. Vergütung zahlt der AG den gesamten Beitrag); ab 1.07.2005 Zusatzbeitrag von 0,9% allein von AN getragen
Pflegeversicherung	Pflegekassen bei den Krankenversicherungsträgern	Versorgung im Pflegefall	AN und AG je zur Hälfte (Ausnahme Sachsen); ab 1.01.2005 Zuschlag für Kinderlose 0,25% (wird allein vom AN getragen); Ausnahme Azubis siehe Krankenversicherung
Rentenversicherung	Deutsche Rentenversicherung, Seekassen und Knappschaft	Altersvorsorge (Altersrente)	Arbeitnehmer und Arbeitgeber je zur Hälfte (Ausnahme Azubis siehe Krankenversicherung)
Unfallversicherung	Berufsgenossenschaften	Personenschäden durch Arbeitsunfälle	Arbeitgeber

7.25 Sozialversicherung, Beitragssätze

Die **Beitragssätze** sind je nach Versicherungszweig gesetzlich festgeschrieben oder werden durch den Versicherungsträger festgelegt. Die gesetzlich festgeschriebenen Beitragssätze sind zurzeit:

Gesetzlich festgelegte Beiträge

- Pflegeversicherung 1,7% (bzw. 1,95% für kinderlose Arbeitnehmer, die das 23. Lebensjahr vollendet haben und nicht vor dem 1.01.1940 geboren wurden)

- Rentenversicherung 19,9%; Arbeitslosenversicherung 4,2%

Die Beiträge zur **Krankenversicherung** werden von der jeweiligen Krankenkasse festgelegt. Sie liegen derzeit etwa zwischen 12 und 15,5%. Da der Leistungskatalog der gesetzlichen Krankenkassen einheitlich ist, stellt die Höhe des Beitragssatzes neben dem allgemeinen Serviceangebot die wichtigste **Entscheidungsgrundlage** für die Wahl einer Krankenkasse dar[1].

Beiträge zur Krankenversicherung

---

1 Bei den gesetzlichen Krankenversicherungen wird ferner zwischen dem allgemeinen, dem erhöhten und dem ermäßigten Beitragssatz unterschieden. Der **allgemeine Beitragssatz** gilt für alle Arbeitnehmer, die bei krankheitsbedingter Arbeitsunfähigkeit einen Anspruch auf Lohnfortzahlung für mindestens 6 Wochen haben. Nach dieser Frist bekommt der Beschäftigte dann Krankengeld von der Krankenkasse. Der **erhöhte Beitragssatz** berechtigt auf Krankengeld aus der Krankenversicherung vom ersten Krankheitstag an. Dies ist für alle Beschäftigten von Bedeutung, die keinen Anspruch auf Lohnfortzahlung durch den Arbeitgeber haben (Heimarbeiter). Durch den **ermäßigten Beitragssatz** entsteht gar kein Anspruch auf Zahlung von Krankengeld (z.B. für Empfänger von Altersrente).

Beiträge zur Unfallversicherung

Die Beiträge zur **Unfallversicherung** werden durch die jeweilige **Berufsgenossenschaft** festgelegt. Dabei werden die Arbeitnehmer je nach Tätigkeit und damit zusammenhängendem Unfallrisiko in **Gefahrenklassen** eingestuft, für die unterschiedlich hohe Beiträge erhoben werden. Für einen Beschäftigten am Bau sind in der Regel höhere Versicherungsbeiträge abzuführen als für einen Büroangestellten.

Bemessungsgrundlage

Bemessungsgrundlage und Beitragsbemessungsgrenzen

Als Bemessungsgrundlage der **Sozialversicherungsbeiträge** wird das Bruttoentgelt herangezogen. Für die Kranken-, Pflege-, Renten- und Arbeitslosenversicherung gelten dabei jeweils **Beitragsbemessungsgrenzen**, bis zu denen das Arbeitsentgelt angerechnet wird. Die Teile des Arbeitsentgeltes, die über der Beitragsbemessungsgrenze liegen sind beitragsfrei. Für das Jahr 2007 liegen die Beitragsbemessungsgrenzen:

- für die Kranken- und Pflegeversicherung
  bundeseinheitlich bei 42.750,00 € jährlich (3.562,50 € monatlich).

- für Renten- und Arbeitslosenversicherung
  in den alten Bundesländern 63.000,00 € jährlich (5.250,00 € monatlich)
  und in den neuen Bundesländern 54.600,00 € jährlich (4.550,00 € monatlich).

Halbteilungsgrundsatz

Paritätische Finanzierung

Bis auf die Unfallversicherung gilt für die Beitragszahlungen zur gesetzlichen Sozialversicherung der **Halbteilungsgrundsatz**, nach dem die Beiträge jeweils zur Hälfte durch den **Arbeitgeber** und den **Arbeitnehmer** getragen werden. Die Beiträge zur Unfallversicherung trägt allein der Arbeitgeber.

Ausnahmen von der paritätischen Finanzierung

Von dieser paritätischen Finanzierung der Sozialversicherung gibt es derzeit u.a. folgende Ausnahmen:

- Seit Juli 2005 wird für Zahnersatz ein zusätzlicher Beitrag zur Krankenversicherung erhoben, der von den Arbeitnehmern allein zu tragen ist. Der Beitragssatz wurde mit dem Sonderbeitrag wegen Ausgliederung des Krankengeldes zu einem einheitlichen Beitragssatz von insgesamt 0,9% des Bruttoeinkommens bis zur Beitragsbemessungsgrenze in der Krankenversicherung zusammengefasst. Bezieher von Arbeitslosengeld II und mitversicherte Familienangehörige sind von der Erhebung des zusätzlichen Sonderbeitragssatzes ausgenommen.

- Für Auszubildende, deren Vergütung die Geringverdienergrenze von 325,00 € monatlich nicht überschreitet, zahlt allein der Arbeitgeber die gesamten Beiträge zur Kranken-, Pflege-, Renten- und Arbeitslosenversicherung.

- Kinderlose Arbeitnehmer, die nach 1940 geboren sind und das 23. Lebensjahr vollendet haben, bezahlen einen Zusatzbeitrag zur Pflegeversicherung: 0,25%.

- Im Bundesland Sachsen zahlt der Arbeitnehmer 1,35% Beitrag zur Pflegeversicherung, während der Arbeitgeber nur 0,35% bezahlt. Dies hat seine Ursache darin, dass in Sachsen kein Feiertag zur Finanzierung der Pflegeversicherung gestrichen wurde.

- Arbeitnehmer, die das 65. Lebensjahr vollendet haben, zahlen keine Beiträge zur Arbeitslosenversicherung. Der Arbeitgeber zahlt weiterhin die auf sie entfallende Beitragshälfte.

- Arbeitnehmer, die eine Altersvollrente beziehen, zahlen keine Beiträge zur Rentenversicherung. Der Arbeitgeber zahlt weiterhin die auf ihn entfallende Beitragshälfte.

Gleitzonenregelung

Ab einem monatlichen Arbeitsentgelt von 400,01 € tritt die volle Sozialversicherungspflicht bzw. die individuelle Steuerpflicht ein. Um die Belastungen für **geringverdienende** Arbeitnehmer klein zu halten, wurde im Niedriglohnbereich die **Gleitzonenregelung** eingeführt. Durch die Anwendung einer speziellen gesetzlichen Formel wird erreicht, dass die Sozialversicherungsbeiträge für Arbeitsentgelte zwischen 400,01 und 800,00 € progressiv ansteigen. Arbeitnehmer, bei denen die Gleitzonenregelung Anwendung findet, können beantragen, dass die Rentenversicherungsbeiträge vom vollen Arbeitsentgelt abgeführt werden und sich somit keine Nachteile durch spätere geringere Rentenzahlungen ergeben. Die Gleitzonenregelung wirkt sich nur auf den **Arbeitnehmeranteil** aus. Der Arbeitgeber zahlt ab 400,01 € Lohn die vollen Beiträge.

Schleichender Einstieg in die Sozialversicherung

Werden mehrere Beschäftigungen ausgeübt, kann die Gleitzonenregelung nur angewendet werden, wenn die **Summe aller Arbeitsentgelte** höchstens 800,00 € beträgt. Unberücksichtigt bleiben Arbeitsentgelte aus versicherungsfreien, geringfügig entlohnten Beschäftigungsverhältnissen.

7.26 Krankenversicherung

In der Bundesrepublik sind derzeit 99,8% der Bürger krankenversichert. Dabei wird zwischen **gesetzlich** und **privat** versicherten Personen unterschieden.

Pflichtversicherte und freiwillig gesetzlich Versicherte

Zur gesetzlichen Krankenversicherung sind alle sozialversicherungspflichtigen → Arbeitnehmer verpflichtet, deren → Arbeitsentgelt die **Jahresarbeitsentgeltgrenze** nicht übersteigt. Der Arbeitgeber hat die gesetzliche Versicherungspflicht zum Jahreswechsel und zum Beginn eines Beschäftigungsverhältnisses zu prüfen. Von der Versicherungspflicht befreit ist ein Arbeitnehmer nur dann, wenn er sowohl im alten Jahr als auch im neuen Jahr (bzw. bei Beschäftigungsbeginn im laufenden Jahr) die Jahresarbeitsentgeltgrenzen überschreitet.

Pflichtversicherte Personen

Auch Rentner, Studenten, selbstständige Landwirte und Künstler, bestimmte behinderte Menschen und Bezieher von Arbeitslosengeld oder bestimmter anderer Entgeltersatzleistungen sind in der gesetzlichen Krankenversicherung pflichtversichert.

Jahresarbeits-entgeltgrenze	jährliches Arbeitsentgelt	entspricht einem monatl. Arbeitsentgelt von
allgemeine	47.700,00 €	3.975,00 €
besondere (für AN, die am 31.12.2002 wegen Überschreitens der JAEG privat krankenversichert waren)	42.750,00 €	3.562,50 €

Arbeitnehmer, deren Jahresarbeitsentgelt über der Jahresarbeitsentgeltgrenze liegt, sind nicht zur Mitgliedschaft in der gesetzlichen Krankenversicherung verpflichtet. Sie können wählen, ob sie freiwillig gesetzlich krankenversichert sein, oder in eine private Krankenversicherung eintreten möchten (die Pflegeversicherung folgt hier der Krankenversicherung). Eine solche Entscheidung will aber wohlüberlegt sein,

Nicht versicherungspflichtige Personen

denn: Ist ein Arbeitnehmer einmal aus der gesetzlichen Krankenkasse ausgetreten, ist es für ihn nur unter bestimmten Voraussetzungen möglich, wieder einzutreten. Bei freiwillig versicherten Arbeitnehmern wird der Beitrag stets aus der aktuellen Beitragsbemessungsgrenze errechnet (Beitragssatz der KV x BBG).

Arbeitgeberzuschuss

Sowohl für pflichtversicherte als auch für freiwillig gesetzlich versicherte Arbeitnehmer zahlt der Arbeitgeber einen **Zuschuss** zur Kranken- und Pflegeversicherung. Wenn der Arbeitnehmer "Selbstzahler" ist, d.h. die Beiträge zur Versicherung selbst abführt, wird ihm der Arbeitgeberanteil zusätzlich zum Gehalt ausgezahlt.

Privat versicherte Arbeitnehmer

Versicherter zahlt die vollen Beiträge

Mitglieder einer privaten Krankenversicherung zahlen grundsätzlich **allein** die durch die Versicherungsgesellschaft festgesetzten Prämien. Diese richten sich anders als bei der gesetzlichen Krankenversicherung nicht nach dem Einkommen, sondern nach dem Alter, dem Gesundheitszustand, der Risikogruppe des Versicherten sowie nach dem Leistungsumfang, den die Krankenversicherung im Versicherungsfall erbringt. Für junge, gesunde und gut verdienende Arbeitnehmer ist daher eine private Krankenversicherung oftmals erheblich günstiger als die gesetzliche. Allerdings müssen oftmals drastische **Beitragssteigerungen** im Alter berücksichtigt werden. Zudem sind Ehegatten oder Kinder nicht mit versichert und im Falle von Arbeitslosigkeit müssen die Beiträge in voller Höhe weitergeleistet werden.

Arbeitgeberzuschuss

Gegebenenfalls hat auch ein privat krankenversicherter Arbeitnehmer Anspruch auf einen **Arbeitgeberzuschuss** zum Krankenversicherungsbeitrag.

Wechsel der Krankenkasse

Wahlrecht und mehr Wettbewerb

Grundsätzlich hat jeder pflichtversicherte und freiwillig gesetzlich krankenversicherte Arbeitnehmer das Recht zur **freien Wahl** seiner gesetzlichen Krankenkasse. Mit Inkrafttreten der Gesundheitsreform 2004 förderte der Gesetzgeber den **Wettbewerb** zwischen gesetzlichen Krankenkassen, indem er den Versicherungsträgern neben der Festlegung des Beitragssatzes weitere Gestaltungsmöglichkeiten einräumt (z.B. Bonusprogramme, Hausarztmodelle usw.). Für den Versicherten gibt es also zunehmend Gründe von seinem **Wahlrecht** gebrauch zu machen und die Krankenkasse zu wechseln.

7.27 Geringfügig entlohnte Beschäftigte, Abgaben

Aushilfstätigkeiten oder Nebenjobs stellen keine berufsmäßigen Tätigkeiten dar

Normalerweise unterliegt jede abhängige Beschäftigung der Steuer- und Sozialversicherungspflicht. Im Unterschied zu Voll- oder Teilzeitarbeitsverhältnissen sind **geringfügige** Beschäftigungsverhältnisse jedoch besonderen Regelungen in der Lohnbesteuerung und Sozialversicherungspflicht unterworfen, mit denen Arbeitnehmer entlastet werden sollen. Damit trägt der Gesetzgeber dem Umstand Rechnung, dass z.B. Aushilfstätigkeiten oder Nebenjobs keine berufsmäßigen Tätigkeiten darstellen, die dauerhaft auf den Erwerb des Lebensunterhalts ausgerichtet sind.

7.27.1 Geringfügigkeitsgrenze für Mini-Jobs §§ 8, 8a SGB IV

Regelmäßiges monatliches Arbeitsentgelt

Eine Begriffsbestimmung der auch als **Minijobs** bezeichneten geringfügig entlohnten Beschäftigungsverhältnisse findet sich in § 8 Abs. 1 Nr. 1 SGB IV. Danach liegt eine geringfügige Beschäftigung vor, wenn das Arbeitsentgelt aus dieser Beschäftigung regelmäßig im Monat 400,00 € nicht übersteigt. Dabei werden Bezüge, die vom Arbeitgeber in einer größeren Anzahl von Fällen oder nach § 40 Abs. 2 EStG pauschal versteuert werden, nicht dem Arbeitsentgelt zugerechnet (z.B. Mahlzeiten im Betrieb, Zuschüsse für Fahrten zwischen Wohnung und Arbeitsstätte u.a.). Bei Beschäftigungen, die weniger als einen Monat ausgeübt werden, ist die Geringfügigkeitsgrenze mit einem Tagessatz von 400/30 anzusetzen. Gezählt werden dabei nicht nur die tatsächlichen Arbeitstage, sondern alle **Kalendertage** des Beschäftigungsverhältnisses. Das Beschäftigungsverhältnis ist auch dann noch geringfügig, wenn die Entgeltgrenze nur **gelegentlich** (d.h. für bis zu zwei Monate im Jahr) und **unvorhergesehen** überschritten wird.

Geringfügig entlohnte Beschäftigung

Nach dem Sozialversicherungsrecht sind folgende Personengruppen von der Geringfügigkeit ausgenommen, auch wenn ihr monatliches Entgelt nicht über 400,00 € liegt:

Ausgeschlossener Personenkreis

- ▣ Auszubildende und Praktikanten sowie Personen, die ein freiwilliges soziales oder ökologisches Jahr leisten

- ▣ Behinderte Personen in geschützten Einrichtungen, Berufsbildungswerken oder ähnlichen Einrichtungen

- ▣ Jugendliche in Einrichtungen der Jugendhilfe und Personen, die stufenweise wieder in das Erwerbsleben eingegliedert werden

- ▣ Personen, die auf Grund von Kurzarbeit oder witterungsbedingtem Arbeitsausfall geringfügig beschäftigt sind

Zusammenrechnung mehrerer Beschäftigungen

Werden mehrere geringfügig entlohnte Beschäftigungen nebeneinander ausgeübt, so werden alle daraus bezogenen Entgelte **zusammengerechnet**. Wird dann die Geringfügigkeitsgrenze überschritten, so ist **keine** der Beschäftigungen mehr als geringfügig im Sinne des Sozialversicherungsrechtes anzusehen.

Mehrere geringfügige Beschäftigungen

Neben einer hauptberuflichen sozialversicherungspflichtigen Tätigkeit darf **ein** geringfügig entlohntes Beschäftigungsverhältnis eingegangen werden. Dieses wird nicht mit der Hauptbeschäftigung zusammengerechnet[1].

Haupt- und Nebenbeschäftigung

Im Steuerrecht wird zwar jedes Beschäftigungsverhältnis für sich betrachtet, allerdings richten sich die Besteuerungsmöglichkeiten (Pauschalierungen) nach den entrichteten Rentenversicherungsbeiträgen und hängen somit von der sozialversicherungsrechtliche Feststellung der Geringfügigkeit ab.

Mehrere Beschäftigungen im Steuerrecht

---

1 Jedes weitere geringfügig entlohnte Beschäftigungsverhältnis ist dann jedoch beitragspflichtig in der Kranken-, Pflege- und Rentenversicherung (nicht in der Arbeitslosenversicherung), auch wenn es zusammen mit der ersten geringfügigen Beschäftigung die 400 -Grenze nicht überschreiten würde. Als „erster" wird dabei derjenige Mini-Job angesehen, der in zeitlicher Reihenfolge als erstes angetreten wurde.

Auskunft über weitere Beschäftigungen

Der Arbeitgeber muss sich bei der Einstellung eines geringfügig Beschäftigten darüber Auskunft geben lassen, ob und welche weiteren geringfügigen Beschäftigungen der Arbeitnehmer ausübt. Geeignet ist dafür beispielsweise ein **Personalfragebogen**, der in der Personalakte hinterlegt wird. Sinnvoll ist zudem eine arbeitsvertragliche Verpflichtung des Arbeitnehmers, etwaige Änderungen bezüglich weiterer geringfügiger Beschäftigungsverhältnisse dem Arbeitgeber sofort zu melden. Nur so kann der Arbeitgeber sicher gehen, dass die Geringfügigkeit für das Arbeitsverhältnis überhaupt zutrifft.

Prüfung durch Sozialversicherungsträger

Die Zusammenrechnung der Arbeitsentgelte aus mehreren geringfügigen Beschäftigungsverhältnissen wird von Amts wegen überprüft. Wird festgestellt, dass die maßgebende Entgeltsgrenze **überschritten** ist und somit Versicherungspflicht vorliegt, tritt diese gemäß § 8 Abs. 2 Satz 3 SGB IV erst mit dem **Tage der Bekanntgabe** der Feststellung durch die Einzugsstelle oder einem Sozialversicherungsträger ein. Der Arbeitgeber ist damit vor Beitragsnachforderungen, die sich aus der Zusammenrechnung ergeben, geschützt.

7.27.2 Sozialversicherungsbeiträge für Minijobs
§ 249b SGB V, § 172 SGB VI

Pauschale Abgaben durch Arbeitgeber (siehe auch Abschnitt 8.1.6)

Der **Arbeitnehmer** ist für eine geringfügig entlohnte Beschäftigung von den Sozialversicherungsbeiträgen **befreit**. Der **Arbeitgeber** zahlt jedoch **pauschale Beiträge** zur Krankenversicherung (13%; in privaten Haushalten 5%) und zur Rentenversicherung (15%; in privaten Haushalten 5%) sowie 0,1% Umlagen zum Ausgleich der AG-Aufwendungen bei Krankheit und Mutterschaft. In Privathaushalten kommen 1,6% als Beitrag für die gesetzliche Unfallversicherung hinzu[1]. Beiträge zur Pflege- und Arbeitslosenversicherung fallen nicht an. Der pauschale Krankenversicherungsbeitrag entfällt, wenn der Arbeitnehmer nicht in einer gesetzlichen Krankenkasse (familien-) versichert ist.

Die pauschalen Arbeitgeberbeiträge zur Krankenversicherung begründen **keine Leistungsansprüche** des Arbeitnehmers aus der Krankenkasse. Die pauschalen Rentenbeiträge aus einem geringfügig entlohnten Arbeitsverhältnis wirken sich zwar rentensteigernd auf eine spätere Altersrente aus, Ansprüche wegen Rehabilitation oder Erwerbsminderung entstehen aber nicht.

Verzicht auf Rentenversicherungsfreiheit

Arbeitnehmer in einer geringfügig entlohnten Beschäftigung können freiwillig auf die Rentenversicherungsfreiheit **verzichten** und Arbeitnehmerbeiträge zur Rentenversicherung zahlen. Durch den Verzicht erwerben sie **volle Leistungsansprüche** in der Rentenversicherung.

Hinweis auf die Wahlfreiheit

Der Arbeitgeber hat die Pflicht, den Beschäftigten auf diese Wahlfreiheit hinzuweisen. Eine Verzichtserklärung des Arbeitnehmers auf die Rentenversicherungsfreiheit muss schriftlich abgefasst, unterschrieben und zu den Lohnunterlagen genommen werden.

Verzichtet ein Arbeitnehmer auf die Rentenversicherungsfreiheit in einer geringfügig entlohnten Beschäftigung, so sind die **normalen Beiträge** zur Rentenversicherung (zurzeit 19,9%) abzuführen. Der Arbeitgeberanteil bleibt bei 15%, die restlichen 4,9% trägt der **Arbeitnehmer**. Bei Verzicht auf Rentenversicherungsfreiheit ist als Mindestbemessungsgrenze ein Entgelt von 155,00 € anzusetzen.

---

1 Die pauschalen Beiträge für geringfügig entlohnte Beschäftigungsverhältnisse sollen zum 1. Juli 2006 ansteigen; für die Krankenversicherung von bisher 11 auf 13 Prozent und für die Rentenversicherung von bisher 12 auf 15 Prozent. Minijobs in Privathaushalten sind von der Erhöhung ausgenommen.

7.27.3 Lohnsteuern für geringfügig entlohnte Beschäftigungen §§ 40a Abs 2, Abs 2a, Abs 3; 39b Abs 2 EStG

Geringfügig entlohnte Beschäftigungsverhältnisse sind nicht von der Lohnsteuer befreit. Es gibt aber verschiedene Möglichkeiten, die Lohnsteuer **zu pauschalieren**.

Lohnsteuerpflicht

Die Möglichkeit, den Lohnsteuerabzug anhand der Steuermerkmale durchzuführen, die auf der Lohnsteuerkarte eines Beschäftigten eingetragen sind, steht dem Arbeitgeber in jedem Fall auch bei geringfügig entlohnten Beschäftigungen offen. Für die Lohnsteuerklassen I bis IV fallen beim individuellen Lohnsteuerabzug für eine geringfügig entlohnte Beschäftigung keine Lohnsteuern an. Anders sieht dies in den Steuerklassen V und VI aus. Arbeitnehmer mit der **Steuerklasse V** und **VI** werden durch einen Lohnsteuerabzug belastet. Dies hat zur Folge, dass ein geringfügig entlohntes Beschäftigungsverhältnis unter Umständen **unattraktiv** wird.

Lohnsteuerabzug mit der Steuerkarte

7.28 Kurzfristig Beschäftigte

7.28.1 im Sozialversicherungsrecht

Nach § 8 SGB IV ist die kurzfristige Beschäftigung eine zweite Form der sozialversicherungsfreien geringfügigen Beschäftigung. Es handelt sich dabei um Beschäftigungen, die entweder aufgrund ihrer Eigenart oder vertraglich festgelegt von vornherein **zeitlich begrenzt** sind.

Kurzfristigkeit im Sozialversicherungsrecht

Eine zeitliche Begrenzung aus der Eigenart der Beschäftigung liegt beispielsweise bei Saisonarbeit oder Urlaubsvertretung vor. Leitet sich die zeitliche Begrenzung nicht aus Art und Umfang der Tätigkeit ab, so ist sie vertraglich zu fixieren. Des Weiteren sind für eine kurzfristige Beschäftigung folgende Voraussetzungen zu erfüllen:

Voraussetzungen für kurzfristige Beschäftigung

- Das Arbeitsverhältnis darf von vornherein nicht länger als zwei Monate **oder** 50 Arbeitstage im Kalenderjahr bestehen.
- Die Tätigkeit darf **nicht berufsmäßig** ausgeübt werden.

Prüfung der Berufsmäßigkeit

Von einer Berufsmäßigkeit ist auszugehen, wenn die kurzfristige Beschäftigung für den Arbeitnehmer nicht von untergeordneter wirtschaftlicher Bedeutung ist, d.h. wenn er seinen Lebensunterhalt in erheblichem Maße aus der kurzfristigen Beschäftigung bezieht. Dabei sind die wirtschaftlichen Gesamtverhältnisse zu berücksichtigen (insbesondere weitere Einkünfte, Unterhaltsansprüche und Vermögensverhältnisse).

Die Feststellung der Berufsmäßigkeit ist in der Praxis oftmals schwierig. Grundsätzlich kann bei kurzfristigen Beschäftigungen von einer **Berufsmäßigkeit** ausgegangen werden:

Berufsmäßige Tätigkeiten

- zwischen abgeschlossenem Studium und Eintritt ins Berufsleben
- zwischen Schulabschluss und Antritt einer Dauerbeschäftigung oder Ausbildung
- während eines unbezahlten Urlaubs

■ während der Elternzeit

■ während des Bezugs von Leistungen vom Arbeitsamt

■ während einer gesetzlichen Dienstpflicht

Nicht berufsmäßige Tätigkeiten

Dagegen ist grundsätzlich **keine berufsmäßige Tätigkeit** anzunehmen bei kurzfristigen Beschäftigungen:

■ zwischen Schulabschluss und Antritt eines Studium

■ zwischen Schulabschluss und Antritt einer Dienstpflicht, wenn danach ein Studium beabsichtigt ist

■ nach Ausscheiden aus dem Erwerbsleben

Berufsmäßigkeit und 400,00 € Grenze

Eine Prüfung der Berufsmäßigkeit ist nicht notwendig, wenn das Arbeitsentgelt höchstens 400,00 € monatlich beträgt. Diese Beschäftigung ist geringfügig entlohnt und somit auch dann sozialversicherungsfrei, wenn sie berufsmäßig ausgeübt wird.

Prüfung der Zeitgrenze

Zwei Monate oder 50 Arbeitstage

Bei der Prüfung der Kurzfristigkeit ist die **Zwei-Monats-Grenze** anzusetzen, wenn die Beschäftigung an mindestens 5 Tagen in der Woche ausgeübt wird. Besteht das Arbeitsverhältnis nur einen Teilmonat, wird die Zwei-Monats-Grenze durch **60 Kalendertage** ersetzt. Arbeitet der Betroffene weniger als 5 Tage in der Woche, sind die **50 Arbeitstage** als Grenze maßgebend.

Zusammenrechnung

Wie auch bei den geringfügig entlohnten Tätigkeiten werden mehrere kurzfristige Beschäftigungen **zusammengerechnet**, um festzustellen, ob die Zeitgrenzen überschritten werden. Zu beachten ist dabei, dass nur kurzfristige Beschäftigungen untereinander zusammengerechnet werden, nicht aber kurzfristige mit geringfügig entlohnten Beschäftigungen oder Hauptbeschäftigungen.

Bei der Zusammenrechnung mehrerer Beschäftigungen für die Prüfung der Kurzfristigkeit kann nicht wahlweise auf der Basis Monat oder Kalendertag abgestellt werden. Sobald **ein** Arbeitsverhältnis auf Tagesbasis zu bewerten ist, sind auch alle anderen Beschäftigungen mit der Tagesgrenze anzusetzen. Gleiches gilt für das Ersetzen der Zwei-Monats-Grenze durch 60 Kalendertage.

Sozialversicherungsbeiträge

Keine pauschalen Beiträge

Anders als bei den geringfügig entlohnten Beschäftigungen sind bei kurzfristigen Beschäftigungen **keine** pauschalen Sozialversicherungsbeiträge durch den Arbeitgeber zu entrichten. Kurzfristige Beschäftigungen sind sowohl für den Arbeitnehmer als auch für den Arbeitgeber vollständig **beitragsfrei**.

Vorrang von kurzfristiger Beschäftigung

Erfüllt ein Arbeitsverhältnis gleichzeitig die Bedingungen einer geringfügig entlohnten Beschäftigung (400 €-Grenze) und einer kurzfristigen Beschäftigung, so ist es als **kurzfristige** Beschäftigung anzusehen.

Meldung zur Sozialversicherung

Auch kurzfristig Beschäftigte müssen der **Bundesknappschaft** gemeldet werden. Eine Jahresmeldung ist jedoch nicht erforderlich; auch dann nicht, wenn die kurzfristige Beschäftigung über einen Jahreswechsel hinausreicht.

Umlagen zur Entgeltfortzahlungsversicherung

Auch kurzfristig Beschäftigte Arbeitnehmer haben gesetzlichen Anspruch auf Lohnfortzahlung im Krankheitsfall. Die entsprechenden Aufwendungen des Arbeitgebers werden für umlagepflichtige Unternehmen zu 80% erstattet. Die Umlage (U1) beträgt seit 1.1.2005 0,1% der Entgelte aller kurzfristig Beschäftigten eines Betriebes. Umlagekasse ist die Bundesknappschaft.

Umlage U1 0,1%

Die Umlage (U2) zur Erstattung der Aufwendungen wegen Mutterschutz wird seit 1.1.2005 mit 0,0% angesetzt und entfällt somit praktisch. Dennoch erstattet die Bundesknappschaft 100% der Arbeitgeberaufwendungen wegen Mutterschutz.

Umlage U2 0,0%

7.28.2 Steuerrecht

Ähnlich wie für geringfügig entlohnte Beschäftigungen sieht § 40a EStG auch für kurzfristige Arbeitsverhältnisse eine **Pauschalierung** der Lohnsteuer vor. Der Pauschalsteuersatz beträgt hier **25%** des Arbeitslohns. Hinzu kommen Kirchensteuer und Solidaritätszuschlag auf der Bemessungsgrundlage der Lohnsteuer.

Pauschalierung mit 25%

Die Definition der Kurzfristigkeit unterscheidet sich im Steuerrecht jedoch von der im sozialversicherungsrechtlichen Sinne. Nach § 40a EStG liegt eine kurzfristige Beschäftigung vor, wenn der Arbeitnehmer bei dem Arbeitgeber **gelegentlich** (d.h. nicht regelmäßig wiederkehrend) beschäftigt wird und die Dauer der Beschäftigung **18 zusammenhängende Arbeitstage** nicht übersteigt. Des Weiteren muss **eine** der folgenden Bedingungen erfüllt sein:

Kurzfristigkeit im Steuerrecht

- Der Arbeitslohn übersteigt während der Beschäftigungsdauer 62,00 € durchschnittlich je Arbeitstag nicht.

- Die Beschäftigung wird zu einem unvorhersehbaren Zeitpunkt sofort nötig.

Eine Pauschalierung der Lohnsteuer mit 25% ist außerdem ausgeschlossen, wenn der Arbeitslohn während der Beschäftigungsdauer durchschnittlich **je Arbeitsstunde 12,00 €** übersteigt.

Die pauschale Lohnsteuer für kurzfristig Beschäftigte ist an das zuständige **Betriebsstättenfinanzamt** abzuführen. Da keine Pauschalbeiträge zur Sozialversicherung anfallen, ist hier nicht wie bei geringfügig entlohnten Beschäftigungen die Bundesknappschaft zuständig.

Abführung ans Finanzamt

Selbstverständlich ist auch bei kurzfristigen Beschäftigungen ein **individueller Lohnsteuerabzug** anhand der Steuermerkmale des einzelnen Beschäftigten möglich. Dazu wird das normale Lohnsteuerabzugsverfahren mit Lohnsteuerkarte und Lohnsteuertabelle angewendet.

Individualbesteuerung

7.28.3 Beschäftigte in der Gleitzone
§ 344 Abs 4 SGB III, § 226 Abs 4 SGB V, § 163 Abs 10 SGB VI

Ab einem monatlichen Arbeitsentgelt von 400,01 € tritt die Sozialversicherungspflicht bzw. die individuelle Steuerpflicht ein. Um die Belastungen für geringverdienende Arbeitnehmer klein zu halten, wurde im Niedriglohnbereich von 400,01 € bis 800,00 € die **Gleitzonenregelung** eingeführt. Durch die Anwändung einer speziellen gesetzlichen Formel wird erreicht, dass der Arbeitnehmer einen **reduzierten Sozialversicherungsbeitrag** von circa 4% bei 400,01 € bis circa 21% bei 800,00 € bezahlt.

Schleichender Einstieg in die Sozialversicherung

Der Arbeitgeberbeitrag bleibt unverändert, es ergibt sich allerdings auch keine Mehrbelastung für den Arbeitgeber. Die Gleitzonenregelung gilt nicht für **Auszubildende**. Arbeitnehmer, bei denen die Gleitzonenregelung Anwendung findet, können beantragen, dass die Rentenversicherungsbeiträge vom vollen Arbeitsentgelt abgeführt werden und sich somit keine Nachteile durch spätere geringere Rentenzahlungen ergeben.

Lohnsteuer

Steuerlich gibt es für die Gleitzone keine gesonderte Regelung (**keine Pauschalierung**). Bis zu einem Entgelt von knapp 900,00 €[1] (in 2006) fallen für Lohnsteuerklasse I keine Steuerabzugsbeträge an.

Prüfung der Gleitzonengrenze

Regelmäßiges Arbeitsentgelt

Bei der Prüfung, ob das regelmäßige Arbeitsentgelt höchstens 800,00 € beträgt, werden neben den monatlichen Bezügen auch **Einmalzahlungen** wie Urlaubs- und Weihnachtsgeld berücksichtigt. Die Einmalzahlungen wirken sich nicht nur entgelterhöhend auf den Monat der Auszahlung, sondern auf das gesamte Kalenderjahr aus. Das bedeutet, dass die Einmalzahlung auf die Monate eines Kalenderjahres **aufgeteilt** wird, in der das Beschäftigungsverhältnis bestand. Dann wird geprüft, ob die monatliche Grenze von 800,00 € überschritten wird. Ist dies der Fall fällt das gesamte Beschäftigungsverhältnis nicht mehr unter die Gleitzonenregelung.

Durchschnittsberechnung

Soweit ein Arbeitnehmer ein monatlich gleich bleibendes Arbeitentgelt erhält, ist die Hochrechnung unkompliziert. Wenn das Arbeitsentgelt jedoch von Monat zu Monat schwankt, muss eine **Durchschnittsberechnung** für das Jahr durchgeführt werden. Gegebenenfalls ist auch eine **Schätzung** notwendig. Sollte sich im Nachhinein herausstellen, dass die Schätzung nicht mit den tatsächlichen Gegebenheiten übereinstimmt, ist die Entscheidung, die Gleitzonenregelung anzuwenden, zu korrigieren. Die Korrektur erfolgt allerdings nur für die folgenden Zeiträume, nicht für die zurückliegenden.

Zusammenrechnung mehrere Beschäftigungen

Werden mehrere Beschäftigungen ausgeübt, kann die Gleitzonenregelung nur angewandt werden, wenn die **Summe der Entgelte** die Grenze von 800,00 € nicht übersteigt. Unberücksichtigt bleiben Arbeitsentgelte aus versicherungsfreien, geringfügig entlohnten Beschäftigungsverhältnissen[2].

Sozialversicherungsbeiträge in der Gleitzone

Durch Anwendung der Gleitzonenregelung bezahlt der Arbeitnehmer auf sein Arbeitsentgelt einen **reduzierten Sozialversicherungsbeitrag**. Die Sozialversicherungsbeträge werden nicht vom Arbeitsentgelt, sondern von einer **geminderten Bemessungsgrundlage** berechnet. Die geminderte Bemessungsgrundlage wird unter Anwendung einer speziellen Formel ermittelt.

7.28.4 Aufzeichnungspflichten bei geringfügig entlohnten und kurzfristig Beschäftigten

Relevante Daten des Arbeitsverhältnisses

Wie auch bei Hauptbeschäftigten hat der Arbeitgeber bei geringfügig entlohnten und kurzfristig Beschäftigten bestimmten **Aufzeichnungspflichten** nachzukommen. Es müssen mindestens die folgenden Daten erfasst werden:

---

1   ... wenn Werbungskosten und Sonderausgaben berücksichtigt werden.

2   Ein Arbeitsverhältnis mit einer Vergütung bis 800,00 €, das neben einer sozialversicherungspflichtigen **Hauptbeschäftigung** besteht, fällt nicht unter die Gleitzonenregelung, es ist in vollem Umfang steuer- und sozialversicherungspflichtig.

- Name und Anschrift des Beschäftigten

- Sozialversicherungsnummer des Beschäftigten

- Dauer der Beschäftigung mit Zahl der tatsächlich geleisteten Arbeitsstunden im Lohnzahlungszeitraum

- Tag der Lohnzahlung

- Höhe des Arbeitslohns einschließlich eventuell steuerfreien Arbeitslohns und pauschal besteuerte Teile des Arbeitslohns wie z.B. Fahrkostenzuschüsse

Das Sozialversicherungsrecht fordert zudem zwingend einen Stundennachweis bei geringfügig Beschäftigten. Generell ist es von Vorteil, wenn neben den allgemeinen Aufzeichnungen ein **schriftlicher Arbeitsvertrag** ausgearbeitet wird. Bei zeitlich begrenzten Beschäftigungen ist dies unbedingt erforderlich.

7.29 Beschäftigung von Studenten und Schülern

7.29.1 Beschäftigung neben dem Studium

Grundsätzlich gilt es bei Studenten zu unterscheiden, ob eine **geringfügige** oder eine mehr als geringfügige Beschäftigung vorliegt. Handelt es sich um eine geringfügige Beschäftigung, so sind bezüglich der Lohnsteuer und Sozialversicherungsabgaben die Regelungen für geringfügig Beschäftigte anzuwenden. Werden Studenten **mehr als geringfügig** beschäftigt, so sind besondere Regelungen anzuwenden.

Kranken-, Pflege- und Arbeitslosenversicherung

Grundsätzlich sind Studenten, die neben dem Studium mehr als geringfügig arbeiten und Entgelt beziehen, **beitragsfrei** in der Kranken-, Pflege- und Arbeitslosenversicherung (nicht in der Rentenversicherung).

Beitragsfreiheit

Dazu sind folgende Voraussetzungen zu erfüllen:

- Der Student ist ordentlicher Studierender an einer Hochschule, Universität oder Fachhochschule.

- Die Beschäftigung wird nicht mehr als 20 Stunden in der Woche oder überwiegend am Abend und an Wochenenden ausgeübt, so dass der Student seine Arbeitskraft überwiegend dem Studium widmen kann.

- Die Studienzeit hat das 25. Fachsemester noch nicht überschritten.

Für die Bestätigung des Studentenstatus muss der Arbeitgeber sich eine **Studien- bzw. Immatrikulationsbescheinigung** vorlegen lassen und diese zu den Lohnunterlagen nehmen. Als ordentliche Studenten gelten im Übrigen auch Studierende, die zwar ihren Studienabschluss bereits absolviert haben, aber in einem Aufbau-, Ergänzungs- oder Zweitstudium immatrikuliert sind. Sie müssen dann jedoch glaubhaft machen können, dass sie sich tatsächlich dem Studium widmen und einen weiteren **akademischen Abschluss** anstreben und nicht nur zum Erhalt des Studentenstatus eingeschrieben sind.

Nachweis des Studentenstatus

Bei mehreren Tätigkeiten des Studenten werden alle Beschäftigungen **zusammengerechnet**, um das Einhalten der Zeitgrenze zu überprüfen, d.h. der Studierende darf für alle seine Nebentätigkeiten insgesamt nicht mehr als 20 Stunden in der Woche aufwenden.

Zusammenrechnung

Arbeiten in den Semesterferien

Während der **vorlesungsfreien Zeit** (Semesterferien) darf eine sonst nicht länger als 20 Wochenstunden beanspruchende Beschäftigung auf mehr als 20 Stunden ausgedehnt werden und behält dennoch ihre Versicherungsfreiheit. Gleiches gilt für Beschäftigungen, die ausschließlich in den Semesterferien ausgeübt werden und von vornherein auf die Dauer der Ferien befristet sind.

Rentenversicherung

Beitragspflicht

Für die Rentenversicherung besteht seit 1996 keine Befreiung mehr für studentische Arbeitskräfte. Der Arbeitgeber führt daher die vollen Rentenversicherungsbeiträge an die Krankenkasse des Studenten ab. Die Beiträge werden je zur Hälfte vom Arbeitgeber und vom Arbeitnehmer getragen.

Lohnsteuer

Individuelle oder pauschale Lohnsteuer

Bei der Erhebung der Lohnsteuer gibt es **keine Sonderbehandlung** für Studenten. Sie werden als normale Arbeitnehmer angesehen. Der Arbeitgeber führt den Lohnsteuerabzug entweder individuell anhand der **Lohnsteuerkarte** durch oder führt eine **pauschale** Lohnsteuer ab. Pauschalierungen sind nur möglich, wenn die Voraussetzungen der Geringfügigkeit erfüllt sind.

Zu beachten ist bei studentischen Arbeitskräften, dass diese zumeist noch nicht über nennenswerte andere steuerpflichtige Einnahmen verfügen und somit aufgrund der **Freibeträge** oftmals gar keine Steuern entrichten müssten. In diesen Fällen ist der individuelle Lohnsteuerabzug für den Arbeitgeber günstiger als der pauschalierte. Eine Prüfung im Einzelfall kann sich hier durchaus lohnen.

7.29.2 Beschäftigung von studentischen Praktikanten

In den meisten Studienordnungen ist mindestens ein **Praktikum** vorgesehen, in dem der Student das an der Hochschule theoretisch erworbene Wissen in der Praxis anwenden, verbreitern und vervollständigen soll.

Sozialversicherungsbeiträge für Praktikanten

Bei einem Praktikum **während** des Studiums (nicht vor oder nach einem Studium) sind die Entgelte, unabhängig von deren Höhe, grundsätzlich **beitragsfrei** in der Kranken-, Pflege- und Arbeitslosenversicherung. Auch die Pauschalbeiträge bei geringfügigen Beschäftigungen entfallen. In der Rentenversicherung gilt ebenso **Beitragsfreiheit**, allerdings nur für **Pflichtpraktika**, d.h. wenn es sich um Praktika handelt, die laut Studienordnung vorgesehen sind. Handelt es sich um kein Pflichtpraktikum, übersteigt jedoch das Entgelt die 400,00 € Grenze nicht, sind ebenfalls keine pauschalen Rentenversicherungsbeiträge zu zahlen.

Lohnsteuern für Praktikanten

In der **Besteuerung** werden Praktikanten nicht von anderen Arbeitnehmern unterschieden. Es ist somit der normale Lohnsteuerabzug mit **Lohnsteuerkarte** oder bei entsprechenden Voraussetzungen eine **Pauschalierung** der Lohnsteuer vorzunehmen. Fällt das monatliche Entgelt in die Geringfügigkeitsgrenze von 400,00 €, kann die Pauschalsteuer von 20% angewendet werden (eine Pauschalierung mit 2% ist nur möglich, wenn pauschale Rentenversicherungsbeiträge gezahlt werden).

7.29.3 Beschäftigung von Schülern

Grundsätzlich sind Schüler, die neben dem Schulbesuch einer Beschäftigung nachgehen, **versicherungspflichtig**. Aber es gibt Besonderheiten zu berücksichtigen.

Wenn es sich um ein **geringfügiges Arbeitsverhältnis** handelt, sind die entsprechenden Regelungen zu den pauschalen Beitragssätzen und den Lohnsteuerpauschalierungen anzuwenden.

Ist das Beschäftigungsverhältnis mehr als geringfügig, so tritt zunächst die volle Versicherungspflicht ein, d.h. es sind Beiträge zur Kranken-, Pflege-, Renten- und Arbeitslosenversicherung zu leisten. Eine weitere Sonderregelung gibt es für die Arbeitslosenversicherung: Hier sind nur beschäftigte Schüler versicherungspflichtig, die mehr als geringfügig arbeiten und eine Schule besuchen, die der Fortbildung **außerhalb der üblichen Arbeitszeiten** dient (z.B. Abendgymnasium).

Wird ein Schüler nach seiner Schulentlassung, also nach Abschluss der Schulausbildung, beschäftigt, um die Zeit bis zum **Beginn der Berufsausbildung** zu überbrücken, kann der Schülerstatus nicht mehr in Anspruch genommen werden. Versicherungsfreiheit kann dann nur über die Tatsache der Geringfügigkeit der Beschäftigung erreicht werden. Anders sieht es aus, wenn die Beschäftigung nach der Schulentlassung einer Überbrückung bis zum **Studienbeginn** dient. In diesem Fall kann der Beschäftigte den Schülerstatus behalten.

Steuerlich werden beschäftigte Schüler nicht gesondert behandelt. Es wird der normale **Lohnsteuerabzug** mittels Lohnsteuerkarte vorgenommen oder die Pauschalversteuerung angewendet, wenn es eine **geringfügige Beschäftigung** ist. Wie auch bei Studenten gilt es jedoch zu prüfen, ob die Individualbesteuerung vorteilhafter als die Pauschalbesteuerung ist, da Schüler zumeist keine weiteren steuerpflichtigen Einnahmen haben und in der Lohnsteuerklasse I schließlich bis zu 898,00 € monatlich steuerfrei verdienen können.

7.30 Auszubildende BBiG

7.30.1 Arbeitsrecht und Ausbildungsvergütung

Auszubildende sind nicht in einem normalen Arbeitsverhältnis angestellt, sondern in einem so genannten **Berufsausbildungsverhältnis**. Die Regelungen des Arbeitsrechts werden hier durch besondere Bestimmungen des Berufsbildungsgesetzes ergänzt und zum Teil verschärft. So gilt für Auszubildende etwa ein **besonderer Kündigungsschutz** oder die Verpflichtung zur Durchführung von Untersuchungen zur **gesundheitlichen Eignung** für den Beruf. Außerdem sind viele Auszubildende noch minderjährig, d.h. auch das **Jugendarbeitsschutzgesetz** muss berücksichtigt werden.

Auch für die Lohn- und Gehaltsabrechnung stellen Auszubildende eine besondere Gruppe von Arbeitnehmern dar: Nach § 17 Abs. 1 Satz 1 BBiG hat der Arbeitgeber einem Auszubildenden eine angemessene **Vergütung** zu zahlen. Sind die Ausbildungsvergütungen nicht tarifvertraglich festgelegt, so gilt im Allgemeinen ein Entgelt als angemessen, das nicht mehr als 20% unter der Empfehlung der entsprechenden Kammern und Innungen liegt.

Eine besondere Schwierigkeit ergibt sich aus der Möglichkeit, die Ausbildungszeit zu verkürzen. Das Bundesarbeitsgericht hat hierzu entschieden, dass die Ausbildung stets im **ersten** Lehrjahr beginnt und entsprechend zu vergüten ist. Die Annahme, dass Lehrlinge mit verkürzter Ausbildung sofort mit dem zweiten Lehrjahr beginnen und eine entsprechend höhere Vergütung erhalten müssten, ist daher falsch.

Anders sieht es aus, wenn nicht nur die Ausbildungszeit verkürzt wird, sondern dem Auszubildenden eine bestimmte **qualifizierte Vorbildung** auf die Ausbildungszeit angerechnet wird. In diesem Fall kann es sein, dass der Auszubildende tatsächlich unmittelbar mit dem **zweiten** Lehrjahr beginnt und das dementsprechend höhere Entgelt erhält.

7.30.2 Steuern und Sozialversicherung

Lohnsteuerabzug für Auszubildende

Im steuerlichen Sinne sind Auszubildende normale Arbeitnehmer, für die ein **individueller Lohnsteuerabzug** anhand der Lohnsteuerkarte und den Lohnsteuertabellen vorgenommen wird. Der Arbeitgeber berechnet dabei die gesetzlichen Steuerabzüge vom Bruttoarbeitslohn und führt diese an das Finanzamt ab.

Eine Besonderheit ist, dass die Pauschalierungsmöglichkeiten für geringfügig entlohnte Beschäftigungsverhältnisse **nicht** für Ausbildungsbeschäftigungen gelten, deren Entgelt die Geringfügigkeitsgrenze von 400,00 € im Monat nicht übersteigt. Ausbildungsvergütungen unterliegen somit stets dem individuellen Lohnsteuerabzug, selbst wenn sie die Geringfügigkeitskriterien erfüllen.

Sozialversicherung für Auszubildende

Mit dem Beginn der Berufsausbildung erhalten Auszubildende ein eigenes Einkommen. Sie können somit nicht mehr in der Familienversicherung der Eltern mitversichert sein, sondern werden selbst **versicherungspflichtig** in der Kranken-, Pflege-, Renten- und Arbeitslosenversicherung. Zudem besteht auch für Auszubildende die Versicherungspflicht in der gesetzlichen Unfallversicherung.

Auch wenn die Eltern bisher eine private Krankenversicherung auf das Kind abgeschlossen hatten, tritt mit Beginn der Ausbildung die Versicherungspflicht in der gesetzlichen Krankenversicherung ein, soweit der Auszubildende mit seinen Einkünften nicht die gültigen Jahresarbeitsentgeltgrenzen überschreitet.

Beiträge

Die Beiträge zur Sozialversicherung werden für Auszubildende wie für normale Arbeitnehmer anhand des beitragspflichtigen Arbeitsentgeltes berechnet. Dabei werden die vollen Beitragssätze zugrunde gelegt.

In der Regel werden die Beiträge zur Kranken-, Pflege-, Renten- und Arbeitslosenversicherung jeweils zur Hälfte vom Arbeitgeber und von Auszubildenden getragen; es sei denn, das monatliche Entgelt beträgt nicht mehr als 325,00 € (so genannte **Geringverdiener**) In diesem Fall trägt allein der Arbeitgeber die vollen Beiträge zur Sozialversicherung.

7.31 Geringfügig entlohnte Beschäftigte, Entgeltfortzahlung und Umlagen

Entgeltfortzahlung

Auch geringfügig Beschäftigte haben einen Anspruch auf **Entgeltfortzahlung** im Krankheitsfall für bis zu sechs Wochen. Ausschlaggebend ist dabei die Höhe des Entgeltes, das der Beschäftigte verdient hätte, wenn er nicht erkrankt wäre.

Da bei mehreren Arbeitsverhältnissen die Entgelte von allen Arbeitgebern fortgezahlt werden, muss der Erkrankte auch **jedem seiner Arbeitgeber** eine ärztliche Arbeitsunfähigkeitsbescheinigung vorlegen.

Um die Belastungen, die einem Arbeitgeber durch Entgeltfortzahlungen entstehen können, besser kalkulieren zu können, zahlen alle Betriebe in eine **Ausgleichskasse** Beiträge ein. Diese erstattet dann die Aufwendungen für **Krankheit** von Arbeitnehmmern und die Aufwendungen für **Mutterschutzlohn**. Für geringfügig beschäftigte Arbeitnehmer sind die Umlagen einheitlich an die **Bundesknappschaft** zu entrichten und die Erstattungen auch dort geltend zu machen (Näheres dazu finden Sie in Kapitel 13.1).

Umlagen an die Bundesknappschaft

Die Bundesknappschaft erstattet für Entgeltfortzahlungen wegen **Krankheit** oder Kur 80% der Aufwendungen für geringfügig entlohnte **Arbeitnehmer**. Die entsprechende Umlage (U1) beträgt seit 1.01.2005 0,1% der **rentenversicherungspflichtigen Arbeitsentgelte** aller geringfügig beschäftigten Arbeitnehmer des Betriebes.

Umlage U1 0,1%

Die Aufwendungen bei **Mutterschaft** werden zu 100% für alle geringfügig Beschäftigten erstattet. Die entsprechende Umlagepflicht (U2) besteht zwar theoretisch, wird seit 1.01.2005 jedoch mit einem Umlagesatz von 0% erhoben und entfällt somit praktisch.

Umlage U2 0,0%

7.32 Geringfügig entlohnte Beschäftigte, Einzugsstellen für gesetzliche Abgaben

Bundesknappschaft / Minijob-Zentrale

Die für eine geringfügige Beschäftigung zu leistenden pauschalen Sozialabgaben sowie die Umlagen sind an die **Bundesknappschaft** abzuführen. Dabei spielt es keine Rolle, dass die Beschäftigten in einer anderen Krankenkasse oder über die Familienversicherung krankenversichert sind. Auch die **Meldungen** zur Sozialversicherung sind an die Bundesknappschaft zu erstatten.

Sozialversicherungsbeiträge und Umlagen

Bei einer mit 2% pauschal erhobenen Lohnsteuer wird der **Steuerbetrag** zusammen mit den Arbeitgeberbeiträgen zur Sozialversicherung an die **Bundesknappschaft** abgeführt. Die Bundesknappschaft leitet dann die Sozialversicherungsbeiträge an die Sozialversicherungsträger weiter und nimmt eine Aufteilung der Pauschalsteuer auf die erhebungsberechtigten Körperschaften vor. Dabei werden 90% der einheitlichen Pauschalsteuer für die Lohnsteuer verwendet und jeweils 5% für den Solidaritätszuschlag und die Kirchensteuer.

Steuerbeträge

Finanzamt

Führt der Arbeitgeber für eine geringfügig entlohnte Beschäftigung den Lohnsteuerabzug anhand der **Lohnsteuerkarte** durch oder berechnet er die Lohnsteuer pauschal mit 20% oder in der Land- und Forstwirtschaft mit 5%, so sind die entsprechenden Steuerbeträge (Lohnsteuer zuzüglich Solidaritätszuschlag und Kirchensteuer) an das zuständige **Betriebsstättenfinanzamt** zu überweisen.

7.33 Geringfügig Beschäftigte in privaten Haushalten §§ 14 Abs 3, 28a SGB IV

Für geringfügig entlohnte Beschäftigte in **privaten Haushalten** gelten zwar die gleichen Geringfügigkeitsgrenzen wie im gewerblichen Bereich (maximal 400,00 €

Haushaltsnahe Tätigkeiten

monatliches Arbeitsentgelt), jedoch gibt es bei den Sozialversicherungsbeiträgen gesonderte Regelungen.

Als Beschäftigungen in privaten Haushalten werden solche Tätigkeiten angesehen, die durch einen privaten Haushalt begründet sind und sonst gewöhnlich durch Mitglieder des privaten Haushalts erledigt werden. Dies sind beispielsweise:

- Kinderbetreuung
- Altenpflege
- Wohnungsreinigung
- Allgemeine Haushaltstätigkeiten, Zubereitung von Mahlzeiten usw.
- Haus- und Gartenpflege

Steuern und Sozialabgaben

Pauschalsteuer

Wie bei herkömmlichen Beschäftigungsverhältnissen, die geringfügig entlohnt werden, ist auch bei Arbeitsverhältnissen in privaten Haushalten durch den Arbeitgeber eine **pauschalierte** Steuer von 2% abzuführen. Darin sind neben der Lohnsteuer auch die Kirchensteuer und der Solidaritätszuschlag enthalten. Die Steuer wird von der **Bundesknappschaft** eingezogen.

Pauschale Sozialversicherungsbeiträge

Bei den Sozialversicherungsbeiträgen werden private Haushalte gegenüber gewerblichen Arbeitgebern günstiger gestellt. Private Haushalte entrichten als **Arbeitgeberbeiträge** lediglich **10%** des Arbeitsentgeltes an die Bundesknappschaft. Davon entfallen 5% auf die Krankenversicherung (sofern der Arbeitnehmer Mitglied einer gesetzlichen Krankenversicherung ist) und 5% auf die Rentenversicherung.

Lohnfortzahlung

Auch private Haushalte müssen **Umlagen** zur Entgeltfortzahlungsversicherung zahlen, wenn sie als Arbeitgeber auftreten. Entsprechend stehen ihnen bei Krankheit oder Mutterschaft der Hausangestellten die Erstattungen der Aufwendungen zu, die durch Lohnfortzahlung entstehen.

Haushaltsscheckverfahren

Meldung zur Sozialversicherung

Die sozialversicherungsrechtliche **Meldung** von geringfügig Beschäftigten in Privathaushalten erfolgt mit dem so genannten **Haushaltsscheck**. Darauf werden die relevanten Angaben bezüglich des Arbeitnehmers und des Beschäftigungsverhältnisses eingetragen.

Meldeanlässe

Bei unterschiedlichen Arbeitsentgelten ist der Haushaltsscheck **monatlich** einzureichen. Bei gleich bleibenden Entgelten kann er zum **Dauerscheck** erklärt werden. Weitere Meldeanlässe sind der **Beginn** und das **Ende** eines Arbeitsverhältnisses sowie die **Änderung** des Entgeltes.

Einzug durch die Bundesknappschaft

Die Bundesknappschaft berechnet anhand der Angaben des Haushaltsschecks halbjährlich die pauschalen Sozialversicherungsbeiträge, die einheitliche Pauschalsteuer und die Umlagebeiträge zur Entgeltfortzahlungsversicherung. Auch die Jahresmeldung wird von der Bundesknappschaft erstellt. Das Haushaltsscheckverfahren ist dabei zwingend an die Erteilung einer **Einzugsermächtigung** des Arbeitgebers an die Bundesknappschaft gebunden, so dass diese die berechneten Abgaben im Lastschriftverfahren einziehen kann.

Rechnungswesen und Kostenrechnung

Inhalt:

- Controlling, Grundlagen
- Vom konventionellen Rechnungswesen zum Controlling
- Begriffliche Grundlagen und Abgrenzungen
- Controlling, Funktion
- Kennzahlen als Controllinginstrument
- Controlling, Abgrenzung
- Abgrenzung Interne Revision - Controlling
- Abgrenzung Rechnungswesen - Controlling
- Controlling, Funktion

8.1 Aufgaben des Rechnungswesens

8.1.1 Gliederung des Rechnungswesens

Die betriebliche Leistungserstellung bewirkt einen sich dauernd wiederholenden Umwandlungsprozess von Geld in Güter und diese wieder in Geld. Dieser Umwandlungsprozess verändert ständig das Vermögen und das Kapital der Unternehmung. Aufgabe der Buchführung ist es, Bestände und ihre Veränderungen lückenlos zu erfassen und wertmäßig darzustellen. Das betriebliche Rechnungswesen gliedert sich daher in die Finanzbuchhaltung, die Kosten- und Leistungsrechnung, die Statistik und die Planungsrechnung.

Aufgaben des Rechnungswesens

Das Rechnungswesen soll drei Aufgaben erfüllen:

- Planungsaufgaben

- Kontrollaufgaben

- Publikationsaufgaben

8.1.2 Aufgaben des betrieblichen Rechnungswesens

Das Rechnungswesen ist das wichtigste Informationsinstrument zur Unterstützung betriebswirtschaftlicher Entscheidungen im Unternehmen. Die im Rechnungswesen festgehaltenen und aufbereiteten Informationen bilden die wesentlichen Grundlagen für wirtschaftliche Entscheidungen, die in Unternehmungen, vom Staat oder auch von Einzelpersonen getroffen werden. Das betriebliche Rechnungswesen hat die **Aufgabe, Informationen zu sammeln und aufzubereiten**, die betriebliche Aktivitäten sowie die Beziehungen des Unternehmens zu seiner Umwelt betreffen.

Interne Informationsaufgaben

Das Rechnungswesen liefert Informationen über das betriebliche Geschehen. Unternehmen können insofern als **produktive Systeme** betrachtet werden, als das sie Güter oder Dienstleistungen produzieren und dabei in vielfältigen Beziehungen zu ihrer Umwelt stehen: Zum Beispiel über ihre Absatz-, Beschaffungs- und Finanzmärkte. Betriebe sind aber auch **soziale Systeme**, die auf die Ziele des Betriebes (z.B. Rentabilität, Produktivität) ausgerichtet werden müssen. Hierzu sind Informationen über Ablauf und Ergebnisse der betrieblichen Prozesse und über die Beziehungen zur Umwelt erforderlich.

Im Mittelpunkt des betrieblichen Geschehens stehen Beschaffung, Produktion und Absatz. Diesen güterwirtschaftlichen Vorgängen stehen wiederum finanzwirtschaftliche Vorgänge gegenüber. Auf den Märkten für die Produktionsfaktoren - Arbeit, Werkstoffe und Betriebsmittel - beschafft sich ein Unternehmen gegen Geld die Güter, die es für die Erzeugung absatzfähiger Produkte benötigt. Die Endprodukte werden dann auf den Absatzmärkten verkauft. Die durch die Beschaffung von Produktionsfaktoren verursachten Zahlungsverpflichtungen entstehen zeitlich vor dem Geldeingang nach Verkauf der Endprodukte.

Zur **Überbrückung der Zeitspanne zwischen Produktion und Absatz** benötigt das Unternehmen vorher bereits finanzielle Mittel in Form von Eigen- und Fremdkapital, die zu einem späteren Zeitpunkt wieder zurück zu zahlen sind. Damit die am betrieblichen Geschehen beteiligten Menschen wissen, was sie in einer bestimmten Situation tun sollen, benötigen sie klare Weisungen und Informationen.

Damit die Unternehmensleitung Entscheidungen treffen kann, benötigt sie wiederum Informationen über den aktuellen Stand der betrieblichen Prozesse, benötigt Daten zu bestehenden Abweichungen zwischen Soll und Ist. Diese Informationen und Daten soll das Rechnungswesen liefern.

Die Unternehmensleitung verlangt vom Rechnungswesen zum Beispiel auf Unternehmensziele ausgerichtete Informationen für die interne Kontrolle betrieblicher Prozesse sowie für die Planung und Steuerung zukünftiger betrieblicher Vorgänge.

Auch andere Gruppen, die in einer Beziehung zum Betrieb stehen - wie z.B. Gläubiger, Staat oder Arbeitnehmer - fordern für sie geeignet aufbereitete Informationen. Da diese Gruppen naturgemäß kaum selbst in das betriebliche Geschehen eingreifen können, fordern sie von der Unternehmensleitung **regelmäßige Unterrichtung und Rechenschaft** über die in einer Periode erreichten Ergebnisse. Das betriebliche Rechnungswesen liefert Informationen über die Vorgänge und das Ergebnis der betrieblichen Tätigkeit für externe Interessenten.

Externe Informationsaufgaben

Zentrale Aufgaben

Als zentrale Aufgaben des betrieblichen Rechnungswesens können Rechenschaftslegung, Kontrolle und Entscheidungsunterstützung festgehalten werden.

Die Rechenschaftslegung richtet sich in erster Linie nach außen. Umfang und Inhalt der Informationen, die der Rechenschaftslegung der Unternehmung dienen, sind weitgehend gesetzlich geregelt. Damit wird sichergestellt, dass die im Rahmen der Rechenschaftslegung zu liefernden Informationen nicht beliebig manipuliert werden können.

Rechenschaftslegung

In der Vorgabe von Regeln zur Durchführung der betriebsinternen Kontrolle ist die Unternehmensleitung frei. Generell basiert die Kontrolle auf Vergleichen von vorgegebenen Werten (Soll-Größen) mit realisierten Werten (Ist-Größen). Die hieraus gewonnenen Erkenntnisse liefern Anhaltspunkte dafür, ob die angestrebten Ergebnisse erreicht wurden oder nicht:

Kontrolle

- **Erfassung der Mengen- und Wertevorgänge** in lückenloser, chronologischer, sachlicher und systematischer Form

- **Feststellung des gegenwärtigen Status** eines Unternehmens durch Ermittlung der Bestände (Vermögen und Schulden)

- **Feststellung des gegenwärtigen Status** eines Unternehmens durch Ermittlung des Erfolges

- **Preisbildung und Kostenfeststellung** (Gesamt- und Stückkosten)

- **Aufzeichnung von Entwicklungstendenzen** aus Vergangenheitswerten und Vergleichsrechnungen

Zur Unterstützung des aktiven Unternehmensgeschehens sind Informationen über zukünftige Entwicklungen erforderlich. Zur Entscheidungsunterstützung ermittelt das betriebliche Rechnungswesen Informationen z.B. über:

Entscheidungsunterstützung

- **Preisobergrenzen** für die Beschaffung von Werkstoffen

- **Kosten** für die Eigenfertigung oder den Fremdbezug von Teilen sowie für die Auswahl der einzusetzenden Betriebsmittel

- **Kapitalwerte** für die Beschaffung von Betriebsmitteln (Investitionen) usw.

Finanzbuchhaltung (Geschäftsbuchhaltung)

Die Finanzbuchhaltung ist die eigentliche Gesamtabrechnung des Unternehmens; sie umfasst den geldmäßigen Werteverkehr mit der Außenwelt. Aus ihr ergibt sich der regelmäßige **Abschluss am Ende einer Rechnungsperiode** in Form der Gewinn- und Verlustrechnung und Bilanz.

Teilgebiete der Finanzbuchhaltung sind:

- Jahresabschluss

- Kreditorenbuchhaltung (= Lieferantenbuchhaltung = Verbindlichkeiten)

- Debitorenbuchhaltung (= Kundenbuchhaltung = Forderungen)

- Anlagenbuchhaltung

- Dokumentation der einzelnen Geschäftsfälle

- Monatliche und jährliche Auswertungen

- Aktuelle Information für Unternehmer

Kosten- und Leistungsrechnung

Die Kosten- und Leistungsrechnung erfasst alle innerbetrieblichen Wertbewegungen. Teilgebiete der Kosten- und Leistungsrechnung sind:

- Kostenartenrechnung

- Kostenstellenrechnung

- Kostenträgerrechnung

Statistik (Vergleichsrechnung)

Die Statistik und Vergleichsrechnung wertet die Zahlen der übrigen Teilgebiete des Rechnungswesens aus. Teilgebiete der Statistik sind:

- die systematisch fortlaufende Statistik, die wesentlich als Umsatz-, Kosten-, Ertrags-, Vermögens-, Kapital-, und Bilanzstatistik geführt wird. Dazu rechnen ebenfalls die Ermittlung betriebswirtschaftlicher Kennzahlen sowie der Betriebsvermögensvergleich.

- Vergleich / Entwicklung u.a. von Vermögen, Schulden, Kapital, Umsätze, Kosten.

Planungsrechnung

Die Planungsrechnung ist zukunftsorientiert. Aufgabe der Planungsrechnung ist, durch geeignete Instrumente die betriebliche Zukunft transparenter zu machen.

- Planung der betrieblichen Zukunft bezüglich Investitionen, Finanzierungen etc.

8.1.3 Abgrenzung zwischen internem und externem Rechnungswesen

Das Rechnungswesen ist ein institutionalisiertes Informationssystem, das die Erfassung, Aufbereitung und Auswertung aller unternehmensrelevanten numerischen Informationen umfasst. Das Rechnungswesen ist wie folgt gegliedert:

Marginalien:

Teilgebiete der Finanzbuchhaltung

Teilgebiete der Kosten- und Leistungsrechnung

Teilgebiete der Statistik

betriebliche Zukunft transparent machen

Informationssysteme und Modelle

- Das **externe Rechnungswesen** besteht im Wesentlichen aus der Finanzbuchhaltung (Geschäftsbuchhaltung) und dem Jahresabschluss.

- Das **interne Rechnungswesen** (innerbetriebliches Rechnungswesen) setzt sich zusammen aus der Kosten- und Leistungsrechnung (kalkulatorische Erfolgsrechnung), der Betriebsstatistik und weiterer Planungsrechnungen, insbesondere der Investitionsrechnung und der Finanzierungsrechnung.

8.2 Bedeutung der Finanzbuchführung

8.2.1 Außenwirkung

Nachweis der Besteuerungsgrundlagen

Jeder Unternehmer ist verpflichtet, nach Ablauf des Kalender- bzw. Wirtschaftsjahres diverse Steuererklärungen beim Finanzamt einzureichen. So wird zum Beispiel auf Grundlage der Umsatzsteuersteuererklärung die für das abgelaufene Jahr geschuldete Umsatzsteuer ermittelt.

Umsatzsteuersteuererklärung

Aufgrund der Gewerbesteuererklärung stellt das Finanzamt den **Gewerbesteuermessbetrag** fest, der Grundlage ist für die geschuldete Gewerbesteuer, die schließlich von der Gemeinde veranlagt wird.

Gewerbesteuererklärung

Der von dem Unternehmen erwirtschaftete Gewinn wird bei natürlichen Personen der Einkommensteuer und bei juristischen Personen der Körperschaftsteuer unterworfen. Auch hier werden entsprechende Steuererklärungen beim Finanzamt vorgelegt.

Einkommensteuererklärung

Die zum Ausfüllen dieser Steuererklärungen benötigten **Angaben werden der Buchführung entnommen.** Um eine gerechte Steuerbelastung zu gewährleisten, wird die Buchführung von Seiten des Fiskus überprüft: Im Rahmen von Betriebsprüfungen wird kontrolliert, ob das Unternehmen alle anzuwendenden gesetzlichen Vorschriften berücksichtigt hat. Ist eine Buchführung nicht ordnungsgemäß geführt, kann sie schlimmstenfalls verworfen und die Steuerschuld geschätzt werden.

Weitere Außenwirkungen

Der Jahresabschluss, zusammengestellt aus den Zahlen der Buchführung, gibt Gläubigern Informationen über die wirtschaftliche Lage des Unternehmens. Daher bildet die Buchführung die Grundlage für die **Beurteilung der Kreditwürdigkeit** von Unternehmen durch Kreditinstitute.

Gläubigerschutz

Bei verschiedenen Gesellschaftsformen (z.B. GmbH oder AG) ist die Geschäftsführung verpflichtet, über die Entwicklung des Unternehmens Rechenschaft abzulegen. Auch hierzu bildet die Buchführung die Grundlage. Ferner kann eine ordnungsgemäß geführte Buchführung als Beweismittel herangezogen werden.

Grundlage der Rechenschaftslegung

8.2.2 Arten der Buchführung

Einfache Buchführung

Für selbstständig Tätige und nicht buchführungspflichtige Gewerbetreibende reicht es, eine einfache Buchführung als Grundlage für die Einnahmen-Überschussrechnung zu erstellen. Nachteil dieser einfachen Buchführung ist aber die erschwerte Kontrolle der Vollständigkeit sowie die fehlende Übersicht über Vermögen und Schulden. Bei der einfachen Buchführung werden lediglich die Einnahmen und Ausgaben bei Zahlung aufgezeichnet. Bankauszüge und offene Rechnungen werden nicht gebucht, allerdings sind die Aufzeichnungspflichten nach dem Umsatz- und Einkommensteuergesetz zu beachten und der neue, amtlich vorgeschriebene EÜR-Vordruck zu verwenden

.

Datum	Firma	Ein-nahmen	Büro-be-darf	Kfz-Ko-sten	Reini-gung	Ge-schenke	Be-wirtung
15.01.06	Schummel	2.500,00					
15.01.06	Fegro		50,00	15,00	21,00		
17.01.06	Aral			60,00			
20.01.06	Kaufhof		10,00			32,00	
20.01.06	Finanzamt			230,00			
21.01.06	Zeiger	3.000,00					
22.01.06	Restaurant Rimini						80,00

Doppelte Buchführung

Buchen über Bilanz- und Erfolgskonten

Die doppelte Buchführung ist Grundlage für die Erstellung eines Jahresabschlusses. Es ist aber auch möglich, auf der Grundlage einer doppelten Buchführung eine Einnahmen-Überschussrechnung zu erstellen[1].

Rechtliche Grundlagen der doppelten Buchführung

Die Basis-Bestimmungen zur Buchführungspflicht sind handelsrechtlich im Handelsgesetzbuch (HGB) und steuerrechtlich in der Abgabenordnung (AO) geregelt.

§§ 1-7 HGB

Nach dem Handelsrecht ist Kaufmann (§§ 1-7 HGB), wer:

■ ein **Handelsgewerbe** betreibt[2]

■ aufgrund der gewählten Unternehmensform in das **Handelsregister** eingetragen werden muss (GmbH, OHG, KG)

■ sich freiwillig ins Handelsregister eintragen lässt

---

1   Für Unternehmer, die nicht buchführungspflichtig sind, greifen die Vorschriften des HGB wie auch die Vorschriften der AO nicht. Nicht buchführungspflichtige Unternehmer müssen aber die gleichen Aufzeichnungspflichten nach dem UStG und dem EStG beachten wie der buchführungspflichtige Unternehmer.

2   Handelsgewerbe ist jeder Gewerbebetrieb, es sei denn, dass das Unternehmen nach Art oder Umfang einen in kaufmännischer Weise eingerichteten Geschäftsbetrieb nicht erfordert (Kleingewerbetreibende)

Nach § 140 AO ist bilanzierungspflichtig, wer nach anderen Gesetzen als den Steuergesetzen Bücher und Aufzeichnungen zu führen hat, die für die Besteuerung von Bedeutung sind. Er hat die Verpflichtung, die ihm nach den anderen Gesetzen obliegt, auch für die Besteuerung zu erfüllen. Hier werden insbesondere die Kaufleute nach Handelsrecht angesprochen.

§ 140 AO

Greift § 140 AO nicht, so ist § 141 AO zu beachten. Danach sind Gewerbetreibende, die nicht unter die Vorschriften des HGB fallen, bilanzierungspflichtig wenn:

§ 141 AO

- ihre Umsätze mehr als 500.000,00 € im Kalenderjahr betragen

- ihr Gewinn aus Gewerbebetrieb mehr als 50.000,00 € im Wirtschaftsjahr beträgt

Neben den gesetzlichen Bestimmungen des HGB und der AO sind noch bestimmte Aufzeichnungspflichten nach UStG und EStG zu beachten. Dazu gehören zum Beispiel die Trennung von 7%igen und 19%igen Umsätzen nach dem UStG und das Trennen von Bewirtungskosten und Geschenken an Geschäftsfreunde von den übrigen Betriebsausgaben.

weitere Aufzeichnungspflichten nach UStG und EStG

Beide Möglichkeiten gegenübergestellt:

Bilanzierungspflichtig	Nicht bilanzierungspflichtig
Gewerbetreibende	„Klein"gewerbetreibende, selbstständig Tätige
Buchführungspflichtig nach HGB / AO	Keine Buchführungspflicht
Eröffnungsbilanz und Jahresabschluss aufgrund der Vorschriften des HGB	--
Betriebsvermögensvergleich § 4 Abs. 1 EStG	Einnahmen-Überschussrechnung § 4 Abs 3 EStG
Beachtung der Grundsätze ordnungsmäßiger Buchführung einschließlich besonderer Aufzeichnungspflichten	Beachtung besonderer Aufzeichnungspflichten
Doppelte Buchführung	Einfache Buchführung (doppelte Buchführung möglich, aber nicht Pflicht)

Bei der doppelten Buchführung werden auf der einen Seite die Erträge und Aufwendungen berücksichtigt, auf der anderen Seite die Vermögens- und Schuldpositionen. Eine Rechnung wird gebucht zum Zeitpunkt der Rechnungsstellung und zum Zeitpunkt der Zahlung ausgeglichen. Somit besteht eine **Kontrolle** darüber, welche Rechnungen bezahlt und welche noch offen sind (sowohl bei den Debitoren wie auch bei den Kreditoren). Bankauszüge werden komplett gebucht und die Vollständigkeit kann über die Abstimmung mit dem Banksaldo erfolgen.

Kontrolle über die Rechnungen

Durch das System der doppelten Buchführung, das Buchen über Bilanz- und Erfolgskonten, besteht die Möglichkeit, den Gewinn auf „doppelte" Weise zu berechnen: Einmal durch die Aufstellung der Bilanz und zum anderen durch die Aufstellung der GuV.

Einzelne Geschäftsvorgänge bewirken	eine Veränderung von Bilanzpositionen/ Bilanzkonten	eine Veränderung von GuV-Positionen/ Erfolgskonten
Der Unternehmer bezahlt die Kfz-Steuer durch Bankabbuchung	Konto Bank	Konto Fahrzeugkosten
Der Unternehmer erhält eine Provision in bar	Konto Kasse	Konto Provisionserlöse
Der Unternehmer stellt eine Rechnung an den Kunden	Konto Forderungen	Konto Erlöse
Der Unternehmer erhält eine Rechnung für den Einkauf von Waren	Konto Verbindlichkeiten	Konto Wareneinkauf

8.2.3 Praxisbeispiele

Beispiel
Buchführungspflicht für Nebenberufler?

Hans Heimerding betreibt seit dem 01.01.2006 nebenberuflich einen Hausmeisterservice. Er ist nicht im Handelsregister eingetragen, ist für mehrere Firmen tätig und beschäftigt keine Angestellten.

Ist Heimerding buchführungspflichtig?

Da er seinen Hausmeisterservice nebenberuflich betreibt, ist davon auszugehen, dass er im Sinne des HGB als Kleingewerbetreibender einzustufen ist. Sofern er die Grenzen des § 141 AO nicht übersteigt, ist Heimerding nicht buchführungspflichtig.

Beispiel
Buchführungspflicht für Selbstständige?

Tanja Sommeracker betreibt eine Rechtsanwaltskanzlei, erzielte in 2005 einen Umsatz von 650.000,00 € und daraus einen Gewinn von 120.000,00 €.

Kann das Finanzamt Frau Sommeracker zur Buchführung verpflichten?

Das kann das Finanzamt nicht, da Frau Sommeracker als selbstständige Rechtsanwältin Einkünfte aus selbstständiger Tätigkeit erzielt.

Beispiel
Buchführungspflicht für die eingetragene GmbH?

Architekt Fritz Höffing und Ingenieur Jürgen Saller eröffnen zum 1. Februar 2006 ein Planungsbüro. Auf Anraten ihres Steuerberaters gründen sie eine GmbH.

Ist die Höffing & Saller GmbH buchführungspflichtig?

Da F. Höffing und J. Saller eine GmbH gegründet haben, sind sie verpflichtet, sich ins Handelsregister eintragen zu lassen - und alle Unternehmen, die eingetragen sind, sind zur Buchführung verpflichtet. Also greift § 140 AO sowie § 5 i.V.m. § 4 Abs. 1 EStG und verpflichtet die GmbH zur Buchführung und zur Abgabe einer Bilanz. Dass Fritz Höffing als Architekt und Jürgen Saller als Ingenieur mit ihrer Ausbildung unter die Freiberufler fallen, spielt keine Rolle.

8.3 Anforderungen an die Finanzbuchführung

8.3.1 Rechtliche Grundlagen

„Die Buchführung muss so beschaffen sein, dass sie einem **sachverständigen Dritten** innerhalb angemessener Zeit einen Überblick über die Geschäftsvorfälle und über die Lage des Unternehmens vermitteln kann. Die Geschäftsvorfälle müssen sich in ihrer Entstehung und Abwicklung verfolgen lassen. **Aufzeichnungen** sind so vorzunehmen, dass der Zweck, den sie für die Besteuerung erfüllen sollen, erreicht wird."

Anforderungen an die Buchführung und die Aufzeichnungen sind im Handelsgesetzbuch wie auch in der Abgabenordnung geregelt (§ 238 HGB, § 145 AO)

Ein „sachverständiger Dritter" kann ein **Finanzbeamter** sein, der im Rahmen einer Betriebsprüfung die Buchführung kontrolliert. Sachverständige Dritte können aber auch **Wirtschaftsprüfer** sein; wie zum Beispiel auch Gesellschafter, die sich anhand der Geschäftsbücher ein Bild über die wirtschaftliche Situation des Unternehmens machen wollen.

8.3.2 Materielle und formelle Anforderungen

Die Buchführung muss der Wahrheit und Klarheit entsprechen.

Wahrheit bedeutet, dass alles so gebucht wird, wie es tatsächlich vorgefallen ist. Geschäftsvorgänge dürfen nicht verfälscht werden.

Wahrheit

Klarheit bedeutet, dass alles übersichtlich, eindeutig und nachvollziehbar gebucht wird. Die Buchführung muss vor dem Zugriff Unbefugter geschützt werden.

Klarheit

Alle Geschäftsvorgänge sind lückenlos und zeitnah zu buchen. Jeder Buchung muss ein Beleg zu Grunde liegen. Die Belege sind geordnet aufzubewahren. Die Aufbewahrungsfrist beträgt 10 Jahre. Die Richtigkeit der Buchführung kann nur anhand der Belege kontrolliert werden. Deshalb müssen die Belege so kontiert werden, dass aufgrund der Kontierung die Buchung jederzeit nachgeprüft werden kann.

Vollständigkeit

Die Buchführung ist in einer lebenden Sprache zu erstellen.

Sollte die Buchführung nicht in der deutschen Sprache erstellt werden, so kann die Finanzbehörde auf Kosten des Unternehmers eine Übersetzungen verlangen.

Jeder Vorgang muss wirtschaftlich und rechtlich richtig gebucht werden.

Die gesetzlichen Bestimmungen sind zu beachten; ferner sind die Grundsätze ordnungsmäßiger Buchführung zu berücksichtigen. Bei letzteren handelt es sich nicht um Bestimmungen die gesetzlich fixiert sind, sondern um allgemeine Regeln der kaufmännischen Buchführung, die sich aus der Betriebswirtschaft ergeben.

8.4 Keine Buchung ohne Beleg!

8.4.1 Arten von Belegen

Externe Belege

Jedes Unternehmen erhält eine Vielzahl von externen Belegen. Dazu gehören die Eingangsrechnungen wie auch Gutschriften seitens der Lieferanten sowie Bankauszüge und einfache Quittungen, die Bargeschäfte dokumentieren. Um Doppelbuchungen zu vermeiden, sollte stets das Original gebucht werden. Nicht immer liegt der Buchung eine Rechnung zu Grunde; es können z.B. genau so gut Verträge als Buchungsgrundlage fungieren (z.B. Kaufvertrag, Leasingvertrag, Mietvertrag)

Interne Belege

Zu den internen Belegen zählen die Ausgangsrechnungen: Das Original wird dabei an den Kunden geschickt; in der eigenen Buchführung verbleibt eine Kopie bzw. ein zweiter (gekennzeichneter) Ausdruck der Rechnung. Gehaltsabrechnungen, Reisekostenabrechnungen wie auch Eigenbelege über Privatentnahmen zählen ebenfalls zu den internen Belegen.

Not- und Ersatzbelege

Not- und Ersatzbelege können ausgestellt werden, wenn ein Originalbeleg verloren gegangen oder ein Fremdbeleg nicht zu erhalten ist.

8.4.2 Belegorganisation

Jeder Unternehmer kann seine Belege organisieren wie er möchte - solange nur gewährleistet ist, dass ein sachverständiger Dritter dieses System durchschauen kann.

Organisation einer Eingangsrechnung

Die Ware wurde bestellt und wird geliefert; der Lieferung sind Lieferschein und Rechnung beigefügt. Die Organisation einer Eingangsrechnung könnte wie folgt aussehen:

- Kontrolle der eingegangenen Ware mit dem Lieferschein in Bezug auf Vollständigkeit, Mängel an den gelieferten Gegenständen

- Abstempeln der Eingangsrechnung mit dem Eingangsstempel

- Kontrolle der Eingangsrechnung mit dem Lieferschein: Abgleich der berechneten Waren, Abstimmung der Preise, Rabatte, Zahlungsmodalitäten

- Prüfen der Rechnung auf formelle Richtigkeit; Rechnungsformalitäten nach dem UStG

- Kontieren und Buchen der Rechnung; Ablage im Ordner „unbezahlte Eingangsrechnungen"

Nach dem Bezahlen wird die Rechnung in den Ordner „bezahlte Eingangsrechnungen" umgeheftet und 10 Jahre aufbewahrt.

8.5 Einnahmen und Ausgaben

8.5.1 Rechtliche Grundlagen

Alle selbstständig Tätigen, die nicht Gewerbetreibende sind, können prinzipiell den Überschuss der Betriebseinnahmen über die Betriebsausgaben als Gewinn ansetzen (Einnahmen-Überschussrechnung nach § 4 Abs. 3 EStG).

§ 4 Abs. 3 EStG

Gewerbetreibende, die eine Einnahmen-Überschussrechnung erstellen und die Grenzen des § 141 AO überschreiten, können vom Finanzamt zum Führen von Büchern und Erstellen von Jahresabschlüssen verpflichtet werden - dies aber erst mit Beginn des neuen **Wirtschaftsjahres**.

§ 141 AO

8.5.2 Umfang der Einnahmen-Überschussrechnung

Die Einnahmen-Überschussrechnung umfasst alle Betriebseinnahmen und Betriebsausgaben des Unternehmens. Hierbei scheiden Betriebseinnahmen und Betriebsausgaben aus, die im Namen und auf Rechnung eines anderen vereinnahmt und verausgabt werden (durchlaufende Posten).

8.5.3 Besonderheiten und Hinweise

Aufzeichnung nach dem Zu- und Abflussprinzip

Bei der Einnahmen-Überschussrechnung sind die Betriebseinnahmen in dem Wirtschaftsjahr zu berücksichtigen, in dem sie zugeflossen sind, und die Betriebsausgaben in demjenigen Wirtschaftsjahr, in dem sie gezahlt worden sind. Man spricht von dem **Zu- und Abflussprinzip**. Ausnahme: Wiederkehrende Erträge und Aufwendungen innerhalb von 10 Tagen vor oder nach dem Stichtag.

Eine Telefonrechnung mit Datum 30.12.2005 wird am 12.01.2006 seitens der Telefongesellschaft von Hausmeister Heimerdings Konto abgebucht.

In welchem Wirtschaftsjahr sind die Telefongebühren zu berücksichtigen?

Die Telefongebühren sind im Wirtschaftsjahr 2006 als Betriebsausgabe zu berücksichtigen, da der Geldfluss maßgebend ist.

Beispiel
Zuordnung Kosten-Wirtschaftsjahr

Rechtsanwältin Sommeracker erhält für ein Beratungsgespräch von ihren Mandanten am 27.12.2005 einen Scheck in Höhe von 580,00 €. Frau Sommeracker reicht diesen Scheck bei ihrer Bank zur Gutschrift ein; die Gutschrift erfolgt mit Wertstellung 04.01.2006.

In welchem Wirtschaftsjahr ist das Honorar zu buchen?

Das Honorar ist im Wirtschaftsjahr 2005 als Betriebseinnahme zu buchen, denn ein Scheck ist wie Bargeld zu behandeln. Dass die Gutschrift erst in 2006 erfolgt, ist uninteressant.

Beispiel
Zuordnung Honorar-Wirtschaftsjahr

Hat ein Steuerpflichtiger Gelder in fremdem Namen und auf fremde Rechnung verausgabt, ohne dass er entsprechende Gelder vereinnahmt, kann er in dem Wirt-

Betriebsausgaben absetzen

schaftsjahr, in dem er nicht mehr mit einer Erstattung der verausgabten Gelder rechnet, eine Betriebsausgabe in Höhe des nicht erstatteten Betrags absetzen. Soweit der nicht erstattete Betrag in einem späteren Wirtschaftsjahr erstattet wird, ist er als Betriebseinnahme zu erfassen.

Behandlung der Umsatzsteuer

Die im Wirtschaftsjahr vereinnahmte Umsatzsteuer, die in Eingangsrechnungen enthaltene Vorsteuer und die an das Finanzamt abgeführte bzw. erstattete Umsatzsteuer stellen Betriebseinnahmen bzw. Betriebsausgaben dar. Die Umsatzsteuer wirkt sich auch hier letztendlich als durchlaufender Posten aus, doch aufgrund der Zahlung zeitversetzt.

8.6 Das Formular EÜR

Grundlagen und Besonderheiten des Verfahrens

Gewinnermittlungnachamtlich vorgeschriebenem Vordruck

Wird der Gewinn nach § 4 Abs. 3 EStG durch den Überschuss der Betriebseinnahmen über die Betriebsausgaben ermittelt, ist der Steuererklärung eine Gewinnermittlung nach **amtlich vorgeschriebenem Vordruck** (§ 60 Abs. 4 EStDV) beizufügen. Liegen die Betriebseinnahmen unter 17.500,00 €, kann auf die Abgabe des amtlichen Vordrucks verzichtet werden.

Formular EÜR

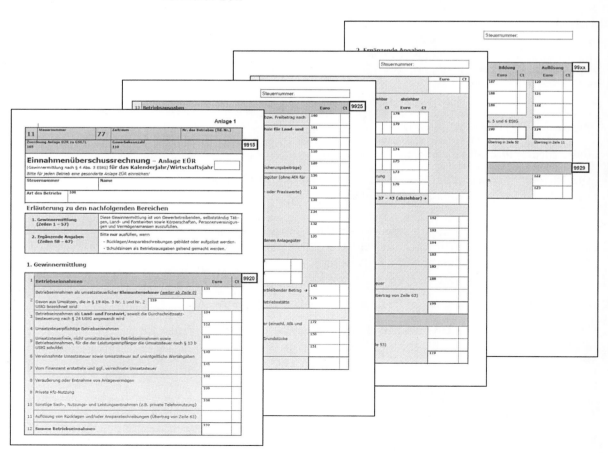

8.7 Die Bilanz

8.7.1 Wesen und Eigenschaften der Bilanz

Die Bilanz ist eine kurz gefasste Gegenüberstellung von Vermögen und Kapital:

Gegenüberstellung von Vermögen und Kapital

Aktiva	Passiva
(Vermögen)	(Kapital)
Anlagevermögen	Eigenkapital
Umlaufvermögen	Rückstellungen
Aktive Rechnungsabgrenzungsposten	Verbindlichkeiten
	Passive Rechnungsabgrenzungsposten

Die Werte, die in der Bilanz ausgewiesen werden, müssen zum Bilanzstichtag aufgrund einer ordnungsgemäß durchgeführten Inventur bestätigt und ggf. korrigiert werden. Hierbei sind die Vorschriften des HGB und des EStG zu beachten.

8.7.2 Zeitpunkt der Bilanzerstellung

Kaufleute im Sinne des Handelsrechts sowie Gewerbetreibende, die buchführungspflichtig nach § 140 / § 141 AO sind, müssen lt. § 242 HGB:

- **zu Beginn** der Gewerbetätigkeit (Beginn der Buchführungspflicht) eine Eröffnungsbilanz erstellen

- **zum Ende** eines jeden Geschäftsjahres eine Schlussbilanz erstellen

- **bei Aufgabe** des Betriebes eine Aufgabebilanz erstellen

Zum Schluss eines jeden Geschäftsjahres ist zusätzlich eine Gegenüberstellung der Aufwendungen und Erträge des Geschäftsjahres (Gewinn- und Verlustrechnung) aufzustellen. Die Bilanz und die Gewinn- und Verlustrechnung bilden den **Jahresabschluss**[1].

Ein Geschäftsjahr (Handelsrecht), auch Wirtschaftsjahr (Steuerrecht) genannt, umfasst maximal 12 Monate. Im Jahr der Gründung sowie im Jahr der Aufgabe des Betriebes können die 12 Monate unterschritten werden - dann spricht man von einem **Rumpfwirtschaftsjahr**.

Das Geschäftsjahr

Ein Wirtschaftsjahr beginnt in der Regel am 1. Januar und endet nach dem 31. Dezember. Es besteht die Möglichkeit von dieser Regel abzuweichen; man spricht dann von einem abweichenden Wirtschaftsjahr. Möchte ein Unternehmer auf der Grundlage eines abweichenden Wirtschaftsjahres arbeiten, muss er dies beim Finanzamt beantragen[2].

verschobenes Wirtschaftsjahr

---

1 Für Kapitalgesellschaften ist dieser nach § 264 HGB um einen Anhang zu erweitern.

2 Voraussetzung ist, dass das Wirtschaftsjahr zuvor das Kalenderjahr war und nun auf ein anderes Wirtschaftsjahr umgestellt werden soll. Bei abweichendem Wirtschaftsjahr „von Anfang an" und beim Wechsel <u>auf</u> das Kalenderjahr gibt es keine Probleme. Gewerbetreibende, die nicht im Handelsregister eingetragen sind, <u>dürfen kein</u> abweichendes Wirtschaftsjahr haben!

8.7.3 Bestandteile und Gliederung einer Bilanz

§ 266 HGB

§ 266 HGB enthält ein **Gliederungsschema** der Bilanz; Kapitalgesellschaften müssen sich an dieses Gliederungsschema halten, wobei für kleine und mittlere Kapitalgesellschaften Vereinfachungen gelten. Mit Unterstützung der Verbreitung von **PC-Programmen**, mit denen die Bilanz zum Ende des Wirtschaftsjahres erstellt werden kann, wird dieses Gliederungsschema zunehmend auch von Einzel- und Personengesellschaften übernommen.

Beispiel
Bilanzschema, Aktiva

Aktiva

A. Anlagevermögen

I.	Sachanlagen	17.910,00
	1. Andere Anlagen, Betriebs- und Geschäftsstattung	

B. Anlagevermögen

I.	Vorräte	
	1. Unfertige Erzeugnisse, unfertige Leistungen	1.200,00
	2. Fertige Erzeugnisse und Waren	1.500,00
II.	Forderungen und sonstige Vermögensgegenstände	
	1. Forderungen aus Lieferungen und Leistung	23.400,00
III.	Kassenbestand, Bundesbankguthaben, Guthaben bei Kreditinstituten und Schecks	

Vermögen, gegliedert in Anlage- und Umlaufvermögen

Die linke Seite, **Aktiva** genannt, beinhaltet das Vermögen, welches in Anlage- und Umlaufvermögen untergliedert ist. Im Anlagevermögen befinden sich die Gegenstände, die dazu bestimmt sind, dem Betrieb **längerfristig** zu dienen. Im Umlaufvermögen werden die Gegenstände ausgewiesen, die nur **kurzfristig** im Betrieb verbleiben. Die Gliederung erfolgt nach der Liquidität (**Flüssigkeit**). Vermögensposten, die am schwierigsten in Geldvermögen umzuwandeln sind, werden in der Bilanz zuerst aufgeführt.

Beispiel
Bilanzschema, Passiva

Passiva

A. Eigenkapital

I.	Anfangskapital	17.680,00
II.	Einlagen	3.200,00
III.	Entnahmen	-5.000,00
IV.	Jahresüberschuss	23,886,56

B. Rückstellung

	1. Steuerrückstellung	650,00
	2. Fertige Erzeugnisse und Waren	1.850,00

C. Verbindlichkeiten

	1. Verbindlichkeiten gegenüber Kreditinstituten	10.000,00
	2. Verbindlichkeiten aus Lieferung und Leistung	7.600,00
	2. Sonstige Verbindlichkeiten	1.223,44

Kapital des Unternehmens

Die rechte Seite, **Passiva** genannt, weist das Kapital des Unternehmens aus - untergliedert in Eigenkapital, Rückstellungen und Fremdkapital. Das **Eigenkapital** entwickelt sich über die Jahre aus den Erfolgen des Betriebes unter Berücksichtigung der Privatentnahmen und Privateinlagen.

Rückstellungen werden gebildet für bestehende Verbindlichkeiten (Schulden), deren Höhe und Zahlungstermin noch nicht feststeht. Die betrieblichen Schulden gehören zum **Fremdkapital**.

Rückstellungen bilden

Aussagewerte und Struktur der Bilanz

Beispiel
Bilanzschema, Rückstellungen

Aktiva		Passiva	
Anlagevermögen		Eigenkapital	39.766,56
Sachanlagen	17.910,00		
		Rückstellungen	2.500,00
Umlaufvermögen			
Vorräte	2.700,00	Verbindlichkeiten	18.823,44
Forderungen	23.400,00		
Geldbestände	17.080,00		
	61.090,00		61.090,00

Die Bilanz zeigt die Summe des Vermögens und des Kapitals. Man kann im Beispiel erkennen, dass das Unternehmen überwiegend mit eigenen Mitteln arbeitet. Dieser Unternehmer hat eine gewisse Unabhängigkeit gegenüber seinen Gläubigern. Anlage- und Umlaufvermögen sind zum Teil durch Eigenkapital finanziert; dies weist auf eine solide Ausstattung des Unternehmens hin.

Die **Bilanzstruktur** wird noch aussagekräftiger, wenn man diese in Gliederungszahlen darstellt.

Beispiel
Bilanzschema, Gliederungszahlen

Aktiva		%	Passiva		%
Anlagevermögen		29,3	Eigenkapital	39.766,56	65,1
Sachanlagen	17.910,00				
			Rückstellungen	2.500,00	4,1
Umlaufvermögen					
Vorräte	2.700,00	4,4	Verbindlichkeiten	18.823,44	38,3
Forderungen	23.400,00	38,3			
Geldbestände	17.080,00	28,0			
	61.090,00	100,0		61.090,00	100,0

8.8 Die Inventur

8.8.1 Grundlegendes

Jeder Gewerbetreibende, der zur Buchführung verpflichtet ist, ist auch verpflichtet, eine Inventur durchzuführen. Inventur steht für die **Bestandsaufnahme** von Vermögen und Schulden nach Art, Menge und Wert zu einem bestimmten **Stichtag**. Ohne die Durchführung einer Inventur wäre die Erstellung einer Bilanz nicht möglich.

Inventur bedeutet die Bestandsaufnahme von Vermögen und Schulden

Vermögensgegenstände und Schulden sind bei der Inventur vollständig zu erfassen und sachgemäß zu bewerten. Die Inventur dient u.a. zur **Kontrolle** der Ordnungsmäßigkeit der Buchführung sowie zur **Bestätigung** der Bilanzpositionen. Weichen die Ergebnisse der Inventur von den Bilanzwerten ab, führt dies zu einer **Korrektur** in der Buchführung.

Der handelsrechtliche Begriff „**Vermögensgegenstände**" entspricht dem steuerrechtlichen Begriff „**Wirtschaftsgüter**".

Bewertungsmaßstäbe/Bewertungsarten

Im Handelsrecht (HGB) sowie im Steuerrecht (EStG) sind die für die Inventur Bewertungsmaßstäbe genau definiert. Jede Bewertungsart (Einzelbewertung, Gruppenbewertung oder Ansatz eines Festwertes) muss den Grundsätzen ordnungsmäßiger Buchführung entsprechen. Wird die vorgeschriebene Inventur nicht durchgeführt, ist die Buchführung als nicht ordnungsgemäß anzusehen.

präzise Erfassung, aber auch Schätzung

Die Grundsätze „Vollständigkeit und Richtigkeit" fordern, dass sämtliche Bestände im Rahmen einer Einzelbewertung aufzunehmen und mit den richtigen Werten anzugeben sind. Grundsätzlich sind alle Vermögensgegenstände und Schulden präzise zu erfassen; trotzdem muss der Aufwand zumutbar bleiben. Daher ist in Ausnahmefällen auch eine Schätzung möglich.

Die Bestände sind so zu bewerten, dass der einzelne Gegenstand eindeutig identifiziert werden kann. Das **Bestandsverzeichnis** kann so eine später eventuell nicht mehr mögliche Besichtigung, z.B. von Vorräten, ersetzen.

8.8.2 Formen der Inventur

Buchinventur

Bei der Buchinventur werden die Vermögensgegenstände und Schulden anhand von **Belegen** kontrolliert. **Bankauszüge und Darlehensauszüge** dienen zur Kontrolle der in der Buchführung geführten Finanz- und Darlehenskonten. **Saldenbestätigungen** von Kreditoren dienen zur Verprobung der einzelnen Kreditorenkonten. **Auszüge von Finanzamt und Krankenkasse** dienen der Abstimmung der am Bilanzstichtag offenen Steuern oder Sozialabgaben.

körperliche Inventur

Bei der körperlichen Inventur erfolgt die Bestandsaufnahme durch **Messen, Zählen und Wiegen** der einzelnen Vermögensgegenstände. Die Durchführung der körperlichen Inventur muss nicht am Bilanzstichtag selbst erfolgen - hier lässt der Gesetzgeber mehrere Möglichkeiten zu:

Stichtagsinventur

■ Eine Stichtagsinventur ist 10 Tage vor und 10 Tage nach dem Bilanzstichtag möglich. Es muss aber sichergestellt sein, dass Bestandsveränderungen zwischen dem Aufnahmetag und dem Bilanzstichtag in Belegen und Aufzeichnungen ordnungsgemäß berücksichtigt werden.

Zeitverschobene Inventur

■ Eine zeitverschobene Inventur ist 3 Monate vor und 2 Monate nach dem Bilanzstichtag möglich. Bestandsveränderungen zwischen dem Aufnahmetag und dem Bilanzstichtag werden nur wertmäßig, nicht mengenmäßig berücksichtigt.

Permanente Inventur

■ Eine permanente Inventur eröffnet die Möglichkeit, den Lagerbestand zum Bilanzstichtag anhand von permanent geführten Aufzeichnungen (Lagerbücher, Warenwirtschaftssysteme) zu ermitteln. Bei der permanenten Inventur ist der Unternehmer allerdings verpflichtet, **einmal im Jahr eine körperliche Inventur** durchzuführen. Den Termin kann er selbst bestimmen.

Die Ergebnisse der Inventur überträgt man in ein **Inventar**, anschließend werden die Werte in die Bilanz übernommen. Das Inventar (§ 240 HGB) ist dabei eine ausführliche Darstellung der Vermögensgegenstände und Schulden, die Bilanz hingegen die kurz gefasste Version[1].

---

1 In der Praxis entsteht das Inventar „automatisch" im Zuge der Verarbeitung der Inventurwerte per Informationstechnologie (IT).

Heute bringt man die durch die Inventur ermittelten Werte durch entsprechende Buchungen direkt in die Bilanz. Damit man aber erkennen kann, was sich hinter den einzelnen Bilanzpositionen verbirgt, wird im Jahresabschluss ein so genannter **Kontennachweis** der Bilanz beigefügt:

Kontennachweis der Bilanz im Jahresabschluss

Aktiva

Andere Anlagen, Betriebs- und Geschäftsausstattung

0320 Pkw	11.000,00 €
0400 Betriebsausstattung	6.300,00 €
0480 Geringw. Wirtschaftsgüter bis 410 Euro	410,00 €
	17.910,00 €

Beispiel
Kontennachweis zur Bilanz

Unfertige Erzeugnisse, unfertige Leistungen

7000 Unfertige Erzeugnisse und Leistungen	1.200,00 €

Fertige Erzeugnisse und Waren

3980 Bestand Waren	1.500,00 €

Forderungen aus Lieferung und Leistungen

1410 Forderungen aus Lieferungen u. Leistungen	23.400,00 €

Kassenbestand, Bundesbankguthaben, Guthaben bei Kreditinstituten und Checks

1000 Kasse	530,00 €
1200 Sparkasse	16.550,00 €
	17.080,00 €

Summe Aktiva	61.090,00 €

Passiva

Einlagen

0880 Anfangskapital	17.680,00 €

Einlagen

1890 Privateinlagen	3.200,00 €

Entnahmen

1800 Privatentnahmen allgemein	-5.000,00 €

Jahresüberschuss

0000 Jahresüberschuss	23.886,56 €

Steuerrückstellungen

0955 Steuerrückstellungen	650,00 €

Sonstige Rückstellungen

0977 Rückstellungen für Abschluss und Prüfung	1.850,00 €

Verbindlichkeiten gegenüber Kreditinstituten

0650 Darlehen Sparkasse	10.000,00 €

Verbindlichkeiten aus Lieferung und Leistungen

1610 Verbindl. aus Lieferungen u. Leistungen	7.600,00 €

Sonstige Verbindlichkeiten

1575 Abziehbare Vorsteuer 16 %	-1.128,28 €
1775 Umsatzsteuer 16 %	16.551,72 €
1780 Umsatzsteuer-Vorauszahlungen	-14.200,00 €
	1.223,44 €
Summe Passiva	61.090,00 €

8.9 Grundlagen der Gewinn- und Verlustrechnung (GuV)

Erträge und Aufwendungen eines Wirtschaftsjahres

Der **Jahresabschluss** beinhaltet neben der Bilanz die Gewinn- und Verlustrechnung. In der GuV werden die Erträge und Aufwendungen eines Wirtschaftsjahres gegenübergestellt. Die GuV unterscheidet sich von der **Einnahmen-Überschussrechnung** insofern, als dass diese nicht **Einnahmen** und **Ausgaben** enthält, sondern **Erträge** und **Aufwendungen**.

Gewinn- und Verlustrechnung (GuV)	Einnahmen-Überschussrechnung (EÜR)
Erträge	Einnahmen
Aufwendungen	Ausgaben
Maßgebend ist die Entstehung	Maßgebend ist der Geldfluss

Im § 275 HGB sind zwei Gliederungsschemata vorgegeben, nach denen Kapitalgesellschaften (verpflichtend) die Gewinn- und Verlustrechnung zu gliedern hat. Auch hier gilt, dass aufgrund der verbreiteten PC-Programme zur Finanzbuchführung dieses Schema von Einzel- und Personengesellschaften gleichermaßen angenommen wird.

Die Gliederungsschemata unterscheiden sich vom Aufbau her, sind inhaltlich aber identisch:

- GuV nach dem **Gesamtkostenverfahren**
- GuV nach dem **Umsatzkostenverfahren**

8.10 Durchführung der Gewinn- und Verlustrechnung

8.10.1 Abschluss der Erfolgskonten

Abschluss der Erfolgskonten über GuV-Konto

Die Erfolgskonten sind Unterkonten des Eigenkapitals und werden deshalb über das Konto Eigenkapital abgeschlossen. Um eine **bessere Übersicht über die einzelnen Aufwendungen und Erträge** zu erhalten und die „Quelle" des Gewinns oder Verlustes eines Wirtschaftsjahres besser erkennen zu können, werden die einzelnen Erfolgskonten nicht direkt über das Konto Eigenkapital abgeschlossen, sondern es wird noch ein „Gegenüberstellungskonto", das so genannte **Gewinn- und Verlustkonto** „GuV-Konto" eingerichtet.

Das Gewinn- und Verlustkonto

Die Salden der Aufwands- und Ertragskonten werden im Gewinn- und Verlustkonto gesammelt. Dabei stehen Aufwendungen im Soll und Erträge im Haben.

Abschluss der Aufwands- und Ertragskonten

Soll	an	Haben
9200 9200 Gewinn- und Verlustkonto (GuV-Konto)	Aufwands- konten	

Soll	an	Haben
Ertragskonten	9200 9200 Gewinn- und Verlustkonto (GuV-Konto)	

Der Saldo des Gewinn- und Verlustkontos zeigt den Erfolg der Rechnungsperiode (Saldo immer auf der kleineren Seite des Kontos). Dabei bedeutet ein Saldo im Soll einen Gewinn, während ein Saldo im Haben einen Verlust ausweist.

Das GuV-Konto wird über das Konto Eigenkapital abgeschlossen.

bei Gewinn   bei Verlust

Abschlussbuchung des GuV-Kontos

Soll	an	Haben
9200 9200 Gewinn- und Verlustkonto (GuV-Konto)	0880 2010 Eigenkapital	

Soll	an	Haben
0880 2010 Eigenkapital	9200 9200 Gewinn- und Verlustkonto (GuV-Konto)	

Der Abschluss der Erfolgskonten erfolgt heute nicht mehr auf diese Weise. In der Praxis wird die GuV am PC aufbereitet und als Auswertung ausgedruckt.

Die Erfolgskonten sind Unterkonten des Kontos Eigenkapital. Das folgende Beispiel zeigt, dass die Aufwendungen und Erträge während des Jahres über Erfolgskonten (Gehälter, Miete Provisionsumsätze) gebucht werden. Beim Abschluss werden die Erfolgskonten über das GuV-Konto und anschließend wird das GuV-Konto über das Eigenkapital abgeschlossen. Das Ergebnis ist das gleiche, als hätte der Unternehmer alle Aufwendungen und Erträge direkt über das Konto Eigenkapital gebucht, lediglich mit dem Unterschied, dass die Grundsätze ordnungsmäßiger Buchführung beachtet wurden und die Buchführung klar und übersichtlich dargestellt ist.

Beispiel für den Abschluss eines Erfolgskontos

(1) Provision wird bar vereinnahmt	8.000,00 €
(2) Unternehmer zahlt die Gehälter bar	2.500,00 €
(3) Die monatliche Geschäftsmiete wird bar bezahlt	2.000,00 €

S   8519 (4569) Provisionsumsätze H

GuV	8.000,00	(1) Kasse	8.000,00

S   4120 (6020) Gehälter H

(2) Kasse	2.500,00	GuV	2.500,00

S   4210 (6310) Miete H

(3) Kasse	2.000,00	GuV	2.000,00

S   1000 (1600) Kasse H

(1) Provisionsumsätze	8.000,00	(2) Gehälter	2.500,00
		(3) Miete	2.000,00
		SBK	3.500,00
	8.000,00		8.000,00

S   9200 (9200) GuV-Konto H

Kto. Gehälter	2.500,00	Kto. Provisionsumsätze	8.000,00
Kto. Miete	2.000,00		
Saldo = Gewinn	3.500,00		
	8.000,00		8.000,00

S   Eigenkapital H

SBK	53.500,00	EBK	50.000,00
		Gewinn = Gegenbuchung aus GuV-Kto	3.500,00
	53.500,00		53.500,00

S   9100 (9100) SBK H

Kto. Kasse	3.500,00	Kto. Eigenkapital	53.500,00

8.10.2 Behandlung von Erträgen und Aufwendungen

Erträge

Als Erträge bezeichnet man alle **Wertzuflüsse** durch unternehmerische Leistungen, die den Gewinn des Unternehmens erhöhen. Erträge erhöhen den Gewinn und das Eigenkapitel.

Aufwendungen

Als Aufwendungen bezeichnet man den gesamten Werteverzehr eines Unternehmens an Gütern, Dienstleistungen und Abgaben. Aufwendungen mindern den Gewinn und das Eigenkapital. Aufwendungen dürfen den Gewinn nur schmälern, wenn diese entstanden sind, um die Erträge zu erwirtschaften (= **wirtschaftlicher Zusammenhang**).

Gegenüber dem Handelsrecht schränkt das Einkommensteuerrecht bestimmte Aufwendungen in ihrer Abzugsfähigkeit ein, wie z.B. Bewirtungskosten, Geschenke oder auch Reisekosten.

Aufgrund der Vorschrift des § 252 HGB sind Aufwendungen und Erträge des Wirtschaftsjahres unabhängig vom Zeitpunkt der entsprechenden Zahlung im Jahresabschluss zu berücksichtigen. Diese zeitlichen Abgrenzungen werden als **Periodenabgrenzungen** bezeichnet. Für welchen Zeitraum und in welcher Höhe die Erträge und Aufwendungen abzugrenzen sind, richtet sich nach dem **Stichtagsprinzip**.

Eine Telefonrechnung, datiert auf den 30.12.2006, wird am 12.01.2007 vom Konto der Höffing & Saller GmbH abgebucht.

Die Telefongebühren sind im Wirtschaftsjahr 2006 als Betriebsausgabe zu berücksichtigen, da der Aufwand im Dezember entstanden ist. Der Geldfluss ist nicht entscheidend.

Beispiel
Periodenabgrenzung

Die Miete der Höffing & Saller-GmbH für den Monat Januar 2007 wird bereits am 15. Dezember 2006 vereinnahmt.

Die Miete wird als Betriebseinnahme in 2007 gebucht. Auch hier ist der Geldfluss nicht entscheidend.

Beispiel
Stichtagsprinzip

8.11 Umsatzsteuer und Vorsteuer

8.11.1 Ausstellen von Rechnungen aus der Sicht des UStG

§ 14 UStG besagt: Eine Rechnung ist jedes Dokument, über das eine Lieferung oder sonstige Leistung abgerechnet wird - gleichgültig, wie dieses Dokument im Geschäftsverkehr bezeichnet wird. Rechnungen sind auf Papier oder vorbehaltlich der Zustimmung des Empfängers auf elektronischem Weg übermittelbar.

§ 14 UStG

Führt ein Unternehmer eine umsatzsteuerpflichtige Werklieferung[1] oder sonstige Leistung im Zusammenhang mit einem Grundstück aus, ist er verpflichtet, innerhalb von sechs Monaten nach Ausführung der Leistung eine Rechnung zu erstellen. Er muss den Leistungsempfänger, sofern es sich um eine Privatperson handelt, darauf aufmerksam machen, dass diese Rechnung zwei Jahre aufzubewahren ist.

Führt ein Unternehmer eine andere Lieferung oder sonstige Leistung aus, ist er nur gegenüber anderen Unternehmen oder gegenüber juristischen Personen verpflichtet, ebenfalls innerhalb von sechs Monaten nach Ausführung der Leistung, eine Rechnung zu erstellen. Ist der Leistungsempfänger eine Privatperson, so ist der Unternehmer berechtigt, eine Rechnung zu schreiben.

8.11.2 Rechts- und Verfahrensgrundlagen zur USt-Behandlung

Der Unternehmer hat die auf seine Umsätze entfallende Umsatzsteuer an das Finanzamt abzuführen. Im Gegenzug kann er die Umsatzsteuer, die ihm von anderen in Rechnung gestellt wurde, abziehen.

Begriffe, Verfahrensdefinition

Geschuldete Umsatzsteuer abzüglich abziehbarer Vorsteuer ist entweder die zu zahlende Zahllast oder das Umsatzsteuerguthaben.

---

1 Von einer Werklieferung spricht man, wenn der Unternehmer die von ihm gelieferten Gegenstände selbst hergestellt hat.

Besteuerung der Wertschöpfungskette

Der Entstehungsgang der meisten Wirtschaftsgüter durchläuft bis zum Endabnehmer eine Vielzahl von Phasen. Ein Produkt wird in der Regel aus verschiedenen Komponenten hergestellt, dann z.B. über einen Großhändler an wiederum einen Einzelhändler weiterveräußert, und schließlich von diesem an den Endverbraucher verkauft. Die Umsatzbesteuerung erfolgt im Zuge dieser Wertschöpfungskette entweder

- allphasig (Anwendung auf jedes Stadium)

- mehrphasig (Anwendung auf einige, aber nicht alle Stadien)

- einphasig (Anwendung auf nur einen Umsatzvorgang)

Allphasen-Netto-Umsatzsteuer mit Vorsteuerabzug

Die Umsatzsteuer wird in ihrer derzeitigen Ausgestaltung als Allphasen-Netto-Umsatzsteuer mit Vorsteuerabzug bezeichnet, da eine Besteuerung in jedem Stadium der o.g. Wertschöpfung vorgesehen ist (Allphasensteuer).

8.11.3 Praxisbeispiel

Beispiel
Zusammenhang von Umsatzsteuer und Mehrwertsteuer

Der Teilezulieferer Sepp Huber verkauft an den Hersteller Friedhelm Ungerer Komponenten für 1500,00 €. Ungerer stellt daraus eine Maschine her, die er seinem Großhändler Frank Wilder für 6000,00 € liefert. Dieser verkauft die Maschine an die Fachhändlerin Barbara Schell zu 7500,00 €. Frau Schell schließlich veräußert die Maschine an den Endverbraucher Weller für 10000,00 €.

Zur Berechnung der im Preis enthaltenen Umsatzsteuer, Steuersatz 19 %, sind die Preise zunächst auf den Nettobetrag, also auf das Entgelt ohne die Umsatzsteuer, herunterzurechnen:

von -> an	Preis (brutto)	Entgelt (netto)	USt (19 %)
von Huber an Ungerer	1500,00	1261,00	239,00
von Ungerer an Wilder	6000,00	5042,00	958,00
von Wilder an Frau Schell	7500,00	6303,00	1197,00
von Schell an Weller	10000,00	8403,00	1597,00

Bei der Betrachtung des Endkunden Weller wird die Funktionsweise der Umsatzsteuer klar:

- Der Verbraucher (Weller) zahlt 10000,00 € für die Ware an den Fachhändler (Frau Schell)

- Schell hat die darin enthaltene USt von 1597,00 € an das Finanzamt abzuführen

- Schell ihrerseits hat 7500,00 € für die Ware an den Großhändler (Wilder) gezahlt

Die enthaltene Umsatzsteuer von 1197,00 € kann sie als Vorsteuer von der an das Finanzamt abzuführenden USt abziehen - ihr bleibt eine Zahllast von 400,00 €. Dass der Endverbraucher Weller die Umsatzsteuer nicht als Vorsteuer geltend machen kann, zeigt, dass er die gesamte Steuerlast wirtschaftlich zu tragen hat.

8.12 Erstellen der Rechnung

8.12.1 Pflichtangaben in einer Rechnung

Für den Vorsteuerabzug muss eine Rechnung beinhalten:

Angaben für den Vorsteuerabzug

- den vollständigen **Namen** und die vollständige Anschrift des leistenden Unternehmers und des Leistungsempfängers

- die dem leistenden Unternehmer vom Finanzamt erteilte **Steuernummer** oder die ihm vom Bundeszentralamt für Steuern erteilte Umsatzsteuer-Identifikationsnummer

- das **Ausstellungsdatum**

- eine fortlaufende Nummer mit einer oder mehreren Zahlenreihen, die zur Identifizierung der Rechnung vom Rechnungsaussteller einmalig vergeben wird (**Rechnungsnummer**)

- die **Menge** und die Art (handelsübliche Bezeichnung) der gelieferten Gegenstände oder den **Umfang** und die Art der sonstigen Leistung

- den **Zeitpunkt** der Lieferung oder sonstigen Leistung oder der Vereinnahmung des Entgelts oder eines Teils des Entgelts in den Fällen des § 14 Absatz 5 Satz 1 UStG, sofern dieser Zeitpunkt feststeht und nicht mit dem Ausstellungsdatum der Rechnung identisch ist

- das nach Steuersätzen und einzelnen Steuerbefreiungen aufgeschlüsselte **Entgelt** für die Lieferung oder sonstige Leistung (§ 10 UStG) sowie jede im Voraus vereinbarte Minderung des Entgelts, sofern sie nicht bereits im Entgelt berücksichtigt ist

- den anzuwendenden **Steuersatz** sowie den auf das Entgelt entfallenden **Steuerbetrag** oder im Fall einer Steuerbefreiung einen Hinweis darauf, dass für die Lieferung oder sonstige Leistung eine **Steuerbefreiung** gilt

- in den Fällen des § 14b Abs. 1 Satz 5 UStG einen Hinweis auf die **Aufbewahrungspflicht** des Leistungsempfängers

8.12.2 Besondere Formen von Rechnungen

Bei Rechnungen, deren Rechnungsbetrag 100,00 € (ab 01.01.2007 150,00 €) nicht übersteigt, gelten Vereinfachungsregeln. Zwecks Vorsteuerabzug genügen diese Angaben:

Kleinbetragsrechnungen

- den vollständigen **Namen** und die vollständige Anschrift des leistenden Unternehmers

- das **Ausstellungsdatum**

- die **Menge** und die Art der gelieferten Gegenstände oder den **Umfang** und die Art der sonstigen Leistung

- das **Entgelt** und den darauf entfallenden **Steuerbetrag** für die Lieferung oder sonstige Leistung in einer Summe sowie den anzuwendenden Steuersatz oder im Fall einer **Steuerbefreiung** einen Hinweis darauf, dass für die Lieferung oder sonstige Leistung eine Steuerbefreiung gilt

Fahrausweise im Inland

Fahrausweise, die für die Beförderung von Personen ausgegeben werden, gelten als Rechnungen im Sinne des UStG, wenn sie mindestens die folgenden Angaben enthalten:

■ den vollständigen **Namen** und die vollständige Anschrift des Unternehmers, der die Beförderungsleistung ausführt

■ das **Ausstellungsdatum**

■ das **Entgelt** und den darauf entfallenden **Steuerbetrag** in einer Summe

■ den anzuwendenden **Steuersatz**, wenn die Beförderungsleistung nicht dem ermäßigten Steuersatz unterliegt

Auf Fahrausweisen der Eisenbahnen, die dem öffentlichen Verkehr dienen, kann an Stelle des Steuersatzes die **Tarifentfernung** angegeben werden. Für eine Beförderungsstrecke bis 50 km gilt der ermäßigte Steuersatz, bei einer Beförderungsstrecke von mehr als 50 km der allgemeine Steuersatz.

8.13 Grundbegriffe des betrieblichen Rechnungswesens

Antworten auf zentrale Fragen

Das betriebliche Rechnungswesen gibt Antworten auf zentrale Fragen, wie z.B.:

■ Wie viele liquide Mittel fließen dem Betrieb in einer bestimmten Periode zu?

■ Wie viele Mittel sind vom Betrieb in einer Periode x verbraucht worden?

Um diese Fragen klären zu können, sollen zunächst einige wichtige Grundbegriffe vorgestellt werden:

Auszahlungen und Einzahlungen

Auszahlungen

Auszahlungen sind der tatsächliche **Zahlungsmittelabfluss** aus einem Unternehmen in Form von Bargeld oder durch Überweisung. Beispiele: Barentnahmen, Bareinkäufe, gewährte Barkredite, geleistete Vorauszahlungen.

Einzahlungen

Einzahlungen sind dem entsprechend sämtliche **Zuflüsse** an Zahlungsmitteln. Beispiele: Bareinlagen, erhaltene Barkredite, erhaltene Vorauszahlungen, Barverkäufe.

Ausgaben und Einnahmen

Ausgaben und Einnahmen verändern das Geldvermögen

Ausgaben und Einnahmen entstehen durch **schuldrechtliche Verpflichtungen** wie z.B. durch Kaufverträge, ohne dass direkt zum Zeitpunkt des Vertragsabschlusses Auszahlungen oder Einzahlungen erfolgen müssen. Ausgaben vermindern das Geldvermögen eines Unternehmens - Einnahmen erhöhen das Geldvermögen eines Unternehmens.

Aufwendungen

Aufwendungen sind der **Werteverzehr** für Güter und Dienstleistungen innerhalb einer bestimmten Rechnungsperiode. Dieser Werteverzehr dient nicht nur der Erfüllung des Betriebszweckes, sondern auch der Leistungserstellung und -verwertung. Aufwendungen können verschiedene Ursachen haben; man unterscheidet:

Werteverzehr zur Erfüllung des Betriebszweckes und Leistungserstellung/-verwertung

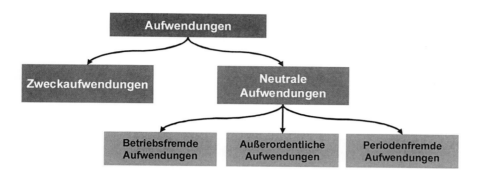

Betriebsaufwendungen entstehen bei der Leistungserstellung und -verwertung. Sie beziehen sich ausschließlich auf die Erfüllung des Betriebszweckes und unterteilen sich in Zweckaufwendungen und Neutrale Aufwendungen:

Betriebsaufwendungen

■ Zweckaufwendungen sind Aufwendungen, die zugleich Kosten darstellen. Diese Kosten sind aufwandsgleich und werden in der Kostenrechnung als **Grundkosten** bezeichnet. Beispiele: Verbrauch von Fertigungs-, Hilfs- und Betriebsstoffen, Gehälter, Lohnzahlungen.

Zweckaufwendungen

■ Neutrale Aufwendungen stehen nicht im Zusammenhang mit dem eigentlichen Betriebszweck. Sie entstehen unregelmäßig und/oder in außergewöhnlicher Höhe. Neutrale Aufwendungen lassen sich weiter differenzieren in betriebsfremde Aufwendungen, **außerordentliche Aufwendungen** und **periodenfremde Aufwendungen**. Neutrale Aufwendungen werden entweder überhaupt nicht oder nur nicht in der ausgewiesenen Höhe in die KLR übernommen - und müssen deshalb **von den Kosten abgegrenzt** werden.

Neutrale Aufwendungen

Neutrale Aufwendungen lassen sich wiederum wie folgt aufgliedern:

■ Betriebsfremde Aufwendungen sind Aufwendungen, die nicht mit der Verfolgung des eigentlichen Betriebszweckes angefallen sind. Beispiel: Ein Unternehmen hat einen Teil des Gebäudes vermietet; für die vermieteten Räume lässt die Geschäftsleitung Schönheitsreparaturen durchführen.

Betriebsfremde Aufwendungen

■ Außerordentliche Aufwendungen werden durch die Leistungserstellung und -verwertung verursacht. Sie fallen unregelmäßig bzw. nur vereinzelt an. Beispiele: Verkauf einer Maschine unter Buchwert, insolvenzbedingte Forderungsverluste.

Außerordentliche Aufwendungen

■ Periodenfremde Aufwendungen sind Aufwendungen, die durch Leistungserstellung und -verwertung entstehen, jedoch erst in einer späteren Rechnungsperiode anfallen oder eine frühere Periode betreffen. Beispiele: Steuernachzahlungen, Prozesskosten für einen im Vorjahr abgeschlossenen Prozess.

Periodenfremde Aufwendungen

Erträge

Wertezuwachs in einer Rechnungsperiode

Erträge sind der **Wertezuwachs durch erstellte Güter und Dienstleistungen** innerhalb einer bestimmten Rechnungsperiode; sie unterteilen sich in Betriebliche Erträge und Neutrale Erträge (Erträge und Einnahmen müssen dabei nicht übereinstimmen):

Betriebliche Erträge

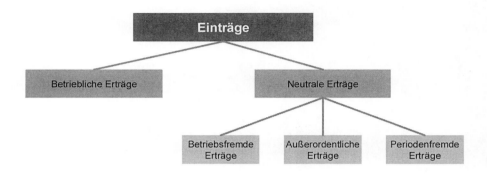

Betriebliche Erträge

Betriebliche Erträge werden durch die Leistungserstellung und -verwertung erzielt; sie beziehen sich auf die Erfüllung des Betriebszwecks. Betriebliche Erträge können sein:

- **Umsatzerlöse** durch den Verkauf der Güter bzw. Dienstleistungen

- **innerbetriebliche Erträge**, entstanden durch selbst erstellte Güter oder werterhöhende Reparaturen, die auf der Aktivseite der Bilanz aufgenommen werden müssen (aktiviert), wenn sie nicht in der gleichen Rechnungsperiode verbraucht werden

- **Nebenerträge**, entstanden z.B. durch den Verkauf von Abfallprodukten

Neutrale Erträge

Neutrale Erträge können sein:

- **Betriebsfremde Erträge**, die das Ergebnis der Verwirklichung von Nebenzielen sind - sie entstehen nicht durch die Leistungserstellung- oder -verwertung. Beispiele: Gewinne aus Wertpapieren, Schenkungen, Vermietung von Räumen; Zinserträge aus gewährten Darlehen an Nichtkunden

- **Außerordentliche Erträge**, die im Zusammenhang mit der Leistungserstellung und -verwertung stehen und unregelmäßig anfallen. Beispiele: Verkauf einer Maschine über Buchwert, Rückerstattung von Gewerbesteuern, Zinsen für Kundendarlehen, Diskonterträge

- **Periodenfremde Erträge**, die durch die Leistungserstellung und -verwertung entstehen, aber erst in einer späteren Periode anfallen. Beispiel: Rückerstattung von Steuern.

Merkmale neutraler Aufwendungen

Diese Erfolgsbestandteile werden als neutral bezeichnet, weil sie sich im Betriebsergebnis nicht auswirken sollen. Als neutral ist ein Aufwand oder ein Ertrag stets dann anzusehen, wenn mindestens eines der folgenden Merkmale zutrifft:

- nicht auf die betriebliche Tätigkeit bezogen = **betriebsfremd**,

- nicht auf die Abrechnungsperiode bezogen = **periodenfremd**,

- unregelmäßig anfallend oder ungewöhnlich hoch = **außergewöhnlich**

Die neutralen Aufwendungen und Erträge werden ebenfalls einander gegenübergestellt; daraus wird ein neutrales Ergebnis ermittelt. Betriebsergebnis und neutrales Ergebnis müssen zusammen wieder das Ergebnis der Geschäftsbuchhaltung ausmachen, welches jetzt das **Gesamtergebnis** ist.

Kosten und Leistungen

Die Erträge der Abrechnungsperiode, die durch die reguläre betriebliche Tätigkeit als Kombination der Produktionsfaktoren bedingt sind, heißen **Leistungen**. Aufwendungen, die durch die Erstellung der Leistungen der Periode verursacht wurden, heißen **Kosten**[1]. Um bereinigte Zahlen zu erhalten, sind in der Kosten- und Leistungsrechnung die neutralen Aufwendungen und die neutralen Erträge abzugrenzen.

Abgrenzung neutraler Aufwendungen und Erträge

Grundkosten sind der betriebsbedingte **Werteverzehr für Güter und Dienstleistungen** innerhalb einer bestimmten Rechnungsperiode, dem Aufwendungen gegenüberstehen (siehe "Zweckaufwendungen").

Grundkosten

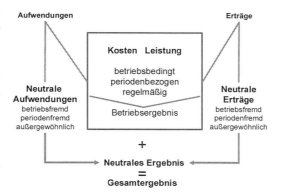

Beispiele: Verarbeitete Roh-, Hilfs- und Betriebsstoffe, Löhne, Gehälter, Dienstleistungen von außen.

Leistungen sind das **Ergebnis der betrieblichen Faktorkombination**.

Leistungen

Betriebsergebnis

Zusatzkosten sind der betriebsbedingte **Wertverzehr, dem keine Aufwendungen gegenüberstehen**. Sie sind jener Teil der kalkulatorischen Kosten, der über die Grundkosten hinausgeht[2]. Beispiel: In einem Unternehmen werden kalkulatorische Abschreibungen für 2005 in Höhe von 50.000,00 € angesetzt.

Zusatzkosten

Die bilanziellen Abschreibungen, die in der Erfolgsrechnung (G+V-Rechnung) Aufwendungen darstellen, betragen 40.000,00 €. Somit sind Zusatzkosten von 10.000,00 € entstanden.

Der Erfolg eines Unternehmens kann in einer Gegenüberstellung der Kosten und Leistungen dargestellt werden: In der **Kosten- und Leistungsrechnung**. Das Resultat der Kosten- und Leistungsrechnung ist das Betriebsergebnis.

Gegenüberstellung

---

1 Kosten sind der wertmäßige Verzehr von Produktionsfaktoren zur Erstellung und Verwertung betrieblicher Leistungen und zur Sicherung der dafür notwendigen betrieblichen Kapazitäten.

2 Abschreibungen sind daher auch in der KLR keine Zusatz- sondern Anderskosten; d.h. der AfA (FiBu) stehen Kosten der KLR in anderer Höhe gegenüber.

8.14 Grundstruktur der Kosten- und Leistungsrechnung

Die Zielsetzung der Kosten- und Leistungsrechnung besteht darin, die Kosten und Leistungen einer Abrechnungsperiode (Monat, Geschäftsjahr) vollständig zu erfassen und daraus das Betriebsergebnis zu erstellen.

Darüber hinaus hat sie noch weitere wichtige Aufgaben zu erfüllen, die im Folgenden dargestellt werden sollen.

8.14.1 Gegenüberstellung von Geschäfts- und Betriebsbuchführung

Die Geschäftsbuchführung (Finanzbuchhaltung) und die Betriebsbuchführung (Kosten- und Leistungsrechnung (KLR)) sind die beiden Hauptbereiche des betrieblichen Rechnungswesens.

Geschäftsbuchführung

Die **Geschäftsbuchführung** erfasst alle Geschäftsfälle, die zu einer Veränderung der Vermögens- oder Kapitalwerte einer Unternehmung führen. Sie ist immer unternehmensbezogen und ermittelt wie folgt den **Gesamterfolg**:

$$\text{Erfolg (Gewinn/Verlust)} = \frac{\text{Erträge}}{\text{Aufwendungen}}$$

Betriebsbuchführung

Die **Betriebsbuchführung** (Kosten- und Leistungsrechnung) erfasst hingegen nur den Werteverzehr (Kosten) und die Wertezuwächse (Leistungen), die durch die eigentliche betriebliche Tätigkeit (Beschaffung – Produktion – Absatz) verursacht wurden. Sie ermittelt das **Betriebsergebnis** der Unternehmung:

$$\text{Betriebsergebnis} = \frac{\text{Leistungen}}{\text{Kosten}}$$

Die Buchführung ist betriebsbezogen.

8.14.2 Aufgaben der Kosten- und Leistungsrechnung im Sinne der Betriebsbuchführung

Ermittlung der Selbstkosten und Leistungen einer Abrechnungsperiode

Die Kosten- und Leistungsrechnung ist ein wertvolles Instrument zur kurzfristigen betrieblichen Erfolgsermittlung, weil die Erfassung aller Kosten und Leistungen einer Abrechnungsperiode **außerhalb der Finanzbuchhaltung** erfolgt.

Ermittlung der Selbstkosten der Erzeugnis-Einheit

Durch die genaue Erfassung der Kosten wird es möglich, sie auf die produzierte Menge zu beziehen. Dadurch erhält man eine Grundlage für die Preiskalkulation - denn erst wenn bekannt ist, mit welchen Kosten das einzelne Produkt belastet ist, kann entschieden werden, ob die Preise für dieses Produkt angemessen sind. Der Unternehmer hat dadurch eine bessere **Entscheidungsbasis** für seine Kalkulation[1].

Entsprechend der handels- und steuerrechtlichen Vorschriften sind die Schlussbestände an fertigen und unfertigen Erzeugnisse höchstens zu Herstellungskosten in die Jahresbilanz aufzunehmen. Diese Erfassung kann nur über eine ordnungsgemäße Kostenrechnung erfolgen.

Bewertung der fertigen und unfertigen Erzeugnisse

Mit Hilfe der Teilkostenrechnung kann festgestellt werden, ob ein Produkt einen ausreichenden Beitrag zur Deckung der fixen Kosten und zur Erzielung von Gewinn leistet.

Ermittlung von Deckungsbeiträgen auf der Basis der Teilkosten-rechnung

8.14.3 Übersichtsschema zur Kosten- und Leistungsrechnung

Zur Erfüllung der Aufgaben der Kosten- und Leistungsrechnung werden die Kosten

▦ nach **Kostenarten** erfasst (Material, Löhne, Abschreibungen ...),

▦ nach **Kostenstellen** aufgeteilt (Stellen der Kostenverursachung) und

▦ den **Kostenträgern** zugerechnet (Erzeugnis, Serie, Auftrag).

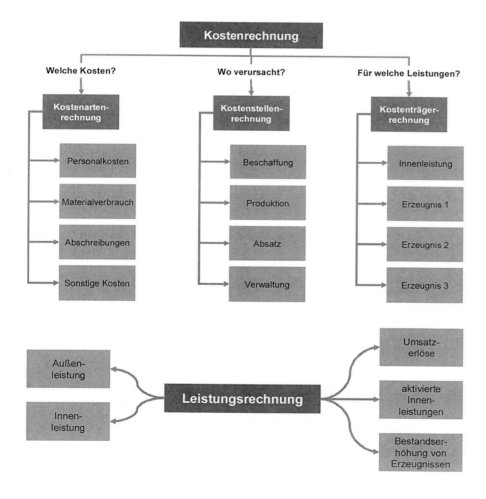

---

1 Selbstkosten sollen nicht nur erfasst, sondern möglichst auch gesenkt werden. Die Wirtschaftlichkeit der Leistungserstellung und -verwertung muss ständig erhöht werden, um wettbewerbsfähig zu werden bzw. zu bleiben. Deshalb ist die Entwicklung der Kosten und Leistungen ständig zu kontrollieren. Die Kontrolle der Wirtschaftlichkeit zählt zu den wichtigsten Aufgaben der Kosten- und Leistungsrechnung.

8.15 Kostenartenrechnung

8.15.1 Aufgaben der Kostenartenrechnung

Die Kostenartenrechnung „stellt die Kosten zur Verfügung"

Die Kostenartenrechnung bildet die Grundlage für die Kostenstellen- und Kostenträgerrechnung. Sie stellt die für die jeweiligen Zwecke der Kostenrechnung erforderlichen Kosten zur Verfügung, z.B. für die Vorkalkulation, Nachkalkulation, Kostenkontrolle, für die Ergebnisermittlung oder für marktorientierte Entscheidungen etc. Der Kostenartenrechnung stellen sich folgende Aufgaben:

- **Erfassung** aller Kosten im Unternehmen

- **Zerlegung** der Kosten in die Kostenarten

- **Ermittlung** des Kostenbetrages jeder einzelnen Kostenart für die Rechnungsperiode

8.15.2 Gliederung der Kostenarten

Kostenarten können nach bestimmten Kriterien unterschieden werden.

Die bedeutendsten Kostenarten haben folgende Einteilung:

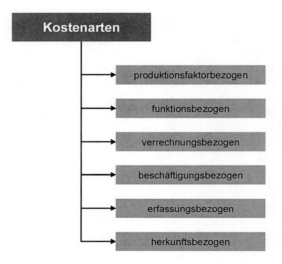

Produktionsfaktoren-bezogene Kostenarten

Funktionsbezogene Kostenarten

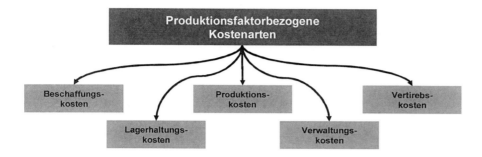

Verrechnungsbezogene Kostenarten

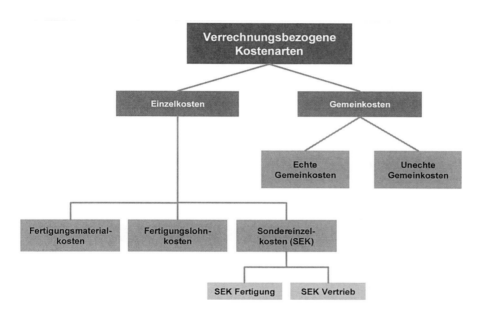

Einzelkosten werden den Kostenträgern nach dem **Verursachungsprinzip** direkt zugerechnet.

Einzelkosten

Gemeinkosten können den Kostenträgern (Produkten) nicht direkt zugerechnet werden, sondern gelangen **über die Kostenstellenrechnung in die Kostenträgerrechnung**. Es kann weiter differenziert werden:

Gemeinkosten

- **Echte Gemeinkosten** sind Kosten, die den Kostenträgern nur indirekt über die Kostenstellen mit Hilfe bestimmter Schlüssel zugerechnet werden können. Beispiele: Gemeinkostenlöhne (Hilfslöhne), Urlaubslöhne, Feiertagslöhne, Gehälter, Sozialkosten, Strom, Steuern, Gebühren, Beiträge.

- **Unechte Gemeinkosten** entstehen zum Beispiel durch den Verbrauch geringwertiger Güter wie Hilfsstoffe und Betriebsstoffe. Sie heißen „unecht", weil sie durchaus als Einzelkosten erfasst werden könnten - aus Vereinfachungsgründen aber als Gemeinkosten behandelt werden.

Beschäftigungsbezogene Kostenarten

Begriff „Beschäftigung"

Kostenarten können nach ihrem Verhalten bei Schwankungen der Beschäftigung unterschieden werden. Dabei ist Beschäftigung die tatsächliche Nutzung des Leistungsvermögens eines Unternehmens. Sie wird in **Leistungseinheiten** gemessen, zum Beispiel in Erzeugnismengen, Arbeitsstunden, Maschinenstunden.

Beschäftigung steht in engem Zusammenhang mit der **Kapazität**: Kapazität eines Betriebes ist die Produktion, die der Betrieb bei Vollbeschäftigung in einem bestimmten Zeitabschnitt zu leisten vermag.

Beschäftigungsgrad

Maßstab für die Beschäftigung ist der Beschäftigungsgrad:

$$\text{Beschäftigungsgrad} = \frac{\text{ausgenutzte Kapazität}}{\text{vorhandene Kapazität}}$$

oder:

$$\text{Beschäftigungsgrad} = \frac{\text{tatsächliche Produktion}}{\text{technische Maximalproduktion}}$$

Beispiel
Beschäftigungsgrad

Teilezulieferer Huber produziert 30.000 Formstücke; sein Maschinenbestand lässt eine maximal produzierbare Menge (oder: maximale Ausbringungsmenge) von 40.000 Stück zu:

$$\text{Beschäftigungsgrad} = \frac{30.000 \times 100}{40.000} = 75\%$$

Fixe Kosten

Die unterschiedliche Auslastung eines Betriebes wirkt sich auf die Kosten aus. So fallen auch bei Produktionsstillstand permanente Aufwendungen für zum Beispiel Gehälter, Mieten und Zinsen an. Diese Kosten sind zur Aufrechterhaltung der Betriebsbereitschaft erforderlich, fallen immer in derselben Höhe an und sind von der Beschäftigung unabhängig. Man bezeichnet diese Kosten als fixe Kosten.

Fixe Kosten bleiben bei Absatzschwankungen fix (= konstant). Auf die Einheit der Leistung bezogen nehmen sie mit zunehmender Beschäftigung ab: Sie verlaufen **degressiv**. Fixe Kosten sind meist Gemeinkosten. Beispiele: Heizungskosten, Mieten, Strom, Gehälter.

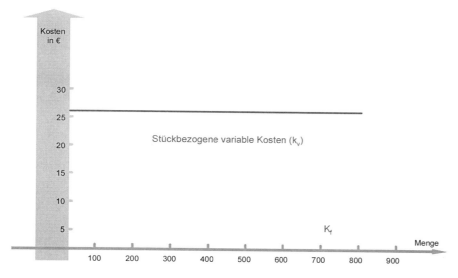

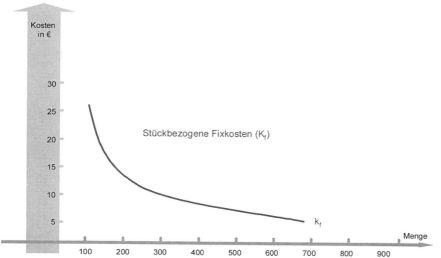

Wenn der Beschäftigungsgrad eines Unternehmens steigt, steigen auch die Gesamtkosten. Zieht man von den Gesamtkosten wiederum die Fixkosten ab, so erhält man die veränderlichen Kosten, die sich mit der Produktionsmenge erhöhen. Es handelt sich um Kosten, die **von der Beschäftigung unabhängig** sind: Um variable Kosten.

variable Kosten

Im Gegensatz zu den fixen Kosten reagieren die variablen Kosten auf jede Veränderung in der Beschäftigung. Variable Kosten sind in der Regel **Einzelkosten**. Sie fallen nur bei tatsächlicher Produktion an und können den Kostenträgern (Produkten) direkt zugerechnet werden. Beispiele: Materialkosten, Leistungslöhne.

die variablen Kosten reagieren auf jede Veränderung in der Beschäftigung

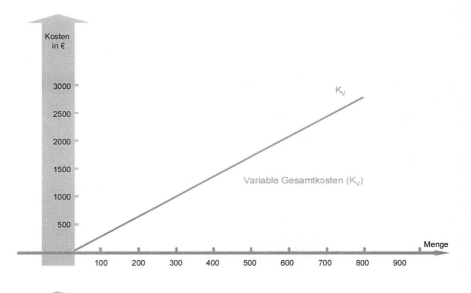

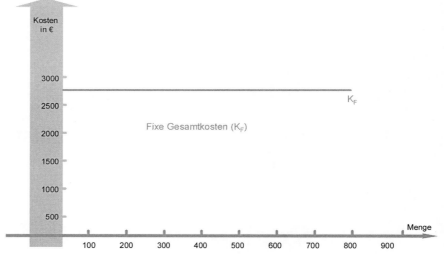

Praktische Umsetzung

Betrachtet man stellvertretend für viele Kostenarten die Mieten, den Rohstoffverbrauch und die Energiekosten, so kann man feststellen:

■ Mieten sind von der höheren Auslastung der Kapazität unabhängig; sie sind fix.

■ Die **Beschäftigungsveränderung** wirkt sich aber auf die Rohstoffkosten aus: Wird zusätzlich mehr produziert, benötigt der Betrieb mehr Rohstoffe - somit steigen die Rohstoffkosten. Es handelt sich also um variable Kosten.

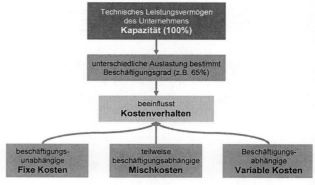

■ Mit der stärkeren Auslastung der Maschinen steigt auch der Stromverbrauch; die Zählergrundgebühren werden davon allerdings nicht betroffen. Energiekosten enthalten demnach fixe und variable Bestandteile; man bezeichnet diese Kosten daher auch als Mischkosten.

Eine genaue Kostenplanung in Abhängigkeit von der Beschäftigung setzt die genaue Aufteilung der einzelnen Kostenarten in ihre variablen und fixen Kostenanteile voraus[1]:

Kostenplanung in Abhängigkeit von der Beschäftigung

> Gesamtkosten = Variable Kosten + Fixe Kosten

Das folgende Beispiel illustriert die Position der Gewinnschwelle:

Beispiel
Ermittlung der Gewinnschwelle (Break Even Point)

Produzierte Menge	Vollkosten		Erlöse		Ergebnis	
	gesamt	Je Einheit	gesamt	Je Einheit	gesamt	Je Einheit
0	2400,00 €	0,00 €	0,00 €	0,00 €	-2400,00 €	0,00 €
100	3400,00 €	34,00 €	1800,00 €	18,00 €	-1600,00 €	-16,00 €
200	4400,00 €	22,00 €	3600,00 €	18,00 €	-800,00 €	-4,00 €
300	5400,00 €	18,00 €	5400,00 €	18,00 €	0,00 €	0,00 €
400	6400,00 €	16,00 €	7200,00 €	18,00 €	800,00 €	2,00 €
500	7400,00 €	14,80 €	9000,00 €	18,00 €	1600,00 €	3,20 €

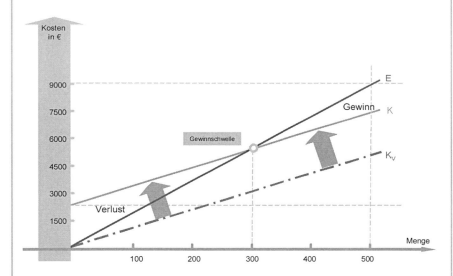

Aus der graphischen Darstellung ist erkennbar, dass die Erlösgerade (E) die Gesamtkostengerade (K) bei einer Ausbringungsmenge von 300 Stück schneidet. Dieser Schnittpunkt heißt **Gewinnschwelle** bzw. **Break-Even-Point**.

Bei der zugehörigen Ausbringungsmenge decken die Gesamterlöse die Gesamtkosten. Jede Ausbringungsmenge, die kleiner als 300 Einheiten ist, führt zu Verlusten, da die Gesamtkosten höher sind als die Gesamterlöse. Ist die Ausbringungsmenge größer als 300 Einheiten (max. bis zur Kapazitätsgrenze von 500 Einheiten), arbeitet das Unternehmen mit Gewinn.

---

1 Diese Aufteilung ermöglicht die Aufstellung von Kostenfunktionen zur schnellen Berechnung von Gesamtkosten für alternative Produktionsmengen

Verlauf der Kostenfunktion

Der **Schnittpunkt von Kosten- und Umsatzfunktion** markiert diejenige Absatzmenge, bei der Kosten und Umsatz gleich hoch sind; bei dieser Absatzmenge wird soeben noch kein Gewinn erzielt. Im vorangegangenen Anschauungsbeispiel ist zu erkennen:

▨ Die **Gewinnschwelle** wird bei derjenigen Absatzmenge erreicht, bei der die Umsatzerlöse = Gesamtkosten sind.

▨ Die **Verlustzone** liegt im Bereich Umsatzerlöse < Gesamtkosten.

▨ Die **Gewinnzone** liegt im Bereich Umsatzerlöse > Gesamtkosten.

▨ Der **Betriebsgewinn** ist bei linearem Verlauf der Kosten- und Umsatzfunktion an der Kapazitätsgrenze am größten.

Nachfolgend wird ein linearer Verlauf der variablen Kosten unterstellt. Das bedeutet, dass die variablen Kosten je Mengeneinheit konstant sind und z.B. Mengenrabatte, Mindermengenzuschläge, Überstundenzuschläge usw. keine Rolle spielen. Damit verläuft die Gesamtkostenfunktion ab der Fixkostenschwelle ebenfalls linear.

Erfassungsbezogene Kostenarten

Man unterscheidet:

▨ Grundkosten und

▨ Zusatzkosten[1]

Herkunftsbezogene Kostenarten

primäre Kosten

Diese Einteilung führt zu einer Unterscheidung in primäre Kosten, wie

▨ **Materialkosten**, z.B. Kosten f. Fertigungs-, Hilfs- und Betriebsstoffe

▨ **Arbeitskosten**, z.B. Lohnkosten, Gehaltskosten, sonstige Personalkosten

▨ Kosten für **Fremdleistungen**, z.B. Kosten für Versicherungen, Fremdreparaturen und Energie

▨ Kosten der menschlichen **Gesellschaft**, z.B. Steuern, Gebühren, Beiträge

▨ **Kapitalkosten**, z.B. Zinsen, Abschreibungen und Wagnisse und

sekundäre Kosten

sekundäre Kosten, die in Zusammenhang mit innerbetrieblichen, d.h. für den Eigenbedarf erbrachten Leistungen stehen. Beispiele: Kosten für selbst erzeugte Energie, Raumkosten, Kosten für eigene Reparaturen.

8.16 Kostenstellenrechnung

Die Kostenstellenrechnung ist ein Bindeglied zwischen der Kostenartenrechnung und der Kostenträgerrechnung

Während die Kostenartenrechnung die Frage beantwortet, **welche** Kosten entstanden sind, hat die Kostenstellenrechnung die Aufgabe festzustellen, **wo** die Kosten im Unternehmen entstanden waren.

Kostenstellen sind Orte, an denen die zur Leistungserstellung benötigten Güter verbraucht werden. Sie sind Teilbereiche des Unternehmens und ermitteln als selbstständige Einheiten ihren Kostenanfall. Betriebsabteilungen bilden Kostenstellen.

---

1 Zur Abgrenzung: Anderskosten sind Kosten, denen Aufwand in anderer Höhe gegenübersteht. Sie bilden zusammen mit den Zusatzkosten die kalkulatorischen Kosten (Abgrenzung).

Sie sind Stellen im Unternehmen, an denen die Gemeinkosten entstehen. Für jeden Kostenbereich ist mindestens eine Kostenstelle zu bilden. Kostenstellen schaffen klare Verantwortungsbereiche zur Kontrolle der **Wirtschaftlichkeit**.

8.16.1 Aufgaben der Kostenstellenrechnung

Die Kostenstellenrechnung soll es ermöglichen, jene Kosten, die nicht direkt den Kostenträgern zugerechnet werden können, auf die Kostenstellen zu **verteilen**, um sie dann möglichst verursachungsgerecht auf die Kostenträger zu **verrechnen**.

Vorbereitung der Kalkulation

Diese tatsächlich angefallenen Kosten für die einzelnen Kostenträger sind Hauptbestandteil der **Kalkulation**, die letztlich die Angebotspreise für diese Kostenträger zu ergeben hat.

Im Rahmen der Kostenstellenrechnung ist die Wirtschaftlichkeit zu untersuchen. Die Kostenstellenrechnung eignet sich besonders dafür, weil in ihrem Zuge viele Teilbereiche (Kostenstellen) gebildet werden, deren Wirtschaftlichkeit jeweils zu überwachen ist.

Kontrolle der Wirtschaftlichkeit

8.16.2 Arten von Kostenstellen

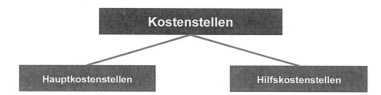

Hauptkostenstellen werden unmittelbar in die Kostenträgerrechnung übernommen. **Hilfskostenstellen** (= sekundäre Kostenstellen) werden nicht unmittelbar übernommen, sondern auf andere Hilfskostenstellen oder auf Hauptkostenstellen umgelegt.

8.16.3 Gliederung des Betriebes in Kostenstellen

Die Bildung von Kostenstellen ist nach unterschiedlichen Kriterien möglich:

Die Kostenstellen in Industriebetrieben werden unter Funktionsgesichtspunkten gebildet. Die übrigen Gliederungskriterien finden nur ergänzend Anwendung. Die Gliederung des Gesamtbereiches erfolgt in vier Kostenbereiche, die sich aus Funktionen des Betriebes ableiten und die Grundlage für Kostenstellen bilden.

Funktionsorientierte Kostenstellen

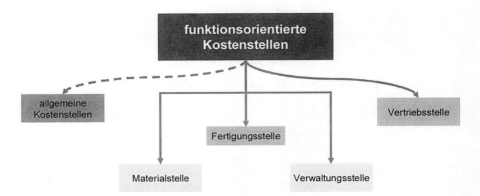

Den Kostenstellen kann ein fünfter **allgemeiner Bereich** vorgeschaltet werden: Hier werden die Kosten gesammelt, die sich keiner der vier genannten Funktionen (Material, Fertigung, Verwaltung, Vertrieb) ausschließlich zuordnen lassen; z.B. Energieversorgung, Fuhrpark, Werkschutz.

Die Kostenstellenrechnung wird in tabellarischer Form im **Betriebsabrechnungsbogen** (BAB, siehe Abschnitt 7.1) durchgeführt. Darin werden die Gemeinkosten zunächst auf die Hilfs- und Hauptkostenstellen und anschließend mit Hilfe von **Zuschlagssätzen** auf die verursachenden Stellen verteilt.

8.17 Kostenträgerrechnung

8.17.1 Begriffserläuterung und Aufgabenzusammenfassung

Die Kostenträgerrechnung baut auf der Kostenarten- und der Kostenstellenrechnung auf. Sie befasst sich mit der Verrechnung der Kosten auf die Kostenträger. Dabei gilt:

- **Kostenträger** können Waren oder Zeiträume sein.
- Werden die Kosten den Wareneinheiten zugeordnet, spricht man von **Kostenträgerstückrechnung** (= Kalkulation).
- Werden die Kosten Zeiträumen zugeordnet, spricht man von der **Kostenträgerzeitrechnung**.

Aufgaben der Kostenträgerrechnung

Aufgabe der Kostenträgerrechnung (Kalkulation) ist die Ermittlung der Selbstkosten je Erzeugniseinheit. Sie liefert Informationen für die Preispolitik, für die Ermittlung des Erfolges eines Erzeugnisses sowie für die Bewertung von Beständen an Halb- und Fertigerzeugnissen bzw. selbst erstellten Anlagen.

8.17.2 Kalkulationsverfahren der Kostenträgerrechung

Zuschlagskalkulation

Die Zuschlagskalkulation ermöglicht eine **differenzierte Zurechnung** der Kosten; sie passt sich in ihrem Aufbau der Kostenstellengliederung des Betriebsabrechnungsbogens an.

Divisionskalkulation ist anwendbar, wenn ein Betrieb **nur eine Erzeugnisart** herstellt (Beispiel: Brauerei); die Selbstkosten ergeben sich für den einzelnen Kostenträger aus der Division der Gesamtkosten durch die Produktionsmenge:

Divisionskalkulation

$$\text{Selbstkosten des Kostenträgers} = \frac{\text{Gesamtkosten der Periode}}{\text{Produktionsmenge der Periode}}$$

Bei der Handelskalkulation beschränkt sich die Tätigkeit eines Unternehmens auf den Handel mit Erzeugnissen - Produktionskosten im engeren Sinne fallen nicht an. Die zur Ermittlung der Handelskalkulation eingesetzten Verfahren können entsprechend einfacher aufgebaut sein.

Handelskalkulation

8.18 Controlling, Grundlagen

8.18.1 Vom konventionellen Rechnungswesen zum Controlling

Controlling stammt - wie viele der neueren betriebswirtschaftlichen Begriffe – aus den USA. Dort werden seit vielen Jahrzehnten Controller im Planungs- und Rechnungswesen eingesetzt. Im deutschsprachigen Raum hat das Controlling verstärkt im letzten Jahrzehnt Einzug gehalten. Aber in vielen Klein- und Mittelbetrieben arbeitet noch allein der "bilanzsichere" Buchhalter oder der Betriebsabrechner, um die Geschäftsleitung mit Informationen aus dem Rechnungswesen zu versorgen und ihr Entscheidungshilfen an die Hand zu geben. Es stellt sich also die Frage, warum in vielen Betrieben Buchhaltung und Betriebsabrechnung für die Unternehmenssteuerung nicht mehr ausreichen.

Controlling statt Buchhaltung und Betriebsabrechnung?

Die Hauptursachen sind in Änderungen unserer Märkte zu sehen, die für den Unternehmer infolge der sich rasch verändernden sozio-ökonomischen Rahmenbedingungen immer schwerer zu durchschauen sind. Um diesen Einflussfaktoren besser zu entsprechen, ist ein grundlegender Wandel vom rückwärts gerichteten, buchhaltungsorientierten Controlling zu einem vorwärts gerichteten, aktionsorientierten Controlling erforderlich. Es handelt sich um einen Prozess von

Wandel zum aktionsorientierten Controlling

■ Zielsetzung - Planung - Steuerung

Das Controlling ist Job eines jeden Managers. Entscheidungen sind planvoll und koordiniert im Team zu erarbeiten. Controlling realisieren = Planung und Steuerung zum Gewinnziel betreiben. Der Controller übt für diesen Prozess des Controllings eine Dienstleistungsfunktion aus. Er muss:

Controlling und Controller

■ die Instrumente zur Navigation anbieten

■ für die in den Zahlen liegenden Konsequenzen Überzeugungsarbeit leisten

Controlling ist Steuerung, nicht Kontrolle!

Der Controller kontrolliert demnach nicht, sondern er sorgt dafür, dass sich jeder selbst kontrollieren kann im Hinblick auf die von der Geschäftsleitung gesetzten Ziele. Das erfordert, dass Ziele oder "Objectives" auch tatsächlich aufgestellt werden. Außerdem funktioniert die Selbstkontrolle nur, wenn auch eine Planung besteht.

Soll-Ist-Vergleich

Das Controlling spielt sich als Soll-Ist-Vergleich ab. Der Controller bietet ein **Signalsystem der Abweichungen**, das Management zu Korrekturzündungen veranlassen soll, damit der Plankurs zum Ziel auch tatsächlich soweit wie möglich eingehalten wird. Da die Unternehmensziele und Planmaßstäbe überwiegend in Form von Zahlen formuliert sind, braucht der Controller den "Apparat des Zahlenhandwerks" zur Erfüllung seiner Aufgabe.

Allerdings dreht es sich hier nicht um Zahleninformationen im Sinne der Buchhaltung (rückwirkend - ist alles abgestimmt - stimmt alles) sondern um die Funktion des „Steigbügelhalters für Verbesserungen"; mit Blick in die Zukunft. Das Controlling liefert die Grundlagen für unternehmerische **Zukunftsentscheidungen**.

Zentrale Bereiche und Aufgaben ganzheitlichen Controllings

- Strategisches Controlling

- Operatives Controlling

- Qualitäts-Controlling

- Öko-Controlling

8.18.2 Begriffliche Grundlagen und Abgrenzungen

Hauptzielsetzung des Controlling

In die Zukunft gerichtete Steuerung

Die Hauptzielsetzung des Controllers ist die **Gewinnsteuerung** des Unternehmens, um schnelle Anpassungen an unvorhergesehene Entwicklungen zu ermöglichen. Statt rückwärtsgerichteter Dokumentationen bedarf es daher zukunftsorientierter Gegensteuerungsmaßnahmen. Jede Maßnahme ist daraufhin zu überprüfen, ob sie sich positiv auf die festgelegten Unternehmensziele auswirkt. Der Controller hat die erfolgswirtschaftliche Aufgabe der **Ergebnissicherung**. Er orientiert sich an Umsatzerlösen, Kosten, Deckungsbeiträgen, Rentabilitätsgrößen u. a.

Der "**Treasurer**[1]" hat die finanzwirtschaftliche Aufgabe der Liquiditätssicherung. Er orientiert sich an Einnahmen und Ausgaben – dem **Cash-Flow**.

Aufgaben des Controllings

Die Aufgaben des Controllings rechtfertigen die folgenden Ferststellungen:

- Controlling ist ein Führungssystem.

- Controlling koordiniert Planung und Kontrolle.

- Controlling dient der Ergebnissicherung.

- Controlling ist ein aktuelles Informationssystem.

- Controlling dient der internen betriebswirtschaftlichen Beratung.

Hinweis

Ausdrücklich soll hier noch einmal vor dem Missverständnis gewarnt werden, der Controller habe die Aufgabe, die Zielsetzung und Planungsinhalte des Unternehmens zu bestimmen und deren Einhaltung unmittelbar zu kontrollieren. Der Controller sorgt lediglich dafür, dass die vielfältigen Planungs- und Kontrollmaßnahmen miteinander verbunden sind. Er übt eine **Querschnittsaufgabe** aus, die in ihren Funktionen der Existenzsicherung des Unternehmens dienen soll.

---

1   engl. treasure= Schatz; Treasurer= Schatzmeister

Planung und Kontrolle sind Kernaufgaben der Unternehmensführung!

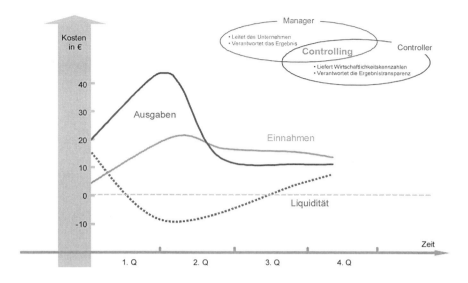

8.19 Controlling, Abgrenzung

8.19.1 Abgrenzung Interne Revision - Controlling

Die Schwerpunkte der Aufgabenfelder sind von der Unternehmensleitung klar abzugrenzen:

Interne Revision - Controlling

Interne Revision	Controlling
Unregelmäßig (fallweise) oder periodisch (turnusmäßige) Prüfung durch prozessunabhängige Personen	laufende Steuerung durch prozessabhängige Personen
Gegenwarts- und Vergangenheitsorientierung	Zukunftsorientiert
Begutachtung abgeschlossener Vorgänge auf Ordnungsmäßigkeit, Zweckmäßigkeit und Wirtschaftlichkeit	Beratung des Management in Verfahrensfragen
Verbesserungen werden veranlasst	Entscheidungsvorbereitung
Feststellung des Einhaltungsgrades von Vorschriften und Regelungen, Dokumentation der Ergebnisse	Beschaffung, Selektion, Aufbereitung und Interpretation von Informationen
Datenrichtigkeit wird festgestellt	Datenrichtigkeit wird unterstellt
Berichtskritik	Berichterstattung

Trotz der Abgrenzung gibt es eine wichtige Gemeinsamkeit: Die **Servicefunktion**. Unterschiede ergeben sich dagegen bei der Aufgabenzuweisung, bei den Instrumentarien und der Kompetenzbestimmung.

8.19.2 Abgrenzung Rechnungswesen - Controlling

Rechnungswesen - Con-
trolling

Folgende Kriterien unterstützen die Abgrenzung:

Kriterium	Rechnungswesen	Controlling
Arbeitsweise	Zahlenbezogen Geheim starre Richtlinien	Empfängerbezogen, offene Kommunikation mit allen betroffenen Abteilungen ständiges Anpassen an Unternehmensbedürfnisse
Dominierendes Arbeitsgebiet	Buchführung	Zielsetzung, Planung und Steuerung
Berichtsdarstellung	Zahlenaufstellungen	Berichte mit Informationen, Graphiken, Maßnahmen, Zusammenfassungen, Vorschlägen
Berichtssprache	Fachspezifisch	für Empfänger verständliche Sprache
Berichtszeitraum	Vergangenheitsbezogen	zukunftsbezogen
Aufgabengebiet	Rechenschaftslegung	Informationsbeschaffung und -weitergabe

Branchenspezifische Ausprägungen des Controllings

- Controlling im Handel

- Controlling in Banken

- Controlling in Versicherungen

- Controlling in Non-Profit-Organisationen

8.20 Controlling, Funktion

8.20.1 Kennzahlen als Controllinginstrument

Über „trockene" Kennzahlen
und Führungskräfte

„Trockene" Kennzahlen sind nicht unbedingt Sache von Führungskräften und visionsgeleiteten Unternehmern, die eher in Ziel- und Strategiekategorien denken dürften. Umso wichtiger ist die Funktion des Controllings, die Kennzahlen zu erfassen, herunterzubrechen und verständlich zu machen bzw. daraus abgeleitet vernünftige Führungsentscheidungen vorzubereiten und herbeizuführen. In Anlehnung an das Konzept der „Balanced Scorecard"[1] lassen sich Kennzahlen grob in vier Gruppen zusammenfassen: Kunden, Innovation, Finanzen und Interne Prozesse:

---

1 Balanced Scorecard steht für ein strategisches Managementkonzept, in dem ganzheitliche Unternehmensvisionen, -strategien, -missionen und –ziele definiert und umgesetzt werden. Gesamtziele werden in Teilziele untergliedert und Planungs- bzw. Kennzahlen zugeordnet. Auf der operativen Ebene werden diese in Form von Projekten und Aufgaben geplant und umgesetzt.

Ökonomische Kennzahlen dienen der Verdeutlichung wirtschaftlicher Entwicklungen. Kennzahlen (Indikatoren) existieren in den Kategorien:

Kategorien

- Absolute Kennzahlen
- Relative Kennzahlen
- Indexkennzahlen
- Beziehungskennzahlen
- Gliederungskennzahlen

Kennzahlen unterstützen bestimmte unternehmerische Funktionen, indem sie zunächst als Datenbestand erfasst, ausgewertet und zu Informationen verdichtet werden:

Funktionen

- Entscheidungsfunktion
- Kontrollfunktion
- Koordinationsfunktion
- Verhaltenssteuerungsfunktion
- Motivationsfunktion
- Benchmarking (Orientierung am „Best Practice"-Wert)
- Orientierung (am Return on Investment (ROI) etc.)

Einige Kennzahlen im Überblick (Auswahl)

Allgemeine Bilanzkennzahlen sind zum Beispiel:

Allgemeine Bilanzkennzahlen

- Liquidität x. Grades
- Gesamtkapitalrendite
- Umsatzrendite
- Return on Investment (ROI)
- Cash-Flow
- Abschreibungsquote

Kennzahlen der Personal-
wirtschaft

Kennzahlen der Personalwirtschaft sind zum Beispiel:

- Beschäftigungsstruktur

- Beschäftigungsgrad

- Krankenquote

- Lohnquote

- Leistung je Arbeitnehmer

- Weiterbildungskosten je Mitarbeiter

- Altersstruktur der Belegschaft

Kennzahlen für Marketing
und Absatz

Kennzahlen für Marketing und Absatz sind zum Beispiel:

- Umsatzstruktur

- Break-Even-Point

- Absoluter/relativer Marktanteil

- Marktwachstum

- Auftragsreichweite

Anhang

Inhalt:

- Vorbereiten und Führen eines Bankgesprächs
- Internet-Informationen für Existenzgründer

A.1 Checkliste Bankgespräch - Vorbereitung und Durchführung

1 Für die Existenzgründung ist die richtige Zusammenarbeit mit der richtigen Bank von existenzieller Bedeutung. Es gibt es verschiedene Banktypen:

- Sparkasse

- Postbank

- Volks- und Raiffeisenbanken

- Geschäftsbanken

2 Bei der Auswahl der Bank sollten Sie die folgenden Kriterien berücksichtigen:

- Wer entscheidet über Kreditvergabe?

- Gibt es verschiedene Unterstützungen in Abhängigkeit von der Firmengröße/Produkt?

- Häufige Nutzung der Bankverbindung durch eigene Branche oder Geschäftspartner

- Beratung der Bank/Sparkasse vertrauensvoll und gründlich

- Sympathie für den Ansprechpartner bei der Bank

- Kenntnisse des Marktes durch Ansprechpartner

- Bereitschaft und Möglichkeit der Beratung über öffentliche Förderprogramme

- Servicebereitstellung der Bank

- Haben Sie eine Empfehlung der Bank/Sparkasse?

3 Sie sollten mit mehreren Banken verhandeln.

4 Bei Absprache und zeitlicher Abstimmung des Bankgesprächs sollten Sie außerdem beachten:

- Kein Auftreten als Bittsteller

- Mitnahme des Unternehmens/Steuerberaters zum Banktermin

- Abstimmung des Rollenverhaltens

- Gesprächsform/-inhalte und Art der Gesprächsführung

- Art des Auftretens, Art der Kleidung

- Qualität der schriftlichen Vorlagen

- Zeigen von kaufmännischer und produktbezogener Kompetenz

- Schnelles Feed-back der Bank verlangen

5 Der Gesamteindruck bei der Bank wird wesentlich auch von folgenden Faktoren bestimmt:

- Einhaltung von Terminen/Pünktlichkeit

- Auftreten des Firmengründers

- Kleidung

- bisherige Kontenführung bei der Hausbank

- Beziehungen zu der Hausbank

6 Persönliche Daten sollten nicht nur den Lebenslauf (tabellarisch) abbilden, sondern auch Details zu diesen Punkten:

■ bisherige (Berufs-)Ausbildung

■ bisherige Berufstätigkeit

■ Qualifikationen des Firmengründers unterteilt in:
- Fachliche Qualifikation
- Kaufmännische Qualifikation

7 Diese Faktoren bestimmen die Art der Firma:

■ Rechtsform der Firma

■ Name der Firma

■ Name des Firmeninhabers

8 Die Bedeutung eines Businessplans ist sehr hoch; die nachfolgenden Punkte erfordern entsprechende Sorgfalt:

■ Inhalte des Businessplanes

■ Optische Darstellung

■ Werbung

■ Alleinstellungsmerkmal

■ Kosten des Produktes/der Dienstleistung

■ Markt- und Konkurrenzanalyse

9 Ebenso ist der Finanzplan von großer Bedeutung. Er besteht aus:

■ Kapitaldienstfähigkeit

■ Kapitalbedarfsplan

■ Rentabilitätsvorschau

■ Liquiditätsplan

■ Finanzierungsplan

10 Aus der Höhe des Finanzierungsbedarfs geht unter anderem das von Ihnen benötigte Kreditvolumen hervor:

■ Gründungskosten

■ Kosten der betrieblichen Anlaufphase

■ Planung von lang- mittel- und kurzfristigen Finanzaufwendungen

■ Möglichkeiten der Einsparung von Finanzmitteln

■ Zinskosten

■ Tilgung

■ Versicherungen

■ Steuerzahlungen

■ Miete

■ Personalkosten

■ Patent-, Lizenz-, Franchisegebühren

1 1 Die wichtigsten Punkte der Lebenshaltungskosten sind folgende: (sie bestimmen den Unternehmerlohn):

- Krankheit

- Unfall

- Reparaturen an Haus/Wohnung

- Reparaturen am Auto

1 2 Ihr Eigenkapital können Sie aus dieser Liste zusammenstellen:

- Grundpfandrechte (Grundschuld/Hypothek)

- Bankguthaben

- eigene Sicherheiten

- Verwertung der Sicherheiten

- Wertpapiere

- Lebensversicherungen mit Rückkaufswert

- Bürgschaften

- Maschinen

- Kfz

1 3 Auch die Firma selbst liefert einen Teil der Sicherheiten:

- Kundenforderungen

- Warenlager

- Ladeneinrichtung

1 4 Private Bürgschaften werden von folgenden Personen gegeben:

- Eigene

- Fremdpersonen

1 5 Als öffentliche Sicherheiten gibt es die folgenden zwei Möglichkeiten

- Ausfallbürgschaft

- Bürgschaftsbanken

1 6 Die Umsatzerwartungen sind eine wichtige Größe bei der Prognose des Betriebsergebnisses.

1 7 Der Cash-Flow sagt etwas aus über liquide Mittel, die der Firma in einem bestimmten Zeitraum zufließen, Das ist nicht nur für den Existenzgründer sondern auch für die Bewertung durch die Bank wichtig.

1 8 Die Zukunftspläne werden von diesen Punkten bestimmt:

- Unternehmensstrategie

- Businessplan

- Plandaten

1 9 Warum das Eigenkapital wichtig ist und wie es vergrößert werden kann, sagt Ihnen diese Liste:

- Erspartes Kapital

- Kapital aus der Familie/von Verwandten

- Einbringung von Sachmitteln (Maschinen, Werkzeuge, KFZ, Computer

- Aufnahme eines Partners/Partnerin mit weiterem Eigenkapital

- Bedeutung des Eigenkapitals

- Sicherheit/Vertrauen gegenüber der Bank

- Auf Liquiditätsprobleme schneller reagieren

- Auf neue Marktsituationen unabhängig und schnell reagieren

2 0 Die folgenden Auskünfte sagen der Bank etwas über die zu erwartende Zusammenarbeit:

- Bisherige Kontoführung

- Zusammenstellung der eigenen Vermögens- und Einkommensverhältnisse

- Schufa

- Bankauskunft

2 1 Unter Rating versteht man eine Bewertung der Zahlungsfähigkeit, in der die folgenden Punkte zur Bewertung der Bonität von großer Bedeutung sind:

- die wirtschaftliche Situation des Unternehmens

- die Qualität des Managements und der Unternehmensorganisation

- die Situation des Unternehmens am Markt und die Zukunft des Marktes und der Branche

- die Beziehung zwischen Unternehmen und Hausbank

- die Unternehmensentwicklung und Unternehmensplanung

- das Gründungskonzept

- Unternehmereigenschaften

- Markteinschätzung des Vorhabens

- fachliche Qualifikation des Gründers

- kaufmännische Qualifikation des Gründers

- unternehmerische Qualifikation des Gründers

- Finanzierung

- Zusammensetzung des Managements.

2 2 Das Rating sagt auch für den Firmengründer einiges aus:

- Qualität und Schlüssigkeit der Firmengründung

2 3 Sie sollten Informationen über Förderprogramme verlangen und eigene Kenntnis darüber haben. Es gibt unter anderem:

- ERP-Kapital

- KfW

A.2 Checkliste Internetrecherche

1 Es gibt viele Suchdienste. Einige für sämtliche Suchbegriffe, wie „google", und andere mit einem Suchdienst für spezielle Themengebiete.

▓ In Deutschland werden mehr als 85% der Auskünfte über „google" eingeholt.

▓ Es gibt im Internet inzwischen mehr als 20 Milliarden Webseiten.

▓ Das sind ca. eine halbe Milliarde Bücher mit rund 400 Seiten.

Internetrecherche hört sich für den Computernutzer zunächst einfach an. Technisch ist aber ein erheblicher Aufwand nötig:

▓ Es gibt 54000 Google Server, die auf Linux basieren.

▓ Diese Server haben 100.000 Prozessoren.

▓ 260.000 Festplatten werden benötigt.

▓ Jede Suchanfrage durchläuft ca. 100 Computer in 0,25sec.

Zur Suche nach dem Fachgebiet einer Webseite gibt es „Generische Top-Level Domains", wie „edu" für Education, „net" für Netzwerkbetreiber oder „com" für commercial. Weiterhin gibt es auch „Länder Top-Level Domains". Mit ihnen wird die geographische Herkunft der Webseiten gekennzeichnet, wie „de" für Deutschland oder „uk" für Großbritanien.

Hauptkonkurrenten von „google" sind die folgenden Suchmaschinen:

▓ AOL

▓ Yahoo

▓ Metaspinner

▓ Web.de

▓ Inctomi

▓ Alltheweb

2 Es genügt oft nicht, nur mit einem Wort in die allgemeinen Suchmaschinen einzusteigen. Gezielte systematische Informationsbeschaffung findet meistens nicht statt; die Bereitschaft, sich durch längere Texte durchzuarbeiten, um ihren Sinn erschließen und ihre Verlässlichkeit beurteilen zu können nimmt immer mehr ab.

Zunächst muss man die gewünschte Information definieren; das macht man zum Beispiel mit folgender Liste.

▓ Inhaltlicher Überblick über ein Thema

▓ Gezielte Faktenthemen

▓ Auskünfte über Organisationen

▓ Erfahrungen und Empfehlungen

Sie brauchen Zeit um sich Gedanken über das Ergebnis Ihrer Recherche zu machen. Dazu können sie folgende Überlegungen/Werkzeuge nutzen:

▓ Halten Sie Ihre Erkenntnisse in schriftlicher Form fest.

▓ Der Grad und die Genauigkeit Ihrer Suche müssen bestimmt werden.

▓ Halten Sie Ergebnisse fest, dadurch vermeiden sie doppelte Arbeit.

- Lassen sie Intuition und gesunden Menschenverstand walten

- Bei vielen Browsern steht ein Punkt „Seite durchsuchen" im Menüpunkt „Bearbeiten". Dieser Punkt hilft, bestimmte Begriffe auf einer geöffneten Seite zu finden. Diese Stelle kann durch farbliche Hervorhebung gekennzeichnet werden.

3 Machen Sie sich klar, dass Ihre Informationen sehr stark in Aktualität, Verlässlichkeit und Relevanz differieren. Ist es ein seriöser Anbieter? Verfolgt der Autor bestimmte Interessen bzw. Ziele mit der Veröffentlichung? Ist sie neutral und ausgewogen?

4 Sie werden feststellen, dass sich Ihre Informationen sehr stark in verschiedenen Graden der Verwertbarkeit unterscheiden. Machen Sie Ihre Ergebnisse zuverlässig, durch telefonische oder E-Mail-Nachfrage bei Spezialisten.

5 Machen Sie sich klar, dass die Suchmaschinen das Internet nicht komplett neu durchsuchen, sondern nur nach einem eigenen Index vorgehen, der davon abhängt, wann sie die entsprechenden Seiten zuletzt gesehen haben. Letzten Endes werden Sie aber doch bei Suchdiensten landen.

6 Der einfachste Weg um an Informationen zu kommen geht über die Adresszeile www.suchbegriff.de. Indem sie z. B. den (Firmen-) Namen in diese Zeile eingeben, gelangen sie oft schon auf diese individuelle Seite und erhalten Informationen aus erster Hand.

- Manchmal sollten Sie gleich eine Metasuchmaschine wie Metager zurate ziehen: Die übergibt Ihre Anfrage gleichzeitig an vierzig und mehr Einzelsuchmaschinen und verhilft Ihnen so in vielen Fällen zum Erfolg.

- Freizeit-Plattformen wie MySpace oder Facebook werden von Nutzern gestaltet.

- Berufs-, Experten- oder Business-Netzwerke wie Xing, LinkedIn oder WerWeissWas geben themenbezogene Auskünfte.

- Multifunktions-Gemeinschaften wie studiVZ erschließen einen großen Katalog von Themen, die aus Bibliotheken etc. ihre Informationen entnehmen.

- Soziale Netzwerke ermöglichen gezielte Kontaktaufnahmen.

7 Wenn Sie Wikipedia, die erweiterte Google-Suche, den Yahoo-Katalog, eine Nachrichten- oder Meta-Suchmaschine und/oder ein, zwei einschlägige Netzwerke zu Rate ziehen, bekommen Sie in aller Regel schon sehr viele Informationen.

8 Sie finden in der folgenden Liste Websites mit Suchfunktionen. Damit sollten Sie einen wirklich großen Teil Ihrer Internetsuche durchführen können. Bitte vergessen Sie nicht, dass manche Webadressen sich ändern können.

- www.recherchefibel.de

- home.nordwest.net/hgm/index.html

- www.hvbg.de/d/ziguv/service/internet/rech_p.html

- www.searchcode.de

- www.ub.uni-bielefeld.de/biblio/search/index.htm

- www.searchenginewatch.com

- www.searchsyntax.de

- www.sucharchiv.com

- www.virtualchase.com/search_engines/index.html

- www.abc-onlinesuche.de/werkzeug/abc-such.htm
- www.abderhalden.com/suchen.htm
- www.dasan.de/katalog/internet/suchdienste/suche_e.htm
- www.finditall.de
- www.hbz-nrw.de/produkte_dienstl/toolbox/index.htm
- www.heise.de/ct/tipsundtricks/cttt7.shtml
- www.informatik.uni-frankfurt.de/~garrit/search.html
- www.suchlexikon.de
- www.acoon.de
- www.allesklar.de
- www.alltheweb.com
- www.altavista.de
- www.at-web.de
- www.dmoz.org
- www.fireball.de
- www.google.de
- www.looksmart.com
- www.lycos.de
- www.metager.de
- www.metacrawler.com
- www.metaspinner.de
- www.polarluft.de
- www.teoma.com
- www.web.de
- www.werle.com/intagent/index.htm
- www.yahoo.de
- mesa.rrzn.uni-hannover.de
- www.telefonbuch.com
- www.t-info.de
- www.expertenseite.de
- www.wer-weiss-was.de
- www.audiofind.de
- www.ixquick.com
- www.metaspinner-media.de/mdsme/mdsme-ocs/homemp3.shtml#funktionen
- www.tonspion.de
- www.walhello.com/mainde.html
- www.dw-world.de/german

- news.google.de
- www.heise.de/newsticker
- www.kress.de
- www.newsaktuell.de
- www.newsroom.de
- paperball.fireball.de
- www.spiegel.de
- www.taz.de
- www.brockhaus.de
- www.dimdi.de
- www.dialog.com
- www.econdoc.de
- www.britannica.com
- www.fiz-karlsruhe.de
- www.gbi.de
- www.genios.de
- www.pressedatenbank.guj.de
- www.juris.de
- www.kft.de/links/datenban.htm
- www.lexis-nexis.de
- www.munzinger.de
- www.ovid.com
- www.ub.ruhr-uni-bochum.de/DigiBib/db-start.htm
- www.xipolis.net

Numerics

3D-Modell" zur Leistungssteigerung des Managements 95

A

Abflussprinzip 277
Abgabe, öffentliche 156
Abgabenordnung 160, 275
Ablauforganisation 114
Ablaufplan 115
Abnahme, Bestehen auf 56
Absatzhelfer 181
Absatzmittler 181
Absatzorientierung 90
Absatzwerbung 192
Abschlussfreiheit 48
Abwesenheitsrate 209
Abzahlungsdarlehen 139
Abzugsbetrag, gesetzlicher 247
AIDA-Schema 192
Akiva 280
Aktiengesetz 66
Alleinerziehende 165
Altersentlastungsbetrag 165
Altersteilzeit 242
Amortisationsrechnung 154
Amtsgericht 59
Angebot 29, 38
Angebot, freibleibendes 39, 42
Angebotsmarketing 176
Annahme 42
Annahme, ordnungsgemäße 55
Annahmeverzug 55
Annexsteuer 250
Annuitätendarlehen 139
Annuitätenmethode 155
Anreiz 97
Anreiz, außerbetrieblicher 97
Antrag 38, 42
Arbeitgeber 222, 241,
    242, 245, 252
Arbeitgeber-Arbeitnehmer-
    Beziehung 224
Arbeitgeberverband 226, 245
Arbeitgeberzuschuss 254
Arbeitnehmer 241, 245, 252
Arbeitnehmervertretung 243
Arbeits- und Lohnkosten am
    Standort 90
Arbeitsbescheinigung 246
Arbeitsentgelt 242
Arbeitserlaubnis 246
Arbeitslosenversicherung 251
Arbeitslosigkeit 24, 25
Arbeitsmarkt, externer 213
Arbeitsmarkt, interner 213
Arbeitspapier 246
Arbeitsproduktivität 27
Arbeitsrecht 221
Arbeitsschutzgesetz 242
Arbeitsstättenverordnung 242
Arbeitsverhältnis, befristetes 244
Arbeitsvertrag 245

Arbeitsverwaltung 216
Arbeitszeitgesetz 243
Arbeitszeugnis 219
Audit 123
Aufbauorganisation 106, 115
Aufbauorganisation, Elemente,
    Stellen 109
Aufgabensynthese 109
Aufsichtsrat 82
Auftraggeber 46
Auftragnehmer 46
Aufwandskonto 285
Aufwendung 284, 286, 291
Aufwendung,
    außerordentlich 291
Aufwendung, betriebsfremd 291
Aufwendung, neutrale 291
Aufwendung,
    periodenfremd 291
Aufzeichnungspflicht 260, 273
Ausgabe 284, 290
Außenfinanzierung 136
Außenwirkung 197
Auszahlung 290
Auszubildende 263
Autoritätsform 94

B

Banknote 19
Banküberweisung 131
Bargeld 19
Bargeldzahlung 130
Barkauf 47
Basis, fachliche 69
Bauplanungsrecht 90
Bedarfsplanung 208
Befragung, schriftliche 185
Beitrag 156
Beitrag, pauschal 256
Beitragsbemessungsgrenze 252
Beitragssatz 251
Belastung, außer-
    gewöhnliche 166
Beleg 276
Belegorganisation 276
Bemessungsgrundlage 252, 260
Benchmarking 123
Beobachtung 188
Berufsausbildungsverhältnis 263
Berufsausbildungsvertrag 44
Berufsgenossenschaft 252
Berufswahl 97
Beschäftigte, geringfügig
    entlohnte 254
Beschäftigungsgrad 298
Beschäftigungsveränderung 300
Beschäftigungsverbot 244
Besitz- und Verkehrssteuer 158
Bestandsverzeichnis 282
Bestätigungsschreiben,
    kaufmännisches 42
Besteller 46
Besteuerung 171
Besteuerungsgrundlagen 271

Bestimmungsfaktor 70
Bestimmungskauf 47
Beteiligungsfinanzierung 136
Betrieb 66
Betriebsaufwendung 291
Betriebsausgabe 168
Betriebsbuchführung 294
Betriebseinnahme 167
Betriebsergebnis 293
Betriebsrat 206, 217,
    243, 245, 246
Betriebsvereinbarung 245
Betriebsverfassungsgesetz 243
Beurteilungsfehler 221
Beweisführung 102
Beweissicherung 53
Bewerbungsunterlage 218
Bezug, laufender 247
Bezugnahme 50
Bilanz 279
Bilanzgleichung 151
Bilanzkennzahl 309
Bilanzstruktur 281
Bildschirmarbeitsplatz-
    verordnung 243
Bindung (an den Antrag),
    Erlöschen der 39
Blankokredit 145
Bote 130
Brief, eingeschriebener 40
Brutto-Personalbedarf 209
Bruttopersonalbedarfs 211
Buchführung 271
Buchführung, doppelte 272
Buchführung, einfache 272
Buchinventur 282
Bundesimmissions-
    schutzgesetz 90
Bundesknappschaft 265, 266
Bundesurlaubsgesetz 243

C

Cash-Flow 154, 306
Corporate Communications 84
Corporate Identity 197
Corporate Philosophy 85

D

Dalehensnehmer 45
Darlehensgeber 45
Darlehensvertrag 44, 45
Darlehnsvertrag 45
Dauerauftrag 133
Deckungsbeitrag 295
Deflation 24
Delegation 117
Deliktsfähigkeit 33
desk-research 186
Deutsches Institut für
    Normung (DIN) 124
Dezentralisierung 113
Diagnose/Problemanalyse 198
Dienstverhältnis 241

Dienstvertrag 44, 46, 245
Direct Mail 194
Diskont 147
Disposition 106
Distributionsvermittler 180
Divisionskalkulation 305
Dokumentation 123
Durchführung, praktische
Umsetzung 199

E

EFQM- Modell 125
Eigentumsvorbehalt 47
Einführungswerbung 191
Einkommensteuer 162
Einkommensteuererklärung 271
Einkünfte, sonstige 164
Einkunftsart 162
Einkunftsermittlung 165
Einlage 80
Ein-Linien-System 111
Einmalzahlung 247
Einnahme 167, 284, 290
Einnahmen-Überschuss-
rechnung 284
Einrede des Rechts-
missbrauchs 40
Einsatzbedarf 209
Einsatzplanung 208
Einspruch 59
Einspruchsfrist 161
Einzahlung 290
Einzelarbeitsvertrag 245
Einzelkosten 297
Einzelunternehmen 68, 79, 136
Empfangstheorie 39
Energiebedarf und
-versorgung 90
Entdeckbarkeit 53
Entgelt 241
Entgeltbescheinigung 246
Entgeltfortzahlung 243,
244, 264
Entgeltfortzahlungsgesetz 243
Entscheidung, taktische 199
Entwicklungsplanung 208
Equipment-Leasing 142
Erfolg 294
Erfolgskontrolle 200
Erfüllungs- und Verpflichtungs-
geschäft 42
Erfüllungsgeschäft 43
Erfüllungsort 48
Ergebnissicherung 306
Ergebnisverteilung 74
Erhaltungswerbung 191
Erklärungsansatz 181
Ermittlung des zu versteuern-
den Einkommens 167
Ersatzbeleg 276
Ersatzlieferung 52
Ersatzpflicht 73
Ertrag 284, 286, 292

Ertragskonto 285
Europa Norm (EN) 124
European Quality
Award (EQA) 126
Expansionswerbung 192
Experiment 188

F

Factoring 143
Faktormarkt 29
Fälligkeit 54
Fälligkeitsdarlehen 139
Familie 183
Familiengesellschaft 82
Faq-Kauf 47
Faustpfandkredit 148
Feiertag 243
field-research 186
Finance-Leasing 142
Finanzbehörde 157
Finanzbuchführung, Außen-
wirkung 271
Finanzierung aus
Abschreibungen 135
Finanzierungsart 133
Firma 68, 104
Firmenausschließlichkeit 104
Firmenwahrheit und
-klarheit 104
Fixgeschäft 54, 55
Fixgeschäft, absolutes 55
Fixgeschäft, handels-
rechtliches 55
Fixgeschäft, relatives 55
Fixkauf 47
Flüssigkeit 280
Forfaitierung 144
Formular EÜR 278
Fragebogen 219
Frageform 220
Fragenkatalog 184
Freibetrag 169
Freibetrag für Kinder 166
Fremdmotivation 97
Fruchtgenuss 45
Führung, situative 95
Führungsrolle und -aufgabe 91
Führungsstil 91
Führungsstil, autokratischer 92
Führungsstil, autoritärer 93
Führungsstil, bürokratischer 92
Führungsstil, charismatischer 92
Führungsstil, klassischer 93
Führungsstil, kooperativer 93
Führungsstil, laissez-faire 94
Führungsstil,
patriarchalischer 92
Führungsstil, tradierter 92

G

Gebühr 156
Gehalt 109
Geldkreislauf 28

Geldmenge 25
Geldpolitik 26
Geldstrom 28
Geldwert 20
Geldwert, -abnahme 21
Geldwertschwankung 20
Geldwirtschaft 20
Gemeinkosten 297
Gemischte Firma 104
Genehmigungsverfahren 89
Gerichtsvollzieher 40, 59
Geringfügig Beschäftigte in
privaten Haushalten 265
Geringfügigkeitsgrenze 255
Geringverdiener 253
Gesamt-Brutto 247
Gesamtergebnis 293
Gesamtkosten 301
Gesamtkostenverfahren 284
Geschäftsanteil 83
Geschäftsbuchführung 294
Geschäftsfähigkeit 32, 33
Geschäftsfähigkeit,
beschränkte 33
Geschäftsführung 82
Geschäftsführung, Recht zur 68
Geschäftsjahr 279
Geschäftsunfähigkeit 32
Gesellschaft bürgerlichen
Rechts (GbR) 79
Gesellschaft mit beschränkter
Haftung (GmbH) 80
Gesellschafterversammlung 82
Gesellschaftsrecht 66
Gesellschaftsunternehmen 69
Gesellschaftsvertrag 44, 70
Gesetz über elektronische
Handelsregister und
Genossenschaftsregister
sowie das Unternehmens-
register (EHUG) 83
Gesetz zur Modernisierung des
GmbH-Rechts 82
Gesetzbuch, bürgerliches 66
Gesprächsfehler 221
Gestaltungsfreiheit 49
Gesundheitsbescheinigung 246
Gesundheitszeugnis 246
Gewerbebetrieb 163
Gewerbeordnung 90
Gewerbesteuer 169
Gewerbesteuererklärung 271
Gewerkschaft 227, 245
Gewinn- und Verlustkonto 285
Gewinndruck 23
Gewinneinkünfte 167
Gewinnrechnung 284
Gewinnschwelle 301
Gewinnsteuerung 306
Gewinnvergleichsrechnung 152
Gewohnheitsrecht 41
Giralgeld 19
Gläubigerschutz 271

Gleitzone 253, 259
Gleitzonenregelung 253, 259
GmbH, Firma 81
GmbH, Gründung 81
GmbH, Kapitalstruktur 81
GmbH, Organe 82
GmbH-Gesetz 66
Grundbuch 149
Grundkosten 293
Grundkredit 149
Gründung des
     Unternehmens 100
Grundvermögen, Eigentümer 24
Gültigkeitsklausel 110
Günstigkeitsprinzip 245
Güter, Real- und Nominal- 180
Güterkreislauf 29
Güterstrom 28
GuV-Konto 284

H

Haftung 68
Haftung des Erwerbers bei
     Firmenfortführung 105
Haftungsbeschränkte
     Unternehmergesellschaft 83
Halbteilungsgrundsatz 252
Handelsbetrieb 180
Handelsgeschäft 66
Handelsgesellschaft,
     offene (OHG) 71
Handelsgesetzbuch 66
Handelsgewerbe 101, 272
Handelskalkulation 305
Handelskauf, einseitiger 48, 53
Handelskauf, zweiseitiger 48, 53
Handelsmittler 180
Handelsrecht 100
Handelsregister 101, 272
Handelsregistereintrag 101
Handlungsfähigkeit 33
Harzburger Modell 120
Hauptkostenstelle 303
Haushalt, privater 29
Haushaltsdefizit 24
Haushaltsscheckverfahren 266
Hilfskonstruktion 200
Hilfskostenstelle 303
Hinterlegung 56
Historie 176
Hochschulkontakt 216
Human-Resource
     Management 224
Hygienefaktor 99
Hypothek 150

I

Ich-AG 241
Ideenfindung 193
Improvisation 106
Inbezugnahme, deutliche 50
Indossament 147
Industrie-Leasing 142

Inflation 20
Inflation, galoppierende 22
Inflation, importierte 22
Inflation, nachfragebedingte 22
Inflation, offene 22
Inflation, schleichende 22
Inflation, verdeckte 22
Inflation, von der Geldmenge
     abhängige 23
Inflationsart 21
Inflationsmentalität 24
Inflationsursache 22
Information 116
Innenfinanzierung 134
Instrument 198
International Organization for
     Standardization (ISO) 124
Interner Zinssatz, Methode 155
Inventar 282
Inventur 281
Investitionsart 151
Investitionsplanung und
     –rechnung 152
Istbesteuerung 171

J

Jahresabschluss 284
Jahresarbeitsentgeltgrenze 253
Jugendarbeitsschutzgesetz 244

K

Kapazitätsanalyse 185
Kapitalbedarf 69
Kapitalgesellschaft 136
Kapitalhöhe 68
Kapitalrückflusszeit 154
Kapitalvermögen 164
Kapitalwertmethode 155
Kauf auf Probe 47
Kauf nach Probe 47, 52
Kauf zur Probe 47
Kauf, bürgerlicher 48
Kaufentscheidung,
     kollektive 183
Käufermarkt 176
Kaufmann 100
Kaufmannseigenschaft 100
Kaufverhalten 181
Kaufvertrag 44
Kennzahl 308
Kennzahlenmethode 211
KG, Auflösung 78
KG, Firma 76
KG, GmbH & Co 79
KG, Gründung 76
KG, Haftungsregelungen 77
KG, steuerliche Behandlung 78
Kirchensteuer 242, 249
Klageoption 162
Klarheit 191
Kleinbetragsrechnung 289
Knappheit 23
Kohäsion 95

Kollektivvertrag 245
Kommandistist 77
Kommanditgesellschaft, (KG) 76
Kommissionär 46
Kommissionskauf 46
Kommittent 46
Kommunikation 116
Kompetenz 91, 110
Komplementär 77, 79
Konkurrenz 180
Konsument, privater 181
Konsumentenerfahrung 183
Konsumgüter-Leasing 142
Konsumgüternachfrage 24
Konsumkredit 138
Kontaktadresse 200
Kontennachweis 283
Kontokorrentkonto 19
Kontokorrentkredit 139
Kontovertrag 44
Kontrolle 102, 269
Kosten 157, 293
Kostenart 295
Kostenartenrechnung 296
Kostenerstattung,
     Anspruch auf 56
Kostenplanung 208, 301
Kostenrechnung 270
Kostenstelle 295
Kostenstellenrechnung 302
Kostenträger 295
Kostenträgerrechnung 304
Kostenvergleichsrechnung 152
Krankenkasse 254
Krankenversicherter, freiwillig
     gesetzlich 253
Krankenversicherung 251, 253
Krankenversicherung,
     private 254
Krankheitsfall 243
Kredit 138
Kreditbasis 68, 69
Kreditfinanzierung 137
Kreditgeber 140
Kreditsicherung 145
Kreditspielraum 154
Kundenkredit 140
Kundenorientierung 125
Kundenstatistik 200
Kundenzufriedenheit 124
Kündigung 45
Kündigungsrecht 73
Kündigungsschutz 244
Kündigungsschutzgesetz 244

L

Ladenschlussgesetz 244
Land- und Forstwirtschaft 163
Lastschriftverfahren 132
Laufzeit 139
Lean Management 120
Leasing 141
Leasing, direktes 142

Leasing, indirektes 142
Lebensalter 33
Leihvertrag 44, 45
Leistung 293
Leistungsbereitschaft 99
Leistungsrechnung 270
Lichtbild 219
Lieferantenkredit 140
Lieferbedingungen 46
Lieferbedingungen,
    Allgemeine 50
Lieferung, mangelhafte 52
Lieferverzug 53
Liquidation 78
Liquidität 137
Lohnabrechnung 247
Lohnfortzahlung 266
Lohnkostendruck 23
Lohnnachweiskarte 246
Lohnsteuer 169, 242, 249
Lohnsteuer, pauschal 257
Lohnsteuerkarte 169, 246, 249
Lohnsteuerklasse 249
Lohnsteuertabelle 249
Lokomotion 94
Lombardkredit 139, 148

M

Mahnbescheid 58
Mahnbescheid, Antrag auf
    Erlass 59
Mahnverfahren, außer-
    gerichtliches 58
Mahnverfahren, briefliches 58
Mahnverfahren, gerichtliches 58
Management by
    Delegation 117
Management by Exception 119
Management by Objectives 118
Mangel, arglistig
    verschwiegener 53
Mangel, Gattungs- 53
Mangel, Qualitäts- 53
Mangel, Quantitäts- 53
Mangel, versteckter 53
Mängelart 52
Mängelrüge, Form 53
Markeingziel 177
Marketing 176, 177, 190, 310
Marketinginstrument 179
Markt 29
Markt, globaler 179
Marktanalyse 89, 185
Marktbeobachtung 185, 186
Marktform 179
Marktforschung 183
Marktobjekt 180
Marktsegment 189
Maslow, Abraham 98
Materialien 90
Maximierungsziel 85
Maximumprinzip 27
Mehr-Linien-System 112

Meinungsbildung 192
Meldung zur Sozial-
    versicherung 246
Merchandising 194
Messbarkeit von Qualität 124
Mietvertrag 44, 45
Minderung, Recht auf 52
Mindeststammkapital 81
Mini-Job 255, 256
Minimumprinzip 27
Mitarbeiter 115, 127
Mitbestimmung 225
Mitgliedsbescheinigung der
    Krankenkasse 247
Mitwirkung 225
Motivation 96
Motivation, innere 97
Motivationsfaktor 98
Motivforschung 97
Multiplikator 197
mündliche Verhandlung
    (vor Gericht) 59
Münzgeld 19
Muster-Arbeitsvertrag 234
Mustergesellschaftsvertrag 83
Musterkauf 47
Mutterschutzgesetz 244

N

Nachfrage 29
Nachfragemarketing 176
Nachfrist 54
Nebenbeschäftigung 255
Nebenertrag 292
Nebenleistung, steuerliche 156
Neo-Marketing 177
Nettogehalt 247, 248
Netto-Personalbestand 210
Niedriglohnbereich 253
Nominalgüter 180
Notbeleg 276
Notenbank 20
Nullbesteuerungsumsatz 171

O

Oberziel 85
Öffentlichkeitsarbeit 197
OHG, Firma 72
OHG, Geschäftsführung und
    Vertretung 72
OHG, Gründung 71
OHG, Haftung 72
OHG, steuerrechtliche
    Behandlung 75
OHG, wirtschaftliche
    Bedeutung 74
Operate-Leasing 142
Opinion-Leader 197
Optimierungsziel 85
Ordnung, betriebliche 106
Organigramm 107
Organisation 107, 183
Organisationsgrad 107

P

Pachtvertrag 44, 45
Panel 188
Passiva 280
Pauschalierung 250, 259, 262
Pause 243
Person, juristische 32
Person, natürliche 32
Personalakte 246
Personalauswahl 217
Personalberater 215
Personalbeschaffungs-
    planung 213
Personalfreistellung 210
Personalleiter 206
Personalplanung 207
Personalwirtschaft 204, 310
Personenfirma 81, 104
Personengesellschaft 71, 136
Pfandrecht 149
Pfändung 59
Pflegeversicherung 251
Pflichtversicherte 254
Planungshorizont 207
Planungsrechnung 270
Platzverkauf 48
Point of Purchase (POP) 177
Portfolio 197
Postnachnahme 131
Postscheck 131
Postüberweisung 133
Praktikant 262
Preis- und Zeitrisiko 182
Preisnachlass 52
Preisniveau 20, 25
Pre-Marketing 176
Pressearbeit 196
Primärforschung 186
Primat des Marketing 179
Prinzip, ökonomisches 26
Produktivität 27
Produktivkredit 138
Prognose 171
Prognose/Zukunftschance 199
Prozess, terminierter 115
Prozessart 114
Prüfpflicht 53
Publikationsmittel 101
Publizität 75
Publizität, negative 103
Publizität, positive 104
Pull-Strategie 177

Q

Qualitätsbeauftragter 123
Qualitätscontrolling 125
Qualitätsmanagement-
    handbuch 123
Qualitätsmanagement-
    system 122
Qualitätsziel 127
Qualitätszirkel 127

R

Radio 194
Ramschkauf/Kauf en bloc 47
Rangstufe 149
Ratenkauf 47
Realgüter 180
Realkredit, (dingliche)
    Sicherung 147
Recheneinheit 19
Rechenschaftslegung 269
Rechnung 172
Rechnungswesen 268
Rechnungswesen, externes 270
Rechnungswesen, internes 270
Rechtsbehelf 161
Rechtsfähigkeit 32
Rechtsform, betriebliche 67
Rechtsmangel 53
Rechtsträger 32
Regelungsbereich 70
Reizüberflutung 194
Rentabilität 137
Rentabilitätsrechnung 153
Rentenversicherung 251
Reservebedarf 209
Richtlinie 157
Risiko 183
Risiko, psychisches 182
Risiko, soziales 182
Risikobegrenzung 69
Risikostreuung 69
Risikotheorie 182
Rückstellung/Rücklage 135
Rücktritt 55
Rügepflicht 53

S

Sachbezug 247
Sachfirma 81, 104
Sachmängelhaftung 52
Sachmittelkredit 141
Sachverständiger Dritter 275
Sales Promotion 194
Sammelüberweisung 132
Säumniszuschlag 157
Schadensersatz 55
Schadensersatz wegen
    Nichterfüllung, Recht auf 52
Scheinselbstständigkeit 241
Schenkungsvertrag 44
Schulden 281
Schuldner 24
Schüler 262
Schulkontakt 216
Schutz des Verbrauchers 47
Schutzfunktion 102
Schwangere 244
Schweigen 38, 40, 41, 47
Schwerbehinderte 244
Schwerbehindertengesetz 244
Sekundärforschung 185
Sekundärmaterial, außer-
    betriebliches 186

Sekundärmaterial, inner-
    betriebliches 186
Selbstbeurteilung 126
Selbstbewertung 123
Selbstbewertungsmodell 126
Selbstfinanzierung 134
Selbsthilfeverkauf 56
Selbstkosten 294
Selbstmotivation 97
Sicherungsübereignungs-
    kredit 148
Sichteinlage 19
Sichtguthaben 18
Skontoberechnung 140
Solidaritätszuschlag 242,
    249, 250
Soll-Ist-Vergleich 306
Sonstige 164
Sozialpartner 223
Sozialpartnerschaft 226
Sozialplan 246
Sozialversicherung 251
Sozialversicherungsausweis 247
Sozialversicherungs-
    beitrag 242, 247, 256, 258,
    260, 264, 265
Sparer 24
Sparmittel 19
Sparquote 24
Spezifikationskauf 47
Stabilisierungswerbung 191
Stab-Linien-Organisation 112
Stagflation 24
Standortanalyse 89
Standortfaktor 89
Standortwahl 88
Stellenanzeige 216
Stellenbeschreibung 109, 211
Stellenbezeichnung 109
Stellenbildung 109
Stellenplanmethode 211
Stellvertretung 110
Steuer 156
Steuerabzugsbetrag 247, 249
Steuerbescheid 161
Steuererhöhung 24
Steuerfestsetzung 161
Steuergericht 157
Steuerklasse 169
Steuern und Abgaben im
    Standortbereich 90
Steuern, direkte 161
Steuern, indirekte 161
Steuerschuldner 160
Steuerträger 160
Steuerzahler 160
Stichtagsinventur 282
Stichtagsprizip 287
Strategie 197
Strategieplanung, Entwicklung,
    Auswahl 199
Streckengeschäft 48
Student 261
Synergieeffekt 194

T

Tarifautonomie 228
Tarifvertrag 226, 227, 244, 245
Tarifvertragsgesetz 244
Taschengeldparagraph 34
Tätigkeit, berufsmäßige 257
Tätigkeit, nicht-
    selbstständige 164
Tätigkeit, selbstständige 163
Tauschmittel 18
Tauschvertrag 44
Tauschwert 23
Teilgruppe 189
Teilkostenrechnung 295
Teilmarkt 185
Teilzeitarbeit 244
Testmarkt 188
Theorie, ökonomische 181
Theoriemodelle für
    Motivation 98
Top-Down-Prinzip 86
Total Quality Management
    (TQM) 124
Transparenz 116
Treasurer 306

U

Über-/Unterstellungs-
    verhältniss 109
Übereinstimmung 41
Umlage 259, 264, 266
Umlage U1 265
Umlage U2 265
Umsatz, steuerbarer 170
Umsatzerlös 292
Umsatzkostenverfahren 284
Umsatzsteuer 170, 278, 287
Umsatzsteuersteuererklärung 271
Umsatzsteuervoranmeldung 173
Umtausch, Recht auf 52
Umwelteigenschaften und
    –bedingungen 90
Unfallversicherung 251, 252
Ungleichheit, soziale 24
Unternehmen 29, 66
Unternehmen, Auflösung 68
Unternehmenserwerb mit
    Fortführung 105
Unternehmensform 66
Unternehmenskultur 84
Unternehmensleitung 127
Unternehmensziel 87
Unternehmer 46, 101
Unterziel 86
Urlaubsanspruch 243
Urlaubsbescheinigung 247

V

Verantwortung, soziale 191
Verbraucherverhalten 182
verdeckte Sacheinlage 83
Vereinfachungsregel 172

Verhalten, schlüssiges 38
Verhaltenskriterium 96
Verkäufermarkt 176
Verkaufsförderungs-
    maßnahme 195
Verkehrslage und
    –aufkommen 90
Verlustabzug 165
Verlustrechnung 284
Vermietung und
    Verpachtung 164
Vermögensbildung 247
Vermögensgegenstand 281
Vernehmungstheorie 39
Verpflichtungsgeschäft 43
Verschulden 54
Versendungsverkauf 48
Versicherungsvertrag 44
Verspätungszuschlag 156
Verstärkter Personalkredit/
    Bürgschaft 145
Vertrag, Zustandekommen 41
Vertragsabschluss 43
Vertragsarten, Überblick 43
Vertragsfreiheit 48, 70
Vertragsgestaltung 49
Vertragspartner, rechtlichen
    Stellung 48
Vertragstypisierung 49
Vertretung 68
Verwaltungssitz im Ausland 83
Verzögerungsschaden 54
Vollstreckungsantrag 60
Vollstreckungsbescheid 59
Vollstreckungsklausel 60
Vollstreckungstitel 59
Vormundschaftsgericht 35
Vorschrift, steuerliche 157
Vorsorgeaufwendung 166
Vorstellungsgespräch 220
Vorsteuer 287
Vorsteuerabzug 172
Vorvertrag 43

W

Wahrheit 191
Währungssicherung 20
Wandlung, Recht auf 52
Waren, unbestellte 42
Warenkorb 21
Wechseldiskontkredit 139, 147
Weisungsgebundenheit 241
Werbebotschaft 192
Werbemedium 194
Werbeplanung 193
Werbepoltik 190
Werbung 190
Werbung, unerlaubte 192
Werbungskosten 168
Werklieferungsvertrag 46
Werkvertrag 44
Wertaufbewahrungsmittel 18
Wertübertragungsmittel 19
Wettbewerb, unlauterer 192
Wettbewerbsverbot 73
Widerspruch 59
Willenserklärung 38
Willenserklärung, empfangs-
    bedürftige 39
Willenserklärung,
    Wirksamkeit 39
Willenserklärung, Zugehen 40
Wirksamkeit 191
Wirtschaftlichkeit 191, 303
Wirtschaftsgut 281
Wirtschaftsjahr 277
Wirtschaftspolitik, -mittel 19
Wirtschaftsprozess 26
Wohnsitzfinanzamt 158

Z

Zahlschein 131
Zahlung, bargeldlose 131
Zahlung, halbbare 131
Zahlungsbedingungen 46
Zahlungsbilanzüberschuss 22

Zahlungsform 130
Zahlungsmittel 18
Zeitbedarf 183
Zeitschrift 194
Zeitung 194
Zentralisierung 113
Zertifizierung 123
Zession, offene 147
Zession, stille 147
Zeugnis 218, 247
Zielgruppe 189, 195
Zielgruppe, Abgrenzung 199
Zielhierarchie 86, 118
Zielkauf 47
Zielkonflikt 205
Zielplanung, Meßbarkeit,
    Prioritäten 199
Zins 157
Zivilprozessverfahren,
    formelles 59
Zuflussprinzip 277
Zug um Zug-Geschäft 47
Zusatzkosten 293
Zuschlagskalkulation 304
Zuschlagssteuer 250
Zuständigkeit, örtliche 158
Zuständigkeit, sachliche 157
Zuständigkeitsverteilung 183
Zustellungsnachweis 60
Zustimmung 42
Zwangsgeld 156
Zwangsvollstreckung 59
Zweckaufwendung 291
Zwei-Faktoren-Theorie,
    Herzberg 98
Störung von Verträgen auf
    Lieferantenseite 52